# 一个
# 利他主义者
# 之死

## 乔治·普莱斯传

[以色列] 奥伦·哈曼——著
鲁冬旭——译

中信出版集团 | 北京

图书在版编目（CIP）数据

一个利他主义者之死 /（以）奥伦·哈曼著；鲁冬旭译. -- 北京：中信出版社，2020.5

书名原文：The Price of Altruism: George Price and the Search for the Origins of Kindness

ISBN 978-7-5217-1591-0

I. ①一… II. ①奥… ②鲁… III. ①乔治·普莱斯－传记 IV. ①K837.126.15

中国版本图书馆CIP数据核字（2020）第028693号



一个利他主义者之死

著　　者：[以色列] 奥伦·哈曼
译　　者：鲁冬旭
出版发行：中信出版集团股份有限公司
（北京市朝阳区惠新东街甲4号富盛大厦2座　邮编　100029）
承 印 者：山东鸿君杰文化发展有限公司

开　　本：880mm×1230mm　1/32　　印　　张：15.75　　字　　数：417千字
版　　次：2020年5月第1版　　印　　次：2020年5月第1次印刷
京权图字：01–2019–5506　　广告经营许可证：京朝工商广字第8087号
书　　号：ISBN 978-7-5217-1591-0
定　　价：79.00元

把我的爱献给丹兹和米什

# 目 录

## 第二部分

查尔斯·达尔文（1809—1882）

# 序 言

1975年1月22日，伦敦，一个萧瑟的雨天。一群人冒雨匆匆走进了称不上宏大华丽的圣潘克拉斯教堂墓地。教堂内部的装饰十分朴素，简单的条凳、白色的墙壁和天花板，这些陈设让整个教堂看起来像一间平淡无奇的教室。很快，这群人将会跟随灵柩走完一段短短的路，来到东路上的一块墓地。此处有一个没有任何标记的坟墓，这就是死者即将安息的地方[1]。

一个胡子稀疏的中年男人拖着脚步走过石塔下一扇沉重的木门。他的鼻子因过度饮用威士忌酒而红通通的，他的眼睛因疲劳而有些肿胀。这是一个多次入狱、贫穷且不太走运的人。一个大脚趾从破了洞的球鞋里露出，没有修剪的长指甲上满是污垢。斯莫奇从来就不是命运的宠儿，在他的一生中，乔治是唯一一个真心关怀过他的人。

留胡子的男人走进教堂，他的身后跟着4个流浪汉。这几个来送逝者最后一程的人是逝者最后的伙伴。几个流浪汉都裹得严严实实，他们身上穿戴的毛衣和围巾都是从垃圾桶和收容所里捡来的。虽然衣服很小，且都是不认识的陌生人丢掉的东西，但是在刺骨的严寒中，能有点儿衣物御寒已经很不错了。有几个人穿戴着乔治好心送给他们的袜子和皮带，另外几个人的裤子和大衣是用乔治慷慨赠送给他们的钱买的。几位伦敦大学的遗传学家尴尬地坐着不说话，当这群流浪汉走过他们身边时，其中一个流浪汉含着眼泪喃喃地说道："他是一个真正的圣人。"这群流浪汉走向教堂前部放置棺材的地方，他们所到之处留下了刺鼻的尿骚味。教堂里一共有10个人，可能是11个。一个阴郁的故事就这样走向了阴郁的结尾。[2]

在教堂的前部，站着两位世界一流的进化生物学家，他们是两个绝顶聪明的人，也是两个默默较劲的竞争对手。"乔治把基督教精神看得过重了。"艾普斯先生说道。因为死者的家人都不在场，艾普斯先生代表贾斯汀殡仪馆主持整个仪式。"有点儿像圣保罗。"比尔·汉密尔顿轻声说道。他的声音虽然小，却并非听不见。约翰·梅纳德·史密斯闻言咬紧了嘴唇。接着是一片静默。为了研究利他主义，乔治·普莱斯不远万里从美国来到了英国伦敦。在这里，他发现了一些可怕的东西。现在，他死了——他亲手杀死了自己。[3]

· · ·

从人类诞生以来，我们便开始思考美德的问题。人类对善恶的思考始于一个诡计。为了哄骗夏娃吃下果子，蛇在伊甸园中对夏娃低语道："你们吃的日子眼睛就明亮了，你们便能如神知道善恶。"然而，如果分辨善恶的能力取代纯真全因一场阴谋，人类不久以后就必须面对一个不好回答的问题。很快，该隐因为嫉妒而杀死了他的兄弟亚伯。当耶和华问该隐亚伯在哪里时，该隐回答说："我岂是看守我兄弟的吗？"在人类的历史上，善恶的问题一次又一次地回荡在我们耳边，我们始终无法摆脱它。[4]

然后，达尔文出现了。

虔诚的教徒相信，上帝在创世的第六天赋予了人类道德；而宗教怀疑论者认为，是哲学孕育了人们心中的道德。但是，达尔文的理论使得这两派人都必须重新检视道德出现的时间点。这位进化论的开创者在笔记本上潦草地写道："了解狒狒的人，对形而上学的贡献会超过洛克。"这句话仿佛预示着日后即将发生的事情。[5]

承认这一点就像承认犯了谋杀罪一样。如果真如苏格兰地质学家詹姆斯·哈顿在18世纪末写的那样，地球是如此古老，"我们找不到开始的痕迹，也没有结束的征兆"；如果就像达尔文说的那样，地球上的生命是经过亿万年的时间逐渐进化而来的，进化的过程不是一架一直向上的梯子，而是一棵不断分支、成长的大树；如果行为和意识与肌肉、羽毛、爪子、尾巴一样是在自然选择的过程中被塑造出来的——如果以上这些说法统统成立，我们便无法继续相信人类区别于动物的特点是人类所独有的。在《物种起源》第一版中，达尔文没有提到上帝；而在《物种起源》第二版中，为了照顾当时社会的主流观点，达尔文写道："生命……最初由造物主注入寥寥几个或单个类型之中。"不管生命是不是由造物主注入的，美德都不可能是由人类发明的。美德的形成早于《圣经》，更早于哲学，美德的出现时间事实上比亚当和夏娃更早[6]。

在某只无辜昆虫的腿上，或是在一阵适宜的风中，为什么阿米巴虫会牺牲自己的生命成全同伴？沿着阿米巴虫用自己的身体建起的"茎"，它们的同伴也许能从食物匮乏的地方爬出去，来到营养丰富的新环境。为什么在整夜的捕猎结束之后，吸血蝙蝠愿意将自己吸取的血液嘴对嘴地喂给同伴，将自己辛苦获得的营养分享给同一群中本次捕猎不太成功的其他蝙蝠？为什么当狮子出现时，负责放哨的瞪羚会上下跳动，冒着生命危险警告其他瞪羚饥饿的捕食者已经逼近？以上这些现象与人类的道德标准又有什么关系呢？从事实的角度来看，人类的种种善良的行为究竟有没有自然基础？人类的种种美德是否与阿米巴虫、蝙蝠和瞪羚的利他行为来自同一个源头？

利他主义的存在本身就是一个谜。从达尔文的角度来看，利他主义完全违背进化论的基本论点，是进化论无法解释的一种反常现象。如果自然界真如进化论所言是一个残酷的竞争战场，那么无论是在海洋、天空、沙漠还是热带雨林中，都只应该存在赤裸裸的残酷竞争。那些降低生物适应性的行为怎么可能会被自然选择保存下来呢？究竟是“适者生存”还是“善者生存”？这是达尔文主义者必须解决的一个谜题。

于是，自达尔文开始，人们展开了一场试图解决利他主义谜题的求索之旅。这场求索之旅涉及的范围极其宽广：从航行在南部海域的小猎犬号，到俄国沙皇亚历山大二世的宫廷，再到英国皇家学会的会议室；从芝加哥大学经济学系的课堂，到美国国会大厦的参议院听证会；从印第安纳州的草原，到巴西的热带雨林，再到牙买加的群山；从第一次世界大战的战壕，到反对越南战争的游行示威现场；从马克思主义的理论宣言，到圣公会宣言；从贵格会的反战行为，到纳粹的异端邪说。有些人相信，人类只是自然的一部分，因为人类是从动物进化而来的，所以人类永远无法突破动物性的限制；而另一些人则相信，人类的智力赋予了我们超越动物的独特品性。有些人拥护原始传统的回归，有些人却为了让人类文化脱离原始传统的束缚而不断奋斗，还有一些人的态度介于两者之间，但他们也知道原始传统和高级文化之间的融合并不是一件简单的事情。以上每一类人都采取了热诚和有力的行动，他们都站在自己的角度看问题；有些时候，他们会直接将自己的是非观定义为人类的“本性”。因此，直到现在，这场关于利他主义的求索之旅也还未结束。在接下来的内容中我们将会看到，在达尔文死后150年，人们仍满怀热情地继续着这场关于利他主义的求索之旅。

在这场寻找利他主义自然源头的旅程中，我们也许看到了一段色彩斑斓、异常复杂的求知过程，也许拥抱了许多惊人的原创科学成果，以及见证了戏剧化的人物和事件，但是，一条重要线索却始终缺失——这一点直到目前仍然没有改变。这条重要的线索就是乔治·普莱斯独特的人生经历和悲剧的死亡结局。乔治·普莱斯是一位被世人遗忘的美国天才，他最初是一位四处漂泊的无神论化学家，最后却变成一位笃信宗教的进化学家和数学家。他被世人遗弃，长眠在伦敦圣潘克拉斯教堂墓地一处不具名的坟墓中。真正的无私行为背后的本质究竟是什么？为了回答这个问题，19世纪和20世纪的许多杰出的科学工作者都做出了不懈的努力。他们的研究角度五花八门：从经济学到生物学，从数学到哲学，从进化论到神学再到基因学。然而，由于从现实的角度来看，利己主义与利他主义相比无疑有着巨大的优势，所以这些优秀的科学工作者发现，要解决上述难题实在不是一项容易的工作。而在这场求索之旅中出现了一个幽灵似的人物，他就是乔治·普莱斯。

如果我们把这场关于利他主义的求索之旅比作一幅绚丽多彩的挂毯，那么当我第一次把乔治·普莱斯这条线索织入这幅挂毯时，这件艺术品马上就变了样，展现出截然不同的色调和光彩。[7]在用达尔文的伟大理念去探索利他主义的谜题时，乔治·普莱斯看到了许多前人没有看到的东西。当探索善意的本质时，其他研究者往往在各个层面上把不同的生命组织结构对立起来——基因如何纵容个体的利己行为，个体如何颠覆群体，一个群体如何与另一个群体顽强不懈地进行斗争。然而，只有乔治·普莱斯这个孤独的局外人看出了一个关键点，那就是以上所有行为都是同一个方程的一部分。乔治·普莱斯的这一认识想必是在一个非常戏剧化的灵感瞬间获得的，这一认识上的深入将永远改变我们对生命进化过程的看法。如果说自然选择是一幅光辉宏大的画卷，那么在这个戏剧化的瞬间，这个毫无名望、未受过专业性训练、漂泊异乡、孤独失意的人瞥见了画卷的全貌，感受到了画卷的恢宏和伟大。乔治·普莱斯一边写出那个优雅的方程，一边隐姓埋名地走上街头——真的是走上街头——把那个方程展示给全世界。

利他主义是一个谜题。如果说乔治·普莱斯的数学推演帮助人类以前所未有的深度理解了利他主义的源头，那么他的生命本身则对这个谜题最沉重、最神秘的部分给出了解答。在利他主义的问题上，自然选择的机制究竟在何种层面上产生作用？虽然这是一个技术化的问题，但事实上要回答这个问题，就必须面对一个本质性的难题：如果利他主义是在自然中逐渐进化而来的，利他行为就必须具有某种实用的目的；而一旦利他行为具有了不可告人的实用目的，这种行为就不再如表面看上去那么纯粹了。以某种自然的评判标准来看，无私的纯粹被自利玷污了：表面看似牺牲的行为，事实上却是获得自私利益的途径。一旦我们想到了这一层，我们就不得不面对一个令人畏惧的问题：在进化的表面下，抛开文化的升华和粉饰，全然无私的利他行为真的存在吗？这是一个非常重要的问题——从亚当和夏娃开始，每个人都在苦苦寻求着这个问题的答案。

为了找到这个问题的答案，现代科学家也做出了许多勇敢的尝试。然而，他们的这些努力究竟是否算得上成功？这个问题的答案令人怀疑。在接下来的内容中我们将会看到，从本质上来看，科学并不能够回答这一类问题。而乔治·普莱斯却用自己的生命给出了另一种答案，一种非常宝贵和独一无二的答案。从深陷大萧条深渊中的美国纽约到20世纪60年代性解放的伦敦，从参与曼哈顿计划的神秘光环到伦敦苏豪区的流浪汉的卑微和屈辱，乔治·普莱斯的人生留下了一条戏剧化的足迹。他从一个斗志昂扬的无神论者转变为一个沉醉在宗教狂喜中的信徒；他放弃了舒适的生活和世人的尊敬，选择了流浪的生活；他从自私走向无私，最终走进痛苦和自杀的深渊。生物学上的必然和人类灵魂的更高追求是我们永远无法逃离的一对矛盾——不管是在人类寻找利他主义真相的宏大传奇中，还是在乔治·普莱斯的一生中，我们都一次又一次地强烈感受到这个主题。科学无法给利他主义的谜题提供一个完整的解答；也许，从最终的结果来看，乔治·普莱斯的生命同样没能给这个谜题提供完整的解答。但是，他的生命就像一道光芒，正是这道光芒的出现，才使我们如此清晰地看清了这个谜题的意义。

· · ·

寻找利他主义源头的求索之旅是一则永不过时的经典传奇故事。这则故事关乎人与动物园，关乎自然与政治，关乎真正的美德与虚假的表象。而在这出传奇故事中出场的人物不仅数量众多，而且多姿多彩：俄国无政府主义者彼得·克鲁泡特金公爵，有“魔鬼的门徒”之称的托马斯·亨利·赫胥黎，出生在匈牙利的数学巫师及博弈论之父约翰·冯·诺伊曼，英国博学家、“最后一个无所不知的人”J. B. S. 霍尔丹，奥威尔式的心理学家B. F. 斯金纳，信息论之父克劳德·香农，“达尔文之后最伟大的达尔文主义者”比尔·汉密尔顿，还有约翰·D. 洛克菲勒、弗拉基米尔·伊里奇·列宁、阿道夫·希特勒、富兰克林·罗斯福、理查德·尼克松、披头士乐队，以及许多其他人。

然而，这则传奇不仅是上述这些人的个人历史，更是整个人类的集体编年史。人类的起点并不怎么高贵，从一锅原生细胞汤，到黏菌、蚂蚁、带角的鹿，再到充满好奇心的猴子，寻找利他主义根源的求索之旅从海洋和丛林来到了20世纪经济系统与政府系统对立的宏伟战场。民主与自由市场的承诺，共产主义和社会平等的希望，个人主义的兴衰，国家主义和团结统一的狂热——寻找利他主义根源的求索之旅走过了一段史诗般的旅程，留下了这些重要的地标。从在森林中打斗的狒狒，到俄国革命、纳粹德国、原子弹，再到21世纪的神经遗传学和今天的大脑成像技术，人类一路高歌猛进、势不可当，然而这场伟大的西西弗斯之旅的目标却是回归伊甸园的永恒天堂。

当然，这则传奇故事不仅是整个人类的集体编年史，也是关于一个备受折磨的灵魂的悲剧故事。这个备受折磨的苦难之人就是乔治·罗伯特·普莱斯。如果我们将寻找利他主义根源的求索之旅比作一幅宏大的挂毯，那么乔治·普莱斯的故事一直以来都是这幅挂毯上缺失的一根线。现在，我们把这根重要的线重新织入这个宏大的传奇故事。虽然乔治·普莱斯的精妙数学推演永远无法告诉他，利他行为是否真的是至真至纯的无私之举，但他已经比其他任何人都更接近利他主义的真相——他几乎已经看清了残酷无情的自然选择究竟如何催生富有牺牲精神的利他行为。利他主义的谜题也许是整个科学世界中最大的人类难题，因为我们无法找到这个难题的答案，于是乔治·普莱斯决定去另一个世界继续寻找。然而，不管是对他之前的人而言，还是对他之后的人而言，乔治·普莱斯已经发现的东西都是一笔宝贵的财富。

也许，从某种较小的意义上而言，乔治·普莱斯找到的东西也正是该隐想要的答案。

# 第 一 部 分

彼得·克鲁泡特金（1842—1921）

托马斯·亨利·赫胥黎（1825—1895）

## 第1章

# 战争还是和平？

黄昏时分是悄悄溜走而不被察觉的最佳时机，他每天都在等待着这个时候。昨晚，他在地理学会做了一场关于芬兰和俄国的冰川如何形成的热情演讲。现在，他正把行李装入一个小旅行袋，而关于昨晚那场演讲的记忆还在他的脑海中挥之不去。“那场演讲效果不错。”他这样想。俄国最著名的地质学家巴尔博特·德马尔尼对他赞誉有加，甚至还有人提名他出任学会自然地理学部的主席。多年来，他前往那些严寒的偏远之地做研究，如今这些努力终于有了回报。但是，现在他必须集中精神，他必须逃走。“你最好从服务人员的专用楼梯走。”一个女服务员轻声说道。[1]

他跳上门口停着的一辆套好的马车，车夫马鞭一挥，马车驶向了涅夫斯基大道。在这座用彼得大帝的名字命名的城市中，彼得大帝亲自规划了这条宏伟的街道。通往火车站的路并不远，而只要到了火车站，感谢神灵，通往自由的路就更近了。俄国的领土辽阔，而他的计划是在俄国东部的广袤土地上建起一个土地同盟。在之后的多年中，爱尔兰的一些土地同盟变得极为强大，而他计划建立的正是类似那样的土地同盟。此时是1874年的早春。

突然，另一辆马车飞驰过来。上周有两名纺织工人被捕，他惊讶地发现，马车上的乘客正是上周被捕的两名纺织工人之一，那个人在车厢里向他挥了挥手。“也许他已经被释放了，”他想道，“也许他有什么重要的消息要告诉我。”他马上让车夫停车，然而还没等他向那名纺织工人问好，他就发现这个人的身旁坐着另一个男人。两年来，他的生活就是参加秘密会议，使用各种伪装，睡在别人的床上，而在这一刻，这种生活终于走到了尽头。那个男人是一名侦探，他跳出车厢，大声喊道："博罗金先生，克鲁泡特金公爵，你被捕了！"那夜的晚些时候，在臭名昭著的帝国办公厅第三处，一位宪兵上校庄严地宣布了他的罪状："你被指控从属于一个企图颠覆现存政府的秘密社团，我们同时控告你密谋对神圣的大帝不利。"随着这段罪状的宣读，对彼得·阿列克塞维奇·克鲁泡特金公爵（化名博罗金）而言，游戏终于走到了尽头。[2]

···

在克鲁泡特金公爵被捕的同一时刻，在波罗的海和北海另一岸的伦敦皮卡迪利街，托马斯·亨利·赫胥黎正在系领结。这一天，他准备和英国皇家学会主席约瑟夫·道尔顿·胡克爵士一起，在伯林顿府为学会的周四会议揭幕。

此刻，他虽然身处豪华舒适的环境中，但下午乘坐马车时看到的情景却像燃烧的飞蛾一般在他的脑海中不断闪现：骗子、盗贼、假币贩子、娼妓、贩卖赃物的小孩、冒牌的宗教人士、肮脏的拳击手和推销员——这是维多利亚时代英国的地下世界，而这一切就那么明晃晃地呈现在通往英格兰科学圣殿的路上。他十分了解那些贫民窟、那些瘟疫的巢穴，因为他就是从那种地方来的。他坐在铺着天鹅绒垫的橡木椅中，紧张地悄悄扫视了一下面前的房间。

1825年托马斯·亨利·赫胥黎出生于伊令。伊令是一个小村庄，位于伦敦以西12英里[①]的地方，赫胥黎出生在一家肉铺的楼上。因为父亲没有

① 1英里≈1.61千米。——编者注

工作，所以赫胥黎10岁就被迫辍学，去赚取一点儿微薄的收入。13岁时，赫胥黎在考文垂成了一名医生的学徒，这位医生是他的姐夫，据描述此人是个“嚼着鸦片、大口喝啤酒”的人。后来，赫胥黎又跟随伦敦的一个地位低下的催眠医生。有些时候，年轻的赫胥黎会觉得自己没有什么前途了，用后来给他写传记的一位作家的说法，赫胥黎觉得自己就快淹死在“生活的洪流”之中了。而造成这“生活的洪流”的大海就是伦敦——一个“挤满了娼妓、皮条客、人贩子和流氓”的城市。赫胥黎的避难所是一个条件恶劣的药房，在这里，他常常独自研磨药品，胸中渐渐积累了一股怒火。在他的日记中，以及写给朋友的许多信件中，赫胥黎不断地问一个问题：当穷人在肮脏恶劣的环境里忍受折磨时，为何中产阶级可以如此冷血地对这一切无动于衷？[3]

靠着毅力和勤奋，赫胥黎获得了查令十字街医院的奖学金。后来，赫胥黎又因为在解剖学和生理学方面的优异表现，赢得伦敦大学颁发的金质奖章。为了偿还债务，20岁的赫胥黎加入英国皇家海军，以助理手术医师的身份在响尾蛇号上服役。沿着响尾蛇号的航线，赫胥黎勘察了澳大利亚大陆及巴布亚新几内亚的海岸和内陆，解剖了许多生活在荒无人烟的南海中的奇异的无脊椎动物。赫胥黎送回英国的相关标本和论文很快为他赢得了不小的声望，他成了研究海洋水螅虫纲动物的权威。25岁时，赫胥黎被选为英国皇家学会的会员。不久，他的事业便迎来了顶峰：他是英国皇家矿业学院自然历史系教授、英国皇家研究院富勒里安化学教授、英国皇家外科医学院亨特博物馆教授、英国科学促进会会长。赫胥黎负责领导多个重要的皇家委员会，他和他的手下严阵以待，随时准备解决大英帝国领土上的各类问题：苏格兰海岸线上的鲱鱼拖网捕捞问题、整个国家的海洋渔业问题、传染病法案、科学指令问题，以及如何促进科学发展的问题。

他重新洗了牌。300多年来，英国皇家学会聚集着英国最博学的人才，而如今，和高速发展的英国一样，学会也正经历着剧烈的变化。充满了繁文缛节的旧时光一去不复返，皇室和教会不再享有旱涝保收的优厚经费。医生和资本家有了新作为，甚至连学术界的“怪人”也不再按陈规陋习行事。学会中仿佛注入了一股新鲜的血液。新的资助者不再是“蓝血的业余科学爱好者”，也不再是“喂蜘蛛的神职人员”，而是商人和英国海外殖民地的建设者。整个大英帝国仿佛改信了新的宗教，威严的英国皇家学会自然也要跟着做出改变。“效用和为国服务”成了新的信条，专家和技术精英则成了新的神职人员——赫胥黎正是他们中的一员。[4]

本周的早些时候，赫胥黎参加了白金汉宫核心小组主持的一次会议。会议揭幕了化学家约瑟夫·普里斯特利的一尊雕像，而赫胥黎似乎是为揭幕仪式致辞的不二人选。在揭幕仪式上，政府要员们认真听取了赫胥黎的发言。赫胥黎为他们描绘了一幅“理性自由”的未来图景。要实现这种理性自由的美好未来，就必须让科学去领导政府，再由政府来管理整个社会。邮政、电报、铁路、医疗、公共卫生、道路建设，只要它们都由政府来运营，就都可以有序高效地运行。血腥的革命怒火正像瘟疫一般席卷欧洲的其他地方，英国要想规避这场革命的瘟疫，就必须通过以上途径提高英国人民的生活水平。[5]

此刻，赫胥黎已经冷静下来，他清清嗓子开始了会议的致辞。此时是1874年的早春，赫胥黎的职务是英国皇家学会的秘书。坐在赫胥黎身边的是英国植物学家胡克，他刚刚拒绝了皇室授予他的爵位，理由是接受爵位有损科学的尊严。赫胥黎对胡克微笑了一下。如果一个来自伊令的小伙子都能够拥有今天的地位，那么这套系统想必是非常正确和公平的。在一个冷酷无情、充满竞争的世界中，他靠自己的努力走出了贫民窟，一路登上了维多利亚社会的最顶层。赫胥黎身上洋溢着火一般的热情，《帕尔摩报》这样形容他：“解剖猴子是他的拿手好戏，而分析人类则是他的癖好。”他是视野广阔的职业公务员，他效忠的对象是一个乐善好施的现代化国家。[6]

“同伴们，我宣布本次会议开始。”

· · ·

经历了几天的审问后，克鲁泡特金乘坐四轮马车通过了涅瓦河上的宫廷桥。虽然那位肥硕的切尔克斯押送官一直保持沉默，但克鲁泡特金知道，他正被送往可怕的彼得保罗要塞。

关于彼得保罗要塞，有许多可怕的传说。据说，彼得大帝在这里亲自拷打并杀死了他的儿子阿列克谢。据说，塔拉坎诺娃女公爵曾被关在这里的一个水牢中——“牢房里的老鼠为了不被淹死，都爬到她的身上”。据说，叶卡捷琳娜大帝曾在这里把政治犯活埋。而更近些时候的事情是，很多伟大的文学家曾被锁上铁链关押于此，这些文学家包括雷列耶夫、舍甫琴科、费奥多尔·陀思妥耶夫斯基、皮萨列夫。革命家米哈伊尔·巴枯宁也曾被关押在这里，他在彼得保罗要塞度过了8个艰难的春秋；8年后，沙皇给了他另一个选择——流放西伯利亚，巴枯宁愉快地接受了这个选择。最终，巴枯宁于1861年逃离了西伯利亚。逃脱后，巴枯宁从日本横滨辗转来到美国旧金山，又从旧金山去了纽约。后来巴枯宁来到伦敦，拜访了他的革命伙伴——另一位被流放的革命家亚历山大·赫尔岑。当巴枯宁走进赫尔岑的公寓时，这位伟大的无政府主义者喊出的第一句话居然是：“这里能吃到生蚝吗？”想到这些，克鲁泡特金公爵的大胡子下露出了一个微笑，他向自己承诺道：“我不会在这里屈服的！”[7]

一走进彼得保罗要塞，克鲁泡特金就被命令脱光衣服。有人递给他一件绿色的法兰绒睡袍和一双“厚到令人难以相信”的巨大羊毛长袜。一双船形的黄色拖鞋被扔到他的脚边，这双鞋太大了，每当克鲁泡特金试图走路时，鞋子就会从他的脚上掉下来。彼得保罗要塞的军事指挥官科尔萨科夫将军是一个瘦削的老人，他的神态中流露着一丝疲惫，仿佛对一直以来沙俄的争名夺利的生活有种掩饰不了的厌倦。在这里，公爵应该受到和其他囚犯同样的待遇。但是，科尔萨科夫将军似乎对眼前的情况颇感尴尬。“我是一个军人，我只负责履行我的职责。”科尔萨科夫将军说道，却不太愿意直视公爵的眼睛。克鲁泡特金被押送着走过一个昏暗的通道，哨兵们站在通道两边的阴影中。一扇沉重的橡木门在他身后关上了，随后传来钥匙在锁孔中转动的声音。

克鲁泡特金的牢房本来是一间炮台。后来，克鲁泡特金在回忆录中描述这间牢房“本是为一门大炮而设计的”。牢房里有一张铁床、一张小橡木桌子和一个凳子，唯一的一扇窗户是一个窄而长的洞，开在5英尺[①]厚的墙上。窗户外面是一道铁栅栏，此外还有双层的铁窗框作为保护。窗户的位置非常高，克鲁泡特金即使伸长手臂也只能勉强够到它。为了表示蔑视和反抗，克鲁泡特金在牢房里唱起歌来：“那我要与爱永别了吗？”这首歌来自格林卡的歌剧《鲁斯兰与柳德米拉》(*Russlan and Ludmila*)，那是克鲁泡特金最喜欢的格林卡的歌剧。然而，不知哪个看守很快用男低音喝止了克鲁泡特金的歌声，牢房重新被沉默笼罩。

牢房昏暗而潮湿，四周一片死寂。研究过周围的环境以后，克鲁泡特金公爵决定做些运动，以保持身体的强健。从牢房的一个角落到另一个角落共有10级台阶，如果他把这些台阶走上150次，他就走了1俄里的距离，也就是2/3英里的距离。在被关进牢房的那一天，克鲁泡特金公爵决定在这间牢房中每天走上7俄里：早上走2俄里，晚餐前走2 俄里，晚餐后走2俄里，睡觉前再走上1俄里。克鲁泡特金公爵真的这么做了。一天又一天，

① 1英尺≈0.30米。——编者注

一个月又一个月，他每天在牢房里按计划走7俄里，一边走一边任由自己的思绪随意驰骋。[8]

· · ·

达尔文称赫胥黎是“为我传播福音的最好和最善良的传教士”。然而，对自诩为“达尔文的斗犬”的赫胥黎来说，也许犀利如剑的他并不希望别人用“好”和“善良”来形容自己。赫胥黎本人的说法是：“静静躺好，任由魔鬼按魔鬼的意愿行事。”因为对他来说，任何抵抗唯物主义和进化理论的行为都是撒旦的操作。达尔文的敌人——英国著名解剖学家理查德·欧文称赫胥黎是一个“脑子有些问题，可能还是先天问题”的变态，因为赫胥黎否认自然中存在任何神圣的东西。然而，这样的攻击之辞却只能让赫胥黎心中的火焰越烧越旺。赫胥黎的敌人抨击他是“魔鬼的门徒”。最终，身居英国皇家学会要职的赫胥黎终于点燃了革命的火焰。[9]

革命的第一击来自俄国。弗拉基米尔·科瓦列夫斯基到伦敦从事河马进化方面的研究，很快就和赫胥黎成了朋友。达尔文的进化哲学认为，生物的后代会发生变异，然后盲选者——自然——将用它无情的双手从这些变异的后代中挑选出最适宜生存的个体，让物种延续下去。这样的理论一经问世就激起了许多反对的声音。在最流行的报纸上，人们可以看到反对达尔文理论的充满仇恨的文字；在博物馆的大厅中，人们抱着不屑的态度就达尔文的理论而争论。在达尔文的《物种起源》出版10多年以后，英国皇家学会的《哲学会刊》才刊登了第一篇与达尔文主义有关的文章。在这篇文章中，作者不仅顽固地只谈“事实”而避免触及“理论”，还因为顾忌这份期刊的贵族血统而尽可能地避免涉及有争议的内容。但是，此时学术界的新主人已经变成赫胥黎和他在X俱乐部的朋友们了。[10]当赫胥黎以英国皇家学会秘书的身份向学会成员宣读科瓦列夫斯基的论文时，乔治·加布里埃尔·斯托克斯提出抗议。斯托克斯称，让一位沙俄秘密警察眼中的虚无主义者散布这样的蠢话，实在是一件令人厌恶的事情。斯托克斯还称，将达尔文缺乏依据的推测与牛顿的公理相提并论，简直就是在攻击整个知识体系的根基。斯托克斯是剑桥大学卢卡斯数学教授，对他而言，将各种创新行为连接在一起的是一条“光滑的曲线”，而这条曲线本身是一种“神圣的几何现象”，而绝非“任性的产物”。然而，赫胥黎却安排了一些同情达尔文主义的人员来评审科瓦列夫斯基的论文，于是这篇名为《关于河马的骨学》的论文很快就在《哲学会刊》上刊出了。一位来自伊令的脾气火暴的家伙终于扭转了英国皇家学会死气沉沉的风气，为了达到这一目的，他利用了一头河马和一位来自俄国的虚无主义者。这篇论文发表以后，自由思考的洪流将冲开英格兰科学圣殿的大门。[11]

· · ·

克鲁泡特金1842年冬天生于莫斯科。虽然有人说克鲁泡特金的外祖父是一位颇有名望的军官，但真正让克鲁泡特金拥有显贵血统的是他父亲的家世。留里克王朝是罗曼诺夫王朝之前俄罗斯的第一任统治者，[12]而克鲁泡特金家族正是伟大的留里克王朝的后裔。在那个用农奴数目来度量家族财富的时代，克鲁泡特金家族在三个不同的省份中共拥有近1 200名农奴。克鲁泡特金家族在位于莫斯科的宅第中共有50名仆人，而在他们位于尼科利斯科耶的乡村别墅中，还另外雇有75名仆人。4个车夫负责照料马匹，5个厨子负责准备餐食，每天晚上光是为晚餐服务的仆人就有十几个。彼得·克鲁泡特金从出生起就生活在一个由桦树、女家庭教师、萨默瓦尔茶壶、水手服和雪橇组成的世界中。“花园的尽头是广袤的干草原，我感知到这一点，也感知到这一切很快都会结束，这种感知让茶和果酱的味道变得更尖锐、更甜美。”[13]

然而，一切并非总如田园牧歌般美好恬静。拥有土地的俄罗斯贵族中出现了几位十分著名的贵族子孙——赫尔岑、巴枯宁、托尔斯泰。和这些贵族子弟一样，彼得·克鲁泡特金也鄙视他出生的这个世界——普鲁士军国主义滋养下的东方式独裁，外加一层法国文化的美丽装饰。伊万·屠格涅夫的短篇小说《木木》描述了农奴的苦难生活，它的出版向这个麻木不仁的国度揭示了一个触目惊心的世界。据说一位多愁善感的城市淑女“读每一本法国小说都会为男女主人公的遭遇而落泪”，而这位淑女读完《木木》后的反应居然是：“他们也会爱，就像我们一样，这是真的吗？”[14]一幅幅图像深深地刻在了彼得·克鲁泡特金年轻的头脑中：侍奉主人直到头发花白的老人最终选择吊死在主人的窗户下面；仅仅因为丢失了一条面包，整个村庄都被残忍地埋葬；面对主人安排的婚姻，一个年轻姑娘唯一的救赎就是淹死自己。但俄罗斯帝国的精英统治阶层中出现了一群会思考、有爱心的子孙，这些贵族子弟虽然出生在封建社会，却通过近距离的观察认识到他们生活的封建世界是多么恶毒，且注定灭亡。他们为他们深爱的俄罗斯的未来感到担忧，许多人都开始思考一个问题：究竟怎么做才能拯救俄罗斯的未来？[15]

阿列克谢·彼德罗维奇·克鲁泡特金是一名退休军官，他虽然没见识过真正的战争，却一直严格按照军队的习惯生活。阿列克谢认为，他完全知道自己的儿子彼得应该做什么。彼得的母亲是一位很有艺术气质的淑女，然而在小彼得只有4岁的时候，她就死于结核病。妻子去世以后，阿列克谢决定把小彼得培养成一名军人。因为一个偶然的机会，阿列克谢在为庆祝沙皇尼古拉一世登基25周年而举办的盛大化装舞会上把儿子引见给皇帝陛下。父亲为8岁的彼得精心准备了参加舞会的服装。在舞会上，小彼得扮成一位波斯侍童，腰带上镶满珠宝，由叔叔加加林公爵领到台前，受到沙皇的接见。当时，尼古拉一世拉着小彼得的胳膊，把他领到玛丽亚·亚历山德罗夫娜面前。亚历山德罗夫娜是王储的妻子，她当时正怀着身孕。尼古拉一世指着小彼得对亚历山德罗夫娜说："你就给我生个这样的男孩吧。"[16]

如果尼古拉一世能预知小彼得日后的作为，他一定会为自己当年说的那句话后悔。然而，尼古拉一世没有活到那一天，代替他后悔的是他的继承人。圣彼得堡的皇家士官生学校是为俄罗斯培养未来军事精英的训练基地，只有150个男孩能加入这个拥有特权的军团，其大部分成员都是贵族子弟。从皇家士官生学校毕业以后，这些男孩可以选择任一军团加入其中。成绩最优秀的16名毕业学员就更走运了——他们会被选为皇室成员的侍从，这重身份简直是显赫人生的入场券，声望和地位就在不远处等待着他们。然而，当15岁的彼得被父亲送进这个皇家士官生学校的时候，他却觉得这是自己人生中的厄运。尽管如此，彼得仍以优异的成绩从皇家士官生学校毕了业。此时距尼古拉一世去世已有几年了，在位的沙皇是亚历山大二世，彼得成了亚历山大二世的个人侍从。此时是1861年，俄罗斯境内的各种起义变得越来越暴力，国家为了镇压这些起义的花费也越来越大，反对的声音越来越响亮，给国家造成的破坏也日益加剧。新沙皇正面临着要求他解放农奴的越来越大的压力，最终在旧俄历的3月5日，沙皇终于签署了废除农奴制的自由诏书。在彼得看来，亚历山大二世似乎是一位优秀的君主。然而，这种正面的看法很快烟消云散。金碧辉煌的客厅，两侧站满穿着金色刺绣制服的侍从——这些富丽堂皇的景象曾让彼得惊叹不已，但他很快认识到，这些东西浪费了皇室的大量金钱，导致一些真正重要的东西无法实现。彼得明白，权力可以腐蚀一切。

帝国统治者的身上总是带着美丽的光环。然而，当他远远地陪侍沙皇，默默地保护他时，沙皇的光环也令人忧伤地渐渐消散。沙皇是一个不可靠、冷漠、睚眦必报的人，而沙皇身边的许多人甚至比沙皇还坏。在皇家士官生学校里，彼得学会了行军和击剑，还学会了建造桥梁和防御工事，但此刻的彼得发现他真正感兴趣的东西并不在这里。彼得开始悄悄阅读赫尔岑在伦敦出版的评论杂志《北极星》（*Polar Star*），甚至开始担任一本革命刊物的编辑。当他可以自由挑选任命地点时，彼得选择奔赴东西伯利亚的广袤土地，那里是新近划归俄罗斯领土的边远地区。彼得的父亲和同学都对彼得的选择感到震惊，因为作为皇家士官生学校的毕业生，彼得本可以选择一个军团作为服役地点的。在彼得出发前，亚历山大二世也吃惊地问他："你去那么远的地方不怕吗？"彼得回答说："不，我想要工作。在西伯利亚一定有很多事情等着我去做，许多即将进行的伟大改革等着我去实施。"沙皇回答说："好的，那你去吧。一个人在任何地方都可以成为有用的人。"然而，当沙皇这样说的时候，他的脸上却带着疲惫和自暴自弃的表情。彼得立刻想："他已经是一个筋疲力尽的废人了。"[17]

• • •

在彼得奔赴西伯利亚边远地区的30年前，查尔斯·达尔文登上小猎犬号开始远航。1832年10月，在开往布宜诺斯艾利斯的途中，达尔文注意到一团团发出磷光的植形动物，每一团磷光生物都比字母*i*上的那个点还要小。当小猎犬号不断驶入未知的黑暗海域时，这些生物发出的浅绿色光芒照亮了船只周围的波浪。达尔文很清楚流行观点是如何解释这些发光生物的：人们认为上帝为了帮助水手而特意把这些海洋生物放在那里，这样在黑夜里航行的船只就不至于遭遇沉船的灾难。这种解释属于"结局论"或"目的论"，这种教条是自然神学传统的支柱，在达尔文时代，所有人接受的都是这样的教育。[18]

然而，这位来自什鲁斯伯里的家伙却不愿意用上帝的慈爱精神来替代科学的解释。达尔文相信，所谓上帝派来为迷途水手指路的光芒其实是磷光，而之所以会产生这种磷光，是因为数百万死去的植形动物正在降解的尸体被活着的植形动物利用了——这个过程不过是海洋净化自身的一种方式而已。海洋需要净化自身，这个原因已经足够了，与上帝的慈爱精神毫无关系。达尔文相信，要想真正看到自然之美，就必须发现自然规律，而不是相信上帝的预知能力。威廉·佩利牧师指出，自然的所有设计都证明一切皆出自上帝之手，否则如何解释自然界中种种精妙卓绝的设计，比如鳟鱼眼睛里的晶状体，老鹰翅膀呈现出的完美的空气动力学特征？然而，他在《自然神学》中给出的答案，此时在达尔文看来却成了问题：如果上帝就是自然规律，如果自然规律的存在是为了取代上帝，那么生物的形态和功能之间的完美契合应该如何解释呢？为什么自然界的一切都看上去如此完美？[19]

解决上述问题的方法之一是，研究自然界中的不完美现象。长期以来，自然界中存在的不完美现象是人类无法解开的谜题，就连上帝设计一切的论点也无法合理地解释自然界中为何会出现种种不完美的现象。为什么不会飞的奇异鸟身上有翅膀的痕迹？为什么蛇的身上有腿骨的痕迹？为什么种种迹象显示鼹鼠似乎曾经拥有相当忙碌的眼睛？此外，生物地理学中的一些未解之谜也在拉扯着达尔文的神经：为什么岛屿上的特有物种数量比大陆上少？这些物种是从哪里来的？既然岛屿上的自然环境与大陆上的如此不同，为什么岛屿上的物种会和大陆上的物种如此类似？登上小猎犬号时，达尔文还对物种固定论深信不疑，但当他于1836年10月回到英格兰时，他已经开始以更加开放的方式去看待自然和自然的进化方式了。虽然达尔文仍不确定物理定律是否能够解释所有的自然难题，但在5年的航海生涯以后，他已经掌握了“足以推翻物种固定论的事实”。[20]

接下来发生了一个重大事件。[21] 1838年10月，达尔文读了托马斯·马尔萨斯的《人口论》。托马斯·马尔萨斯是一名牧师，也曾是一名政治经济学教授。马尔萨斯指出，当食品供给按算数级数增长时，人口则会按几何级数增长。这就证明了，饥荒、战争、死亡和痛苦从来不是由某种政治系统的缺陷所致，而是自然规律作用的必然结果。达尔文不仅是一名辉格党人，还支持旨在改善贫困人口生活状态的济贫法运动，因此他并不认同马尔萨斯的保守政治态度。但是，将这位牧师发现的定律运用到自然界中却是另一回事。达尔文立刻认识到，既然在自然界中为了生存而进行的挣扎和努力无处不在，“有利的变异就更易于保存下来，而不利的变异则会被淘汰，这一过程的结果就是新物种的形成”。达尔文写道：“至此，我终于找到了一种我可以继续研究下去的理论。”事实上，由自然选择推动的进化就是“将马尔萨斯的理论应用到整个动物和植物王国中去”。[22]

如果说达尔文在乘坐小猎犬号的旅途中只获得了一个重要认识，那就是地球上生物的种类极其丰富，令人叹为观止。沿着火地岛的海岸线，在水深45英寻①的黑暗水域中，达尔文在“令人惊叹”的海藻的巨大藤茎上发现了盘状贝类、软体动物、双壳贝类和数不清的甲壳类动物。当他摇动海藻的藤茎时，又掉出了“小鱼、贝类、乌贼、螃蟹、海胆、海星、美丽的海参、涡虫，以及各种各样爬动的沙蚕类动物”。“交缠的巨大根系”令达尔文想起热带森林，那里充满了各种蚂蚁和甲虫——凡是人类能想到的品种，那里都应有尽有。在巨大的水豚和斜眼的蜥蜴的脚下，在腐肉鹰的注视下，这些虫蚁沙沙作响。物种的数量仿佛是无限的，它们发出的绚丽光辉也仿佛是无限的。在小猎犬号返回英国的途中，达尔文考察了巴伊亚的热带生态系统，他不无思念地写道：“橘子树、椰子树、棕榈树、杧果

① 1英寻≈1.83米。——编者注

树、桫椤树和香蕉树的形态将永远界线清晰而明显，但把这些融合成一幅完美图画的美景却必然会消逝。然而，就像儿时听到的童话故事一样，即使在消失之后，它们仍会留下一幅美丽的图画，其中充斥着模糊而美丽的身影。”[23]

事实上，达尔文知道，自然界是一个巨大而粗粝的战场，它粗暴、强硬、残酷。在自然界中，物种的繁殖率如此之高，如果不加限制，种群的规模必将呈指数级增长。我们知道，除了季节性的波动以外，种群的规模在各个时间点上都是相对稳定的，这是一个事实；同时，马尔萨斯的理论指出，一个物种所能获得的资源是有限的。如果上述事实成立，并且马尔萨斯的理论是正确的（这种理论当然正确），我们就一定会得出这样的结论：同一种生物之间存在激烈的竞争，我们也可以说这种竞争是生物为了生存而进行的挣扎。假设在一个物种中，没有任何两个生物的性状是完全相同的，而且某些性状差异会影响生物个体的生存机会（或称适应性），有些性状的适应性较高，有些性状的适应性较低，这些性状都可以遗传给后代，那么自然就会选择那些适应性较高的性状，且这种选择的过程会随时间不断积累，最终引发进化。虽然上述理论推导出的结果令人无法想象，但达尔文的逻辑是无懈可击的。“在自然的战争中，从饥饿和死亡中”，最优秀、最高级的生物被创造出来。马尔萨斯的理论让达尔文的信仰发生了彻底的转变。1844年，在一封写给他信任的朋友约瑟夫·胡克的信中，达尔文称自己的这种信仰的转变就像“供认了谋杀罪行一样”。[24]

· · ·

改革监狱，建立学校，组建法庭，帝国的巨大管理机器需要重新安排和组织。加入哥萨克兵团的彼得·克鲁泡特金满怀好奇和斗志，希望为偏远地区带去公平和正义。然而，在官僚主义和腐败的扼杀下，克鲁泡特金的所有建议都石沉大海。1863年夏天，在波兰爆发了一场叛乱活动，亚历山大二世对其进行了残酷的镇压，所有的改革措施和改革精神早已被忘却。理想幻灭的克鲁泡特金逐渐将兴趣转向了自然，他四处旅行，旅程达50 000英里。在旅途中，他坐过马车，搭过汽船，乘过小舟，但大部分时间他都在骑马。克鲁泡特金会随身携带一个皮革袋，里面装着几磅①面包和几盎司②茶叶，此外他还会在马鞍旁边挂上一个水壶和一把小斧头。在长途跋涉去满洲里进行地理考察的途中，克鲁泡特金风餐露宿，不忘阅读约翰·密尔的《论自由》，在这个过程中，他惊奇地看到了“人与自然的合一”。[25]

此时，克鲁泡特金的人生目标已经改变，现在他最想做的是建立一套关于山脉和高原的理论。但是，他也希望找到支持达尔文的伟大理论的证据。在皇家士官生学校学习期间，克鲁泡特金读过达尔文的《物种起源》，从某种意义上来说，这个过程相当于克鲁泡特金乘坐小猎犬号进行了一趟极地之旅。在阅读《物种起源》的过程中，克鲁泡特金惊讶地发现，达尔文称同物种的个体之间存在极为激烈的生存斗争，然而在现实世界中，不管克鲁泡特金走到哪里，他看到的却是合作的景象：为了防御捕食者的袭击，马围成一个圈来保护同伴；狼总是成群行动，合作捕猎；鸟在筑巢时互相帮助；为了过河，黇鹿齐头并进。在自然界中，互助和合作的行为无处不在。

和乘坐小猎犬号返航的达尔文一样，经过5年的冒险，克鲁泡特金仍未能就自然和自然的运作方式建立一套成熟的理论。然而，如果说小猎犬

---

① 1磅≈0.45千克。——编者注

② 1盎司≈28克。——编者注

号上的航行经验动摇了达尔文的物种固定论，那么在偏远地区旅行的经验则完全粉碎了克鲁泡特金对生存斗争理论的坚信。1867年4月，当克鲁泡特金终于返回圣彼得堡的时候，他写道，“自然的诗歌”已经成为他的生命哲学。[26]同时，克鲁泡特金对国家完全失去了信心：他曾经是一位宪政主义者，像赫胥黎一样相信政府关于仁政的承诺。然而，在游历了俄罗斯的广袤土地以后，克鲁泡特金已经充分“准备好成为一名无政府主义者”。[27]

直到多年以后，克鲁泡特金才在瑞士真正成为一名成熟的革命者。父亲死亡的消息赋予了克鲁泡特金完全的自由，在巴黎公社的召唤下，他来到欧洲。克鲁泡特金在苏黎世参加了共产国际，也对革命政治产生了兴趣。然而，真正重要的转变却发生在汝拉山区的一个小山谷中。在松维利耶，某种东西真正触动了克鲁泡特金。在一场“举步维艰、寒冷刺骨”的暴雪中，50 名制表工人（大部分是老年人）不顾恶劣危险的天气坚持出行，只为了讨论他们的无政府主义生活哲学。他们既不是被少数几位高级党员领导的大众，也不是少数几位高级党员实现政治目标的工具，他们是一群独立、平等的人组成的联盟。在这个联盟内，大家像兄弟一样共同决策，制定联盟的目标和标准。这群制表工人的智慧令克鲁泡特金深深感动和折服，他写道，“在我离开山区的时候，我对社会主义的看法已经形成。我是一个无政府主义者”。[28]

回到圣彼得堡以后，克鲁泡特金加入了柴可夫斯基小组，这是一个以传播革命理念为目标的地下组织。在此后的两年中，克鲁泡特金虽然在表面上继续参加地理学会的博学辩论，继续出席帝国皇宫的奢华晚会，但在不参加这些活动的时候，克鲁泡特金变成了“博罗金先生”。以农民“博罗金先生”的身份作为伪装，克鲁泡特金时常悄悄潜入各种破旧的公寓，给与会的人们讲解关于蒲鲁东、阅读、算术的各种知识。讲完课以后，克鲁泡特金又会悄悄地消失。共产主义和同志间的友爱集会是无政府主义者对沙皇政府的回击，这是一种没有秩序的秩序。无政府主义者的信念是：只要没有政府的干预，人们就会自发合作，形成平等的公社组织，私有财产和高压政治将被自由和协商所取代。革命组织试图把工人联合起来反抗沙皇政府，并且已经在这方面取得了一定的进展。然而好景不长，很快秘密警察就开始镇压革命组织的活动。一群给政府制造麻烦的纺织工人被逮捕，而且在一次针对学生公寓的突击搜查中，警方查获了一份革命宣言，宣言的署名为"P. A. 克鲁泡特金"。在这一刻，克鲁泡特金明白自己必须立刻离开，绝不能拖延。现在，在牢房里来回踱步的克鲁泡特金忍不住做了个鬼脸：如果那时他放弃最后一次关于冰川形成的演讲就好了！

· · ·

如果生物个体之间的竞争真是自然所选择的存续之道，那么自然似乎忘了把这条消息告诉某些个头较小的生物了。达尔文知道，在很多种蚂蚁中，存在着严格固定且不可打破的等级制度。比如对于美洲沙漠中生活的蜜罐蚁，工蚁终生只负责完成一项工作，就是像一大罐糖水般一动不动地倒挂在那里，等待蚁后和幼蚁口渴时来饮用它们存储的液体。除了工蚁，蜜罐蚁群体中还有另一种蚂蚁，它们的头部巨大，像神话中的冥府守门狗一样负责堵住蚁巢的入口，防止入侵者进入。南美的切叶蚁则进化出体重差距巨大的不同种类，它们的体重可以相差300倍之多。负责培育真菌的蚁种身形娇小、性格安静，而负责战斗的蚁种则身形巨大、勇猛无比。在蚂蚁的世界中，有些蚂蚁是蚁后，有些蚂蚁专门负责筑巢，有些蚂蚁专门负责获取食物，还有一些蚂蚁专门负责战斗——每一只蚂蚁都属于一个固定的等级，每一只蚂蚁都只能接受不可改变的命运。对达尔文而言，这其中最有趣的一点是：除了蚁后和少数几只幸运的公蚁以外，其他蚂蚁事实上都是无性的。如果说在生存之战中，产生尽量多的后代标志着胜利，那么蚂蚁中的等级制度显然是非常不合理的。[29]

在同一种蚂蚁中，为什么会出现上述行为和组织形态上的差异呢？这是达尔文面临的一个难题。由于所有的工蚁都不能产生后代，所以自然选择不可能通过工蚁的直系后代来塑造工蚁的特质。这就意味着，蚁后和蚁后的配偶必须通过它们自己的后代以某种方式把工蚁的特征传递下去，包括巨大的头部、能完成园艺工作的剪刀状的牙齿，以及神秘的利他行为。但问题是，蚁后和蚁后的配偶本身并不具备这些特征。达尔文认为这个问题是“一个特殊的难题，而且是到目前为止我的理论遇到的最大难题，它比此前遇到的所有难题都难得多”。[30]这是一个遗传方面的问题：形态和行为方面的特征究竟如何以大魔术师胡迪尼般的身手，在一代代生物个体之间进行神秘的传递？

而且，如果我们相信自然可以被比作一头“牙爪上都滴着鲜血”[31]的残忍野兽，那么蚂蚁的上述等级制度显然是一种例外。如果由自然选择推动的进化过程只是将马尔萨斯的理论应用到所有生物当中去的结果，那么在这片烈火的海洋中，小小的蚂蚁、蜜蜂和白蚁又怎么会构建出这些富有骑士精神的孤岛呢？为什么会出现这些反常的“美德”[32]圣殿？这些圣殿究竟是以何种方式形成的？为了解决这些问题，达尔文提出了一个简单的问题：从这些利他行为之中获益的究竟是谁？达尔文认为，从利他行为中获益的是生物“社群”[33]。因为只有善于生产食物和善于战斗的个体各司其职，社群中的其他个体才能从生产和战斗活动中解放出来，更好地参与繁殖活动。基于同样的原则，在人类社会中也出现了分工，这是一项“对文明化的人类非常有用”的制度。如果自然选择某些时候能在高于个体的层面上发挥作用，蜜蜂蜇敌、蚂蚁作战这些带有巨大牺牲性质的行为就可能在进化的过程中被挑选出来。上述想法是达尔文理论的一个重要进步，因为在《物种起源》一书中达尔文曾经宣称，达尔文理论的精髓就是“每一种复杂的结构和本能”都应该“对拥有这些结构和本能的个体有用”。自然选择“永远不可能在生物个体中培养出对个体有害的性状，因为自然选择是依靠提高生物个体的效用而运作的，也是为了提高生物个体的效用而存在的”。[34]然而，我们看到的事实是，自然选择确实在生物个体中培养出了对个体有害的性状。

这种现象给达尔文留下了深刻的印象。达尔文认为，自然选择拥有令人难以置信的巨大力量，而到目前为止，这种现象是证明这种力量的最强有力的证据。事实上，达尔文后来相信，整套机制比他预想的还要宏大。在《人类的由来》中，达尔文写道：“毋庸置疑，人类和低等动物都获得了社会本能。为了社群的福祉，社会本能给予人类一些帮助他人的意愿，以及一些同情之心。”[35]按照达尔文的说法，进化是人类产生道德的关键。

• • •

在彼得保罗要塞中，克鲁泡特金差点儿死于风湿病。靠着家庭关系的帮助和一位好心的医生开出的一纸证明，在彼得保罗要塞待了21个月以后，克鲁泡特金被转到了拘留所，然后又从拘留所被转到了军事医院。虽然克鲁泡特金仍然十分虚弱，但他终于看到了希望的曙光：军事医院的看守远不像彼得保罗要塞那样森严。克鲁泡特金确定了逃跑的日期，即6月29日（旧俄历）——圣徒彼得和保罗日。关于这个日子的选定，后来他这样写道：我的朋友决定“在我们的计划中加入一丝伤感主义的成分”。[36]根据计划，当看见一个红色气球升上天空时，克鲁泡特金就要全力跑向医院的大门。一辆马车会在医院的大门外等他，载着他奔向自由。然而，在6月29日那天却发生了一件匪夷所思的事情：在整个圣彼得堡，竟然怎么也找不到一个红色气球。当克鲁泡特金的朋友终于找到了一个红色气球，并将这个气球从一个哭嚎的小男孩手中抢来以后，它竟然怎么也飞不起来。克鲁泡特金的朋友急忙从一个眼镜店里买来了制氢气的设备，然而这套设备竟也无法让这个红色气球飞上天空。最终，一个女人把这个瘪瘪的气球绑在一把雨伞上，然后举着这把雨伞在军事医院的墙外走来走去。这样的权宜之计也没有发挥作用：因为医院的墙太高了，而这个举伞的女人个子太矮，可怜的克鲁泡特金始终看不到越狱的信号。

第二天早晨，克鲁泡特金的一位亲戚去军事医院探访克鲁泡特金，并要求看守人员把一块手表交给克鲁泡特金。看守人员没有起疑心，直接把这块手表交给了克鲁泡特金，但这块小小的计时器却不只是一件平常的物品。在这块手表中藏着一段密码，这段密码详细写明了当天越狱的新计划。当天下午4点，克鲁泡特金去花园里散步。当信号（新的信号是一段激昂的小提琴玛祖卡舞曲）响起时，克鲁泡特金拼尽全力冲向医院的大门。“他跑了！让他停下！抓住他！”一个哨兵和三名军人紧紧追赶着克鲁泡特金，在追兵离他最近的时候，克鲁泡特金甚至感受到了刺刀带起的风。[37]

当天晚上，他们在圣彼得堡最好的餐馆“多农家”里举杯庆祝，秘密警察永远不会想到克鲁泡特金会待在这么显眼的地方。克鲁泡特金的越狱可以说是一次利他主义的壮举，参与这次行动的多位同志都为了克鲁泡特金无私地冒着生命的危险：第一个人挥动手帕发出信号，第二个人通过和别人同步吃樱桃来传递信号，第三个人负责分散看守的注意力，第四个人负责演奏小提琴，第五个人负责指挥倒车。克鲁泡特金容光焕发，但他必须尽快离开此地。不久之后，克鲁泡特金穿过芬兰的国境线，登上了一艘驶往伦敦的汽船。

• • •

1887年11月20日，马迪·赫胥黎死于肺炎。著名神经学家让-马丁·沙可曾到英格兰来给马迪看诊，失明和不能发声的症状让马迪的父亲怀疑自己的女儿得了“所有致命疾病中最糟糕的一种——痴呆”。马迪是赫胥黎珍爱的第三个孩子，对他而言，美丽的马迪是这个世界上“最聪慧的生灵”。让-马丁·沙可不仅是治疗癔症的权威专家，还是西格蒙德·弗洛伊德年轻时的老师。根据沙可的诊断，马迪患有严重的精神疾病，因此他让马迪去巴黎接受催眠治疗。马迪接受了沙可的建议，但一切都太迟了。来到萨尔佩特里尔医院的马迪已经筋疲力尽，还没等用精神疗法消除她的情绪“冲突”，死神就夺走了她的生命。[38]

女儿的死让赫胥黎痛苦万分。但赫胥黎相信，完成使命是关乎荣誉的大事，因此他仍然去曼彻斯特完成了一次演讲。当火车一路向北驶过西米德兰时，赫胥黎看着英格兰的一座座城市——考文垂、伯明翰、伍尔弗汉普顿、特伦特河畔斯托克——从窗外掠过。4年多来，他担任英国皇家学会主席，获得过各种奖章，是整个科学界的太阳。[39]对赫胥黎来说，他早已远离伊令肉铺上的那间公寓，就像英格兰早已远离富足的“平衡年代”。支持精英政治的异议者和非国教徒在19世纪50—70年代持续与王室和教会进行斗争，但那些斗争的胜利都已经是昨日的辉煌了。如今，巨大而单调的机器奇迹般地在海下挖掘着横穿英吉利海峡的隧道，而在城市和农村地区，数百万民众却只能每天饿着肚子入睡。似乎永远不会结束的大萧条恰好撞上了“专家的时代”。技术虽然取得了伟大的成就，却没有能够把普通民众从困境中解救出来。[40]

与此同时，普通民众的规模却在不断扩大。英国人口已经达到3 600万，每一年还会新增35万张饥饿的嘴巴。随着人口增长率的提升，一个新词语从法国和德国传到了英国。从传统上看，英国的达尔文主义者通常并不会因为以生物学的眼光来看待社会问题而感到不安，因为对他们而言，不管是动物还是人，都必须在自然和自然规律面前俯首称臣。但是，社会主义政治的发展撼动了马尔萨斯学说的核心——适者生存。人们争取选举权的运动、工人阶级的不断暴动以及“妇女问题”层出不穷，英国迎来了一个前所未有的极端时代。此时的英国迫切地希望提醒民众，人类文明的开端原本就是野蛮的，因此政府需要一种“货币”来完成上述宣传任务。人口爆炸和各种竞争性冲突难道不是正好证明了马尔萨斯的预测吗？赫胥黎把英国与德国、美国之间的工业竞争称作一种国际“战争”，《自然》杂志和《泰晤士报》都对赫胥黎的这种论调予以赞同。[41]然而，如果重商主义已经演变成一种不惜一切代价的战斗，如果达尔文信奉的马尔萨斯式竞争已经成了全世界的主旋律，那么自然会出现愿意与这种潮流斗争的勇士，而“社会达尔文主义”的大棒正是用来对付这些勇士的。[42]

这场活动的领路人正是赫胥黎在X俱乐部的伙伴赫伯特·斯宾塞。斯宾塞性格“傲慢狂妄”，他深信进化是通往完美的途径。没有人比斯宾塞更相信达尔文的理论，然而有些人（也包括达尔文自己）认为斯宾塞对达尔文主义的狂热似乎用错了地方。对这位“进化王子”而言，不管是物理学、生物学、社会学还是伦理学，都应该随着进化的笛音起舞。[43]斯宾塞认为，历史的宿命就像子宫或热带雨林，而人类文明的发展则“完全等同于胚胎的发育或花朵的绽放”。[44]斯宾塞是维多利亚时代一位杰出的学者，他对颅相学有所涉猎，并且首创了“适者生存”这个表述。[45]斯宾塞是密尔的朋友，是法国哲学家奥古斯特·孔德的追随者，也是乔治·艾略特作品的爱好者。他不仅深信人类可以通过进化走向完美，而且亲自将这一理念打磨到了完美的程度。斯宾塞认为，背负人类未来的是强者，而不是温顺的弱者，强者的挣扎和胜利是所有神圣行为中最神圣的，强者的能力是公正和正确的体现。要想让强者在人类的进化过程中发挥他们应有的作用，政府应该停止一切干预手段，对弱者的苦难坐视不管，尽管救助弱者的行为看起来符合“进步主义”的理念。斯宾塞认为，政府的干预虽然表面上看是一种善行，实际上却是一种诅咒，只会干预自然规律的必然选择。从长期来看，只要存在不受干预的自由竞争，人类文明就能进步。养老金和免费教育都是极其错误的政策。

然而，左翼人士纷纷发出了不同的声音。亨利·乔治出版了支持土地国有的著作《进步与贫困》(*Progress and Poverty*)，这部作品大受欢迎，赢得了不少读者。[46]亨利·乔治大力宣扬卢梭提出的“高贵的野蛮人”的说法，对贫困和竞争现象则做出了正面回击。甚至连与达尔文共同发现自然选择现象的阿尔弗雷德·拉塞尔·华莱士，也在他位于多赛特的退休住所中攻击了“达尔文主义”，但在建立“达尔文主义”表述的过程中，没有人比华莱士做出的贡献更大。[47]此时，华莱士提出，当社会主义让妇女获得了经济解放以后，妇女就可以在择偶过程中自由地挑选最合适的男性。通过这种选择的过程，妇女将成为人类最伟大的救赎者，她们将孕育出最高质量的后代，为人类提供素质更高的未来世代。[48]即使是从最温和的角度看，华莱士所形容的女性也和达尔文在《人类的由来》一书中形容的女性完全不同。[49]虽然华莱士描述的这种乌托邦似乎十分牵强，虽然他描述的情况似乎需要某种更高级力量的推动才有可能实现(作为一名唯灵论者，华莱士将人类从自然选择的对象中剔除了)，但此时这些问题似乎都不再重要。天赋人权思想、古代公社现象和对平等社会的预言和憧憬，都对达尔文主义予以痛击，达尔文主义者建立起来的功业摇摇欲坠。也许，竞争并非如达尔文主义者所言的那样是自然的基本规律。也许，达尔文主义者“对科学所持的宗教信仰”事实上只是一种幻觉，是一种虚假的“因绝望而产生的宗教信念”。[50]

当达尔文主义受到攻击时，赫胥黎承受了最猛烈的火力。毕竟，他长期坚持“科学能解决一切问题”的信念，并且已经把自己塑造成这一信念的化身。赫胥黎认为，斯宾塞只是一个“啰唆的学究”，一头“河马”。在赫胥黎看来，斯宾塞是被一些错误的信念诱导，才会总想把公众当作祭品供奉在达尔文主义的祭坛上，就像斯宾塞始终相信“后天获得的性状也能遗传给后代”这种错误的理念一样。但即便如此，自然仍然是残酷无情的，它就像“一个有一万个楔子的平面”。在这个平面上，每个楔子代表一个物种，所有这些楔子都“被一把大锤不断地向内敲打”。[51]成功永远是以别人的失败为代价的。既然如此，如何才能躲开高贵的斯宾塞心甘情愿跌入的那个陷阱呢？如何才能从自然那带着血的利爪下为公众夺回道德呢？

当火车驶入曼彻斯特的伦敦路火车站时，赫胥黎正被以上这些思绪折磨着。在市政厅中，面对前来聆听他演讲的人群，赫胥黎把自己灵魂中黑暗的一面倾倒进自然世界之中。想起自己刚刚失去的女儿，赫胥黎眼神呆滞。他在公众面前揭开了自然屠宰场的真实面目：“你看到一片草地，上面布满了野花和叶子，你的记忆也是一幅和平美丽的景象。然而，这只是一种幻觉……每只鸟都是杀手（或是被杀者）……在这场大屠杀的每一分钟，在每一道树篱和每一丛灌木中，战斗、谋杀和突然的死亡是每天的常态。”[52]

在写给一位朋友的信中，赫胥黎称自己“如荒野中的一只鹈鹕般忧愁”，抑郁的情绪渐渐将他淹没。[53]赫胥黎在曼彻斯特的那次演讲被刊登在1888年2月的《十九世纪》上，很快就引发了巨大的争议。在《人类社会中的生存竞争：一份大纲》中，赫胥黎让读者想象一只鹿被狼追击的过程。如果此时某个人愿意出手干预去救助这只鹿，我们就会说他是一个“勇敢而富有同情心”的人，我们也会说教唆狼去猎鹿的人“低贱而残忍”。然而，这样的说法只是一种恶意的欺骗，即人类把人类世界中的虚假规律强行推广到自然界中。“在冷静而客观的科学之光的照耀下”，我们才会看清上述两种行为没有好坏之分，“帮助鹿的慈善的左手和撺掇恶狼的邪恶的右手各有各的好处"，但它们会互相抵消。"自然既非道德的，也非不道德的，自然之中不存在道德一说。"鹿儿升入"三叶草长青的天堂"的概率，并不比狼堕入"永远没有骨头吃的犬舍地狱"的概率更高。赫胥黎写道："从道德家的角度看，动物世界并不比角斗士表演的道德层次更高。身体最强壮、跑得最快、头脑最狡猾的动物才能够活下去，在第二天继续参与生存的斗争。观众大可不必谴责或嘲讽这样的情况，因为自然并不会因为你们的谴责而变得更仁慈。不管是对胜利者而言，还是对失败者而言，在一定程度上，它们获得的奖赏就是忍受痛苦和折磨。如果观众不愿意看到这样的情况，就只能闭上双眼了。"[54]

达尔文和斯宾塞都认为，残酷的生存斗争"最终会带来好的结果"。祖先所承受的折磨能让未来的子孙后代变得更加完美，这就是忍受那些折磨的回报。但是，这样的说法毫无道理。除非现在的世代可以偿还对祖先的亏欠，否则，就算它的某一位子孙在几百万年后赢得了生存的斗争，几百万年前承受痛苦的那只悲伤的白鲳又能获得什么呢？这个问题是赫胥黎无法回答的。此外，生物必须不断适应周围的环境。观测到太阳和地球正在冷却的"物理哲学家们"警告我们，"宇宙的严冬"正在到来。如果"宇宙的严冬"真的在这个世界降临，整个星球上将只剩下北极的硅藻和像红雪一样的圆球藻。也许基督徒相信自然界中处处留有上帝的指纹，然而对赫胥黎而言，巴比伦女神伊什塔尔对自然界的干预似乎显得更加真实。伊什塔尔仿佛爱与美的女神阿佛洛狄忒和战神阿瑞斯的结合体，她既不知晓什么是美德，也不知道什么是邪恶，更不会像慈善之神那样向人类提供任何奖赏。她只要求把弱者当作祭品供奉给她。自然女神伊什塔尔是一位必须存在的冷酷无情的刽子手。[55]

然而，如果世界真的这样冷酷，人类又是什么呢？人类是否如其他生物一样，只能顺从地臣服于无法逃避的命运，臣服于冷酷无情的神明？因为对所有其他生物而言，“在有限和暂时的家庭关系以外”，只有赤裸裸的残酷斗争；而对人类而言，“霍布斯所言的每个人对所有人的战争”也必然是一种常态。像所有其他生物一样，人类一直“在进化的河流中挣扎”，“既没有思考自己从哪里来，也不考虑自己将往哪里去”，而只是不断努力让自己的头保持在水面上方。接着，出现了第一个有不同想法的人，出于某种原因，这个人将人与人之间“相互战斗的关系转变为和平的关系”，文明由此诞生。自我克制是对生存斗争的否认，是人类对自身需求这位暴君的光荣反抗。但是，无论有道德的人取得了多么巨大的成就，人类永远不可能完全消除“我们内心深处的自然冲动，这种与生俱来的本能会不断驱使自然人采取不道德的行为”。在所有这些自然人的本能中，最重要的就是繁殖，因为它是导致生存斗争的最主要原因。[56]

在所有戒律中，“要生养，要增长”是最古老的一条，也是人类唯一真正关注的一条。因此，即便有道德的人类抱持最美好的意愿，他们仍然再次陷入了“适者生存”的不道德情形之中。人口的增长把人类推向战争。在最黑暗的时刻，赫胥黎看不到任何鼓舞人心的光芒。然而，和社会主义者不同，赫胥黎确信任何“重新分配社会财富的干预手段”，都不可能将人类社会从自我毁灭中拯救出来。工业化的战争已经取代了自然的战斗，作为一名社团主义者，赫胥黎支持由国家资助的技术教育。但是，赫胥黎也知道，这样的政策不可能根治社会顽疾。社会好似一名因痛风而即将失明的病人，“医生应该做的是根治病人的痛风”，而赫胥黎则仿佛一位只能建议该病人去做白内障手术的眼科医生。[57]

对达尔文而言，人类的道德来自社会本能的进化；但对赫胥黎而言，人类的道德却是人类不道德的开端残留下来的痕迹。本能是“反社会”的，虽然人类选择了谨慎的生存之道，但本能的原始诱惑始终是一种长期威胁。虽然赫胥黎绝望而热切地想找到治疗社会顽疾的良药，但他无法在自然界中找到这样的解药。当赫胥黎在从曼彻斯特返回的火车上为爱女的死亡而哭泣时，他也无法在自然界中找到任何慰藉。

· · ·

在19世纪40年代，《俄罗斯之夜》（*Russian Nights*）是一本非常畅销的书，而此时马尔萨斯已经去世。在这本小说中，作者弗拉基米尔·奥多耶夫斯基公爵塑造了一个反英雄的经济学家形象。因为这位经济学家关于繁殖的预言失控，他最终选择自杀。在俄罗斯，这本小说的读者为这位经济学家的自杀而欢呼雀跃，因为在这片广袤而人口严重不足的土地上，马尔萨斯的人口论简直就是一个笑话。英格兰仿佛一个拥挤得快要爆炸的熔炉，而俄罗斯却拥有一片资源丰富而人烟稀少的巨大土地。但是，这本小说的意义并不止于此。奥多耶夫斯基解释道："一个在过去的一个世纪中一直沉迷于道德记录的国家一定会产生这样一个人，他将集所有罪行和所有时代的谬误于一身，并且从这些罪行和谬误中得出关于社会规律的最严格的数学公式。"在俄罗斯，马尔萨斯不是一个英雄。[58]

于是，当《物种起源》于1864年被翻译成俄语时，俄国的进化学家陷入了困境。达尔文是科学的斗士，是一个伟大理论的创造者，但他也是马尔萨斯的追随者；而根据托尔斯泰的说法，马尔萨斯是一个"恶毒的庸人"。[59]对俄国人来说，达尔文是一位仪表堂堂、温和亲切的自然主义者，是一位来自道恩的辉格党人；而马尔萨斯则是一位来自萨里的患有腭裂、言语恶毒的反动牧师。那么，怎样才能划清达尔文与马尔萨斯的界限呢？[60]左翼和右翼的政治势力都找到了反对的理由。以赫尔岑为代表的激进分子攻击了马尔萨斯的道德水平：与资产阶级政治经济不同，伟大的农民公社"让每个人都能毫无例外地在桌边找到自己的位置"。而君主制的维护者和保守派人士（比如亲斯拉夫派的生物学家尼古拉·丹尼列夫斯基）则认为沙俄是一个高贵的国家，而英国是一个全民都在小气地数着硬币的“小店主之国”。在丹尼列夫斯基看来，达尔文对马尔萨斯的依赖证明了科学与文化价值是密不可分的。丹尼列夫斯基写道：“英国典型的民族性格就是接受斗争。无论其后果是什么，都将其视作他们的权利，不允许对斗争设置任何限制……他们喜欢一对一的单打独斗，而不像俄国人喜欢群体作战。”对丹尼列夫斯基来说，达尔文主义是一种“纯粹的英国式教条”，关于这个教条是什么由来，目前尚不可知。“从实用性和功利主义方面看，它来自边沁式的伦理学；从本质上看，它也来自斯宾塞的伦理学；从所有人对所有人的战争——现在被称为‘生存斗争’——看，它来自霍布斯的政治理论；从竞争方面看，它来自亚当·斯密的经济理论……马尔萨斯将完全相同的原则应用于人口问题……达尔文将马尔萨斯的狭义理论和政治经济学家的广义理论都拓展到有机世界之中。”但是，俄罗斯式的价值观和英国式的价值观具有截然不同的性质。[61]

俄罗斯的自然环境也与英国的自然环境大不相同。达尔文和华莱士都听到过热带生态的刺耳的喧嚣，而北极苔原上的寒风却唱着一种截然不同的曲调。因此，急于对达尔文保持忠诚的俄罗斯进化学家决定运用他们的智慧，重拾那些被赫胥黎和马尔萨斯主义者丢到一边的表述来大做文章。在《物种起源》中达尔文写道：“在使用‘生存斗争’一词时，我想表达的意思较为宽泛，并且具有比喻意义。两只身处食物匮乏环境中的犬类动物为了争夺食物和活下去的权利，确实必须互相‘斗争’，但沙漠边缘的一棵植物也可以说在与干旱进行‘斗争’，以获取生存下去的权利。然而，更准确地说，这种植物并不是在‘斗争’，只是依赖水分而已。”[62]靠着这样一句话，俄罗斯的进化学家找到了逃离“所有生物对所有生物之战”的仁慈出路，虽然达尔文本人无意强调这一点。原因在于，如果“生存斗争”既可以指与同一物种的其他生物之间的竞争，也可以指与环境因素之间的斗争，上述两种斗争究竟哪种更重要就需要用额外的证据来判定。如果对动物而言，它们的首要敌人不是同一物种的其他生物，而是恶劣的自然环境，这些动物可能就不会与同一物种的其他动物争斗，而是选择以别的方式来完成生存斗争。在俄罗斯，与自然环境因素进行的斗争，事实上可以推动动物间的互相合作。

· · ·

克鲁泡特金没有在伦敦久留。松维利耶的那场风暴将克鲁泡特金彻底塑造为一个无政府主义者，如今汝拉联盟再次对他发出了召唤。几个月以后，克鲁泡特金已经全身心地投入了瑞士的革命活动。1877年3月18日，克鲁泡特金在伯尔尼组织了一场纪念巴黎公社的示威活动。汝拉联盟的其他领袖担心警察会镇压，克鲁泡特金却深信，在这种情况下暴力反而有助于他们的事业。事实证明，克鲁泡特金的想法是正确的。警察的残酷镇压激发了工人的斗志，汝拉联盟的会员人数在示威活动之后增加了一倍。虽然引领克鲁泡特金走向革命道路的是松维利耶的那几位制表工人的平和态度，但如今的他正在发展一种政治化的革命方法：集体主义、反政府，以及“行动宣传”——暴力。其中，暴力是集体主义反对政府的手段。

真正带来变革的将是年轻人。在1880年的一本名为《起义》的刊物上，克鲁泡特金写道：“所有有知识、有才华、有能力、勤奋的人，如果你们的天性中有一丝同情的火花，那就来吧，和你们的同伴一起来吧。来我们这里，为那些最需要你们的人提供帮助。但请记住，你们来到这里，不是来当他们的主人，而是来做他们的同志，与他们一同面对挑战。还要记住，你们来到这里，不是为了指挥和领导他们，而是为了在一种新的生活中为自己汲取力量。这种新的生活将如强风般直上云霄，主宰未来。你们来到这里，不是为了教导大众，而是为了理解他们的抱负。发现它们，塑造它们，然后去工作，不眠不休又不慌不忙地工作，用所有青春的火焰和时代的判断去工作，在真实的生活中实现它们。”[63]

1881年3月1日（旧俄历），亚历山大二世在俄罗斯被刺杀。虽然克鲁泡特金曾是亚历山大二世信任的侍从，但如今他却像革命先驱拥抱即将到来的革命那样，为亚历山大二世被刺杀身亡的消息感到庆幸。但是，克鲁泡特金也必须注意自身的安全。继承亚历山大二世皇位的新任君主亚历山大三世成立了一个名为“秘密兄弟会”的组织，目标是反击革命者。很快，秘密兄弟会组织就发出了针对克鲁泡特金的死亡通牒。幸运的是，因为支持刺杀沙皇的行动，克鲁泡特金已经被瑞士当局驱逐出境。离开瑞士后，克鲁泡特金来到了伦敦，那里的同志警告他小心亚历山大三世的阴谋。克鲁泡特金不仅没有被沙皇的阴谋吓倒，还将针对他的死亡通牒发布在伦敦的《泰晤士报》和曼彻斯特的《纪事报》上。结果，丢尽颜面的沙皇不得不召回派去追捕克鲁泡特金的密探。然而，虽然克鲁泡特金保住了性命，但他却未能摆脱失去自由的命运。由于对英格兰的工人运动丧失了信心，克鲁泡特金离开英国来到法国。然而早在他到达法国之前，他的无政府主义者的名声就已经被人知晓了。来到法国没几个月，克鲁泡特金就被逮捕和判刑了。接下来的三年时光他是在监狱中度过的。后来，法国当局迫于国际压力释放了克鲁泡特金。然而，出狱后没多久，克鲁泡特金就收到了一个悲伤的消息：他那因政治罪而被流放的兄弟亚历山大在西伯利亚自杀身亡。[64]

对克鲁泡特金而言，这是一个沉重的打击。亚历山大不仅是他的兄弟，也是他的终身挚友，甚至可以说是他唯一一个真正的朋友。然而，亚历山大自杀的消息也让克鲁泡特金变得更加坚定，他深信自己的革命活动会成功。与此同时，克鲁泡特金越发相信科学：他相信无政府主义的科学，也相信自然科学。无政府主义的科学和自然科学本是两类独立演化的科学，但对克鲁泡特金而言，这两种科学却交织在一起，甚至神秘地变成两种可以互相替代的科学。1882年春，达尔文去世，克鲁泡特金在《起义》杂志上刊登了一则讣告。他以一种俄罗斯民族独有的方式，庆祝这位“进化圣贤”终于完全脱离了马尔萨斯的影响。克鲁泡特金认为，达尔文的思想完美地论证了动物社会的最佳组织形式是无政府主义形式。[65]多年之后，在《无政府主义的科学基础》一文中，克鲁泡特金又清楚地指出，不仅达尔文主义者借鉴了无政府主义者的思想，无政府主义者也借鉴了达尔文主义者的思想。克鲁泡特金写道：“什么才是实现人类最大幸福的最佳条件？在对这个问题给出我们的意见的过程中，无政府主义的思想家不会诉诸形而上学的概念（比如‘天赋人权’或者‘国家的责任’等）。相反，无政府主义的思想家只会遵从现代进化哲学指明的道路。”[66]在寻找社会问题的答案时，“我们不再诉诸信仰，这是一个应该通过科学讨论来解决的问题”。[67]

• • •

与此同时，赫胥黎却在两种学说之间举棋不定。一边是斯宾塞的极端自私的伦理道德，另一边是乔治和华莱士的社会主义自然论。赫胥黎无法找到一条能减轻他的心灵所受折磨的路。如果本能是野蛮和血淋淋的，那么只有抛弃本能才会产生道德。这是文明需要完成的任务，事实上，这也是文明存在的最根本原因，即文明必须拼尽全力去与人类的进化遗产做斗争。“在宇宙中创造一个人造的世界”听起来好像“一个非常大胆的提议”，但这个人造世界当然是经过人类进化洗礼的“自然中的自然”，是“一个逆时针旋转的奇异微观世界”。赫胥黎虽然抱有希望，但他的这种乐观主义不过是一种被动产生的无奈之举。因为对一个对达尔文主义深信不疑的人而言，任何其他的解释都显得苍白无力和穷途末路。[68]

和达尔文一样，赫胥黎也看到了蚂蚁和蜜蜂中出现的社会化行为和利他行为。但这不过是“一种完美的自动机制，一种被生存斗争的大锤硬砸出来的自动机制”。没有什么原则能够帮助人类解释道德产生的自然源头。毕竟，雄蜂生下来就是雄蜂，它不可能立志成为蜂后，甚至也不想成为工蜂。而人类却与蜜蜂不同，人类有一种“内在的欲望”，这种欲望让人类渴望享受各种快乐，并且远离生活的痛苦。这种对享乐的渴望是人类在自然界中赢得生存之战的核心条件，但“如果任其自由发展，就必然会摧毁人类社会”。人类不可能超越自然，因此人类必须与自然做斗争。如果一个人在家庭以外的地方展现出任何友爱的精神（对赫胥黎而言，家庭是唯一可以稳定存在的“友爱”天堂），那么这种情况必然是通过一种“人造的人格”产生的。这种“人造的人格”是我们的良心，是亚当·斯密所说的我们“内心的那个人”，是自然女神伊什塔尔治下的一个不稳定的例外。如果不是因为在意他人的看法，如果不是因为对非难和谴责存有羞耻之心，人类就会像其他动物一样残酷无情。不，对赫胥黎而言，“宇宙之道从不认可道德的作用”，自然的不公正已经深深地在他的灵魂中留下烙印。[69]

• • •

在偏远地区的经历、在监狱中度过的时光和参加革命的政治经验，将克鲁泡特金的种种思想融合在一起，形成了一套坚定的自我哲学。赫胥黎的想法和克鲁泡特金正好相反，赫胥黎在痛苦中渴求文明人能获得救赎，从而远离野蛮的本性；而克鲁泡特金却相信回归动物性的本源才是拯救人类道德的希望所在。当克鲁泡特金在哈罗的一个潮湿的图书馆中阅读最新一期的《十九世纪》时，他的目光停留在赫胥黎的文章《生存竞争》上。在这一刻，由于思想上的差异，克鲁泡特金的胸中燃起了愤怒之火。克鲁泡特金感到，他必须把达尔文从这些“异教徒”手中拯救出来，像赫胥黎这样的人“为了谋取个人利益，把冷酷无情的斗争上升到了生物学原则的高度”。[70]克鲁泡特金很快就采取了行动，他给《十九世纪》的编辑詹姆斯·诺尔斯写了一封署名为“来自宜人群山中的牧羊人”的信，希望诺尔斯允许他发表一篇“详细的回复”。诺尔斯欣然应允并且写信给赫胥黎，称克鲁泡特金的回复是“我读过的关于自然的最令人耳目一新也最令人精神振奋的见解”。[71]

1890—1896年，克鲁泡特金一共写了5篇相关文章。其中，第一篇的标题为《动物之间的互助》。1902年，这5篇文章被结集出版，成为《互助》（*Mutual Aid*）一书。在这本书中，克鲁泡特金终于彻底否定了“自然的牙爪上都滴着鲜血”的说法。因为如果蜜蜂、蚂蚁和白蚁“放弃了霍布斯式的战争”，并且因此“更好地生存”，那么成群结队的鱼、合作完成埋葬工作的甲虫、成群的鹿、蜥蜴、鸟类和鱿鱼也出于同样的原因选择了合作和互助。回忆起他在偏远地区的广袤土地上度过的岁月，克鲁泡特金写道：“所到之处，凡是有大量动物的地方，就有互相帮助和支持的行为。”[72]

无数的例子已经充分证明，克鲁泡特金指出的情况并不是西伯利亚地区的特例，而是整个生物界中的一般性原则。达尔文的祖父伊拉斯谟就曾注意到，普通螃蟹会在同伴蜕皮时在一旁充当哨兵。鹈鹕会通力合作形成一个半圆形的圈，并且一起向岸边滑动来围捕鱼类。家雀会与同伴“分享任何食物”。白尾鹰则会多只一组在高空中分处不同的视点，全景监视猎物的一举一动，并在猎物出现时高声呼唤、提醒其他同伴一起出击。因其幼稚的面相而给亚历山大·冯·洪堡留下深刻印象的小伶猴，会在下雨的时候拥抱和保护它们的同伴，“当同伴因寒冷而战栗时，小伶猴会把它们的尾巴裹在同伴的脖子上”。除了上述动物以外，当然还有许多群居的哺乳动物，比如鹿、羚羊、大象、野驴、骆驼、绵羊、胡狼、狼、野猪。在所有这些动物社群中，“互助都是社群的规则”。人们通常将狮子和鬣狗想象成凶残的动物，在人们的脑海中，“狮子和鬣狗的形象大多是用滴血的牙齿咬着猎物的皮肉”。然而事实上，在食肉动物中，群居动物的数量惊人。如果说膜翅目动物（比如蚂蚁、蜜蜂和黄蜂）的利他行为是由它们的生理结构决定的，那么对于比它们“更高等”的动物而言，则是因为互助行为能带来好处才养成了利他的行为模式。在生存竞争中，再也没有比利他主义更有力的武器了。生存确实是一场斗争，在斗争的过程中也确实是适者生存。但我们需要回答的问题是：“生存斗争主要是以何种形式进行？”“在生存斗争中，谁才是真正的适者？”这两个问题的答案非常清楚地说明“自然选择不断地寻找避免竞争的精确方式”。自然选择限制了物理斗争的程度，由此而产生的稳定性“使得生物能够产生更好的道德感”。生物进化的方向不是勇者和强者之间鲜血淋漓的残酷竞争，而是去获得智力、同情心和“更高级的道德情感”。[73]

但是，如果情况真如克鲁泡特金所言，那么动物之间的互助行为究竟是从哪里来的呢？有些人认为，互助行为的源头是家庭成员之间的“爱”，而克鲁泡特金却立刻提出了一种更理智也更宽泛的解释。[74]因为如果把动物的社会属性局限于家庭成员之间的爱与同情，就意味着这种社会属性的广泛性和重要性都将大大下降。自然界中的生物社群并非基于家庭的血缘关系，互助的共生关系也不仅仅是“友谊”的产物。虽然赫胥黎相信家庭是逃避自然战争的唯一避难所，但克鲁泡特金持有截然不同的看法。克鲁泡特金认为，原始部落、野蛮村落、原始公社、行会和中世纪城市等组织的存在都指向一个共同的结论：超越家庭关系的互助共生关系，不仅对动物而言是一种自然存在状态，对人类而言也是一种自然存在状态。[75]克鲁泡特金写道："当我看到邻居家起火的时候，我会立刻拎起一桶水冲向起火的房屋，而促使我这样做的并不是我对邻居的爱，因为在许多情况下我根本不认识他们。真正促使我采取上述行动的是一种虽然模糊却更广泛的感情，或者说本能，是人类的团结与社会本能触动了我。对动物而言同样如此。"[76]

克鲁泡特金传递给读者的信息非常清楚："不要竞争！对整个物种而言，竞争永远是有害的，并且我们拥有足够的资源来避免竞争现象的发生。"克鲁泡特金的观点获得了一位强大盟友的支持，他写道："这是我们的口号，它来自灌木、森林、河流和海洋。"自然本身就会成为人类的向导。"因此我们应该团结起来，采取互助行为！互助是互相奉献的最佳途径，也是通往最高层次的安全的最可靠途径。不管是从身体、智力还是道德层面看，互助都是人类存在和进步的最佳保证。"[77]

如果说资本主义的发展令工业"战争"污染了人类纯净的自然本能，如果说人口的过度繁殖和随之而来的饥荒是社会进步带来的必然恶果，那么克鲁泡特金对这些东西都采取了否定态度。作为"达尔文的斗犬"，马尔萨斯主义者赫胥黎完全搞错了方向。人类需要做的根本不是与自然本能做斗争来获得一点儿道德感，要想找到美德，人类只需要审视自己内心的声音。

• • •

真正的美德究竟来自何处，是战争还是和平？是自然还是文化？人类究竟应该从何处寻找慰藉，是从进化的道德之中，还是从道德的进化之中？我们究竟应该诉诸个人、家庭、社区，还是部族？这场争论使用的表述已经由两方最伟大的斗士创造出来，而这两位斗士提出的问题将是人类必须面对的永恒问题。

赫胥黎死于1895年4月29日下午3点30分。按照他的遗愿，他死后并没有被安葬在威斯敏斯特大教堂正厅的达尔文墓旁，而是葬在位于芬奇利的寂静的家族墓园中。没有任何政府代表来参加赫胥黎的葬礼。他的葬礼上既没有华丽的装饰，也没有人宣读颂词。然而，在他的葬礼上却能看到许多他生前的朋友，包括英格兰最伟大的科学家、医生、工程师、博物馆馆长、各类学术协会的会长和理事，以及来自各类机构的数不清的“没有透露自己姓名的人们”，他们都乘坐火车从中部地区北上而来。所有人都在赫胥黎的棺木前低头默哀。赫胥黎的一生是痛苦的一生，也是承担责任的一生：从伊令到英国皇家学会，从顽强的个人主义者到社团主义者，从一神论者到不可知论者，最终他决定相信人类可以从自然女神伊什塔尔用来燃烧尸体的柴堆上仁慈地抽取属于人类的道德。《每日电讯报》称，埋葬赫胥黎的坟墓之前已“被挖掘得很深”。[78]赫胥黎相信，在自然中，家庭扮演着极为重要的角色，最后他选择的丧葬地点也完全符合他生前的这一信念。赫胥黎的一个儿子诺埃尔只活到4岁就夭折了，赫胥黎最终安息的地方就在他儿子诺埃尔的棺木旁。

1917年2月（旧俄历），俄罗斯终于爆发了革命，此时的克鲁泡特金已经是一位颇具名望的老者了。5月30日，在国外流亡了41年的克鲁泡特金终于回到祖国，数千人聚集在彼得格勒火车站前，欢迎克鲁泡特金的归来。[79]俄罗斯获得了新生，这个国家从此不再受沙皇的统治，对未来的希望和信心又在这片国土上重新点燃。然而，不久之后，历史又见证了十月革命的爆发和布尔什维克的上台。希望和信心很快被失望的情绪取代，今天的一切仿佛和多年前他在边远地区度过的岁月并没有什么不同。不久以后，弗拉基米尔·伊里奇·列宁在克里姆林宫接见了克鲁泡特金。列宁对克鲁泡特金说：“不管在什么时候，不管在什么地点，我们都反对官僚和官僚主义。如果在我们崭新的系统中还有官僚主义的残余，我们就必须把它们连根拔起。”说完这段话之后，列宁笑了，他继续说道：“但是，彼得·阿列克塞维奇，你也十分清楚，要改变人们的思想是很难的。就像马克思说过的那样，世界上最可怕和最坚不可摧的堡垒就是人类的头颅！”[80]

克鲁泡特金离开莫斯科搬到一个名叫季米特洛夫的小村庄，那里正在创建一个合作社。虽然他的身体日益衰弱，虽然他要与时间赛跑、努力完成人生的重要著作《伦理学》（*Ethics*），但克鲁泡特金仍然会抽出一些时间来帮助季米特洛夫的工人。在他1920年3月4日写给列宁的信中，克鲁泡特金写道：“这些劳动者的情况实在非常悲惨，我必须把这一点告诉您，因为我认为做出这样的证言是我的职责。这里的大部分劳动者都在饿着肚子……就目前看来，统治俄国的不是苏维埃，而是党的各种委员会……如果目前的情形继续下去，‘社会主义’一词将很快变成一种诅咒。”

列宁从未回复过克鲁泡特金写给他的这封信。但是，在彼得·克鲁泡特金于1921年2月8日去世以后，列宁做出了批示，同意让无政府主义者安排克鲁泡特金的葬礼。在俄罗斯，彼得·克鲁泡特金的葬礼将是无政府主义者的最后一次大型集会。

13 周大的乔治·普莱斯和他的哥哥爱迪生，1923 年

少年时期的乔治和爱迪生及母亲艾丽斯在一起

## 第2章

# 在纽约求学

威廉从后侧的楼梯跑进了贝拉斯科剧院。演出将在晚上8点整开始，然而此时舞台上所有的布景都还没有就位，导演一定会杀了他的。威廉流着汗，上气不接下气。他一边跑过舞台，一边在头脑中构思着自己的借口，有那么不到一秒钟的时间，他瞥见黑暗的幕布后有一双闪光的眼睛。威廉的心跳似乎停止了：在他的一生中，他从未见过如此美丽的东西。[1]

威廉·爱迪生·普莱斯是一个有抱负的人。“提供适应所有目的的照明设备”是他的口号，成为“进步的先驱”则是他的目标。小赫拉克勒斯泛光灯、环形条状反射灯、展览反射灯边框，所有这些设备都面临着日益高涨的需求。时装展、露天表演、博览会和各种展览都需要照明设备。除此之外还有巡回演出的团队，这类表演使用的通常是便携式中枢调光盒。同时，由于简单地陈列商品已经不足以吸引过路人的目光，所以商店需要精美的展示橱窗，橱窗中的颜色和灯光的方向自然也需要随时调整。公司的目录这样解释道：“虽然剧院本身比历史书中最陈旧的书页还要古老，但给剧院配备科学的照明系统却是一项刚刚兴起的事业。”威廉·爱迪生·普莱斯和他的两位商业伙伴——约翰·海厄姆和迈克尔·凯利一起经营着舞台照明有限公司，公司的地址位于纽约市西四十四街334号。感谢上帝，公司的生意很兴隆。[2]

真正让威廉·爱迪生·普莱斯的生意蒸蒸日上的人，是被称为“百老汇主教”的戴维·贝拉斯科。贝拉斯科1853年出生于旧金山市，他的父母是波兰裔的犹太人，而他们家族的真正姓氏是韦拉斯科。贝拉斯科的父亲原来是伦敦的一位哑剧演员，后来他们全家搬到美国，希望过上更好的生活。12岁的时候，贝拉斯科从一所修道院逃走，加入了一个马戏团。很快，他就找到了第一份工作：大都会剧院的催场员。29岁时，贝拉斯科搬到纽约市，此时他已经参演过170场戏剧，并且至少创作或改编过100个剧本。在纽约，贝拉斯科担任过麦迪逊广场花园的舞台经理，后来他在兰心大剧院为丹尼尔·弗罗曼工作。在纽约市浮华的戏剧商圈里，贝拉斯科不断地往上爬，然而真正让他声名远播的是1895年上演的一出以南北战争为背景的浪漫戏剧《马里兰之心》，贝拉斯科是它的编剧、制作人和导演。接着，贝拉斯科又创作出了许多优秀的作品：改编自法国作品的《扎扎》(*Zaza*)、闹剧《顽皮的安东尼》(*Naughty Anthony*)，以及在世纪之交上演的以日本为背景的《蝴蝶夫人》(*Madame Butterfly*)，这部出自贾科莫·普契尼之手的催人泪下的作品注定会成为歌剧史上的名作。[3]

贝拉斯科之所以会获得“百老汇主教”的绰号，是因为他的硬领总是酷似神职人员的装束。贝拉斯科的脾气是出了名地坏，他最喜欢的一种表演就是在发脾气时猛踩自己的手表，把表面碾得粉碎（只有与贝拉斯科非常亲近的助理才知道，他为了完成这种表演备有一大堆廉价的二手手表）。如果说贝拉斯科的行事风格就是他身上充满了精心设计的戏剧化元素，那么他创作的舞台剧也具有同样的特征——在这些作品的吸引下，观众们争先恐后地涌向剧院。贝拉斯科作品的受众是容易感动的感官主义者，如果从严肃性的角度看，他的作品远不及易卜生、契科夫或者斯特林堡的作品。但是，如果说欧洲的那些戏剧大师把情感上的现实主义元素注入了他们塑造的角色，那么贝拉斯科的贡献则是把技术上的现实主义带上了舞台。贝拉斯科的舞台布景以准确著称，每一个小细节都准确无误——他能在舞台上搭建出一个能洗衣服的自助洗衣房，也能在舞台上原样复制出查尔兹餐厅，让演员在舞台上煮咖啡、做煎饼。有一次，贝拉斯科甚至买下了某家廉价旅店中的一个房间，把那个房间从原有的建筑中移走，整体搬入剧院，然后拆掉房间的一面墙，并用这个真实的房间作为布景。

贝拉斯科喜爱用灯光布置舞台，他用手中的彩色丝绸和胶片给戏剧界带来了一场革命。贝拉斯科也是展现情绪和舞台张力的大师，他在舞台上创造出来的“真实”的日落场景堪称奇观。当贝拉斯科在1907年掌管斯泰夫森特剧院的时候，他对所有细节挑剔不已：剧院的飞行空间、液压系统、蒂芙尼的灯具、天花板、精致的木结构和墙壁装饰。1910年，这里改名叫贝拉斯科剧院，当时那个时代最伟大的几位演员戴维·沃菲尔德、丽诺尔·乌尔里克、弗朗西斯·斯塔尔和布兰奇·贝茨都在他手下工作。剧院位于西四十四街第六大道和第七大道之间，距离“进步的先驱”——舞台照明有限公司只有几个街区。

感谢上帝，布景终于各就各位了。威廉·爱迪生·普莱斯握着贝拉斯科的手，把这口气儿喘了上来，并想起了幕布后的那双眼睛。曾在1901年取得成功的三幕喜剧《拍卖人》（*The Auctioneer*）再次被搬上舞台，《泰晤士报》将这部剧的重演形容为“一位老朋友又回到了贝拉斯科”，还极力称赞了曾是杂耍演员的男主角戴维·沃菲尔德。沃菲尔德在剧中扮演的角色名叫西蒙·利维，是下东区的一位苦乐参半的滑稽又倒霉的小贩。《拍卖人》引起了巨大的轰动，西蒙的叫卖“棍子上的猴子，5分钱！”虽然滑稽，却完全没有失去“悲伤的意味”。[4]在《拍卖人》一剧中，还有一位面孔宽阔、个子娇小的女配角艾丽斯·埃弗里，她在沃菲尔德扮演的悲惨小贩旁边扮演康普顿小姐。幕布后那双令威廉·爱迪生·普莱斯着迷的眼睛正是艾丽斯·埃弗里的双眸，普莱斯鼓起勇气，走上前去做了自我介绍。

· · ·

事实上，艾丽斯并不是她的真名。艾丽斯·埃弗里1883年出生于密歇根州的贝尔维尤，出生时的名字叫克莱拉·厄尔迈·埃弗里。艾丽斯·埃弗里的母亲名叫艾玛·阿黛尔·盖奇，父亲弗兰克·埃弗里是贝尔维尤一位有名的珠宝商。艾玛的父亲盖奇博士是一名优秀的医生，他曾携带着老式的鞍囊骑马走遍了附近的地区。[5]艾玛是一名虔诚的基督徒，她也很愿意为了信仰在教堂里做义工，艾玛22岁时加入了盖奇家族老宅对面的卫理公会教堂。1890年，艾玛的丈夫弗兰克英年早逝，留下艾玛独自抚养他们的4个子女：克莱拉、玛丽、盖奇和乔治。好在艾玛受过进步的教育，她毕业于位于兰辛以南30英里的私立基督教共同教育学校——奥利维特学院。奥利维特学院是美国国内最早招收女性学生的学校之一。[6]担任三年级和五年级老师的艾玛成了受人爱戴的社区支柱。当她的女儿克莱拉从大瀑布城高中毕业的时候，艾玛也离开了大瀑布城高中。

从奥利维特学院毕业以后，克莱拉成了赫塞高中的校长。但那时的她听到了自己内心的声音，她知道剧院的舞台才是她梦想的地方。[7]对克莱拉而言，纽约百老汇的灯光比赫塞市的任何东西都更加明亮。于是，克莱拉给自己起了一个艺名，然后带着她与生俱来的戏剧化作派去纽约寻找新生活。

其实，威廉·爱迪生·普莱斯也不是他的真名。和他未来的妻子艾丽斯一样，普莱斯也出生于1883年。艾丽斯在美国中西部的基督教家庭长大，而普莱斯的父母则是一对说意第绪语的俄裔犹太人。威廉的父母分别叫亨利和埃塔，他们当年乘船踏上了美国的国土，后来来到芝加哥。[8]普莱斯这个姓氏原本可能写作“Preis”，而不是“Price”。威廉有几个兄弟姐妹：安娜、莉娜、罗伯特、赛迪、罗西，他们都在美国出生，而威廉本来的名字是“艾萨克”。1910年的芝加哥人口普查记录把威廉的职业归为“电工”，还登记了他的新名字。想必艾萨克已经感觉到，这个既美国化又很有职业感的新名字预示了他未来的成功。后来，普莱斯几乎切断了与家庭的一切联系，他登上了一辆开往纽约市的火车，准备在那里书写全新的人生。[9]

于是，在贝拉斯科剧院里（这家剧院的主人本名并不是贝拉斯科，而是韦拉斯科），威廉（本名艾萨克）和艾丽斯（本名克莱拉）坠入了爱河。1917年6月6日，两人在康涅狄格州的斯坦福德举行了婚礼。有趣的是，甚至连斯坦福德也不是这个小镇的本名，在1640年从印第安人手中买下它之前，这个小镇名叫雷波万。[10]这就是美国，每一个梦想家都可以做梦的美国。

• • •

然而，实现梦想并不容易，至少对艾丽斯而言，实现梦想的道路是艰辛的。在一首刊登在《晨讯报》（*Morning Telegraph*）上的诗歌中，艾丽斯写道：“亲爱的经理们——”

> 我想请你们帮我一个忙：
> 请告诉我，百老汇舞台上天真无邪的少女究竟应该是怎样的？
> 我们不是太瘦就是太胖，或者根本就没有身材；
> 要是太矮——我们就穿上高跟鞋，然后你们又嫌我们太高了。
> 我们的头发不是颜色太浅就是颜色太深，或者带着一丝红色，
> 这样的发色演女主角真的不太行。
> 我们的声音太扁平，或者口音太重，我们永远都不可能“通过”。
> 我们的眼睛总是小了那么一点点，而我们的眉毛又太高了。[11]

艾丽斯在剧院舞台上的前途日益黯淡，于是她开始把越来越多的时间用在帮助舞台照明有限公司完成照明方面的工作上。很快，在1918年的夏天，这对看起来并不那么般配的夫妇迎来了他们的第一个孩子——爱迪生。由于生意繁忙，这对夫妇的生活仿佛就是不断地从一个订单奔向另一个订单：剧院、电影院、学校、俱乐部、大学、酒店、舞厅、餐馆——似乎所有人都需要灯光照明服务。除了客户，他们还需要和供应商打交道，卡特勒–汉莫公司、威明顿纤维公司、康宁玻璃公司、阿斯科供应公司、罗马电线公司，以及几十家其他供应商，每家都有一辆辆的大卡车和一车车的货物，每家都有自己的时间表，以及给出的“同行难以匹敌”的好价格。[12] 1922年10月16日，乔治·普莱斯在纽约的斯卡斯代尔出生，重8磅12盎司。乔治一出生就进入了一个繁忙而多彩的世界，这个世界充斥着明胶、卡钉、螺丝、导电纤维、批发商、演出时间、杂耍艺人、滔滔不绝的推销员、修理工、光芒四射的俱乐部、百老汇剧院，以及这些剧院里作风浮夸的经理。在乔治出生的时候，普莱斯家的一位友人带着些许安慰的语气给乔治母亲写信说：“你不必在意，这个世界需要更多的男孩来安慰孤独的女孩。”[13]

• • •

那是一个发明的时代，威廉·爱迪生·普莱斯充分拥抱了那个时代。连接插塞专利1 454 858、灯具专利1 351 681、卡钉装置专利1 562 052，这些都是威廉·爱迪生·普莱斯的工作成果，并且还有更多。[14]每一家剧院都热爱威廉·爱迪生·普莱斯，其中一家将在我们的故事中留下特殊的印记。

曼哈顿歌剧院由奥斯卡·汉默斯坦于1906年创建。这家歌剧院地处三十四街，就在麦迪逊广场花园西侧不远的地方。汉默斯坦志向远大，他希望通过向纽约市民提供价格低廉的歌剧票来积累资本，最终完成收购大都会歌剧院的目标。汉默斯坦认为，文化应属于每个人。而感到自己离倒闭之日不远的大都会歌剧院，则提出了一个连目光远大的“公众的斗士”汉默斯坦都无法拒绝的条件：大都会歌剧院愿意给地位急速攀升的曼哈顿歌剧院120万美元，条件是后者在10年内不得制作上演任何歌剧。最终，汉默斯坦决定将曼哈顿歌剧院卖给舒伯特兄弟，而舒伯特兄弟将曼哈顿歌剧院改造为一个“混合剧院”——平时演杂耍，周日上演便宜的歌剧音乐会，这进一步影响了大都会歌剧院的生意。1926年，华纳兄弟在曼哈顿歌剧院举办了《唐璜》的首映式，《唐璜》是历史上第一部把音乐剧的录音作为配音声轨的商业电影。此时，乔治·普莱斯还不到两岁。[15]

当舞台照明有限公司开始与曼哈顿歌剧院签约合作时，歌剧院的房产归古代共济会所有，共济会在这座建筑的7楼设置了一个大舞厅。也许是因为这一层关系，威廉最终加入了共济会。当然，更合理的解释是，加入共济会能让威廉更好地向他的几个儿子掩盖他的移民身份。[16]

舞台照明有限公司的生意蒸蒸日上，对威廉而言，生活忙碌到使他无暇回望自己的个人历史。而在一些无法彻底逃避个人历史的场合，威廉则懂得机智地更改自己的个人历史：在1920年纽约市的人口普查数据中，威廉父母的出生地被奇迹般地记录为“英格兰”，而不是“俄罗斯”。而艾丽斯的虔城基督教家庭并不在意威廉遗忘他的宗教，或者更改他的出身。在艾玛·盖奇·埃弗里写给女儿的一封信中，她十分清楚地表达了这一点。在谈论舞台照明有限公司的一些内部事务时，艾玛写道：“犹太人的身份对你们还有什么影响吗？”[17]

因此，在1927年2月威廉·爱迪生·普莱斯突然死于肺炎以后，将这个“凡是有剧院的地方，就能听到他的名字”的男人的棺木送往坟墓的不是犹太教的神职人员，而是共济会的牧师。我们并不清楚，在参加威廉葬礼的150名宾客中，究竟有多少人了解威廉真正的家庭出身。但我们可以确定的是，威廉的两个儿子——爱迪生和乔治完全不了解父亲的真实出身，这恐怕得归功于艾丽斯的亲戚。45岁的艾萨克·普莱斯将他出身的秘密永久地带入了坟墓。[18]

• • •

祸不单行。1929年10月3日，《华盛顿邮报》刊登了一则《投资者的疯狂抛售行为导致股票价格暴跌》的新闻。显然，还没有恢复伤痛的普莱斯一家又遭遇了新的打击。在经历了长达10年的史无前例的高速经济增长以后，市场开始进入自我修正阶段。1929年10月末，《纽约先驱论坛报》刊登了一则语气乐观的头条新闻，该报道称“股票经纪人相信最黑暗的时期已经过去”，并鼓励投资者们抓住这个时机“以超低的价格购入真正划算的股票”。即使是在“黑色星期四”和“黑色星期二”之后，舆论中仍然不乏乐观的声音：1929年12月的《世界》杂志预测说，“我们相信经济繁荣的年景即将到来”。[19]

支持建立福利国家的经济学家约翰·梅纳德·凯恩斯认为，大萧条是过度投机行为所造成的恶果。（而英国财政大臣菲利普·斯诺登则更率直地称，那是“一场完美的投机狂欢”。）不管凯恩斯和斯诺登的分析是否正确，现在都已不重要了。[20] 9月份还在380点高位的股市到感恩节时已经跌到200点以下，谁都看得出，市场在短期之内根本不会“恢复”，这就像威廉·爱迪生·普莱斯肯定不会从坟墓中重新站起来一样。1932年，股票的价格已经下跌了近90%。

作为一个移民天堂，纽约市是美国所有城市中受股灾冲击最大的城市之一。1930年春天，下东区已有超过50个食品发放点向饥饿的市民派发食品，去这些发放点领取食物的人数达到50 000人。在第二次竞选美国总统之前，纽约州州长富兰克林·德拉诺·罗斯福不得不直面严酷的现实：纽约市的半数工厂已经关闭，每三个纽约市民中就有1个处于失业状态，大约有160万纽约市民必须依靠某种形式的赈灾福利生活。[21]在股灾发生之前，舞台照明有限公司以每股100美元的价格上市。在大萧条开始之后，艾丽斯·埃弗里·普莱斯和她的公司跌入了灾难的深渊。支持艾丽斯继续前进的动力只剩下对生命的眷恋，以及要靠她抚养和照顾的两个幼小的儿子。

艾丽斯带着两个儿子搬离了哈茨代尔，住进了纽约市内位于西九十四街的一间公寓中。下雨的时候，雨水会从天花板渗进前厅、浴室和厨房，客厅里的灯具摇摇欲坠，厕所里的马桶不能正常冲水，冰箱既不能正常制冷，也不能在凹凸不平的油毡地面上保持静止。艾丽斯甚至搞不清楚家里的哪一处危机更让她心烦：是浴室里分崩离析的胶泥，是卧室里随时会从墙上掉下来的三扇窗户，还是完全无法控制、似乎自行其是的水龙头？艾丽斯写信向房东抱怨家里的种种问题，但房东却反过来威胁要对她拖欠房租的行为采取法律手段。除了房东以外，写信向艾丽斯催债的还有自助洗衣店的店主伊西多尔·斯特恩，爱迪生和乔治的那位态度总是非常友好的眼科医生拉尔夫·辛格，以及被艾丽斯拖欠广告费的《纽约时报》。[22]

必须想办法搞到钱，从哪里都行，越快越好。艾丽斯决定将大儿子爱迪生送到纽约州北部地区的一家农场去，农场的主人是一户姓范阿金斯的家庭。要是运气好的话，大儿子爱迪生走后，空出来的那个房间每周就能赚7美元租金。不得不送走儿子的艾丽斯这样安慰自己隐隐作痛的心：毕竟，这样做也是没有办法。她可以带小儿子乔治去办公室，但大儿子爱迪生却常常不得不一个人在家待到深夜，艾丽斯担心“在家附近游荡的犯罪分子”会伤害爱迪生。[23]

1931年9月，舞台照明有限公司破产。威廉·爱迪生从前的合作伙伴约翰·海厄姆悄悄成立了一家为夜间棒球比赛提供照明服务的公司。约翰·海厄姆不仅从舞台照明有限公司盗取了价值数千美元的照明设备，还以舞台照明有限公司的名义借了巨额的债务。与此同时，店铺的领班——个子矮小的约瑟夫·利维与他担任会计的兄弟索尔，以及秘书库克先生也合谋打算骗艾丽斯的钱。当公司办公室的租约期满时，他们告诉艾丽斯，目前唯一的办法就是设法重建位于西四十四街410号的若干旧马厩作为新办公室。然而艾丽斯不知道的是，重建合同承包给了库克的岳父。最后，上述几人联手，违背艾丽斯的意愿强行签订了造价高昂的马厩重建合同，然后利维和库克从舞台照明有限公司辞职，成立了一家与原公司构成竞争关系的照明公司。[24]

与此同时，欧文信托财务管理公司开始出售威廉·爱迪生的各项专利。威廉生前更像一位梦想家，而不是生意人，因此他的许多发明专利都归属公司名下，而不是个人名下。这些专利的买家无一例外都是舞台照明有限公司的竞争对手，比如哥伦比亚舞台照明公司的迈耶·哈里斯。艾丽斯和舞台照明有限公司的生计变得越来越艰难。[25]

在大萧条的重压下，纽约——这座美国最大的城市——中的社会结构已经开始显示出分崩离析的迹象。靠私人资金支持的互助社团纷纷倒闭：1920年，纽约市总共有6 000家这样的社团，而如今只剩下2 000家。1933年，纽约市内有超过400家私营社会服务机构关门（这400家机构占纽约市所有这类机构的1/3），而被丈夫或父亲遗弃的妇女儿童数量则上升了135%以上。在大萧条的黑暗时刻，事实已经非常明显：艰难时刻来临时，每个人都必须先喂饱自己。[26]

• • •

对艾丽斯而言，信任成了极度稀缺的东西。艾丽斯口袋里的钱有多么匮乏，她心中对人的信任就有多么缺乏。

先是舞台照明有限公司的员工骗走了她的钱财，接着一个态度总是很友善的租客突然消失，留下拖欠的房租无人支付。租客的不辞而别意味着艾丽斯虽然送走了大儿子爱迪生，却没能像她期望的那样靠出租儿子的房间获得一点儿经济收入。双重打击令艾丽斯心灰意冷。然而，当沃尔特斯先生从车库走进办公室，向艾丽斯表达他发自内心的同情时，她又恢复了一点儿对人类美德的信心。当艾丽斯发现沃尔特斯先生常常挨饿时，她甚至愿意每日向沃尔特斯先生提供饭钱。艾丽斯和沃尔特斯先生因此成了朋友。沃尔特斯先生开始向艾丽斯借钱支付他租住的旅馆房间的费用（据沃尔特斯先生说，因为交不起房费，他很快就会被旅馆扫地出门），并承诺会用下一笔收入偿还他欠艾丽斯的债务。后来，沃尔特斯先生又告诉艾丽斯，他在一次出租车事故中弄坏了他的眼镜，于是艾丽斯将小儿子乔治的眼镜也借给了沃尔特斯先生，而沃尔特斯先生却戴着这副眼镜消失了。此时艾丽斯才发现，沃尔特斯先生写给她的支票都是伪造的，“沃尔特斯”也不是他的真名，他其实叫“沃德”。在艾丽斯写给警长G. G. 亨利的信中，她冷冷地写道：“我希望能找回这些财物，因为我的儿子26号就要开学了。”乔治患有斜视的毛病，他的视力变得越来越差——事实证明，一家人的命运也像乔治的视力一样越来越差。那是一段孤独的时光。艾丽斯在写给转让税委员会的信件中说：“对我和孩子而言，除了彼此，我们在这个世界上已经一无所有了。”[27]

幸运的是，艾丽斯的哥哥盖奇·H. 埃弗里决定出手救助自己的妹妹，盖奇是斯卡利钢铁公司的高层干事。1932年冬天，盖奇在给妹妹克莱拉的信件中写道："做什么都不容易。什么时候不再做梦，重新开始经营生意，都要看你自己。"[28]

艾丽斯决定振作起来，从慷慨的哥哥处借到一笔资金，重新走上了奋斗的道路。靠着哥哥提供的资金，艾丽斯从新一任所有人手中买回了舞台照明有限公司，并决心重振公司的事业。在艾丽斯刚刚接手时，公司完全是一个烂摊子。所有的债主都在起诉公司，公司的大门随时都会被催款人敲得砰砰作响。在数不清的庭审和问讯中，艾丽斯写信给债主们，乞求他们再宽限一些时日。在其中一封写给债主的信中，艾丽斯写道："如果你们知道我的名声，就会知道我一直是一个十分诚实的人。"

> 从我的现实情况中您不难看出我真的没有钱。如果我有钱，我一定会和我的两个孩子住在一间能称之为家的屋子里，而不是只能和一个孩子住一间房，却把另一个孩子送到农场去……如果您执意启动任何针对我的法律行动，那只会浪费您的时间和我的时间。您还不如给我一些时间，让我设法经营我手中的小生意，走出目前的困境。现在剧院的生意实在不好做，我们从事的是照明方面的工作，而这一行的竞争又十分激烈。我们能维持生存就已经很不容易了。[29]

事实证明，艾丽斯是一个十分强大的人。很快，她不仅自己振作起来，还把舞台照明有限公司从惨淡的经济危机中拯救了出来。一家又一家剧院重新和舞台照明有限公司建立了生意往来，一个又一个债主收回了款项，一个又一个供货商再次接纳了舞台照明有限公司，一份又一份新合同得到顺利履行。甚至连脱衣舞的表演也重新出现在舞台上，在像凯利俱乐部和阿波罗剧院这样的地方，脱衣舞成了大萧条时期标志性的娱乐项目。宣传脱衣舞表演的招牌上写着："可爱而光芒四射的美丽姑娘和模特。"正是舞台照明有限公司提供的照明设备，将脱衣舞的表演舞台装饰成一个消愁避世的完美天堂。

关于脱衣舞表演是如何演化的，历来有着不同的说法。有些人认为，脱衣舞表演起源于下东区著名的明斯基兄弟冬日花园剧院。据说，1916年有一位该剧院歌舞团的姑娘在上台表演时不慎忘记穿戴硬领和袖口，这在当时的群众看来无异于在公开场合裸体，于是这样一起演出事故就成了脱衣舞表演的开端。而另一些人则认为，脱衣舞表演始于欣达·华索。据说在某次演出中，正在唱闭幕曲的华索不小心弄断了紧身衣上的一根带子，面对这样的突发情况，华索并没有半途退场，而是勇敢地在观众热烈的掌声中完成了表演。不管以上说法哪种是真的，在大萧条中，脱衣舞表演无疑成了这座忧伤都市中最完美的娱乐项目。脱衣舞演出也是大萧条时期为数不多还在增长的产业之一，短小的棍棒闹剧和穿着暴露的歌舞女郎的表演制作成本并不高。有了这些演出项目，成百上千失业的演员和舞者又一次站上了舞台，观众也纷纷涌入剧院，观赏这些表演。[30]

然而，当时的纽约市市长菲奥莱洛·H. 拉瓜蒂安认为这样的表演会导致伤风败俗和公众道德状况的恶化，因此他向市民承诺要让这种“公司化的肮脏表演”彻底走向终结。拉瓜蒂安命令城市经营许可专员保罗·莫斯将这些提供脱衣舞表演的场所悉数关停。在那个时候，至少所有人都站在市长一边。纽约市天主教总主教在给保罗·莫斯的信中写道：“我得到的消息显示，这些不体面的有害表演带来了恶劣的影响和破坏性的结果，这些问题不断蔓延，这种表演必须引起我们的高度重视。”公众形象一向正经保守的犹太牧师委员会主席萨缪尔·H. 戈尔德森拉比也对取缔脱衣舞表演的行动表示支持，“这些表演迎合了人们最低级的欲望和口味，总的来看，这些表演是对道德生活和社区的一种威胁”。[31]然而，只要这些“场所”能给舞台照明有限公司带来生意，艾丽斯一点儿也不介意为它们提供照明服务。

不管公司的设备照亮的是莎士比亚、贝拉斯科，还是脱衣舞娘身上的流苏，靠任何订单挣来的每一美元都同样令她开颜。[32]

不管其形象如何正经保守，纽约市市长拉瓜蒂安实际上是一个非常知人善任的人。拉瓜蒂安选中的一个人后来成为名留青史的人物，人们称他为“巴黎第二帝国的奥斯曼男爵”，罗伯特·摩斯也确实配得上这个称号。有些人说，罗伯特·摩斯对汽车的热爱超过了他对人类的热爱，但和其他城市的规划者不同，摩斯随时准备用联邦政府的资金来振兴纽约市的经济。开辟新的海岸线，在镇与镇之间修建桥梁，在空中架设高速公路，这位纽约市的“建筑大师”充分利用联邦政府提供的优惠条件，不断改变着城市的样貌。在最辉煌的时刻，联邦政府的建筑资金有1/4都被花在了纽约市，在摩斯手下工作的人多达80 000名。

摩斯是一个富有争议的人物。有人说他后来的所作所为导致布鲁克林道奇队和纽约巨人队的搬迁，摧毁了科尼岛的娱乐公园，破坏了南布朗克斯区，并且导致黑人被抛弃。而另一些人则觉得虽然摩斯手段强硬，但他毕竟用公共事业振兴署和平民保育团的资金将纽约塑造成一个现代化城市的样板。从针对低收入人群的廉租房到洛克菲勒中心，再到由威廉·莱斯卡兹设计的欧洲现代主义风格的大厦，一座现代化的城市从大萧条的废墟中奇迹般地崛起了。[33]

• • •

如果你是一个男孩子，那么生活在20世纪30年代的纽约市实在是一件非常令人激动的事情。1935年，纽约洋基队放走了贝比·鲁斯，但在接下来的1936年，新秀乔·迪马乔带领纽约洋基队神奇地击败了对手纽约巨人队，赢得了冠军。牛仔电影大行其道，只要花上25美分，你就能挤过旋转栅门，去观看豪帕龙·卡西迪最新的冒险故事。在音乐方面，阿蒂·肖和弗莱彻·亨德森开辟了一个属于大乐队的新纪元。由于乐队的规模过大，1938年本尼·古德曼成为首个在卡内基音乐厅举办非古典音乐会的人。[34]同样是在1938年的夏天，作家杰罗姆·西格尔和艺术家乔·舒斯特把他们的作品寄给了国家杂志出版社，经典漫画人物“超人”从此诞生。[35]虽然乔治·普莱斯是一个安静内向的小男孩，但他身处的纽约市却活力四射。

有一次，乔治跟着母亲去码头送租客库法可先生，后者要乘坐欧罗巴号出行。乔治和艾丽斯送给了库法可先生一支金边的黑色威迪文牌铅笔，“巨轮”的形象令他们惊叹不已。库法可先生是一位日本高官，乔治看到整整一排“气质高贵的日本人”依次走进了库法可先生的美丽客舱，每个人都“深鞠一躬”，此情此景深深地征服了乔治的心。[36]

从这件事中乔治渐渐了解到，这个世界是一片非常广阔的天地：外面的世界远不只是以引擎驱动的调光器，远不只是奔跑喊叫的灯具店领班，甚至远不只是一家小小的舞台照明有限公司。乔治的兄弟——被艾丽斯送去范阿金斯家的农场磨炼意志的爱迪生将成为家族生意的继承人。（在给爱迪生的信件中，艾丽斯写道：“希望在寒冷的日子里，你能在窝棚中保暖。”）普莱斯一家搬到位于西九十五街311号的一所更新、更大的公寓中居住。爱迪生待在家里和办公室的时间越来越长，15岁时爱迪生已经开始指导他的母亲如何处理与股东和债权人的关系了，在照明方面他也拥有了自己的发明。[37]

1935年，爱迪生从位于西九十三街的伯奇沃森学校毕业。乔治紧跟哥哥的脚步被该校录取，还获得了全额奖学金。那一年，伯奇沃森学校高年级学生演出了詹姆斯·巴里爵士的一部爱德华风格的作品——《艾丽斯坐在火边》。伯奇沃森学校选择这样一出剧目似乎再合适不过了，这所学校创办于1921年，是一家备受尊重的私立教育机构。该学校一直由两位性格稳重且发型完美的女校长——路易丝·伯奇和伊迪丝·沃森共同经营。伯奇女士教过年轻的纳尔逊·D. 洛克菲勒，这是一个广为人知的事实。1907年夏天，伯奇女士甚至在白宫给西奥多·罗斯福的孙辈当过老师。德威特·戴维森、玛戈特·林德赛、沃伦·米利厄斯、弗吉尼亚·普劳特，这些纽约市新教徒的社会名流的子女在伯奇沃森学校被激发了美好的志向。伯奇沃森学校的教育理念是，音乐和艺术比课业知识更重要，而社交和戏剧则比科学和数学更重要。性格内向、不爱交际的爱迪生并没能很好地融入伯奇沃森学校的环境。在学校的年鉴中，记录爱迪生的那一页强调了他的聪慧和深刻、他的"不寻常的强烈特质"，以及他对印度神秘主义的迷恋。[38]

然而，乔治与他的哥哥爱迪生大不相同。乔治身材瘦高，长着一头略带红色的金发，只要戴上领结，他看起来就仿佛来自斯堪的纳维亚半岛上的伊顿公学。乔治的眼睛是浓烈的浅褐色，他的耳朵很大，总是将头发直直地往后梳。乔治仪表整洁，态度中带着一种傲慢。在团队运动中，虽然乔治的身体并不特别强壮，但他仍然颇具运动员气质（乔治是学校篮球队和足球队的替补球员）。乔治参加了学校的国际象棋队和学生会，他在学术方面的天赋也十分明显。14岁时，乔治就受阿波罗剧院的名字及其中场景的启发，写作了一篇关于希腊神庙建筑的论文。这篇论文有70页长，大学教授也会对其点头称赞。乔治喜欢写作，尤其喜欢与国家事务有关的话题。乔治最感兴趣的是数学和物理问题，1936年春天的一期《伯奇日志》的编者按记录道："我们先要再次感谢花时间帮助我们出版这份杂志的老师们，我们还要再次感谢让这份杂志的出版成为可能的人——伯奇女士，我们必须对她致以由衷的谢意。"接下来，《伯奇日志》中继续记录道："然而，普莱斯说无限本身是有限的，但我们的谢意却是无限的。"乔治深知自己头脑聪明，尤其擅长数学，他也非常乐意向别人展现他的才华。[39]

与此同时，舞台照明有限公司的生意并非一帆风顺。1937—1938年对公司而言尤其艰难。艾丽斯写道：“我们的银行账户已经捉襟见肘。”整个夏天，乔治都在家里的商店帮忙。爱迪生新发明的灯具“麦特莱特”已经上市，公司的人都相信这款新灯具未来可以取得相当大的成功。然而，在这一年秋天，艾丽斯却在写给儿子学校的校长伯奇女士的信件中发出了这样的悲叹：“这个发明完全值得我们花钱大肆宣传一番。但是，我们却没有足够的资金来做运营。”对普莱斯一家而言，50美元的学校注册费实在是太高了。如果公司当年的经营状况能好一些，艾丽斯一定会让乔治继续在这里上学直到毕业。但实际情况是，乔治在这一年通过了全市的考试，准备到史岱文森高中（免费）开始11年级的学习。[40]

• • •

在纽约城中，恐怕史岱文森高中是最不像伯奇沃森学校的了。史岱文森高中位于西十五街345号，距离联合广场只有几个街区。史岱文森高中的校址在17世纪时名为“老波尔瑞吉”，意思是“老农场”。学校的创始人彼得·史岱文森是一位荷兰殖民者，也是位于纽约的荷兰殖民地“新阿姆斯特丹”的管理者。1905年9月末的一个秋高气爽的下午，在学校的奠基典礼上，有着爱尔兰血统、戴着单片眼镜、蓄着胡须的校长威廉·亨利·马克斯韦尔宣布，教育史从此迎来了一个新时代。他宣称，他们将投资数百万美元，“让每个男孩——不管他的父母有多么贫困——都可以拥有与富家子弟同样的教育机会”。[41]

史岱文森高中将成为一所集技术培训和学业教育为一体的学校，而学校的教育目标是培养出身社会底层却富有天赋的男孩们。虽然在19世纪的最后15年，每年移民到美国的人数只有不足50万，但在1904—1914年，每年的移民数量都能达到前一年的两倍以上。[42] 1898年，布鲁克林区、布朗克斯区、皇后区和曼哈顿区合并，大纽约地区成为美国最大的城市。在初冬的一次致辞中，纽约大学教育学院院长托马斯·M. 巴利埃特教授指出，传统的教育系统已经过时，不再适合现代化的工业社会。他解释道："现在，我们已经是一个由制造者和交易者组成的国家了。"而马克斯韦尔校长认为，像史岱文森高中、布朗克斯科学高中、布鲁克林技术高中这样的学校，才是"民主社会教育的希望"。[43]

很快，史岱文森高中就赢得了很高的声望。1907年10月，《纽约时报》称史岱文森高中"超越了全美范围内任何一所性质相近的学校"。[44]与此同时，纽约市的面貌也在不断发生改变。1890年，纽约市的人口为150万人，其中爱尔兰裔和德国裔人口占到一半以上。而到了1920年，纽约市人口已经增长到550万人，全市人口中人数最多的两个族群分别是犹太人（150万人）和意大利人（80万人）。

1938年9月，当乔治到史岱文森高中报到时，他看到了一栋高大的五层建筑，楼顶上还有一个60英尺高的旗杆。乔治的新同学和他在伯奇沃森学校的老同学截然不同。在史岱文森高中，乔治结识了埃曼纽尔·斯默兹勒、莫顿·罗森布卢特、杰里·拉赫曼，以及巴德家的双胞胎兄弟莫蒂默·巴德和理查德·巴德。此外，乔治也认识了雷莫·布拉曼提、罗萨里奥·皮波罗和高年级的年级长安东尼·甘多尔夫。在史岱文森高中就读的还有希腊人佛提阿蒂斯、波兰人波雅斯基，以及加拉格尔、奥康纳和麦克杜格尔。犹太人在这所学校里占大多数。在20世纪30年代，像史岱文森高中这样的学校是犹太人"爬出贫民窟的阶梯"，正是因为有了这些学校，犹太人才得以离开贫民窟，并占据纽约城中超过半数的医生、律师、牙医以及公共学校的教师职位。在新环境中，乔治感到十分舒适。也许当时他并不理解自己为什么会有这种感受，毕竟乔治完全不知道他父亲的出身。在这所学校里，乔治的大部分朋友都是犹太人。[45]

史岱文森高中的学生来自纽约市的各个角落。每一天，男孩们从本森赫斯特、布莱顿海滩、羊头湾、卡纳西、法拉盛、艾姆赫斯特、华盛顿高地、因伍德等地赶来上学。像乔治这样住在曼哈顿的学生必须乘火车从上城而来，或者从下东区向北去上学。在十四街地铁站的出口处，有一家自动贩售式餐馆。在这里，你可以花10美分买几片面包，然后用店里免费提供的番茄酱和芥末酱制作一个三明治。当男孩们经过位于十五街和第二大道交界处的华盛顿·欧文女子学校时，“火花就开始四处飞溅了”。虽然史岱文森高中的男孩们看起来书呆子气十足，但他们像所有青春期的男孩一样内心躁动。在他们看来，伯奇沃森学校的学生就像“来自外太空的生物”。虽然许多人心中明白，这样的感觉无疑只是一种投射现象，但他们是不会承认的。[46]

史岱文森高中的男孩们都是用功读书的书呆子。虽然到1934年，纽约市的考试制度已经削弱了数学等学科占据的比重，但在史岱文森高中，所有学生仍被分成两批上课：三四年级的高年级学生在7:40到12:35之间上课，一二年级的新生则在12:40到17:20之间上课。在史岱文森高中里，每个人都非常看重学业成绩。在每周举行的学校集会上，学生们会齐唱校歌。校歌里这样唱道：“我们强有力的团队永远不会被打散”，校歌的结尾则大力颂扬“美利坚是多么美丽”。此外，史岱文森高中每周还会专门安排时间让男孩们洗个热水澡。史岱文森高中的很多学生都住在没有热水供应的公寓里，而学校希望男孩们都能保持清洁。[47]

史岱文森高中的教育理念被称为H形教育方法。H的两条腿是学业课程和车间里的劳动实践，H中间的那条横杠则是实验室和报告厅。学校的车间简直是一个技术天堂：学生们在那里可以学习模型制造、制图、木材车削、锻造、锻件和机械加工。在铸造车间里甚至还有一台1.5吨重的冲天炉，以及一个黄铜熔炉、一个烘芯炉、一个坩埚、一台铸模机、一台干磨机和一台抛光设备。在地下室里，中间是切割木头用的机器，机器两旁是用来存放木材和金属的铁架子。那里有24英寸①的平面刨床、12英寸的手动长刨、一台双轴机械锯床，以及水动力工具磨床和磨石。除了这个应有尽有的车间以外，学校还设有实验室。美国技术历史学家和文学评论家路易斯·芒福德对史岱文森高中里那些令人激动的事物记忆犹新。芒福德的物理老师曾经手拿芒福德的铅笔对他说道："如果我们知道如何释放这些碳中的能量，那么只需几根铅笔就足以让整个纽约市的地铁系统运行起来。"[48]

• • •

放学以后，乔治会继续留在学校参加各种选修课和学校活动。乔治参加包括物理实验室、阿瑞斯他俱乐部、美国火箭协会等团体的活动，对他而言，其中最重要的就是国际象棋队的活动。乔治同年级的学生极其优秀——这届学生创造了史岱文森高中历史上学业成绩最高的纪录，因此在这样一群优秀的同学之中想要脱颖而出并非易事。在乔治的同学中有约瑟夫·菲莱，他后来成了普林斯顿大学的核工程专家，还包括一位磁共振成像技术的先驱，以及巴德兄弟，他们后来成了颇具传奇色彩的医学教授。在比乔治低一年级的学生中包括乔舒亚·莱德伯格，他后来因在细菌基因方面的成果获得了诺贝尔奖。史岱文森高中的优秀毕业生还包括身高6英尺3英寸（约1.9米）的纽约尼克斯队球员奈特·米利蒂佐克，以及波普爵士乐作曲家和长号手凯·温丁。

---

① 1英寸=2.54厘米。——编者注

乔治的眼睛有斜视的毛病，他的身上有一种令人难以捉摸的怪异气质。即使是在这群个性各异的学生中，他也显得与众不同。在立体几何课上，乔治会静静地坐在教室后方，当他偶尔发表意见时，他的发言常常没人能理解（包括戴眼镜的数学教师所罗门·格林菲尔德先生）。乔治的声调很高，既刺耳又带着一丝柔弱的感觉。大部分人都觉得乔治是一个古怪、刻板，甚至有自闭倾向的男孩。代表这届学生在毕业典礼上致辞的学生代表理查德·巴德曾说，他感觉乔治的水平远在所有人之上。乔治的天才不仅令人费解，而且有些令人不安。乔治虽然性格笨拙，但他对自己的智力却表现出一种近乎目中无人的傲慢。作为史岱文森高中国际象棋队的第一棋手（被国际象棋队指派去迎战对方最强的棋手），乔治带领史岱文森高中国际象棋队在1940年赢得了全市冠军。对于这样的成绩，没有任何人感到惊讶，乔治本人也觉得取得这样的成绩是理所当然的。[49]

从上述描述中我们已经可以模糊地了解到乔治的形象：他是一个戴着费多拉帽（一种顶部中央凹陷的毡帽）的克拉克·肯特（美国漫画中的超人）式的人物。1940年6月的《指示剂》（*Indicator*）刊物为我们“描述了这位高年级学生的典型形象——根据班级调查结果汇总而成”：

年龄：17岁

体重：155磅（约70千克）

身高：5英尺9英寸（约175厘米）

志向：工程师

最喜欢的科目：数学

爱好：飞机模型、摄影

最喜欢的杂志：《读者文摘》

最喜欢的喜剧演员：杰克·本尼

最喜欢的广播明星：鲍勃·霍普

最喜欢的男演员：保罗·穆尼、埃罗尔·弗林

最喜欢的女演员：海蒂·拉玛、贝蒂·戴维斯

最喜欢的管弦乐队：格伦·米勒大乐队、凯·凯泽乐队

最喜欢的运动员：卢·格里克、格伦·坎宁安

最喜欢的作家：约翰·斯坦贝克、辛克莱·刘易斯

最喜欢的球队：纽约洋基队、布鲁克林道奇队

最喜欢的专栏作家：吉米·鲍尔斯、沃尔特·温切尔

最喜欢的晨报：《纽约时报》《每日新闻报》

最喜欢的晚报：《纽约邮报》《纽约世界电讯报》

最喜欢的广播节目：《鲍勃·霍普秀》《弗莱德·艾伦秀》

最喜欢的电影：《乱世佳人》

乔治·普莱斯此时的志向是成为一名“研究物理学家”，乔治在学校年鉴上的照片也完全符合研究物理学家的形象：他的表情严肃而骄傲，他的目光既如同在梦中，又牢牢地聚焦于一点。这种奇怪的矛盾性完美地契合了乔治的气质。

在与这届毕业生告别的时候，径赛教练布拉德肖先生将人生的成功比作猛攻一座堡垒的过程。布拉德肖先生提醒学生们，毕业15年后每个男孩的平均年薪会达到8 500美元，并祝福他们在人生的“战役”中有好运相随。[50]史岱文森高中校长辛克莱·J. 威尔森的教育方式则更注重精神层面。1940年6月25日，夏日里温暖的一天，当史岱文森高中的毕业生和他们的家人在卡内基音乐厅里坐好以后，这位外表神似美国总统林肯的新英格兰地区校长伸出手指，指着寂静无声的观众，用柔和却又十分坚定的声音说道：

在一个用金钱度量美德的时代，所有人似乎都随时准备抛弃理想和道德标准……我们的世界刚刚见证了几个伟大帝国的衰落，而你们马上就要走进这样一个世界，并在其中展开你们的人生之旅。你们早年的生活经历让你们产生了对物质财富的憧憬和梦想，也向你们展示了一个前人从未见过的舒适世界。和平和富裕的状况似乎会永远保持下去，然而，只在一个瞬间，这个美好的世界就破碎了。在苦难和欲望的围攻下，世界不似从前。恐惧和怀疑是一对邪恶的魔鬼，仇恨也将加入这两者的行列，将你们精心培植的花园弄得面目全非……我们之所以会失去我们应有的眼界，是因为我们的视力因贪婪、欲望或者慈善精神的缺失而变得模糊。出于同样的原因，整个国家也失去了其应有的眼界。如果你们想知道去哪里才能找回我们失去的眼界，就请你们紧紧抓住年轻时的理想。不管代价有多大，永远要做正确的事情，永远要去走最好的路，因为香格里拉就在你们每个人心中。[51]

毕业以后，乔治去了他曾在暑期去过的农场。这家农场位于纽约州北部的沃尔顿，乔治的家是一个搭建在枫树林中的小帐篷。除了用洋葱和黄油烹煮胡萝卜，以及寻找杀死苍蝇的新方法以外，乔治几乎无事可做，因此他只能用睡眠、阅读、散步和四处闲逛来打发余下的时间。乔治带到农场20本书，其中他最喜欢的是伯特兰·罗素的《数学哲学导论》。在写给学校国际象棋队的昔日队友的信中，乔治提出了一些关于开局让棋法的挑战：P–K4或者N–KB3。仅在一张明信片上写一个开局让棋法似乎有些浪费，因此乔治在每封信中都写下了4个挑战。乔治的双手因为劈砍木头而磨出了茧子，他的后背被“晒得黝黑”。但是，在708名毕业生中，乔治仍以第二名的优异成绩毕业。现在，在他身后的树林中，乔治就像一只云雀一般自由。[52]

· · ·

与此同时，战争的阴影却在远方的地平线处缓慢地聚集。5月，希特勒入侵了低地国家。在墨索里尼的帮助下，希特勒又击垮了法国，迫使法国向德国投降。收音机正在播放大西洋上的货船被德国潜艇击沉的消息。此外，来自被包围的伦敦的爱德华·R. 默罗的声音混着杂音也从收音机中传来。

此时，美国还没有参战，但每个人都感觉到美国即将被卷入战争。在刚刚过去的9月，罗斯福总统签署了美国历史上首个和平时期的征兵令。在炮台公园的旧海关大楼中，数千人排队等待接受入伍体检。[53]乔治收拾好自己的书本、平底锅和国际象棋，离开枫树林前往新泽西州的西布莱特，与母亲共度了一周的假期。度假结束以后，乔治回到了纽约市。当年，世界博览会在纽约的法拉盛草原举办。此刻的乔治拥有9张不可转让的世界博览会门票，以及去大学报到前的最后几周闲暇时间。

纽约世界博览会为访客们打开了通往“明日世界”的大门：自1939年春天世界博览会开幕以来，总计已有440万访客参观过这一展览。当乔治在世博会的展厅中游走时，许多展品都令他惊叹不已：通用汽车设计的以汽车为基础的未来主义城市，贝尔实验室设计的第一个靠键盘操作的语音合成器——沃德，以及一项令人称奇的新发明——电视机。当乔治走过由西屋电气公司设计的并且要等到6939年才能打开的时间胶囊时，他头脑中想到的也许是威尔森校长的毕业致辞，即如何获得自己的眼界，并找到自己内心深处的香格里拉。因为威尔森校长曾说，“不管代价有多大”，都不能放弃这种坚持。优异的学习成绩让乔治获得了哈佛大学的录取通知书，这是多少人梦寐以求的机会。在参加哈佛大学的入学面试时，乔治向面试官描述了他设计的让玻璃隐形的实验。面试官半信半疑地听完了乔治的发言，虽然他们认为乔治既是一个“引人注目的神童”，也是“一个令人困惑的孩子”，但仍然给他一笔新生奖学金。在大学的申请材料中，乔治引用了丁尼生的诗句，他写道：“我对‘知识的追求就像下落的星星，超越了人类思想的边界’。”9月13日，充满好奇和决心的乔治启程前往剑桥城（哈佛大学所在地）。哈佛大学的面试官对乔治的评价是：“这个人也许会失控发疯，但他永远不会过上单调重复的生活。”现在，乔治终于踏上了人生的新旅程。[54]

罗纳德·A. 费希尔（1890—1962）

J. B. S. 霍尔丹（1892—1964）

第 3 章

# 自然选择的成功

凯蒂仰面躺着，双腿分得很开，一边流汗一边喘息着。凯蒂的丈夫乔治——成功的艺术品拍卖行（罗宾森与费希尔拍卖行）的创始人之一——守在凯蒂的身边。此时是1890年2月17日，地点是汉普斯特德的一间宽敞的卧室中。凯蒂和乔治的孩子即将出生。

一种可怕的沉默笼罩了整个房间。凯蒂是一位虔诚的教徒，因此对她而言，要理解眼前发生的事情显得尤为困难。伴随着痛苦的呻吟，几分钟过去了。乔治转过脸看向一边，凯蒂则闭上了她的双眼。他们刚刚出生的孩子是一个死婴。

就在接生妇准备替凯蒂清理身体的时候，凯蒂的肚子却突然出现了轻微的颤抖。凯蒂感觉被踢了一下，又被踢了一下。凯蒂重新燃起希望，她的腹中还有一个活着的婴儿！不一会儿，第二个婴儿来到了这个世界上。这个婴儿个头很小，仿佛一颗粉红色的米粒，这是乔治夫妇完全没有预料到的孩子。母亲给他取名为罗纳德·艾尔默·费希尔，而他的朋友则喜欢叫他“小猪”。这个孩子日后将为奠定进化学研究的数学基础做出伟大的贡献。[1]

在生命最后的日子里，达尔文曾这样写道：“我尝试过数学……但我学得很慢……我非常后悔自己没能多学点儿数学，那样的话，我至少可以理解数学中一些最重要的原理，因为懂得那些数学原理的人好像多了一重感官。”[2]在达尔文去世不到15年后，3岁的小罗尼（罗纳德的昵称）问他的保姆：“一半的一半究竟是多少？一半的一半的一半是多少？一半的一半的一半的一半又是多少？”在问完这些问题后，小罗尼说：“那么，我认为十六分之一的一半应该就是三十几分之一了。”[3]

在罗纳德14岁的时候，他深爱的笃信宗教的母亲因染上腹膜炎而去世。从此以后，数字就变成罗纳德的整个世界。由于视力不好，罗纳德发展出非凡的几何式想象力，学会了在脑海中分析解决问题，而无须借助纸笔。英格兰的许多最具智慧的人都是从哈罗公学毕业的，但是罗纳德在哈罗公学的老师阿瑟·瓦萨尔后来却把他教过的无数的聪明学生分为两类：一类是费希尔，另一类是其他人。在数学方面，罗纳德的天赋简直无人能及。罗纳德获得了学校的一个奖项，学校让他随意挑选一批书籍作为奖品，“小猪”的选择让我们发现，除了数学以外，他对另一类知识也很感兴趣。在获得了剑桥大学的录取通知书和数学奖学金以后，罗纳德拖着一行李箱的书籍前往冈维尔与凯斯学院开启了他全新的学习生涯。这个沉甸甸的行李箱中一共装着13卷书——查尔斯·达尔文的所有著作。

· · ·

1909年是达尔文100周年诞辰，也是《物种起源》出版50周年。这一年，一位匿名的捐赠者投资设置了一个大学教授职位，要求接受这个职位的教授“专门研究现在被称为基因学的生物学分支”。“基因学”是一个在1906年出现的新词，它的发明者是一个留着大胡子的孟德尔学派传人——威廉·贝特森。然而，这触电般的兴奋也无法掩盖正在酝酿中的紧张气氛。此刻，费希尔住在国王大道的一端，国王大道的另一端则是剑桥大学出版社。在剑桥大学出版社中，有两本书正在同时印刷：一本是贝特森的《孟德尔遗传规律》(*Mendel's Principles of Heredity*)；另一本是由弗朗西斯·达尔文编撰的论文集，这本论文集中收录了编者的父亲查尔斯·达尔文在1842—1844年写下的未发表的文章。当时的生物学界本来就充满了一触即发的论战气氛，而这两本书就像两个书挡一样正好代表了两方阵营中最为极端的意见。孟德尔主义者和达尔文主义者很快进入了唇枪舌剑的状态。[4]

这一切是如何发生的呢？

要想让达尔文的进化论成立，就必须有足够的"素材"可以验证自然选择的过程，也就是说，在每一代中必须不断出现足够多的新变异。但是，当时一位性格古怪的苏格兰工程师弗莱明·詹金（他也是一位剧作家、语言学家、演员和批评家）指出，因为遗传意味着父亲和母亲基因的融合，所以就像红色和白色混合在一起会变成粉红色一样，一个种群的基因总会向着均值回归。因此，进化的过程还没开始就已陷入泥潭，因为新的变异很快就会由于均值回归现象的存在而变得"中庸"。对于这样的反对意见，达尔文无法给出有说服力的回应。达尔文知道，他需要的正是他和他的那个时代都缺乏的一样重要的东西——一套优秀的遗传理论。[5]

孟德尔是摩拉维亚教会的神职人员。当孟德尔的遗传定律在世纪之交被人们重新发现时，虽然这套理论看似达尔文孜孜以求的东西，但在许多人看来，孟德尔的遗传定律却像一颗钉子，把达尔文的理论彻底钉入了棺木。毕竟，孟德尔主义者看到的是非常剧烈的"突变"，这些剧烈的突变能把果蝇的眼睛从红色变成白色，或者把苍蝇的翅膀从平整的变成褶皱的。而在达尔文的进化论中，自然选择"每一天、每一个小时都在仔细监视、拣选"着生物的各种微小的突变。显然，达尔文理论中的微小突变与孟德尔理论中的剧烈突变相去甚远。孟德尔理论中的突变是一种突然的分裂性现象，而不是一种逐渐发生的连续性波动。[6]

达尔文主义者（他们自称为“生物测定学家”）不太相信孟德尔提出的那种看不见的、离散的“基因”真的存在。达尔文主义者认为，这种被称为“基因”的东西只是孟德尔主义者用过度的想象力虚构出来的东西。在他们看来，承认表现型的存在就足够了，而不应该继续想入非非地相信所谓“基因”的存在；就算“基因”真的存在，这种东西也只对实验室中的果蝇成立，而不适用于其他生物。然而，贝特森等人并不打算放弃自然的竞技场，他们不相信证明“基因”存在的实验结果只是实验操作不当导致的误导性结果。在孟德尔主义者看来，即便基因是一种看不见摸不着的东西，这种东西仍像一片沾着露水的豌豆荚一样真实。他们认为突变是内部产生的，因此外在的选择完全是多余的，换句话说，达尔文的理论是错误的。

· · ·

费希尔是那种在走进旋转门后总能第一个走出来的家伙。他的腿很短，肩膀很窄，大大的脑袋上装饰着尖尖的红色胡须，有时候看起来就像一只热情而审慎的小猎犬。虽然罗恩（指罗纳德）的父亲此时失去了他的财富，但是罗恩相信自己在另一种意义上仍然是高贵的，这种高贵与是否富有无关，这种信念鼓舞着他。罗恩和一群同在剑桥的朋友一起成立了名为“我们自由人”的小团体。这个团体中的所有成员都是经过精挑细选的。罗恩和他的这些朋友一起沉浸在他们的小世界里，这里面有威士忌、天主教反叛者西莱尔·贝洛克的歌曲、骑自行车去乡间短途旅行、野餐、冰岛的萨迦文学、一种秘密语言和尼采。

受家庭出身的影响，罗纳德是一名圣公会教徒。在他的家庭中，他的母亲尤其虔诚。但在罗纳德信仰上帝的同时，他似乎也想成为上帝。1913

年，新成立的优生学教育协会邀请罗纳德作为学生代表做了一次演说。在这次演说中罗纳德引用了查拉图斯特拉的话语："对人类而言，猿猴意味着什么？一个笑话，还是一种痛楚的耻辱？对超人来说，人类又是什么？一个笑话，还是一种痛楚的耻辱？"最后，罗纳德做了如下总结："我们不应给人类的潜力设置任何限制。所有人类历史上最优秀的品质都可以变得更优秀。"[7]

战争即将向我们展示人类最真实和最纯粹的精神力量。在呼啸的子弹和轰鸣的炮火中，我们将听到"超人"的声音在回荡。从优生学的角度出发，罗纳德建议获得军事勋章的人繁育更多的后代，他们的后代的比例应该超过他们在人口中占据的比例，这样才能强化人类文明，推动人类社会不断挖掘自身的潜力。至于社会中最贫困的那部分人，也就是"社会渣滓"，究竟是否以更快的速度繁衍，则是一个他并不关心的问题。在他定义的宇宙中，重要的是那些更高贵的人，而不是社会底层的人们。力量、勇气、智慧、道德感……这些存在于人类身上的要素，就像优质牛肉和高级牛奶一样，只要我们选出正确的人，并让上述品质在这些人中繁衍，我们就能够在整个社会中培养出更多好的要素。[8]

虽然罗纳德抱有这样的信念，但他本人却永远不能踏上战场。因为罗纳德视力不好，军队拒绝征收他入伍。剑桥大学的一等学士学位也不能消除这种耻辱，但他也许可以通过一些正经的繁育过程来减轻这种耻辱的程度。他选择了单纯稚嫩的17岁姑娘艾琳·盖尼斯作为他的配偶，罗纳德称艾琳·盖尼斯为"尼科莱特"。这个名字来自一则中世纪吟游诗人的故事，尼科莱特是那个故事的女主角的名字。与此同时，代表费希尔家族去参加这场伟大战争的是罗纳德的弟弟阿尔文。

因为不能入伍，费希尔被一种短暂的失落感包围。在这种情绪的影响下，费希尔听从了贝洛克的教导——“一个人、三英亩①土地和一头奶牛”。费希尔带着自己的新家庭从伦敦搬到了伯克郡的乡间，并且租下了一位猎场看守人的农舍和一些土地。即使不能英勇地在战场上冲锋陷阵，也许依靠小型的农耕活动实现生活上的自给自足，也算是展示人的精神力量的一种方式了。然而，即使是这种“亲近自然”的生活也不能完全摆脱社会礼数的束缚，毕竟罗纳德是一个来自汉普斯特德的男人。白天当罗纳德去布拉福德学院教数学的时候，尼科莱特和她的姐妹杰拉尔丁（也叫古德鲁那）留在家里照看鸡、猪和奶牛。杰拉尔丁也是“我们自由人”组织的成员之一。晚上，他们会聚在一起大声朗读弗雷泽的《金枝》和吉本的《罗马帝国衰亡史》，并为人类文明的命运而互相争论。然而，在一个美好的清晨传来了不幸的消息：罗纳德的弟弟阿尔文在一次军事行动中阵亡了。[9]

• • •

1918年，就在阿尔文阵亡前后，费希尔在《爱丁堡皇家学会会刊》上发表了一篇将改变人类科学历史的数学论文。[10]出生于爱丁堡的弗莱明·詹金曾对达尔文的学说展开了攻击。50年后，罗纳德撰文回击了早已去世的弗莱明·詹金的论点：突变的问题是可以解决的。只需稍做解释，那些原本打算伸手掐死孟德尔主义者的生物测定学家就会张开双臂拥抱对手。

问题及其解答如下：生物测定学家不承认基因的存在，因为没有任何人见过基因究竟是什么样子，而且，生物测定学家从理论的角度驳斥了基因存在的可能性。假设统计一个族群中所有生物的高度，我们就会发现，把所有数据汇总在一起会形成一条光滑的钟形曲线，而不是一个个离散的

① 1英亩≈4 047平方米。——编者注

柱形图。我们也知道，对自然界中生物的大部分性状而言，上述现象都是成立的，即性状的变化是连续的，而不是离散的。如果如孟德尔主义者所言，基因会产生巨大、不连续的突变，那么我们又如何用基因来解释上述现象呢？针对这个问题，费希尔的解释是：假如我们想象有许多微小的突变在许多基因中起作用，生物的性状就完全有可能形成实际观察到的光滑的分布曲线。如果生物的性状是由许多基因共同决定的，并且每一个基因只对生物性状起非常微小的作用，不光滑的曲线就可以变成光滑的曲线。显然，决定生物性状的遗传因素是离散的，但这些离散的基因共同作用的结果却可以是连续的性状变化。[11]

随着这篇文章的发表，终于有人对那个名字古怪、富有怀疑精神的苏格兰人的观点做出令人兴奋的回应：基因和基因的栖身之所——染色体都是永生的。基因、染色体与油漆不同，它们永远保持独立，不会因为与别的东西混合在一起而改变性质。不管是表现出来的显性基因还是不表现出来的隐性基因，不管不同的基因之间是发生相互作用（上位效应”①）还是只发生简单叠加，基因都会忠实地从上一代传至下一代。在从上一代传到下一代的过程中，天赋也许会改变，甚至家族的姓氏也可能发生改变，但基因却会毫不走样地一直传递下去。孟德尔主义者曾经相信，他们的理论能彻底证明达尔文提出的机制是错误的，然而，有了罗纳德的这种解释，基因学不但能够解决遗传因素混合的难题，甚至还为进化的谜题补上了一直缺失的那块拼图。有了罗纳德的解释，弗莱明·詹金提出的“物种的性状会停滞不前”的问题不再成立，遗传因素的突变可以被保存下来，自然选择也有了可操作的素材。因此，生物会产生具有适应性的基因突变，而

① 上位效应指一对基因受到另一对基因的制约，前者会因为后者的不同而产生不同的表现型。——译者注

自然选择会打乱和挑选这些突变，生物的进化就是以这样的机制完成的。[12]

有了这篇划时代的论文，弗莱明·詹金提出的反对意见再也立不住脚，埋葬在威斯敏斯特大教堂的达尔文和安息在布尔诺修道院墓地的孟德尔终于从敌人变成了战友。

• • •

一位头缠绷带、步履蹒跚的中尉重重地栽进一辆军车里，车上的威尔士亲王说道："哦，是你呀！"此时是1915年5月，奥伯斯岭战役正在如火如荼地进行，而J. B. S. 霍尔丹急需搭车前往医务所。[13]

霍尔丹家族是一个苏格兰军事部族的后裔。由于低地农民的城堡常常受到高地人的袭击，这些农民就雇用军事部族来保卫他们的城堡。在1892年的盖伊·福克斯之夜（英国传统节日），杰克·霍尔丹出生在牛津，此时的霍尔丹家族已经成为一个以高级知识分子和政治人物闻名的强大家族。杰克的全名是约翰·伯顿·桑德森·霍尔丹，这个名字来自他的舅舅约翰·伯顿·桑德森，他的舅舅是牛津大学第一任生理学韦恩弗利特教授。杰克的叔叔理查德·伯顿·霍尔丹担任过陆军大臣，曾连任自由党政府的大法官。杰克的父亲约翰·斯科特·霍尔丹是一位很有名望的学者，被视为英国历史上最无所畏惧的科学家，人们亲切地称他为"阿弗"。[14]

阿弗是矿井方面的专家，他的研究方向之一是矿井中的气体和爆炸会对在矿井中作业的工人产生怎样的影响。阿弗曾经把自己关在密闭的小屋里吸入致命气体，以记录这些气体对人的身体和精神产生的影响。为了进行科学研究，阿弗还亲自深入地下、海底和矿井，这些英勇的行为为阿弗赢得了不小的名声。在阿弗被派去调查矿难事故时，他给家人发去了一系列内容完全一样的电报——在位于查韦尔河畔的霍尔丹家中，阿弗的这个故事常被当作一个笑话来讲。但他这样做并不是因为他觉得有义务多向家人报几次平安，以安抚家人的紧张情绪（这种感情用事非常不符合霍尔丹家族的作风），而是因为矿井中的一氧化碳损伤了他的记忆力，让他根本不记得已经给家人发过电报了。阿弗与他的舅舅一样，也是牛津大学的生理学教授。但除了生理学以外，阿弗还热爱哲学，尤其是康德的唯心主义理论和黑格尔的辩证法。[15]遵照达尔文和赫胥黎的传统，阿弗喜欢在子女的协助下在家中做科学研究。在阿弗家里，除了一间实验室和一个奶牛场以外，草地上还养着300只豚鼠。其中有两只是以英格兰著名基因学家的名字命名的：贝特森和庞尼特。阿弗也以一种充满爱意却毫不掩饰的方式把自己的儿子杰克和女儿娜奥米当作实验对象。

“各位朋友，各位罗马人，各位同胞……”在北斯塔福德郡一处矿井的深处，杰克用稚嫩的声音念道。故事发生在杰克8岁大的时候，阿弗要求他背诵莎士比亚的历史剧《裘力斯·恺撒》。当背诵到“高贵的布鲁图斯”的时候，杰克昏了过去。后来，当杰克回到地面上时，他学到了一个新知识，即甲烷是一种比空气轻的无毒气体。这个故事充分展现了阿弗和他儿子之间的关系。因为对“碱石灰的化学式是什么”这一问题给出了正确的回答，杰克赢得了一次潜艇之旅，并掌握了各种压力表的用法，这次潜艇之旅的目标是帮助海军测试各种减压服。有一次，阿弗让杰克坐在他的自行车后座上，然后骑车在南公园路上飞速驰骋，杰克不幸摔了出去。当时，拉德克利夫医院的医生认为，这位幼小的实验助手恐怕很难撑下去了，但是头骨骨裂的杰克却神奇地康复了。后来，杰克的朋友说，在某种神秘因素的作用下，这次事故把一个聪明的孩子变成了一个天才。

从牛津龙小学和伊顿公学毕业后，杰克顺理成章地报考了只隔着一条班伯里路的牛津大学。据说，参加入学考试那天杰克不小心走错了房间，于是本来打算报考古典文学系的他阴差阳错地获得了数学系的奖学金。后来，杰克从牛津大学的新学院毕业，不仅取得了数学系和古典文学系的一等学士学位，还获得了生理学奖学金。然而，要继续深造，杰克必须先完成一项需要运气的任务：从战场上活着回来。

对杰克来说，从战场上活着回来可不是一件容易的事情。杰克服役的兵团是以穿着苏格兰裙和作风勇猛著称的苏格兰黑卫士兵团，其中有一位脑子不太灵光的中尉负责管理手榴弹和迫击炮，士兵们称其为“炸弹王公”。他会孤身一人冲出战壕，向着无人之地主动发起攻击，他会在战地建立一个临时的炮弹作坊，还会在敌军狐疑的目光中骑着自行车越过壕沟（在行动之前，他已经精确地思考过敌军的反应。他认为敌军会对这项可疑的行动采取非常谨慎的态度，而不会贸然出击，因此这项行动是绝对安全的）。以上这些疯狂的行为都充分证明了一个“炮王”杰克也必须承认的事实，那就是：他在战场上可给自己找了不少乐子。[16]

当刚被炸伤的杰克在奥伯斯岭爬进威尔士亲王的车中时，我们不难想象，这肯定不是杰克最后一次受伤。杰克的性格独断专行、过于自信，他对战斗有着无与伦比的激情。在一次战斗中，因为杰克的开炮方式过于激进，他手下的炮兵担心此举会给整个炮兵连引来过多敌军的反击炮火，竟然把他推进了一条沟里。然而，即便如此，杰克手下的士兵仍然非常尊敬他，甚至相当崇拜他。杰克的外形威风凛凛，但他头发早秃，前额巨大，蓄着凯尔特武士式的胡须，整个人看起来就像一头穿着裙子的高度警惕的海象。这样的形象有时显得十分可笑，有时又令人毛骨悚然。除了杰克以外，还有哪个军官会在战壕中跟自己的妹妹合写一篇论文呢？这篇论文描述了第一个关于哺乳动物之间的基因联系的例子。除了杰克以外，还有哪个军官会以帮助士兵建立自信为由，要求参加他的炸弹制作学习班的人必须吸烟呢？（事实上，杰克是想通过这种方式淘汰掉性格胆小的士兵。）除了杰克以外，还有哪个军官会在他担任大法官的叔叔的要求下被急匆匆地从战场上调走呢？杰克的叔叔之所以要把杰克调走，是为了让杰克去帮助他的父亲。此时，他的父亲正在一个位于圣奥梅尔的临时实验室中工作。当时德军对位于比利时的联军发动了毒气袭击，而他们需要尽快找出应对的方法。[17]

杰克的手下都听过在牛津发生的许多故事。1913年，市政当局雇用工贼来代替罢工的马车车夫。由于这些工贼提供了服务，所以罢工的马车车夫的要求没有得到满足。后来，那些车夫又试图解开替补马匹身上的马具，但他们的这一尝试也被挥舞着警棍的警察阻止了。当然，以上情况都发生在杰克参与这次罢工之前。关键时刻，杰克与罢工的工人团结一致，他挺身而出，独自在玉米市场街上来回走动，并反复吟诵着《亚他那修信经》和拉丁语诗歌《我的心》。杰克的奇异举动吸引了一批路人围观，他们成功挡住了工贼。在杰克的掩护下，工人终于成功地放出了马匹。“一个备受瞩目的小配角，一次值得铭记的创举，一段冗长、经典的拉丁诗文，指着当权者的鼻子进行的一次公然挑衅，一个牛津历史上的讽刺故事：靠着这样一出街头戏剧，杰克建立起他的犯罪模式。”[18]尽管因为此事，杰克被牛津大学罚款两个几尼，但他对这件事颇为得意，并夸耀说：“300多年来，在牛津第一次有人因为在公开场合吟诵英格兰教会的教条而受到惩罚。”

虽然杰克常对别人态度轻蔑又要求很高，但对于弱者，他始终怀有同情心。不管是杰克的属下还是他的上级指挥官，都能够感觉到杰克的心中有一块柔软的地方。[19]除此之外，杰克还是一个极其忠诚的人。在圣奥梅尔和父亲一起把自己毒得七荤八素以后，杰克英勇地回归了部队，并在途中两次受伤。杰克的惊人才华以及他对基因学和普通人的热爱，将会在适当的时候使他声名鹊起。但此时，他又回到了美索不达米亚前线的战斗中。1916年年末，他再次受伤，这次是因为他在弹药库起火时英勇地上前控制火势。他全身缠满了绷带，躺在一家部队医院中。如果说战斗英雄应该被挑选出来为社会做更多的繁育工作，那么没有人比J. B. S. 霍尔丹更合适了。

· · ·

> 我们不可能同时用随机变异和自然选择这两种机制解释过去和现在的生物世界，就像我们不可能用拉普达岛人的方式（这是一个极端化的比喻）写出莎士比亚的作品和牛顿的《自然哲学的数学原理》一样。[20]

以上这段话引自英国著名天文学家和自然哲学家约翰·赫歇尔在1861年对《物种起源》一书的评价。如果变异是偶然产生的，进化又以变异为基础，那么达尔文的整座理论大厦显然建立在随机性的基础之上。赫歇尔将达尔文的这套理论称为“一套杂乱无章的法则”，许多人都对赫歇尔的评价颇为赞同。难道我们真的要相信，备受赞美的自然其实都是以如此荒谬的方式创造出来的吗？毕竟，在达尔文的理论下，自然就好比一个虚构的矮人，他毫无方向地劳作着，希望能够写出《罗密欧与朱丽叶》和牛顿的著作。

此时，罗纳德·费希尔已经是洛桑农业研究实验站的首席统计学家了。费希尔因其著作《研究工作者的统计方法》（*Statistical Methods for Research Workers*）而被看作高斯和拉普拉斯的继承者。[21]很快，人们还会把费希尔奉为最伟大的达尔文主义的继承者。费希尔是两个学科最权威的专家，他之所以能取得如此高的声望，高贵的出身可能也在其中起到了一定的作用。达尔文的第三个儿子——膝下没有子女的优生学家伦纳德·达尔文少校不仅成了费希尔的导师，还像对待自己的儿子一样对待费希尔。这样一层关系使费希尔成为查尔斯·达尔文精神上的孙辈。伦纳德·达尔文少校花了近10年的时间，不断敦促费希尔为他父亲查尔斯·达尔文的理论奠定数学基础。费希尔总喜欢把大量的思想塞进少量的语言文字中，但伦纳德少校对费希尔的这种习惯不是很赞成，他警告费希尔说："我认为一句话只表达一个意思是一条很好的原则。"[22]

1930年，费希尔出版了《自然选择的遗传理论》(*The Genetical Theory of Natural Selection*)。虽然从这本书的写作风格中我们不难看出费希尔根本没有听取伦纳德少校的劝告，但它一经出版就成了一本优秀的著作。在该书出版的前一年，费希尔每天晚上都会把这本书的书稿读给他的妻子尼科莱特听。于是，听费希尔朗读这本书稿就成了尼科莱特的一项婚姻义务，她的另一项义务是每天早晨给不紧不慢地吃早餐的丈夫读《泰晤士报》。赫歇尔曾用斯威夫特作品中的典故来嘲讽达尔文理论中的自然选择机制，而在费希尔所写的语意极为密集、晦涩难懂到令人崩溃的文章中，他又一次以十分肯定的专家口吻回应了这位早已去世的反对者的质疑：拉普达岛人的方法看起来恰好合适，自然选择之所以拥有极为强大的力量，正是因为"这种机制能够产生不太可能的结果"。[23]

自然选择机制的成功取决于以下三个因素：第一个因素是存在一个很大的种群；第二个因素是较低的突变率；第三个因素是数量极大的单个基因。就像拉普达岛人试图用随机的字母写出牛顿的《自然哲学的数学原理》一样，一次基因突变只是"黑暗中的一次跳跃"。然而，在个体数目足够大的种群中，生物个体之间的性行为会将这些遗传因素混合在一起，由此产生数量级大的基因组合，而突变则可以在所有这些基因组合中得到测试。自然选择机制的存在能保证不同的突变总会受到不同的对待：一种突变要么使携带这种突变的生物个体更加适应环境，要么使这个生物个体更不适应环境。前一类突变将会被选中，而后一类突变则会通过类似的机制被淘汰。

费希尔建立了表示一个种群中基因频率变化的偏微分方程。有了这个方程，他就能精确地计算出某种变异基因存续下去的概率。如果某种变异能为携带这种变异的生物体带来1%的适应性优势，那么这种变异在每一代生物中被保留下来的概率接近2%。在一个个体数量足够大的种群中，这种能带来适应性优势的变异基因很快就会出现在种群的所有个体中。事实上，即使是微小的选择压力（远不到1%），也可以让提供适应性优势的变异基因统治整个种群：种群的规模越大，这种变异基因在种群中扩散的速度就越快。如果自然选择不是一种经科学证明的法则，那么我们完全可能错把它看成是一种神迹：自然选择是神创造物的代理人，它把偶然的事件转化成看似有意为之的精心设计，这实在是一种令人惊奇的伟大设计。

《自然选择的遗传理论》中最核心的概念被称为自然选择基本定理。该定理的内容是："在任何一个时间点，对任何生物而言，适应性的增加率等于该时刻这一生物适应性的遗传差异。"费希尔发现的这一定理似乎是圣公会教派的教条与尼采哲学的混合物，这条定理神奇地涵盖了费希尔信仰的一切。但这句话究竟是什么意思呢？它就像一条冰岛语的咒语，或者"我们自由人"组织的某种秘密符咒，普通人无法轻松理解它。除了费希尔本人，似乎没有其他人真正了解这句话的意思。[24]

它的意思似乎是，热力学第二定律向我们描述了一个每时每刻都在不断走向混沌的世界：热会在一个寒冷的房间中传播，气体会在一个空烧瓶里扩散，物质总是试图同质化。对于这一点，费希尔非常清楚。从牛津大学毕业后，费希尔又花了一年时间在剑桥大学跟詹姆斯·琼斯学习量子物理。从一开始，上帝就给自己制定了一个任务：与衰退做斗争。

幸好上帝创造了自然选择机制，来帮助自己打赢这场与衰退的战争。自然选择基本定理可被看作生物学领域的热力学第二定律，但自然选择基本定理描述的发展方向却与热力学第二定律恰好相反。物质会不断衰退，最终走向混沌和混乱，而生命却会持之以恒地服从最伟大指挥家的指挥。自然选择是上帝的代理人，是对整个宇宙的衰退做出的最骄傲的回应。适应性方面的变异数量越多，自然选择的可操作素材就越多，进化的过程就会变得更快，整个种群也会变得更加适应环境。对费希尔而言，他找不到一个比自然选择基本定理更符合自己信仰的完美定理：两条科学定律分别描述了宇宙向上和向下演进的规律；但是，在这两条科学定律中，整个人类的希望承载在由其发现的自然选择基本定理上。[25]

查拉图斯特拉给了罗纳德启示，早在1913年罗纳德为优生学教育协会做演讲的时候，他就已经理解了自然奇迹的真正力量：

> 从我们坚定地完全接受达尔文进化论的那一刻起，我们就开始认识到，我们不仅获得了一种描述过去的理论或者一种解释现在的理论，我们还实实在在地获得了一把解锁未来的钥匙。我们越是充分地应用进化论的观点，这样的理念就越不可避免地深深印刻在我们的脑海中。我们越是充分地应用进化论的观点，就会越清楚地看到一个事实：我们身上的所有特质和品性都具有生物学上的重要性，而且（从生物学的角度看）这些特质和品性正是因为它们在生物学上的重要性才得以存在。这些特质和品性不仅包括我们身体的组织和结构，以及我们原始的肉体冲动，还包括我们的道德感和审美能力的整体构建，以及我们对美的提炼，我们对美的微妙感觉，我们服从、同情、怜悯、义愤的道德本能，还有我们在对宗教产生敬畏的瞬间被神秘力量控制的时刻。[26]

赫胥黎曾警告人类要仔细看清自然的面目，然后以道德的方式逃向与自然相反的方向。尼采认识到，只有在“自然是不道德的”这个前提下，进化才会威胁到人类的道德。费希尔则向我们证明，我们完全没有必要认为“自然是不道德的”，这种肮脏的思想没有任何基础。1838年，达尔文在游览伦敦动物园时曾在他的笔记本上潦草地写道：“了解狒狒的人，对形而上学的贡献会超过洛克。”费希尔不仅同意达尔文的这种观点，还在学术上将达尔文的理念往前推进了一步。费希尔给《物种起源》一书增加了一篇数学附录，在这篇孟德尔式的附录中，费希尔证明了他精神上的祖父——达尔文当年思考的事情：自然选择种下了人类美德的种子，并且持续不断地为这颗种子浇水，呵护它的成长。[27]

自然选择是如此完美，如果人类能不去干扰这种完美机制的运行就好了。在这种伟大的进化理论中，道德感会让人类更加适应环境，而这正是令费希尔越发担心的一个问题。费希尔渐渐产生了一个愚蠢的念头：也许自然花了无穷的时间才取得的成果，人类只需要花几代人的时间就能够将其完全摧毁。造成这种现象的罪魁祸首就是财富，因为人类拥有的财富越多，他们繁殖后代的动机就越弱。毕竟，孩子的数量越多，每个人分到的财富就会越少。既然每个人的财富都是辛苦劳动换来的，为什么要把这些成果浪费在下一代身上呢？在现代社会中，杀婴的冲动会被避孕手段取代。由于费希尔认为更高质量的基因总是聚集在社会上层人士的身上，所以，底层人士的过度繁衍将会成为一个问题。

为了对抗熵，上帝创造了自然选择，但人类对物质的贪婪却有可能破坏上帝的这种精美设计。然而，费希尔认为从长期来看，自然最终会对人类做出充满同情心的最终审判：人类使用的避孕手段越多，这些避孕手段就会越少地出现在未来的人类之中，因为那些怀有贪念的避孕者会留下较少的子嗣，而不使用避孕手段的人则会留下较多的子嗣。这样一来，避孕行为就会自然而然地被未来的人群淘汰。最终，文明将不得不接受进化的教训，并且据此做出调整。唯一的问题是，人类是否有足够的时间完成这些调整？[28]

越来越多的情况显示，人类似乎不可能拥有足够多的时间来完成这些调整。幸运的是，仁慈的上帝赠予了人类两个珍贵的礼物：一个是责任，另一个是机会。同时，上帝赋予了人类自由意志。自然选择基本定理告诉我们，自然选择机制几乎可以一手包办所有事情，把人类推向基因最优化。然而，在一次英国广播公司（BBC）的广播节目中，费希尔告诉听众："如果用《创世记》的语言来描述，我们现在生活的时间点是第6天，而且很可能是第6天的清晨。"上帝为了完成造物使命，伸手召唤人类：像动物一样，人类也能够控制自己的命运；在第6天，没有什么是确定的，也没有什么是预先安排好的。只要政府提供合适的家庭补贴，鼓励基因优秀的人群（社会的上层阶级）积极繁衍，人类仍然可以重新回到自然选择的正路上来。遗传不但不是导致人类衰退的工具，反而是我们的盟友。最终，在该说的都说了和该做的都做了之后，遗传学将是人类最大的希望，也是唯一的希望。[29]

• • •

当炮弹的呼啸声响起时，杰克·霍尔丹还未来得及做出反应，就看到坐在条凳右侧的老妇人被炮弹炸得血肉模糊。杰克也被掀到地上，却奇迹般地没有受伤。他很难相信自己居然这么好运。可恶的法西斯主义者，都去死吧！此时是1936年的夏天，杰克在马德里的一个公园中经历了一场空袭。

就在几天前，杰克把他的大框眼镜塞入了皮裤和皮夹克。帽子的护耳在风中飞舞，护目镜紧紧地罩在脸上，杰克穿着这样一身行头，骑着摩托车从伦敦来到西班牙。现在，杰克是大学学院的一名遗传学教授，也是英国皇家学会会员。但是，由于近期参与了试图颠覆西班牙第二共和国政府的行动，杰克正面临指控。那一年的3月，他的父亲去世了，受家族的委派，杰克将他父亲的骨灰撒在了位于克朗的家族土地上。直到1942年，杰克才正式加入共产党，但在搭乘火车把父亲的骨灰送去苏格兰的路上，他坚持乘坐三等车厢。显然，马克思的思想已经深深地影响了他。

1924年，杰克从战场返回国内。退伍后的杰克被任命为剑桥大学生物化学系讲师，在那里，他接受了一位记者的采访，并且与一个名叫夏洛特·伯格斯的女士坠入了爱河。大学里的卫道士们并不赞同杰克的这段感情，因为夏洛特是一名已婚女性。英格兰最著名的孟德尔主义者之一——威廉·贝特森，也不喜欢杰克整天"像一条狗一样"在街上跑来跑去。[30]剑桥大学的6位高级成员组成了一个委员会，打算开除杰克的教职。但是，杰克上诉成功，最终打赢了这场官司。之后夏洛特和前任丈夫离婚，正式成为霍尔丹太太。那个针对杰克的六人委员会有一个拉丁文名字叫作"Sex Viri"（意为"六人"），而杰克总是故意把第二个词开头的V念作W来取乐。为了避免杰克的这种嘲弄，学校不得不新增了一名委员，把六人委员会变成了七人委员会。后来，杰克说："我们必须学会不要把传统道德太当一回事。"显然，他绝对是发自内心这样说的，没有人会怀疑这一点。[31]

与此同时，杰克凭自己的才华震惊了整个世界。他很快成为一位一流的生物化学家（他在不同的生物类目下找到了细胞色素氧化酶）、遗传学家（他发现了更多基因联系的例子）、生理学家（他发明了一种治疗驾驶员的屈肢症的方法）、酶学专家（他提出了布里格斯–霍尔丹方程）、畅销科普书作者（他写出了《代达罗斯》和《卡里尼科斯》），以及英勇无畏的自我实验者（为了证明呼吸是受二氧化碳控制的，他喝下了足够杀死一只狗的氯化铵）。即使是以牛津大学与剑桥大学的标准来看，霍尔丹也是一位出类拔萃的人才。除了取得以上这些惊人的成就以外，霍尔丹写给秘书的一张字条还表明，此时的霍尔丹已经开始寻找自己的精神家园。

我需要：

（1）圣十字勋章；

（2）福特先生的银行账户余额；

（3）克拉拉·鲍；

（4）从上午11点到下午5点由伦敦开往巴黎的所有火车的信息；

（5）5英镑现金（把支票兑换成现金）；

（6）安全剃须刀片；

（7）如果可以，尽量把事情搞得越糟越好；

（8）卡尔·马克思的《资本论》。[32]

在当时的欧洲，各国经济纷纷陷入萧条，法西斯主义在各处的势力增强。当时的英国政府既没有展现出政治上的决心，也未能成功地让国家经济走向复苏。因此，对政府不满的自由派人士陷入了得过且过的厌倦状态。这种贫乏、自我怜悯的“精神泥沼”，让霍尔丹和“整个科学运动的社会关系网络”愤怒不已。英国政府的做法不仅在道德上站不住脚，更糟糕的是从科学的角度而言也根本说不通。毕竟，“社会的进步必须依靠……对科学的进步性运用”，而英格兰却仍然选择拥抱“会写论文的人”，而不是真正的科学家。[33]

然而，苏联的情况却不是这样。在苏联，比科学家还受群众尊重和仰慕的恐怕只有芭蕾舞演员了。和许多其他西方科学家一样，霍尔丹也被苏联的魅力折服。1928年，在因相貌英俊和英勇无畏而著称的植物遗传学家尼古拉·瓦维洛夫的邀请下，霍尔丹和他的妻子夏洛特一起访问了苏联。

然而，在这次苏联之行中，霍尔丹忙于参加豪华的晚宴和访问忙碌的学术机构，似乎并没有注意到苏联的那些破旧的公寓和空荡荡的食堂。甚至当霍尔丹和夏洛特排着长队等待出境签证时，霍尔丹仍在浮夸而武断地向夏洛特宣讲着自己对苏维埃的美好印象。苏联是整个人类的未来，因为在苏联，科学获得了宗教一般的权威地位。在从苏联返回英国的途中，霍尔丹宣布："我们现在的统治者以及那些支持他们的人，都应该明确地听到这样的建议：我们要像那些能力出众的布尔什维克领导人一样，采取一种实验性方法。"[34]

虽然自由民主主义输掉了与法西斯主义的斗争，但马克思主义却仍然可以赢得这场战斗。马克思主义已经预测到决胜的关键，那就是用科学和技术拯救人类文明。马克思主义尊敬社会中的每个人，对于弱者也给予同样的尊重。但是，除了上述优点以外，马克思主义还为我们提供了一种更加本质的东西——一套能够帮助我们理解现实的工具。有了这套工具，我们就能以客观的眼光看到世界真正的样子，而不是只看到人们希望的样子。在彻底成为马克思主义信徒之前，霍尔丹曾经开玩笑说他最喜欢的其实是格劳乔·马克思（一位美国电影明星和喜剧演员）。尽管如此，霍尔丹很快就全身心地投入到马克思主义的阵营中。不管他接下来的贡献究竟是空谈还是真正的科学研究，他都将用辩证唯物主义的方法来解释进化问题。至少，霍尔丹自己是这样说的。[35]

1932年，霍尔丹出版了一本名为《进化的原因》（*Causes of Evolution*）的书，包含9篇开创性的技术论文（第10篇论文在写作之中）。这9篇论文详细提出了一种"关于自然选择和人工选择的数学理论"。[36]这些论文中的方程看起来不太美观，毕竟霍尔丹只是一个"沉闷无聊的代数学家"，而不像费希尔那样是"数学家中的数学家"。[37]但是，像费希尔一样，霍尔丹在论文中也提出了同时让孟德尔主义者和生物测定学家信服的理论。霍尔丹的论文有力地解释了自然选择如何在一个生物种群的基因上运作，并逐渐在这个种群中引发巨大的进化上的改变。如果说费希尔像一位纯洁无瑕的尼采哲学传承者，霍尔丹则更像一位手上沾满机油的修理工或者工程师。霍尔丹并不觉得进化论需要什么基本原理，对他来说进化是一个过程，而非一个权威命令。

霍尔丹的这种想法与辩证法有一定的联系。费希尔崇拜自然选择的净化之手，但霍尔丹却认为基因突变的随机性会在一定程度上"抹杀"自然选择的功绩。[38]但是，这并不意味着我们不应该考虑自然选择的效果。牛津大学遗传学家E. B. 福特让他的学生伯纳德·凯特维尔去伯明翰城外的森林中研究飞蛾。凯特维尔的研究证明，相比白色的飞蛾，深色的斑点蛾（带有黑色素的桦尺蛾）拥有多达50%的选择优势。而霍尔丹早在这项研究进行前的30年就料到了这一点。仅仅经历了几代的繁育，和白色飞蛾相比，深色斑点蛾在整个种群中的比例就从2%上升到超过90%。导致这种现象的原因是工业革命造成的污染，因为污染致使白桦树的树干颜色变深，所以颜色较深的飞蛾更容易与树干融为一体，从而躲避鸟类的捕食。外界环境的变化会造成生物适应性高低的变化，而其他的一切交给自然选择即可。[39]

但是，如果自然选择能够推动生物种群走向更加适应环境的方向，那么基因突变也能够破坏自然选择的成果。费希尔认为，生物的适应性取决于基因突变。但这样的说法却形成了一个悖论：自然选择淘汰的"劣质"基因越多，种群中留存的基因变异就越少。这意味着，种群中的基因突变率必须比费希尔设定的基因突变率高。但是，因为大部分基因突变都是有害的，如果一个种群的基因突变率过高，这个种群对环境的适应性就会下降。从另一个角度看，如果自然选择的挑选标准设定得过于严苛，整个生物种群就会被自然彻底淘汰。因此，在霍尔丹看来，在这里必须引入辩证法。于是，利用黑格尔的学说，经马克思之口便产生了一个必然结果[40]：不管自然选择基本定理告诉了我们什么，自然选择都必然产生一定的成本。[41]

虽然进化取得了惊人的成就，但它并不是能够解决所有问题的万灵药。费希尔认为，问题的解决之道在于神圣的自然力量和社会的上层阶级，而霍尔丹则选择了激进的政治态度。此时距离霍尔丹离开内战中的西班牙已经过去了几年，他最近入选了英国共产党的执行委员会。当然，霍尔丹已经听说，一位名叫特罗菲姆·李森科的乌克兰农民最近在苏联快速崛起。此人用马克思主义的信条大肆批判了西方资产阶级的遗传学理论，并称研究遗传学理论的人是一群“热爱苍蝇而仇视人民群众的人”。霍尔丹还听说，这位“赤脚教授”要在苏联进行一场真正的无产阶级的农业革命，而这场农业革命的基础却是错误的拉马克主义。此外，特罗菲姆·李森科还在斯大林的耳边鼓吹，必须将“决定论”和“种族主义”的遗传学理论彻底打倒。霍尔丹听到了各种各样的谣言：据说在这场运动中，他的许多同行失去了工作；据说之前邀请他去苏联的为人亲切的尼古拉·瓦维洛夫现已失踪；据说有些科学家已被清除和处决。但是，霍尔丹选择对这些可怕的消息充耳不闻。毕竟，没有确凿的证据证明这些情况的真实性。而且，就算李森科的观点“严重地夸大了事实”，里面仍可能存在正确的部分。[42]

霍尔丹对遗传学深信不疑。1932年，他发表了这样的言论：“我相信，等到人类遗传学领域积累了足够多的重要研究成果时，苏维埃社会主义共和国联盟进行科学实验的那一天终将来临。并且，我相信这些成果将证明人类是不平等的。”霍尔丹喜欢引用恩格尔的名言，“无产阶级对平等的真正诉求就是为了消除阶级”。他还说，任何除这一诉求之外的要求“都必然是荒谬的”。虽然霍尔丹并不像费希尔一样是一位狂热的优生主义者，但霍尔丹也相信优生学背后的基本逻辑。霍尔丹认为，人类的平均智商正在下降，造成这种现象的原因是受教育阶级在生育方面过度节制。从遗传学的角度说，资本主义正在破坏适者生存的完美机制。霍尔丹认为，只要消除阶级，就能消除不同阶级之间在生育率方面的差别，所以社会主义是解决该问题的最佳方案。[43]

显然，霍尔丹的主张和费希尔的保守主张大不相同。但是，霍尔丹的主张也不同于李森科的主张。通过批判纳粹的基因优化运动，乌克兰狂人李森科成功地让斯大林相信孟德尔主义是一种错误理论。塑造人类命运的正确手段不是操纵想象中的基因，而是改变环境。一位法国同事曾这样形容霍尔丹："他不是一个人，他是一种自然力量。"确实，从各个角度看，霍尔丹就像歌利亚巨人一般，是一个逻辑和理性的"堡垒"。但是，这样一位进化论的现代预言家却并不介意向李森科道歉，李森科是一个完全否认基因的存在并把"适者生存"称作资产阶级阴谋的人。对霍尔丹来说，只有行为的目的才是最重要的。霍尔丹相信，总有一天世界会看清一个事实：资本主义不能给人类带来我们想要的东西，而共产主义可以做到。所以，霍尔丹选择无条件地站在共产党一边。[44]

• • •

休厄尔·赖特并不是一位马克思主义者。事实上，大多数时候他的脑子里也没有上帝。赖特是一位毕业于哈佛大学的理论群体遗传学家，他的外表看起来就像一只英俊的老鼠。赖特的家庭背景与费希尔和霍尔丹的家庭背景同样有趣。赖特的父亲出生于美国中西部，在一所规模不大的大学里担任教授。对赖特的父亲而言，"一个寻欢作乐的夜晚就是在当地的教职工俱乐部中和大学里的同事兼密友高谈阔论"。[45]

与来自英国的费希尔和霍尔丹一样，来自美国的赖特也打算把数学方程应用到进化中。虽然赖特性格稳重，外表长得像老鼠，但自然选择基本定理却让他兴奋和激动不已。[46]费希尔的这个定理给了赖特很大的勇气和信心。赖特后来提出了他自己的进化理论，比霍尔丹的工程学方法更广泛，也比费希尔的晦涩高深的数学方法更直观和易于理解。[47]

根据赖特的理论，生命就像由山峰和山谷组成的风景。我们可以把生物提高种群适应性的过程想象成一个向上爬的过程，爬得越高，就代表生物种群的适应性越高。自然选择基本定理已经证明，一旦上升的过程开始，就不可能走回头路，因为自然选择只会把整个种群往某个方向上推。但是，如果生物最终爬上的所谓顶峰不过是一个小山包，而非最高峰，那么生物会不会滞留在这个小山包上而无法继续向上攀爬了呢？

赖特对上述问题的解答是：除了自然选择以外，有时还会有另一种力量推动生物的进化，这种力量叫作"随机漂移"。想象有100万名愤怒的示威者正沿着主街朝市政厅的方向行进。突然，一名示威者不小心掉进了一个洞中。这种情况对这个示威者而言可能是悲剧性的，但这场示威运动并不会因此受到影响。如果只有3个好友沿着一条小巷走向示威地点，其中一个人不小心掉进了洞中，那么我们几乎可以肯定的是，他们将无法到达示威活动的集合地点，因为这起事故严重影响了这3个人的行动方向和目的。赖特认为，生物种群中的基因就像示威活动中的个体示威者一样，偶然性事件对小种群的影响比对大种群的影响更大。并且，就像掉进洞里的示威者很有可能对这次示威活动不太感兴趣一样，基因漂移与进化的"目标"也没有多大关系。如果说自然选择和随机漂移是一对兄弟，那么哥哥（自然选择）是一个目标性非常强的人，而弟弟（随机漂移）则并不总是会将生物推向适应性更高的基因"顶峰"。如果把提高生物种群适应性比作一项工程，自然选择就像这项工程的监工，而随机漂移则像脚下的流沙，不管走在上面的是强者还是弱者，流沙都有可能随机地改变其行进的方向。

但是，随机漂移也有积极的一面。如果生物的种群规模不大、同质化程度不高，如果示威者不是全都沿着主街行进，而是沿着许多条互相平行的小巷分头行动，并且每一组的规模都比较小，随机漂移就能做到自然选择无法做到的事情，即让种群的基因结构产生巨大的改变，从而大幅改变种群进化的方向。在赖特的模型中，这种种群进化方向的变化就相当于把一群人从山顶推向山谷，这与自然选择基本定理相悖。从短期来看，这样的变化意味着生物种群适应性的降低。但在示威活动的例子中，当三个示威者中的一个掉到洞中后，也许市长会给余下的两位示威者写一封悼念信。而从长期来看，市长的这封信对革命活动的贡献也许会比大型示威活动的贡献还要大。市长的悼念信最终可能会给革命活动带来一个意料之外的机会，基因的随机漂移也可能起到同样的作用。行为在被从山顶赶入山谷以后，也许反而能够登上一座更高的新山峰。看似走下坡路的过程也许意味着自由，它很可能是一次光荣、卓越的新攀登之旅的开始。[48]

赖特将他的理论称作“动态平衡”理论，因为在该理论框架下，生物种群总会在有方向的选择和随机的漂移这两极之间游移。赖特认为他的理论是对自然选择基本定理的丰富和补充，因为虽然进化如同一股强劲的风，但它有时也有局限性，而偶然性能为这股风注入新旋律。但是，费希尔却对赖特的这种“适应性风景”理论不感兴趣。[49]费希尔认为，基因突变虽然既是必要的又是随机的，但对生物种群的样子起最终塑造作用的还是自然选择的指挥棒。如果没有自然选择，进化就没有了目标，也没有了方向。他认为，赖特的风景理论虽然看起来很“漂亮”，但从生物学角度来说却完全站不住脚。赖特所说的会受随机事件影响的规模较小、相对孤立的小种群只有两种命运：要么走向灭绝，要么演变成新物种。种群中的绝大部分个体从基因角度来说永远都是互相联系的，因为在一个种群当中，任何个体都有一定的概率与其他个体进行交配。如果将基因比作一群示威者，那么这些示威者必将全部沿着主街稳健地前行。一个种群中的所有基因就好比一片广阔无垠的海洋，随机漂移也许会改变这片海洋中的少数几种基因，但从整个种群的角度看，随机漂移的作用非常微小，因此可以忽略不计。

费希尔认为，自然的地貌是整齐划一的，而非有山峰和山谷的起伏不平的丘陵。但是，在生命的海洋中，海水的高度总在上升。

• • •

费希尔、霍尔丹和赖特都为进化的综合理论做出了重要的贡献，他们用自己的方法把达尔文学说和孟德尔学说结合在一起。[50]不管他们三人的模型之间存在多大差异，他们都相信自然选择的力量能够推动生物种群的进化。正因为如此，他们三人都和达尔文一样，为蚂蚁的难题感到困惑：为什么降低生物个体适应性的特质会被保留下来？为什么生物个体的行为会违背个体本身的利益？利他主义的特质令他们困惑不解。

对于这个问题，费希尔的解答与蝴蝶及其幼虫有关。当鸟食用蝴蝶（以及其他一些昆虫）时，它们会发现这类食物的味道非常可怕，这是一种生物学家非常熟悉的现象。如果鸟在吃蝴蝶之前就知道蝴蝶的味道很差，那么对蝴蝶来说，这将会是一种很好的保护机制。但事实上，鸟往往是在食用蝴蝶之后才会意识到这一点，也就是说，这种保护机制对蝴蝶来说通常都来得太晚了。所以，费希尔感兴趣的问题是：既然如此，为什么生物还会进化出“味道很差”的特质？[51]

费希尔有一个昆虫学家朋友名叫E. B. 波尔顿。波尔顿告诉费希尔，大部分蝴蝶（比如帝王蝶）的身体都比较强韧，即使被鸟啄一下，也仍然可以活命。从表面上看，有了波尔顿提供的这条信息，上述问题似乎迎刃而解：如果帝王蝶在被鸟啄一下以后仍能活命，它糟糕的味道就能让鸟及时住口，从而保住性命。但是，帝王蝶幼虫的情况又如何呢？帝王蝶幼虫的味道极为糟糕，但它们的身体却像丝绸一样柔软，只要被鸟啄一下，就无法活命。因此不管幼虫的味道如何糟糕，这一防护机制都不可能及时发挥作用。

解决上述问题的关键在于家庭。蝴蝶幼虫在长出翅膀之前的行动力较差，并且往往会和同伴黏在一起。黏在一起的幼虫通常有亲属关系，如果一只饥饿的鸟在寻找食物的过程中试着啄了其中一只幼虫一下，由于这只幼虫的味道非常可怕，鸟就不会继续食用其他幼虫了。因此，那只不幸被鸟啄死的幼虫虽然牺牲了它的生命，却保护了它的兄弟姐妹，完成了最后一次英勇无畏的利他行为。

费希尔认为，这种解释非常有道理，因为有亲属关系的生物之间存在着基因上的联系。自然选择之所以会让蝴蝶幼虫具有可怕的味道，原因在于这样的特质能挽救它的兄弟姐妹的性命。只要这个幼虫和它的兄弟姐妹之间有共同的基因，即使这只幼虫死掉了，它的基因仍然能够通过它的兄弟姐妹的身体遗传下去。黏在一起的幼虫之间的亲属关系越弱，这种选择效应就会被“稀释得越厉害”，因此在亲属关系较弱的群体中，不太容易进化出利他行为。[52]

早在1918年，费希尔就已经认识到亲属关系在这个问题中起到的重要作用。在他那篇著名的论文中，费希尔列了一个表格，计算出生物亲属之间的基因距离。但是，直到4年以后，赖特才首次提出用于衡量亲属关系的变量。[53]赖特称这个变量为“关系系数”，写作$r$。赖特还证明，一个生物个体与它的所有直系后代之间的关系系数等于$0.5^n$，其中$n$指生物个体及其后代之间所隔世代的数目。也就是说，母亲和儿子之间的关系系数是0.5（$0.5^1$），祖父母和孙辈之间的关系系数是0.25（$0.5^2$），以此类推。关系系数$r$度量的是两个生物个体之间的基因关联度，也就是两个生物个体共享同一个基因的概率。然后，这个变量可以推至更大的范围。赖特计算了任何两个有亲属关系的生物个体之间的关系系数，而不只是祖先与其直系后代之间的关系系数。

比如，两位姨表亲之间的关系系数$r$的计算过程如下：我们先计算两位姨表亲从它们的外祖母处继承了基因A 的概率（对这两个生物个体而言，从外祖母处继承基因A的概率分别是$0.5^2$，所以它们同时从外祖母处继承基因A的概率是$0.5^2 \times 0.5^2 = 0.062\ 5$）。接着，我们计算两位姨表亲从它们的外祖父处继承基因A的概率，计算方法同上，我们可以算出这个概率也是0.062 5。最后，将以上两个得数相加，就可以得到这两位姨表亲从外祖父或者外祖母处继承基因A 的概率是$0.062\ 5 + 0.062\ 5 = 0.125$。因此，这两位姨表亲的关系系数$r$等于1/8。也就是说，它们从外祖父母处继承某一基因的概率是1/8。[54]

赖特的这种算法日后将成为解决利他主义难题的关键一环，但赖特却从未将关系系数的算法应用于利他主义问题的研究。事实上，在提出上述算法20多年之后，赖特于1945年提出过一个关于利他行为如何进化的理论模型。但该模型关注的并非生物个体之间的亲缘关系，而是随机漂移。[55]

根据利他主义的定义可知，利他主义的特征会降低生物对环境的适应性，因此对生物个体而言，利他行为是有害的。但是，我们可以想象一个生物种群中既有利他主义者，也有自私自利的个体，这两类生物个体共同沿着主街行进。如果出于某些随机的原因，一群利他主义者（所有个体必须都是利他主义者）碰巧走进了一条小巷，那么这群人将比其他个体更快到达市政厅。出现上述现象的原因在于，利他主义者会帮助群体中的其他个体，而不是通过互相竞争试图超过其他个体最先到达市政厅。而主街上的情况则是个体之间互相竞争，谁都想第一个到达。然而，沿着主街继续前进的利他主义者却不占优势，因为当这些利他主义者花费时间帮助同伴走向目的地时，其他自私自利的个体只会考虑自己，并快速冲向市政厅。

因此，在一个混合种群（其中既有利他主义者也有自私自利的个体）中，我们必须分别考虑“种内竞争”和“种间竞争”两个方面的情况。在种内竞争方面，利己主义者占据优势，而利他主义者处于劣势。但在种间竞争方面，自然选择却会更青睐利他主义者比例更高的种群。我们可以把生物的适应性比作一片高低起伏的地貌，如果一群利他主义者出于某些原因从不同的山顶滑落，并且他们都处于某座山的山脚下，那么他们有可能会一起攀爬眼前的山峰，最终到达最高点。

赖特的上述模型依赖于“群体选择”机制，也就是说，有时自然选择选中或者淘汰的对象不是生物个体，而是生物种群。虽然从直觉上看，包含利他主义者较多的生物种群确实有可能在自然选择的过程中比包含较少利他主义者的生物种群更有优势，但要从数学上证明这一点却会遇到一些问题：只有在小巷与小巷之间几乎完全独立的情况下，我们才能证明包含较多利他主义者的种群在进化上占据优势。如果各条小巷是完全孤立的，那么利他主义者组成的小群碰巧闯入这些小巷的概率就会变得很低。赖特是一个主要靠纸笔推理进行研究的理论研究者。但生物学家不同，他们更了解实际情况，知道上述这种严格的限定条件在自然界中几乎不成立。[56]

在研究利他主义的自然起源的问题时，费希尔着眼于蝴蝶和毛毛虫，赖特着眼于互相孤立的小组和随机漂移，霍尔丹则把目光投向了反刍动物。在1928年的一篇论文中霍尔丹写道：“假设有两只雌鹿，其中一只习惯在捕食者逼近的时候抛下幼崽独自逃生，而另一只则会在这样的情况下保护幼崽。那么，虽然第一只雌鹿存活的时间可能长于第二只雌鹿，但第二只雌鹿却能留下更多的后代。因此，虽然第二只雌鹿丢了性命，但它的性状却能够继续传递下去。”[57]自然选择的逻辑虽然常常十分残酷，却始终非常简单直白。

即便如此，我们仍然面临这样的问题：味道很差的毛毛虫或者愿意保护幼崽的雌鹿，究竟和人类有什么关系呢？适用于动物的进化逻辑是否同样适用于人类？

虽然霍尔丹坚信团结对工人运动的重要性，但他也认为个体不能轻信任何人。和费希尔一样，霍尔丹认为从进化的角度看，利他主义是一种家庭内部的行为。霍尔丹写道："我认为人类并没有很多让我们表现出广泛的利他主义倾向的基因，但我们很可能拥有一种热爱家庭生活的先天倾向……因为只要利他行为能够让生物的后代及其近亲更好地生存下去，这种行为就具有达尔文所说的适应性。因此，我们可以预见这些利他行为会因为自然选择机制的存在而得到广泛传播。"[58]

抱着对在战场上阵亡的弟弟的怀念之情，费希尔对霍尔丹的上述论点表示赞同。毕竟，英雄也许会在战斗中失去生命，但他们的英雄主义精神会永远存续下去，因为这种特质存在于他们的基因编码中。既然亲属之间都拥有相同的基因，既然英雄的英勇行为能通过"名誉和声望"给他们的家族带来好处，那么在英雄死后，存活下来的亲属就会悲痛而骄傲地把"英雄的基因"传递给更多的后代。[59]虽然罗纳德的弟弟阿尔文死在了弗兰德，但罗纳德和尼科莱特的8个子女会用他们的存在来确保阿尔文没有白白牺牲。

也许费希尔将他的这种贵族感情带到了对决定论基因学的研究中，也许他将决定论基因学的研究成果融入了他的贵族情感。但不管怎样，一个人都是他所有基因的总和。不管霍尔丹和费希尔的政治态度有多么巨大的差别，对于费希尔的上述感情，霍尔丹肯定是持同情态度的。在霍尔丹的论文中，他用以下文字充实了上述论点：

> 假设我们拥有一种非常少见的基因，这种基因会影响我们的行

> 为，携带这种基因的人倾向于跳进湍急的河流中去救落水儿童。再假设在试图拯救落水儿童时，你有1/10的概率会被淹死。与此同时，我并不携带上述基因，因此我会站在岸边眼看着落水儿童溺亡。如果这名落水儿童是你的子女或者弟妹，那么这名儿童身上有一半概率也会携带上述基因。因此，通过下水拯救落水儿童的行为，成人每损失一个上述基因，儿童就会保存5个这种基因。如果你救下的是自己的孙辈或者侄子、外甥，那么上述比例就不是5∶1，而是2.5∶1。如果你救下的是你的表（堂）亲，那么上述比例比1大不了多少。而如果你救下的是你的隔辈的表（堂）亲，那么在你所处的种群中，你的救人行为更可能让这种珍贵基因的携带数量下降，而不是上升……显然，只在规模非常小的种群中，这种勇救落水儿童的基因才有可能传递下去，因为在这样的种群中，当一个人冒着生命危险去拯救落水儿童时，落水儿童在大部分情况下都是见义勇为者的近亲。[60]

接着，霍尔丹以他一贯的浮夸诙谐的语调继续写道："我曾经两次把可能溺水而死的人救上了岸（在这两次事件中，我因救人而丧命的风险是极小的），不过当时我并没有时间去做上述计算。"[61]

虽然霍尔丹的说法十分机智诙谐，但我们仍然缺乏一个通用的数学模型来量化地分析上述问题。虽然费希尔、霍尔丹和赖特的理论都展现出他们的惊人才华，但要想真正说明利他主义的进化过程，我们仍需等待新一代的学者提出更有说服力的论据。[62]然而，不管怎么说，上述三位学者的研究已经把亲属关系和利他主义两个因素结合在一起，这样的结果也许对溺水者而言是一件好事。意识形态未能让持不同政见的人团结起来，而把亲属关系和利他主义两个因素结合起来的学术思想却完成了这一任务。抛开赫胥黎的学说不提，也不谈有组织的宗教，利他主义其实是进化的产物。

这是一个惊人的结论。据说，霍尔丹是在伦敦拿着一杯啤酒喝得大醉时向别人第一次描述上述逻辑的：“如果能救起两个兄弟和八个表（堂）亲，我就会跳进水里。”说完，他便醉得瘫倒在吧台上。[63]

· · ·

费希尔于1952年获得了爵位，到澳大利亚过上了宁静的退休生活。战后，费希尔和科拉多·基尼、奥特马尔·冯·维斯彻尔保持着朋友关系。基尼曾是墨索里尼的人口学顾问，维斯彻尔是一名医学遗传学家，被称为“第三帝国最危险的纳粹活动家之一”[64]。由于这样的情况，费希尔在剑桥大学的朋友和同事不禁对上述两段友谊抱有好奇和怀疑的态度。费希尔一直是个怪人，他冷淡、严苛、专横傲慢，活在自己的世界里。人们说，费希尔太保守了，所以他不可能成为一个纳粹分子或者法西斯分子。最终，费希尔确实没有那样做，直到走向坟墓的那一天，他都是自然最忠诚的信奉者。费舍尔相信，自然最清楚什么对人类最好。

与此同时，霍尔丹却在李森科主义的泥沼中越陷越深。[65]此时，以下所有谣言都变成了官方消息：基因学在苏联被完全禁止，瓦维洛夫在古拉格被残忍杀害，科学和正义并没能携手前进。霍尔丹是一个顽固又死爱面子的人，他一边否认事实，一边悄悄地不再缴纳党费。当该说的都已说完，该做的都已做完时，霍尔丹终究还是一名科学家。

霍尔丹在等待一个功成身退的机会。当英国与法国以及以色列联手袭击埃及，并将苏伊士运河划归国有时，霍尔丹终于找到了他等待已久的退场借口。霍尔丹向学院院长表示：“面对整个人类的审判，英国已被判处侵略罪名成立。”因此，他不愿意再继续做这样的国家的臣民。此时是1957年，这位老兵决定离开英国，搬去印度——在那里，和平和善良是一种哲学。[66]

对同时认识费希尔和霍尔丹的人而言，这两个人的结局一定充满了尖锐的讽刺意味。费希尔和霍尔丹都认识到了亲属关系与英勇精神之间的关系，也都相信美德的传承依赖于子孙后代。虽然费希尔自身的条件让他不能上战场战斗，但他和妻子生育的子女足以构成一个部落。而当霍尔丹登上飞机与英格兰挥手告别时，他却没有留下一名子女。虽然霍尔丹对繁育的热情超过了他的所有其他信念，但终其一生他都没有成为一个父亲。

乔治·普莱斯和朱莉亚·普莱斯在纽约市华盛顿广场，1947 年

乔治、朱莉亚、安娜玛丽和凯瑟琳在新泽西州莫里斯敦，1949 年

## 第4章

# 在战争中失调

1940年9月20日晚上7点30分，刚入学的新生陆续步入哈佛大学的纪念堂。此次集会由蔡斯院长主持，发言者依次为马萨诸塞州众议院发言人、招生委员会主席以及希腊与拉丁学系副教授小约翰·H. 芬利。每位发言人都表达了他们对新生的祝福，以及自己的一些思考。这是一个漫长的夜晚，但台下的男孩们都静静地聆听着。他们是哈佛大学1944届的新生，是全美“最出色和最聪明”的年轻人。每一位演讲者都认为，台下的这些年轻人不管从哪个方面看都代表着美国的未来和希望。[1]

哈佛大学于1636年根据约翰·哈佛的名字命名。然而事实上，约翰·哈佛只是一名慷慨的捐赠者，他向哈佛大学捐赠了一座图书馆和一笔资金。哈佛大学并不是由某个人创办的，而是由马萨诸塞州的立法机构创办的。哈佛大学的建校时间比美国的建国时间还要早，而马萨诸塞州立法机构的初衷是创办一所属于社区、由社区运营并且为社区服务的大学。“哈佛大学的任务——或者用新教的词语来描述，哈佛大学的使命”是，为美国社会服务，为资本主义服务，为民主服务。哈佛大学的新生人数向来都维持在1 000人左右的水平上。但此刻是1940年秋天，战争的疾风正跨越大西洋一路向西刮来。考虑到未来可能发生在校学生应征或自愿入伍的情况，哈佛大学首次把新生的招生人数调至1 000人以上，以“应对可能出现的人数空缺”。由于新生人数增加，学校必须给这些学生提供更多的宿舍，因此哈佛大学在昆西街24号新设了一处学生宿舍，这里距离哈佛广场只有一街之隔。就这样，乔治·普莱斯住进了昆西街24号的法罗屋。[2]

乔治·普莱斯毕业于史岱文森高中，所以他自认为比周围的学生更聪明。于是，他选修了为研究生开设的高级化学课程和生物课程。此外，乔治还选修了A级德语，虽然他在语言学习方面不太有天赋。这种赌博式的选课策略很快就产生了负面效果，乔治在学业方面感到相当吃力。与乔治同一年进入大学的有许多衣着体面的男孩，比如未来的经济学家、毕业于菲利普斯埃克塞特学院的罗伊德·沙普利，以及未来的科学哲学家、毕业于塔夫脱中学的托马斯·库恩。对这些名校毕业的男孩来说，所有事情都轻而易举。但是，乔治因为入学时的过度自信而越来越不愿意与他人交往。而且，像许多其他来自公立学校的大一新生一样，乔治开始怀疑哈佛大学是否犯了一个错误。[3]

战时的校园充斥着各种各样的骚动，这让乔治更加难以集中精神学习。在那年春天的早些时候，一位常春藤演讲者在毕业典礼上说，美国并非因为“骄傲而不愿意参加战斗”。这样的言论招来了高年级学生的一片嘘声。然而，仅仅一个夏天过后，法国投降了，伦敦也遭到轰炸。于是，哈佛大学的老师和学生的论调都发生了改变，越来越多的人呼吁美国出面干涉。这些主战派师生的领袖正是当时的哈佛大学校长詹姆斯·布赖恩特·科南特。无论在什么场合，只要一有机会，这位化学家就会提醒其他与会人士“对战争的恐惧不应该成为美国国家政策的基础”。一个名为“美国防卫，哈佛团体”的组织在怀德纳图书馆的顶楼开展集会，这个团体的领导人是哲学教授拉尔夫·巴顿·佩里。由于“美国防卫，哈佛团体”组织的成员包括600多名大学教师，所以不管是在哈佛大学内部，还是在全美的媒体上，这个组织都拥有不小的影响力。该组织不仅帮助美国收容来自英国的难民儿童，还呼吁美国挺身而出，对抗欧洲的法西斯主义暴行。

但与此同时，持相反政见的哈佛大学师生也成立了一个名为民主行动委员会的组织。该组织响应孤立主义者的号召，要求美国“不要加入战争”！此时，罗斯福总统已经下令建造50 000架飞机，此举把美国变成了一个“民主的兵工厂”。此外，联邦政府的一个分支机构——民用航空局宣布，他们计划将50~100名哈佛大学学生培训成飞行员，成本每年仅为40美元。哈佛大学里关于海军和陆军科学的课上挤满了学生，从10月16日起，21岁以上的本科生涌入怀德纳图书馆阅览室，签署各种文件，并回答应征入伍登记文件中的各种问题。[4]

同年12月，一群孤立主义者和反战主义者在爱默生楼举行集会，抗议欧洲的“帝国主义”战争。领导此次抗议活动的是威廉·扬德尔·艾略特教授，以及罗伊德·沙普利的父亲、著名天文学家哈洛·沙普利。在爱默生楼外，数百名学生组成了一道人墙。他们向天空中发射红光信号，并且高唱“永远的英格兰”。一时间，哈佛广场上展开了一场标语的战争。“要书本！不要枪支！”“为什么要去欧洲打仗？为和平而罢课！”等反战口号与“自由高于和平”“战争是地狱，但希特勒比地狱更坏！”等主战口号混杂在一起。还有一些活跃分子戏谑地要求经过的路人在美国国旗和纳粹的万字旗之间做出选择。在哈佛大学学生会，学生们围绕国会的租借法案进行了激烈的辩论。干预主义者称租借法案是一种“懦夫”的行为，因为美国“只愿意向盟国提供援助，却不愿意参加战争”。[5]

3月12日，罗斯福总统签署了上述法案。根据一位学生的回忆，“哈佛大学深吸一口气，然后屏住呼吸静静等待”。而此时的乔治·普莱斯一边努力争取摔跤队中165磅级的席位，一边开始认识到他的学业成绩很可能无法满足奖学金的要求。外面的世界正在发生天翻地覆的变化。罢工风潮席卷全美，主要是在国防工业领域。英国的军队在埃及和希腊惨遭失败，而美国还在犹豫是否要派出舰队到U型潜艇横行的大西洋。

我们都感到美国社会似乎缺少某种凝聚力。出于某些原因，20世纪的民主并未创造出足够的忠诚度，也没能建立起一个有组织的社会。因此，当绝望和恐惧向我们袭来时，我们缺乏抵御这些东西的武器。也许，我们已经在本质上变得过于自信和自满。在约翰·杜威的理论的保护之下，我们笃信人类内心深处的本性都是善良的，我们也过分相信人类可以凭借双手和智慧创造出一个更美好的世界……可是，让我们看看周围的真实情况吧：没有和谐，也没有社会秩序……我们的宇宙似乎只是一系列事件的总和，而这一系列事件以我们不理解也无法理解的方式联系在一起。[6]

由于视力不佳，乔治·普莱斯被归到4F级而失去了入伍作战的资格。同时，他在哈佛大学的学业也无法继续下去。因为某些课程的成绩太差，他没能保住自己的奖学金。哈佛大学的非官方诗人戴维·麦考德的诗句也许可以表达他的心声：

那是你吗，
约翰·哈佛？
我对他的塑像说道。
“是啊——那是我，”约翰说，
“在你离开之后。”[7]

5月，带着失望和挫败的情绪，乔治·普莱斯离开法罗屋，回到纽约市的家中。那年夏天，艾丽斯前往美国中西部探访家人，而普莱斯兄弟则被留在纽约市负责经营舞台照明有限公司的生意。乔治“是两兄弟中比较可靠的那一个”，因此他分管公司财务。乔治疲于应对上门要债的债主，苦不堪言。[8]幸运的是，凭借在史岱文森高中的优异表现和在哈佛大学获得的学分，乔治获得了芝加哥大学的奖学金，成为该校一名在家自学的大二学生。事情似乎正在朝着好的方向发展。秋天来了，然后是冬天，接着是一个被历史铭记的星期日的早晨。1941年12月7日，美国在珍珠港的海军基地受到日本舰队的偷袭，美国正式宣布参战。

• • •

对约翰 · D. 洛克菲勒而言，1887年并不是一个好年头。洛克菲勒是美国最强大的商业巨头标准石油公司的创始人，但此刻的他却只能环顾四周深叹一口气。美国国会刚刚通过了《州际贸易法》，该法案将秘密返点和价格歧视判定为非法行为，从而加强了对大公司的管制。从此以后，资本主义再也不是原来的样子了。

也许，成立一家大型慈善企业是一个不错的转型方向。在美国中西部，浸礼会的团体像野火般四处蔓延，商业活动也在增长。现在，美国中西部只缺一所能够提供知识的优秀大学了。只有这样的机构，才能与美国东部的常春藤院校竞争，并把美国中西部真正塑造成能与华盛顿、纽约和波士顿媲美的地区。因此，当芝加哥的宗教人员前来游说洛克菲勒时，这位全美最富裕的浸礼会在俗信徒欣然同意捐赠一笔资金，用于筹建大学。芝加哥首屈一指的商人马歇尔 · 菲尔德捐出了城中的一块土地作为校址，被喻为“神童”的犹太学者、勤奋工作的学界精英威廉 · 雷尼 · 哈珀被任命为这所大学的第一任校长。1892年，芝加哥大学正式开始招生。人们常说“罗马不是一天建成的”，然而芝加哥大学却几乎是一天建成的。[9]

哈珀希望把牛津大学、剑桥大学和一些优秀的德国大学的特点统统引入芝加哥大学。他希望将本科课程与研究生课程结合，将教学与研究结合，并且希望各个方面都能达到最高水平。在一次毕业典礼上，哈珀宣称："时代不仅要求我们培养出能驾驭电和声音的人才，更要求我们培养出能在复杂的经济与社会责任中为我们指引方向的人才。"学问将会成为"最重要的东西"，懂得如何运用知识远比简单地发现事实更重要。即便我们不把芝加哥大学比作罗马，我们也可以把它比作辉煌时期的雅典——芝加哥大学将成为一个知识共和国。[10]

许多专家都认为，芝加哥大学的实验必然会以失败告终。这些专家说，芝加哥大学"是一个名副其实的怪物"，是位于美国中西部的"哈珀的集市"。但首任校长不会放弃努力。哈珀出生于一个苏格兰-爱尔兰裔家庭，他家在俄亥俄州的康科德经营着一家百货店，哈珀也是一个天才销售员。哈珀手握洛克菲勒提供的资金，从耶鲁大学、哈佛大学、康奈尔大学和约翰斯·霍普金斯大学挖来许多优秀人才。芝加哥大学追求的是一记漂亮的本垒打。到1910年，洛克菲勒已经在芝加哥大学的建设方面投入了3 500万美元的资金。艾奥瓦州的参议员乔纳森·多利弗对此十分不满，他抱怨说："芝加哥大学闻起来就像一座堪萨斯的小镇一样，到处都是石油的气味。"然而，几乎没有人理会多利弗的反对意见。很快，智慧的头脑带来的庄严就成了芝加哥大学最独特的标志，一位教育界的新巨头就此诞生。[11]

• • •

《芝加哥大学校刊》称：

> 不管是爬过灌木丛、身背来复枪和行李包卧倒、投掷手榴弹、包扎伤腿、看懂地图，还是用刺刀刺向敌人，其做法都存在正确和错误之分。下学期，约1 000名不熟悉军队生活的年轻人每周将花3小时在

学校的体育馆学习以上行动的正确做法。在我们的基础军事训练课程上，这些年轻人还将学习军队组织、军事法律、急救等方面的知识，以及现代战争其他方面的知识。[12]

1942年1月，乔治·普莱斯来到芝加哥大学的校园，此时的芝加哥大学像一个非常军事化的蚁丘。在校园中，陆军通信兵团的学员随时都会撞上美国公共健康服务部的护士。在任何时候，乔治都能看到5 000名穿着各色制服——陆军制服、海军制服、空军制服、红十字会制服——的男男女女在学校的四方广场上急匆匆地走来走去。军事研究所于1940年10月开始运营，有超过2 000名学生和市民在这里接受培训，为参战做准备。在气象学研究所中，来自全美各地的陆军气象学家、海军气象学家和民用气象学家都在这里接受训练，然后被派往各军事部门效力。巴特利特体育馆、桑尼体育馆和男生宿舍楼被海军征用，因为海军的无线电通信员和信号员都在芝加哥大学接受训练，所以必须征用这些场馆为他们提供住宿。[13]芝加哥大学与联邦政府签订了超过100份合同，涉及数千名人员和数百万美元的资金。就连英语系的助理教授诺曼·麦克莱恩（曾是一名护林员）也把莎士比亚的作品搁置一旁，拿起了枪，他的新任务是教授一门关于来复枪射击方法的高级课程。[14]

对某些人来说，军队进驻学校并非一件坏事。在芝加哥大学接受培训的气象学员查尔斯·赫拉德恰好是跨栏项目的世界纪录保持者，在赫拉德的带领下，传统弱队芝加哥大学队在田径比赛新赛季一开始就意外地取得了3场胜利。虽然这些老伙计在斯塔格橄榄球场漂亮地打了一场翻身仗，但对绝大多数人来说，“平民生活的终结”仍然是一种无法避免的悲惨命运。[15]

于是，在第22届年度理事晚宴上，时任芝加哥大学校长罗伯特·梅纳德·哈钦斯当众说出了芝加哥大学师生早已心知肚明的事实："我们已经全面参战。"哈钦斯曾任耶鲁大学法学院院长，在这次晚宴上，他威风凛凛地向所有人宣布："全面参战意味着芝加哥大学的所有独特功能都必须消失，至少在目前的情况下必须如此。此时此刻我已经尽量冷静和不带感情地说出这句话……现在，我们只是战争的工具而已。"[16]

哈钦斯校长解释说，芝加哥大学现在的任务已经不只是发展生态学或经济学领域的最新理论，而是"为国家和全世界服务"。芝加哥大学实行全年三学期学制，对于从高中三年级就开始学习大学课程的学生，学校计划让他们在大学二年级获得学士学位。在战争时期，必须"加速"教育的步伐。显然，芝加哥大学在这方面进展顺利。然而，这样的制度也意味着，除了大量军事人员以外，校园中还有数百名低年级学生在教学楼之间穿行。[17]

那年冬天，芝加哥大学举办了令许多新生大吃一惊的"高年级学生年度胡须大赛"。年度胡须大赛是一项有着超过25年历史的芝大传统，有志参赛的选手必须在2月20日剃光胡须，然后在3月5日，雷诺兹俱乐部理发店的店主布拉德将从所有选手中评选出胡型最优美的男人（或者女人）。"高年级学生年度胡须大赛"结束之后不久，"年度植物学池塘大战"就会拉开帷幕。年度植物学池塘大战是在植物学大楼前那个长满水藻的池塘中举行的一场拔河比赛，但每年都会演变为一场所有人都跳进池塘的闹剧。此外，低年级学生还必须注意自己坐的位置。关于科布大楼前的长凳，芝加哥大学的校报向学生们做出了如下警告："如果有哪位愤世嫉俗的人敢于蔑视传统，将自己毫无价值的躯体放到这条长凳上，那么等待他们的将是可怕的惩罚。"在这种混合着传统与恶作剧的奇怪气氛中，乔治·普莱斯来到了芝加哥大学，试图再一次认真地投入到学业中去。[18]

• • •

无机化学：231；定量分析：240；脊椎动物学：205；化学热力学：361……乔治·普莱斯选修了大量科学课程。事实上，这样的选择完全符合弥漫在芝加哥大学中的战时气氛。除了机械、物理学以及自然科学之外，所有人文科学和社会科学都成了无人问津的多余学科。“只有科学和技术才能帮助我们打赢这场战争”，几乎每个人都相信这是一条再清楚不过的真理。幸运的是，哈钦斯校长提醒大家，芝加哥大学应该有更宽广的目标。

那年秋天，哈钦斯校长发表了以下看法：“我们的文明之所以会走向失调，原因之一是我们过于相信技术的进步能够解决所有问题。”哈钦斯校长坚信，技术的进步永远不可能换来道德上的理解，他甚至也不确定技术的进步是否一定能帮助美国赢得这场战争。因此，哈钦斯校长宣布：“除了技术，我们还应追求其他东西。”在这种精神的指导下，哈钦斯校长新设立了两个研究生组织：交流委员会的目标是“统一群众对战争的意见，发展一套有智慧的国家精神，并且教育国民用理性的方法处理战争结束后的遗留问题”；社会思想委员会则负责研究社会组织和政治组织面临的最本质问题。同年秋天，乔治选修了高级化学和高级数学课程，并且取得了优异的成绩。在哈钦斯校长的精神的感召下，乔治还选修了一门社会科学的通用课程。[19]

这一年，乔治加入了学校的摔跤队。入队不久后，他就在举重房里遇见了阿尔·索米特。阿尔是一个来自芝加哥的犹太裔男孩，他下颌方正，说话诙谐逗趣。阿尔的父亲生于乌克兰，和乔治一样，阿尔的父亲也在他4岁那年去世了。阿尔是从肯塔基的一所大学转来芝加哥大学的，他本来在原来的大学获得了一笔音乐奖学金，但入学两天后他才发现，去教堂是所有学生的必修课。于是阿尔立刻退学回到芝加哥，再加上他越发认识到自己在音乐和技术方面的天赋有限，所以最终他选择了芝加哥大学的政治科学与历史系。

在举重室中，阿尔发现乔治的身材瘦削结实，而且训练起来比任何人都刻苦，流下的汗水也比任何人都多。乔治宽阔的额头下是一双深邃的淡褐色眼睛，与别人发生眼神接触时，他的眼睛里会流露出一股令人不安的力量。即使在乔治开口说话之前，他也显然是人群中与众不同的那一个。而当他开口说话时，他那尖锐刺耳的声音常常突然开始，又突然结束。乔治长着一张有点儿婴儿肥的脸庞，这样的相貌多少有些迷惑人。他还会在镜子前面奇怪地展现自己的肌肉，这样一个古怪而随性的人真是一个异类。

有乔治在，有些人会有不舒服的感觉。乔治的目光让人无法逃避，逼迫其他人紧张地寻找话题、低头看自己的脚，并且开始琢磨是否已被他看穿。乔治喜欢背着哈佛大学的书包四处行走，这让他看起来有些自命不凡，但更重要的是，这也让他带着一种少年的稚气。但当你终于从乔治身边走开时，他一定会给你留下这样的印象：乔治·普莱斯懂的东西很多。乔治是一个怪人，他从不说肤浅的话。从他的话语中别人很难判断他究竟是知道还是不知道，但这种奇怪的方式反而给他的目光和意见增添了分量。乔治这种无视周围人事的大胆而无礼的态度激起了阿尔的好奇心，乔治在数字方面的天才也弥补了阿尔在数字方面的不自信。乔治和阿尔都很喜欢争论，当然，他们更加喜欢赢得争论的感觉。这两位少年还有很多其他共同点：身材瘦长、固执己见，并且有一种奇怪的幽默感。没过多久，乔治和阿尔就一起搬进了位于五十五街的一间潮湿的地下室，成了室友。[20]

· · ·

此时，整个校园对某些事情变得空前敏感。一些秘密组织和兄弟会组织禁止犹太人和黑人加入。《每日红棕》用最激烈的措辞抨击了这种现象，该报称："只要这样的事情继续存在，这种歧视行为就会在校园民主领域每天掀起一次'珍珠港事件'。"为了反击这类限制，芝加哥大学中涌现出许多学生合作组织。但在1948年的一项最高法院判决出台以前，这类限制从法律角度说并不算违法。与此同时，种族和宗教成为人人关心的热点问题。[21]

当天气晴好时，乔治会花30分钟从芝加哥大学走到密歇根湖，并主动帮在湖边晒日光浴的女孩涂抹防晒霜。阿尔觉得乔治真是一个怪人，而且是怪人中的怪人，因为乔治似乎从来没有搞清楚他和外部世界的关系究竟是怎样的。那年秋天，阿尔加入了埃利丝就餐合作社，这个组织的成员主要是犹太裔学生。阿尔即将离开校园，前往工程兵部队服役；在埃利丝就餐合作社购买20顿饭只需要花4.83美元（如果需要额外的饮料，则需要再加0.03美元），这实在是个吸引人的价格。[22]

然而，乔治却一边排队一边大声对阿尔说："你到底指望从犹太人这里获得什么东西？"乔治似乎从未意识到，这种嘲弄犹太人的言论有可能冒犯身边的人，更不要说冒犯阿尔了。一开始，乔治的这种言论似乎没有什么特殊意义，大家只是把他看作一个怪人。但过了一段时间，他的这种行为渐渐激起了其他人的愤怒。然而，埃利丝就餐合作社的成员越是恼火，乔治就越要跟他们作对。接下来，乔治又做出了一个令所有人都迷惑不解的决定，他先是"对所有非雅利安人宣战"，随即加入了由犹太人建立的埃利丝住房合作社。[23]

除此之外，乔治·普莱斯还独自去阿瑟·默瑞舞蹈学校上课。他的种种行为既不合群又不着调，仿佛完全迷失在古怪而自发的内心世界中。有些人觉得乔治的古怪性格是书呆子气加上失去父亲的伤痛所致，所以不予理睬。然而，大部分人觉得他们很难理解乔治的想法。没有人能弄清楚乔治究竟是无视周围的环境，还是对周围的人和事怀有恶意，也没有人真正知道他究竟是超凡脱俗，还是故意激怒周围的人。但不管怎么样，这一切对乔治而言似乎都是一场游戏。他人的关注能给乔治带来某种快感，就算这种关注是负面的，乔治也不在乎。最后，合作社终于决定通过投票的方式开除乔治。因为阿尔向来与乔治一样具有一种奇怪的幽默感，他建议乔治以言论自由为依据为自己辩护。然而，这条建议并没有给乔治带来什么帮助。乔治是一个彻头彻尾的异类，他总是尽一切可能挑战规则与底线，并且乐在其中。[24]

有时候，阿尔不禁怀疑乔治是不是精神有点儿不正常。然而，很快阿尔便会耸耸肩，露出原谅的微笑，然后把这样的念头抛到脑后。虽然乔治有时会狂躁地猛做仰卧推举，有时会表现出目空一切的种族主义倾向，有时会靠苯丙胺的药效通宵不睡，但透过这一切，阿尔仍然十分确信乔治“就是乔治”，仅此而已。当阿尔问乔治为什么要发表那些冒犯别人的言论时，乔治只是耸耸肩，用天真无辜的目光看着他。他知道别人认为他笨拙而古怪，但他说自己并不在乎。然而，有时候乔治也会不自觉地流露出更深层次的感情，就好像银色的阳光总会不时地穿透云层一样。在给一位朋友的信中乔治写道：“这样做能够鼓舞我的斗志，让我知道大家并不是不喜欢我。”[25]

• • •

到了春天，咖啡因成瘾者的圣地——咖啡馆也被军方征用了。随着咖啡馆的关闭，学生们彻底告别了和平时期的校园生活。[26]乔治在芝加哥待的时间并不长，在这段短暂的时光中，芝加哥大学经历了一些重大的变化。学校的经济来源从捐款转变为学生的学费，从个人转变为企业，从私人捐助转变为政府拨款。截至1944年，芝加哥大学总共执行了198项联邦政府合同，而且都是非营利性的。学校的预算额度上升到从前的3倍，而学校招收的非军事人员数量则比战前下降了30%。战前芝加哥大学的男女比例是3∶2，此时这个比例已经反转为2∶3，甚至更低。[27]

但是，情况开始发生变化。由于美国已经全面参战，各地的大学逐渐关闭了校内的军事培训项目。随着《退伍军人权利法案》的通过，军队组织撤出了校园。表面看来，芝加哥大学的校园生活似乎逐渐回归正常。

然而事实上，这也许只存在于人们的想象中。真实的情况是，美国将大量资源投入到一个绝密的地下项目上。1939年，阿尔伯特·爱因斯坦给罗斯福总统写了一封信。在这封信中，爱因斯坦敦促罗斯福总统举全国之力发展核武器，用于对抗纳粹。罗斯福总统采纳了爱因斯坦的建议。不到一年时间，加州理工学院和哥伦比亚大学的科学家从理论上证明同位素铀235和另一种新发现的化学元素钚具有极大的爆炸潜力。珍珠港事件发生后不久，联邦政府就在芝加哥大学成立了一个由诺贝尔奖得主阿瑟·H. 康普顿领导的研究小组，以加强对钚元素的研究。这个实验机构对外名叫冶金实验室，它隐藏在芝加哥大学艾克哈特楼朴素的象牙白砂岩楼面和闪亮的长方形窗户之后。[28]

在曼哈顿计划中，康普顿受命负责以下任务：一是建立链式反应堆，将铀元素转化成钚；二是寻找分离铀和钚的方法；三是最终制造出一颗原子弹。当毫不知情的乔治在芝加哥大学参加有机物燃烧分析和微分方程的考试时，同样身在芝加哥大学的格伦·T. 西博格及其率领的团队，已经靠在回旋加速器中用射线照射铀元素首次成功分离出达到可称重级别的钚元素。

虽然西博格成功分离出钚元素，但想制造出原子弹，还需要建立一种由铀元素和石墨构成的反应堆。这种反应堆需要满足一系列条件：规模必须达到临界水平，必须可以控制，并且必须能自发产生核反应。这个反应堆本来计划建在芝加哥西南部30英里外的阿贡森林保护区的一座实验室中。然而，由于该实验室罢工，导致这项工作无法按计划进行。于是，著名意大利裔物理学家恩利克·费米决定与其同事马丁·惠特克、沃尔特·津恩一起，在斯塔格橄榄球场西翼的废弃看台下一个壁球场里建造这个反应堆。这个反应堆修建得很粗糙，只用了黑色的砖块和木材等建筑材料。然而，它却奇迹般地成功运转起来。1942年12月2日，一个酷寒的冬日，下午3点53分，由费米及其同事建造的反应堆达到临界水平。然而，对于这一重大事件，乔治·普莱斯及其在芝加哥大学的同学和教授却毫不知情（事实上，当时全世界的大部分人都对此事一无所知）。就这样，核子时代到来了。[29]

· · ·

1943年9月，乔治·普莱斯从芝加哥大学毕业，并加入了全美优等生荣誉学会。乔治是芝加哥大学化学系一颗耀眼的明星，获得了礼来奖学金，以及继续在芝加哥大学攻读博士学位的资格。乔治一开始研究的是酶化学，但他的研究项目很快就发生了变化。乔治接到的最新通知是，他将加入曼哈顿计划，在塞缪尔·施瓦茨博士的指导下工作。

施瓦茨博士拥有医学博士学位，也是明尼苏达大学的一名研究科学家。他的父亲是一个俄裔犹太移民，施瓦茨成长于北明尼阿波利斯的一个贫穷家庭。由于家中共有7个兄弟姐妹，施瓦茨小时候不得不沿街贩卖糖果和冰激凌来补贴家用。高中毕业后，他在大学的一所实验室中找到了一份清洗烧杯的工作，这所实验室的领导者C. J. 华生是大学医学院的重要人物。他注意到施瓦茨的敏捷头脑，决定帮助和提携他，于是他送施瓦茨去该校的医学院读书。事实证明他的这项投资获得了丰厚的回报。此刻，施瓦茨是曼哈顿计划的参与者。在芝加哥大学的冶金实验室中，留着胡子、咧嘴大笑的施瓦茨博士领导着一个25人的团队，负责研究金属和原子辐射的生物效应。每一天，乔治都会登上乔治·休伯特·琼斯化学楼的砂岩台阶。当经过门厅走向实验室时，他会对着乔治·休伯特·琼斯的半身铜像点头致意。[30]

乔治参与的这个新项目是一个高度技术化的研究项目，与他之前研究的酶化学毫无关系。如果美国最终制造出原子弹，并且将这种武器投入使用，那么微量的有毒铀元素将进入人体。为了给这些受放射性元素伤害的人提供医学治疗，必须先发明一种检测铀元素的方法。早在多年前，卡内基研究所的研究者就发现，如果将铀元素与氟化钠混在一起，能够大大提高铀元素的荧光反应，这样我们就可以通过测量荧光的强度来检测铀元素的含量了。上述方法虽然不错，但还需要进一步优化。这个问题就像大海捞针一样难，而乔治将努力解决它。[31]

在一些保密措施的掩护下，乔治试图攻克上述难题。如何才能更好地检测出微量的有害物质呢？除了分析化学的手段以外，乔治还需要考虑如何设计合适的光电荧光光度计。这项任务唤起了乔治关于舞台照明有限公司的童年记忆。要完成这项任务，不仅需要物理方面的才华，还需要一些工匠技能。美国各地参与曼哈顿计划的团队都在研究这个问题，这让乔治感到了不小的压力。罗切斯特计划的研究人员准备了30份外观完全一样的尿样，其中含有已知浓度的铀元素。这些尿样被分别送往7个不同的小组做分析，这些小组都是研究铀元素检测问题的最具竞争力的团队。1945年3月，在纽约州罗切斯特大学召开的一次关于铀元素分析的学术会议上，各小组分别展示了尿样分析结果。在这7个小组中，共有6组完成了尿样分析。其中一组使用了光谱测定法，另外5组则使用了荧光测定法。统计分析显示，芝加哥小组使用的检测方法的敏感度和精确度都是最高的，乔治带着胜利者的微笑回到艾克哈特楼。由此可见，虽然乔治常常待人冷漠，但他对分子和光子却有着极高的敏感度。[32]

然而，由于某种神秘的渗透作用，在乔治身上科学和生活开始互相影响和纠缠。就在这段时间，乔治遇见了朱莉亚·马迪根。马迪根有一头深色的头发，她从密歇根大学动物学系毕业后，又在医学院读了两年书，之后加入了乔治所在的研究项目。据说，朱莉亚的母亲是来自德国的犹太移民，在离开德国的船上改变了她的宗教信仰；而朱莉亚的父亲是爱尔兰裔罗马天主教教徒，他的家族在19世纪50年代为了逃避“马铃薯大饥荒”而背井离乡。朱莉亚成长于密歇根州的一个造纸小镇——缪尼辛，她的母亲芭芭拉·金是一名电报员，她的父亲詹姆斯是火车站的管理人员。在两个弟弟弗兰克和迈克尔的帮助下，詹姆斯买下了当地一家五金商店。没过多久，马迪根一家就与森林服务公司签订了利润颇丰的业务合同，主要是与加拿大做木材生意。马迪根一家不仅勤劳能干，而且非常重视对社区的贡献。在自家生意兴隆之后，他们怀着感恩的心慷慨资助本地教堂。到达合适的年龄以后，朱莉亚就被家人送到圣心教堂与修女们一起学习和生活。

乔治告诉阿尔·索米特他爱上了朱莉亚。当阿尔听到这个消息时，他不敢相信地揉了揉眼睛。在男女关系方面，朱莉亚的态度非常保守，而乔治则天生对性爱兴趣高涨；朱莉亚是虔诚的教徒，而乔治却是一名激进的无神论者；朱莉亚的性格活泼善变，而乔治却是个爱恶作剧的促狭鬼；朱莉亚尊重传统，而乔治却常常沉浸在极端主义的情绪中。乔治和朱莉亚虽然同为曼哈顿计划的同事，但两人却对原子弹抱着截然不同的态度（乔治支持原子弹的研发，而朱莉亚持反对态度）。更糟糕的是，乔治和朱莉亚都是坚持己见、一意孤行的人。然而，在马迪根家族中流传着这样一件逸事：据说，朱莉亚在医学院学习的时候，曾有一具尸体的手动了动，并触碰到朱莉亚的胸口。于是，授课的教授对全班学生说道：“朱莉亚是一个能让死人动起来的人。”刚到芝加哥的朱莉亚四处寻找可以租住的公寓，一位女房东很不客气地对她说：“我的房子不租给犹太人。”对此，朱莉亚答道：“但我是爱尔兰人！”然后，她便气冲冲地扬长而去。朱莉亚有着高高的颧骨、丰满的嘴唇和黑色的眼睛，她个子不高，但身体曲线优美。在乔治的眼里，朱莉亚就是一个光芒四射的女神。[33]

• • •

1945年5月7日下午，朱莉亚和乔治跑出实验室，冲向学校的四方广场。第三帝国的军队已经完全溃败，盟军终于迎来了最终的胜利。芝加哥大学的校园里一片欢腾，从洛克菲勒纪念堂那高高的灰色石塔上传来雄浑的乐曲声。芝加哥大学的官方杂志事后形容说，那乐曲声“比1 000面鼓同时被敲响还要雄浑”，大地“在巨大的波本钟铿锵有力的声音中颤抖，这不是夸大其词，而是事实”。在教堂里，有些学生挤在礼拜堂内，膝盖顶着下巴，坐在神坛前的条凳上；有些学生则挤在阳台上，占据着能望见远处风景的位置，久久不愿离去。当2 000人起立齐声高唱《星光灿烂的旗帜》时，阳光透过哥特式的彩绘玻璃倾泻至宽敞的礼拜厅中。欧洲战争结束了。[34]

然而，就在人们刚刚习惯欧洲的和平新局势时，美国于1945年8月在日本广岛扔下了一颗铀弹。3天之后，美国又在长崎扔下了一颗钚弹。乔治与他的一位舅舅同名，就在美国向广岛和长崎投下核弹的那一周，乔治的这位舅舅死于美国中西部。艾丽斯在纽约市写了一封信给乔治，在这封信中，艾丽斯这样谈论她已故的兄弟：

> 根据我从另一个世界得到的消息，他在那里会比在我们这个世界更快乐。我已经得到了一些关于他的非常惊人的消息，其中一条来自“亲爱的亲爱的”。“亲爱的亲爱的”向我的一位灵媒朋友显灵了，

这位灵媒朋友就坐在我的身旁，向我描述了她，并且复述了她对我说的每一句话。在我访问巴特尔克里克的贝斯表亲以后，朱莉亚阿姨也在我身上显灵了。当我们大家坐在一起的时候，朱莉亚阿姨控制了我的右手和右臂，然后又控制了我的左手和左臂。当我要求她向我们展示去年夏天在她去世一周年的忌日上，她如何走过赫利克的房子（我告诉过你这件事吗？）时，她突然控制了我的整个身体，并使我的身体弯曲，就像她当时弯曲自己的身体一样，然后驱使我旋转着穿过房间……我在家中问她是否为战争的结束感到高兴，她让我双拳相击，反复说着“好啊，好啊，好啊，好啊，好啊”。[35]

“二战”的结束是20世纪最重要的事件，艾丽斯用这种方式来表达她对该事件的想法似乎显得有些奇怪。但接着艾丽斯补充道：“好啊！乔治，好啊！能这么快等到这样的消息真是太棒了，这就是你们这些化学家为这个世界所做的贡献。我为你感到非常骄傲，你还不到23岁，却已经参与了如此重大的事件。”

然而，乔治并不喜欢母亲寄来的这封信。“请你以后再也不要写信跟我谈论死人如何控制你在房间中行动的事情，或者任何类似的事情了。我不想再听到你谈论这些，如果你以后在任何一封信中向我描述这些超自然现象，我就不会再给你回信了。”[36]

几个月以后，芝加哥大学校园里的咖啡店重新开张了。[37]虽然战争已经结束，但乔治并未把他从事过的秘密研究告诉任何人。1946年8月，乔治提交了一篇名为《关于铀、钚、镎、镅的荧光研究》的论文。关于这篇论文，乔治对一位朋友做了如下概述：

在写这篇论文的最后阶段，我连续59个小时没有睡觉。在这段时间中，事实上我也处于绝食状态。当苯丙胺的效力退去，而我又没有时间去买更多的苯丙胺时，我竟然经历了几个小时的幻听。但是，现在这一切都结束了。[38]

在前一年的4月，芝加哥大学签订了一份政府合同，去运营一个名为阿贡国家实验室的机构。当时这个研究机构尚未正式建立，也还没有命名。7月1日，冶金实验室被官方正式更名为阿贡国家实验室。8月1日，哈里·杜鲁门总统签署了《原子能法案》，宣告民用核能时代的开始。

那年夏天的毕业典礼在月末举行，副校长劳伦斯·金普顿做了关于“科学与人文”的演讲，之后大家齐唱校歌。那是一个欢快的毕业典礼，但在欢声笑语中也隐藏着某种沉重幽暗的东西。在唱歌的间隙（“在所有美丽的母亲中，她是最美丽的那个；在所有的智者中，她是最有智慧的那个”）中，乔治终于有时间思考他的未来了。在本科阶段，乔治选修过生理学和神经系统方面的课程。虽然乔治对生物学方面的问题更感兴趣，但他觉得他在物理学方面更有天赋。5年前因为成绩不佳乔治被迫离开了哈佛大学，而如今，乔治即将回到哈佛大学担任化学系讲师。同时，乔治还被阿贡国家实验室雇用，他将向阿贡国家实验室提供咨询服务，薪酬是每小时2.5美元。虽然这样的报酬并不能让乔治成为一个富翁，但在这样的安排下，他将有许多自由时间。乔治心情沉重地收拾好行李，登上了开往剑桥城（哈佛大学的所在地）的火车。那年秋天，芝加哥大学校长哈钦斯在一份写给芝大友人的报告中写道：“即使没有原子弹，人类文明的前途也足以令人担忧了。现在，我们有了原子弹，人类文明的前途更是一片黑暗。”哈钦斯还宣称人类文明“已经处于灾难的边缘”。[39]

· · ·

1947年6月28日，朱莉亚和乔治在缪尼辛举行了一个小型婚礼。乔治的头发小时候是红褐色的，现在已经变深，再加上他佩戴的眼镜及身上穿戴的西装与领带，这让他看起来比过去成熟了许多。虽然乔治的裤腰似乎有些过高，但他看起来仍然英俊且富有活力。乔治不是天主教教徒，所以朱莉亚的爱尔兰裔家庭在婚礼上对这一问题表示了担忧。考虑到乔治是一名无神论者，朱莉亚的家人希望乔治同意让他和朱莉亚未来的孩子信奉天主教。[40]在过去的一年中，乔治一直在哈佛大学担任化学系讲师，住在名为温斯罗普屋的学生宿舍里。婚礼结束后，这对新婚夫妇将动身返回剑桥城，住进位于林奈街的一栋小房子里。从他们的新居向南走10分钟就是马林克罗特化学实验楼，乔治的办公室就在这栋楼里。

哈佛大学化学系内的几乎每位教授都是赫赫有名的科学家：在有机化学方面有伍德沃德教授、巴特利特教授和菲泽教授，在无机化学方面有罗乔教授和林格恩教授，在物理化学方面有基斯佳科夫斯基教授、威尔逊教授和多蒂教授。整个化学系的气氛严肃务实。此外，至少有3位年轻的讲师即将开启他们杰出的学术生涯，他们是沃尔特·根斯勒、爱德华·金、伦纳德·纳什。然而，乔治与以上这些人都不一样。乔治身上的滑稽古怪的性格特点渐渐消失，且越发离群索居。由于乔治是一个“不和别人交往的独行侠”，他在化学系里几乎不认识什么人。教学和管理工作并不适合乔治，因此他未能很好地融入这里的学术生活。在同事眼中，他似乎“完全不和大家打交道”。[41]

为了摆脱这样的生活，乔治开始另寻他路。这时，他的一项童年爱好帮他找到了一份工作。哈佛大学国际象棋队需要找两名大学老师担任棋手。乔治在哈佛大学读书期间的老同学罗伊德·沙普利如今成了一名经济学家，于是沙普利邀请乔治加入国际象棋队，担任第一棋手。这对当时的乔治来说简直是天赐良机，加入国际象棋队以后，乔治可以定期参加国际象棋队的训练和聚会。除此之外，乔治还被阿贡国家实验室雇用，为其提供咨询服务，这使他可以利用周末时间前往芝加哥。对当时的乔治而言，任何能让他远离化学系事务的机会都是他求之不得的。[42]

1948年1月，美国原子能委员会将阿贡国家实验室指定为其最主要的反应堆发展中心。当时，一个由液体金属冷却的快速中子反应堆正在建设中，这个反应堆被称为“齐恩的地狱反应堆”。同时在建的还有首家核潜艇工厂。[43]乔治每年在哈佛大学的收入只有3 500美元，虽然他还能从阿贡国家实验室赚些零花钱，但数目也不大。1948年5月4日，随着女儿安娜玛丽·露易丝·芭芭拉·朱丽叶·普莱斯的降生，乔治开始感受到经济压力。乔治知道，朱莉亚不喜欢他经常出差。此外，阿贡国家实验室真正的重点项目是能源和反应堆方面的研究，而不是研究人尿中的放射性物质的水平。

综合以上因素，乔治突然觉得他脚下的这片草场看起来不如别处的草场那么青翠了。1948年夏天，克劳德·香农发表了用数学方法来量化信息的初步通用理论。[44]这一学术成果立即引起了乔治的关注，香农的理论具备许多吸引乔治的特点：优雅、准确、简单，抛弃一切不必要的枝节，有一说一，直击问题的本质。更重要的是，这套理论似乎抓住了世界前进的方向，而且是这个方向上最先进的理论。因此，乔治迫切想参与这方面的研究。

那年8月，乔治和朱莉亚收拾好行李，带着安娜玛丽搬离了位于林奈街的住所，动身前往莫里斯敦。乔治即将开始为贝尔实验室工作，那里给他开出的薪水是哈佛大学的两倍，还可以让他彻底摆脱哈佛大学的学生和试卷带给他的压力及麻烦。[45]

· · ·

新泽西州的莫里斯敦虽然只是一个小城镇，却有着丰富的历史。1777年，乔治·华盛顿率领大陆军驻扎在莫里斯敦，把胜利的消息经特伦顿和普林斯顿传向了全世界。1838年，塞缪尔·F. B. 莫尔斯和阿尔弗雷德·维尔在莫里斯敦的斯皮德韦尔钢铁厂建造出人类历史上第一台电报机，并发出了世界上第一封电报："耐心等待的人并不是失败者。"现在，莫里斯敦成了乔治和他的家人再次安顿下来的地方，乔治也将在这里投身于新信息革命的浪潮。[46]

沿着乔治家所在的街道向前走几英里就是默里山，在这里，贝尔实验室每天都在塑造着人们生活、工作和娱乐的方式。20世纪20年代，贝尔实验室取得了不少辉煌的成果，比如，第一次向公众展示传真技术，同期声系统的发明，以及首次长途传递电视画面信号（将赫伯特·胡佛的影像从华盛顿传到纽约）。接着，卡尔·央斯基又做出了一项伟大的发现，他发现了来自银河系中心的无线电波。1933年，立体声信号首次从费城实时传输到首都华盛顿。4年后，贝尔实验室的研究者又因为发现电子衍射现象而获得诺贝尔物理学奖，这一发现为固态电子产品的发展奠定了基础。1939年，贝尔实验室制造出全世界第一台二进制数字计算机；战后，这里又诞生了世界上第一个晶体管。

在贝尔实验室中，约翰·巴丁和沃尔特·布兰坦发现，当锗的晶体被点接上电压时，输出电压会大于输入电压。在贝尔实验室的另一位研究者威廉·肖克利的帮助下，三人共同发明和制造出世界上第一个晶体管，并因此获得诺贝尔奖。与此同时，乔治进行了大量关于锗的研究工作：对锗的晶体表面进行测绘、打磨、再次腐蚀、抛光，然后再一次测绘锗的表面。乔治说，上述实验给出了"非常清晰的信息"，表明锗的表面处理方式和整体性质对晶体管的性能起着重要的决定作用。在哈佛大学的化学系中，乔治的工作是基础研究，而在贝尔实验室中，他能够做他感兴趣的事情。与此同时，巴丁和肖克利希望进一步了解温度对晶体管性质会产生怎样的影响，于是他们委托乔治进行这方面的测量工作。[47]

从保存至今的乔治的照片中我们可以看出，1948—1950年，乔治过着一种典型的小镇生活：一片草坪，一条沥青铺成的小道，一条狗，一座两层高的红砖房子，遮阴的屋顶，挂着百叶窗的窗户；乔治穿着熨烫妥帖的白衬衣、系着领带，朱莉亚穿着彩色的连衣裙、涂着口红，安娜玛丽拿着一个气球，每个人的脸上都洋溢着笑容。1949年夏末，乔治和朱莉亚迎来了他们的第二个女儿凯瑟琳·芭芭拉·伊丽莎白。战争已经结束，50年代即将到来，普莱斯一家生活在标准的美国梦中。

然而，这一切都是假象。在平静生活的美丽外表之下，裂痕开始出现。在爱情刚刚开始的时候，乔治的古怪性格也许能产生一种奇特的魅力，但与他一起生活一段时间以后，他那种离经叛道的个性越发令人难以忍受。朱莉亚不喜欢乔治称她为“河马”，她也不喜欢让安娜玛丽和凯瑟琳在一个斯金纳箱（一种实验装置，箱子里有一个杠杆，箱子里的动物只要拉动杠杆就会获得食物）里长大。而乔治则觉得他很难接受朱莉亚的宗教信仰，乔治对朱莉亚说：“我们的女儿就算变成妓女也比变成修女好。”面对这种刺耳的话语，朱莉亚嘴上不说什么，心里却充满了怨恨。[48]乔治觉得朱莉亚总是闷闷不乐，充斥着愤怒的情绪。而当朱莉亚通过别的途径发泄出这些负面情绪时，那些不理智的行为又让乔治恼火至极。也许，乔治和朱莉亚从一开始就不是一对脾气相投的佳偶。

乔治从未有机会完成巴丁和肖克利委托给他的实验工作。乔治在曼哈顿计划中的老上司塞缪尔·施瓦茨博士邀请乔治再次与他合作，这次的工作地点在明尼苏达。备受抑郁情绪困扰的朱莉亚不需要太多劝说，就立刻收拾好行李离开了莫里斯敦，或许环境的改变能拯救他们的婚姻。

· · ·

普莱斯夫妇在圣保罗悄悄安顿下来，他们的新居是一栋两层高的小楼，房顶是红色的，前后各有一片小草坪。驾驶着那辆20世纪40年代出厂的雪佛兰，很快就能从四十街到达医学院，乔治的工作地点就在退伍军人管理医院的放射性同位素实验室。[49]

在医学研究领域，明尼苏达是一座高产的“发电站”。和乔治·普莱斯差不多同时到达明尼苏达的C. 沃尔顿·李拉海博士正在进行开心手术方面的前沿研究。很快，李拉海博士与医疗设备修理师厄尔·巴肯一起，发明了心脏起搏器并创立了美敦力公司。明尼苏达在X射线诊断、放射性治疗、肝脏疾病、深低温冷冻手术以及新兴的肿瘤学领域的研究都达到了全美领先的水平。在20世纪50年代中期，《明尼阿波利斯之星》的编辑称，乔治所在的医学院“绝对是全球最好的医学院之一，甚至某些人认为它就是最好的医学院”。[50]

对乔治来说，生活似乎又回到了战时的样子，他重新开始研究铀元素的荧光测定问题。但是，现在施瓦茨博士手下的项目更多了。除了铀元素的荧光测定问题小组以外，卟啉研究小组、肿瘤研究小组和X射线研究小组也会每两周一次在施瓦茨博士的办公室开会。

卟啉是一类有机色素的总称，这类有机色素包括4个相连的含氮环，可以与金属成键，包括血红蛋白中的血红素。施瓦茨博士发现，只要通过静脉注射的方式向人体输入卟啉，就能够在肿瘤组织处形成小范围的荧光反应。通过这种操作，手术医生可以了解癌症组织转移的范围。施瓦茨博士还发现，通过选择不同种类的卟啉和控制卟啉的剂量，可以提高或者降低电离辐射效应水平。因此，如果能找到一种向人体注入正确种类和剂量的卟啉的方法，就可以将定量的辐射与血卟啉结合，用于治疗肿瘤。这项研究的临床应用十分明显，默克公司已经嗅到了这项研究的潜力，并且非常热情地接洽施瓦茨博士的研究团队。在科学研究方面，乔治向来善于进行精细的修补工作，此刻他的这种天赋再次派上了用场。[51]

乔治仿佛又一次回到了为舞台照明有限公司工作的日子。他使用一个肖特BG12初级滤光器加上一个405微米的干涉滤光器，在大鼠肝脏的切片上寻找卟啉的痕迹。他常用的二级滤光器是赖顿15号明胶滤光器，但有时他也会用康宁镨钕玻璃来代替赖顿15号明胶滤光器。此外，他还用1–60色号的玻璃（玻璃号5120）来滤除黄光，以提高红绿对比度。他选用的光源是欧司朗HBO 200短弧汞灯。乔治遇到的问题是，荧光退去的速度太快，为此他设计并制造了一种滑面冷却系统来降低荧光退去的速度。他决定先尝试一种简单的冷却系统，在这种系统中，先要冷却高速射出的气流，并用干冰将这些气流做干燥处理，再用这些气流来冷却滑面的上部和下部。在进行上述操作的过程中，显微镜必须被装在一个盒子里，这样才能让整个系统不受室内潮湿空气的干扰。有时，乔治会带他的女儿到实验室中参观冷冻设备冒出烟雾的神秘景象。

初步的实验结果看起来非常乐观，但接下来乔治却遇到了另一重困难。大部分动物组织都只能展示出较弱的荧光现象，除非用一种荧光染料给这些动物组织染色。这种荧光染料被称为“荧光染剂”，然而，一旦用荧光染剂给动物组织染色，就会使辨别细胞种类的工作变得困难，观察卟啉分布的确切范围也变得很难。为了解决这个问题，乔治发明了一套特殊设备，可以将相差图和荧光图结合起来。相差图由对比色构成，颜色强度可以被平滑地控制。乔治先用一个分光镜将紫光或者紫外光与由对比色组成的可见光结合在一起，再通过一个可调变压器来控制可见光的强度。[52]

就这样，乔治解决了上述问题，这项重大的研究进展令施瓦茨博士欣喜若狂。施瓦茨博士夸赞乔治是他认识的所有人当中“最出众的一个”，还说在他合作过的所有人中，乔治是唯一称得上“天才”的人。[53]

• • •

某位研究卟啉的年轻人，
他的生命变得越来越灰暗与无聊。
他痛苦地呼喊，
不是因为性心理的癫狂，
而是因为被卟啉染色的细胞。[54]

乔治和朱莉亚的婚姻状况变得越发糟糕。从乔治写的这首五行打油诗中我们可以清楚地看到，除了宗教方面的分歧和性格方面的矛盾以外，这对夫妇在性爱方面也出现了问题。越来越多的婚姻问题致使乔治和朱莉亚之间的距离越来越远，他们仿佛生活在两个宇宙之中。事实证明，举家迁往明尼苏达的决定并不能拯救他们濒临破碎的婚姻。乔治变得越来越尖刻易怒，我们不难理解，当面对这样的丈夫时，朱莉亚则心碎不已。乔治在外面有了情人，那年夏天，乔治遇到了一个来自堪萨斯城的名叫简的女人。[55] 1953年年初，乔治告别了两个幼小的女儿，搬离了他和朱莉亚位于四十街的家。在给老朋友阿尔的信中，乔治写道：“此事的发生让我欠了你20美元。”阿尔从一开始就不看好乔治和朱莉亚的婚姻，事实最终证明，阿尔的看法是完全正确的。[56]

20世纪20至30年代，乔治曾与哥哥爱迪生及母亲艾丽斯挤在纽约市九十四街那栋漏雨的公寓中，度过了艰难的大萧条时期。如今的乔治早已离开了那里，他以优异的成绩从顶尖大学毕业，参与了曼哈顿计划，结了婚，现在又与妻子分开了。在10年的时间里，乔治先后搬了5次家：从纽约搬到剑桥城，从剑桥城搬到芝加哥，从芝加哥搬回剑桥城，从剑桥城搬到莫里斯敦，从莫里斯敦搬到明尼苏达。乔治仿佛是真人版的阿甘，他见证了时代的每一个重要转折点：原子弹的诞生，晶体管的研发，现代医学的发展。然而，在所有这些戏剧化的场景中，乔治从来都不是主角。他总是帮助他人解决问题，赢得人们的崇拜和敬仰，然后像一个鬼魂般消失。乔治总能轻易解决令其他人迷惑不解的难题，但他本人却十分不安也不快乐。也许，乔治在大学合作社中的朋友说得没错：乔治从来就是一个与众不同的怪人。

1949年夏天，苏联自行研制出原子弹。这一事件似乎立刻改变了整个世界的格局，美国的领先地位不复存在，苏联迎头赶上，冷战时代来临。在亚洲，冷战围绕着朝韩两国之间的三八线和氢弹的发展逐渐展开。1953年，杜鲁门总统卸任。而此时，乔治搬进了大学校园北侧一处灰暗邋遢的学生宿舍。两个月后，斯大林去世。没有人知道世界将走向何方。[57]

年纪尚小的凯瑟琳染上了脊髓灰质炎，但她在逐渐康复。医生建议的治疗方案是向凯瑟琳的脑中吹入空气，但朱莉亚在医学图书馆和女儿的床畔仔细研读完相关资料后拒绝了医生的这个提议。很快，凯瑟琳康复了。为了提高免疫力，普莱斯全家几乎都注射了丙种球蛋白。但由于供应短缺，乔治并未接受注射，他病倒了，筋疲力尽地躺在医院的病床上。母亲艾丽斯告诉乔治不要忘记她有多么爱他，为了帮助儿子振奋精神，艾丽斯在给乔治的信中描写了她在华尔道夫酒店参加的一次奢华宴会。然而，母亲的信并没有给乔治带来多少安慰。此时的乔治31岁，他的未来充满了不确定性。在这个纷乱的世界中，乔治无助而抑郁地独自徘徊着。[58]

约翰·冯·诺伊曼（1903—1957）

沃德·克莱德·阿利（1885—1955）

## 第5章

# 自私的游戏

“我反对共产主义，”一个男人用低沉、带有口音的声音说道，“并且，我比大多数人具有更强的军国主义倾向。”1955年1月，在美国国会大厦，约翰·冯·诺伊曼准备宣誓成为原子能委员会的新成员。在听证会上，所有参议员都安静地听着他的发言，因为冯·诺伊曼的发言十分重要，必须认真倾听。[1]

每个人的脑海中都浮现着同一个问题：氢弹。早在1952年，代号为“常春藤麦克”的核试验就炸毁了埃内韦塔克环礁。从那一刻开始，关于氢弹的问题就有了官方结论：这种炸弹威力惊人，完全可行。但要建起制造氢弹的工厂需要几年的时间，不仅耗资巨大，而且必须在完全保密的情况下进行。然而，只要拥有大量氢弹，美国将毫无疑问地成为世界的绝对霸主。当然，这一切都建立在苏联没有开展氢弹项目的前提下。如果苏联也拥有氢弹，那么美苏两国将重新回到起点，已经产生的巨额花费和人们的所有努力都将付诸东流。在这种情况下，苏联究竟应该“叛变”——修建氢弹工厂，还是“合作”——不修建氢弹工厂？显然，美苏双方希望谁都不要制造氢弹，而不希望双双花费巨资制造氢弹，却无法获得任何优势。然而，美苏双方又都可能为了抢占先机而制造氢弹，或者因为害怕对方抢得先机而制造氢弹。

氢弹问题是一个“囚徒困境”，对冯·诺伊曼来说，这个问题的解决方法非常清楚——绝对不能信任苏联人。为了拯救自己和全世界，美国必须打响一场防御战。几年前，美国海军部长弗朗西斯·P. 马修斯曾说美国要成为“为了和平的恶毒侵略者”。但是，这场战争究竟应该于何时打响？对于这个问题，冯·诺伊曼的态度非常坚定。此时，听证会上的每个人都在认真聆听冯·诺伊曼说的每句话。他说：“如果你问为什么不在明天轰炸他们，那么我会问为什么不在今天就轰炸他们？如果你说今天五点钟轰炸他们，那么我会问为什么不在一点钟就轰炸他们？”[2]

关于美国是否应该使用和何时使用人类历史上最具杀伤性的武器的问题，为什么要请教一位数学家呢？当然，这个世界上只有少数人有能力进行关乎核弹项目成败的关键性计算，而这位数学家恰好是其中之一。但是，真正的原因并不在于此。氢弹的难题并不仅是关于数学和科学的难题，解决这个问题的关键在于破解人性之谜。此前，人们已经从经济学和生物学的角度探索过这个问题。而现在，据说约翰·冯·诺伊曼终于把它破解了。

• • •

18世纪的苏格兰经济学家亚当·斯密想向人们传达这样一条简单的信息：在某些特定的条件下，通过自由的经济竞争就能够实现社会资源的最优配置。虽然这样的说法听上去像一个悖论，却是一个不争的事实：不受约束的自由竞争可以通过一只“看不见的手”使社会福利最大化。竞争越激烈，社会福利水平就越高。也就是说，个体的自私自利能为整个社会带来富足和福利。[3]

1892年，当托斯丹·凡勃伦来到刚向世界敞开大门的芝加哥大学担任教授时，上述经济理论还被称为古典理论。当时，人们将这套理论与政治理论中的自由放任主义紧密地联系在了一起。同时，这套理论也获得了一个新名称，凡勃伦将其称为新古典经济学。凡勃伦丝毫不掩饰他对新古典经济学的态度，他极其痛恨这套理论。[4]

凡勃伦出生于威斯康星州卡托，他的父母都是挪威移民。据说，上凡勃伦的课就像"经历不使用麻醉的活体解剖"一样痛苦。凡勃伦不仅是一位非常糟糕的老师，还是一个令人生畏的批评家。新古典经济学的基础假设是，个人对自身利益的追求必然会带来社会福利的最大化。但对凡勃伦而言，这一假设不仅十分无趣，而且是完全错误的。凡勃伦认为，资本主义会导致"炫耀性的消费"和"炫耀性的休闲"。这些问题不仅会导致浪费和低效，还会压抑人类的一些最基础的本能，比如追求和占有的欲望、工作的欲望、成为父母的欲望和没有特殊目的的好奇心。通过实施某种形式的社会控制，人类的这些被压抑的本能可以被再次唤醒。但是，政府要想做到这一点，就必须先对关于人类行为的科学进行广泛研究。凡勃伦还认为，由于新古典经济学完全基于价格理论，所以这套经济学说只是一种非常狭隘的"享乐主义计算方式"。他还认为，新古典经济学基于一套"一成不变的固有前提"，是一套与现实完全脱节的经济理论。[5]

在耶鲁大学，政治经济学被归在社会科学系之下；在约翰斯·霍普金斯大学，政治经济学属于政治科学系的范畴；在哥伦比亚大学，政治经济学被置于政治系中。然而，芝加哥大学是整个北美地区首所把经济系独立出来成院系的大学。此时，凡勃伦早已因为个人的不当行为被芝加哥大学开除。据说，凡勃伦很受女孩们的欢迎，而他自己并没有采取应有的拒绝态度。[6]慢慢地，与凡勃伦对立的理论日趋流行。

"一切关于社会控制的言论都是胡说八道。"人们常常听到弗兰克·奈特用他低沉而威严的声音这样说道。奈特出生于伊利诺伊州麦克莱恩县一个正统的宗教家庭，在7个兄弟姐妹中他最年长。奈特长大以后不仅成为芝加哥大学的经济学教授，还因为疯狂攻击各种正统观念而声名远扬。奈特认为，神职人员和医务人员都是骗子；社会控制制度挂羊头卖狗肉，名不副实；流行的道德准则也只会让人们成为习俗的奴隶。奈特对整个政治系统持怀疑态度，对政客更是反感。奈特曾说："当权者是一群不喜欢拥有和行使权力的人，这种概率就像一个极其心软的人成了奴隶种植园中专门负责鞭打奴隶的人的概率一样低。"在他的作品《风险、不确定性和利润》（*Risk, Uncertainty, and Profit*）中，奈特首次给出了完全竞争的完整公式。所谓完全竞争，是指完全不受限制、不受干扰、不被控制的竞争状态。完全竞争的概念之所以重要，并不是因为这种竞争状态从经济学的角度说总是最高效的（当然在大部分情况下，完全竞争确实是效率最高的市场组织方式），而是因为这种方式保证了个人的自由。从这个角度而言，没有任何一种制度比完全竞争更好——不管是接受不公正的运气，还是让约定俗成的公正标准来戕害人类。[7]

从奈特的角度看，人类社会共有5个经济问题，分别是：如何决定生产哪些商品和服务，以及这些商品和服务的生产数量；在各种不同的行业之间，如何组织现有的生产力和生产材料，以及协调生产力和生产材料的使用；如何分配生产出来的商品和服务；如何让消费水平和生产水平保持一致；如何保证经济的持续增长和社会结构的不断改进。以上5个问题都涉及如何进行某些选择，对此有两套截然不同的机制：一是基于某种指挥原则的中央调控系统，二是以自由交换为基础的自由市场系统。这两种系统孰优孰劣？在芝加哥大学经济系中，越来越多的学者有了明确的答案，对这个问题的疑问也在逐渐减少。中央调控不可避免地被与政治上的极权主义联系在一起，而自由市场则被视为与民主携手并进的优越经济制度。[8]

• • •

“关于上帝存在的理论和教义都是谎言。”

这句话仿佛一把来自天空的铁锤，给了沃德·克莱德·阿利当头一击：天空中并没有天堂。阿利对此没有任何准备，教室里只剩下沉默，阿利感到十分困惑和痛苦。但更重要的是，阿利的心中涌起了怜悯之情。对于说出上述言论的误入歧途的人，阿利感到十分抱歉。这位富有争议的人物正是阿利的生物进化学教授，几年以后，这位教授因离婚事件而闹上法庭，并因此被迫离开他的工作岗位。阿利时常听说有这样一类人，他们不信教，但这是他头一次亲眼见到不信仰上帝的人。于是，阿利想向这位无神论者证明，他的想法是错误的。[9]

此时是1908年的秋天，阿利于当年夏天从印第安纳来到芝加哥。这位23岁的青年身材魁梧，面庞宽大，从他结实的体格和长满老茧的双手可以看出，在来芝加哥大学求学以前他已经在家庭农场劳作多年。阿利头发微秃，戴着一副运动风格的圆眼镜，这让他看似一位富有智慧的橄榄球选手。在厄勒姆学院读本科时，阿利确实是这样的人。阿利的父亲约翰·韦斯利·阿利来自帕克县，是一位卫理公会牧师的儿子。约翰爱上了一位名叫艾米丽·玛丽·纽林的姑娘，并与她结了婚。艾米丽的先辈早年在附近的布鲁明代尔建立了贵格会的聚居点，因此在与艾米丽结婚时，约翰成了一位“皈依贵格会的教友”，但他仍会不时地带着他的家人去卫理公会的教堂。沃德11岁时在一次复兴布道会上正式完成了皈依贵格会的仪式。在密歇根湖以南有一些贵格会的老聚居点，厄勒姆学院是这些贵格会信徒的骄傲。在19世纪中期，有一条向加拿大偷运黑奴的地下铁路，它被称为“通往自由之路”，厄勒姆学院在这场运动中起到了一定的作用。沃德高中毕业时，摆在他面前的道路似乎显而易见：进入厄勒姆学院读书，参加学校的橄榄球队，成为一名“勤快能干的贵格派教徒”。[10]

然而，此时沃德身在芝加哥，是一名动物系的研究生。这里有着如修道院回廊般的走道，长满青草的四方广场，用石头砌成的哥特式建筑，一切都与他的故乡印第安纳大不相同。沃德更熟悉的环境是印第安纳州开阔的原野和森林，早在童年时期他就爱上了大自然。1886年，一位名叫恩斯特·海克尔的德国生物学家发明了一个新词——生态学。生态学是一门研究有机生物体与周围环境关系的科学，在当时的美国，芝加哥大学是少数几所教授生态学的高等学校之一。当沃德抵达芝加哥时，他仍是一名传统的教徒。新环境让沃德备感兴奋，他很快就可以学到生物的各种特质了，他相信这些特质都是上帝赋予的。

等足虫是一种丑陋的小生物，它们长着细长的腿，身体分成许多节，看起来就像一种由蝎子和蟋蟀杂交而来的神秘水生生物。然而，阿利却爱上了这种生物。等足虫生活在浅水、深海、淡水溪流和池塘中，对这种生物着迷不已的阿利决心解开这种体形微小的甲壳动物身上的谜题。

阿利在实验室中设置了一些人造水流。他观察到，生活在溪流中的等足虫比生活在池塘中的等足虫更喜欢朝着水流移动，新陈代谢率较低的繁殖期除外。氧气和二氧化碳的浓度会影响等足虫的新陈代谢率，这两种气体在溪流和池塘中的浓度不同，因此阿利认为等足虫的行为一定与氧气以及二氧化碳的浓度有关。

阿利发现，通过向等足虫施加一些抑制性因素，他可以让生活在溪流中的等足虫表现出和生活在池塘中的等足虫完全一样的行为。这些抑制性因素包括低氧、三氯叔丁醇、氰化钾、低温、食物匮乏等。反之，如果提高环境中的氧含量、在环境中加入咖啡因或者提高环境温度，生活在池塘中的个性慵懒的等足虫就会变得和生活在溪流中的等足虫一样活跃。由于实验中的所有等足虫都来自同一个物种，所以这些等足虫在行为上的差异不可能是由遗传因素造成的。显然，上述行为差异完全来自生物与周围环境的互动。

上述发现撼动了阿利的宗教信仰基础。难道生物的行为不是上帝造物时赋予它们的吗？果真如此的话，为什么咖啡因会对生物的行为产生如此强大的影响？此刻，阿利终于发现，天空中没有天堂。一把沉重的铁锤就这样从天空中落下，狠狠地砸在他的头上。科学战胜了超自然的解释，原来这个世界上并没有“上帝之手”，只有冰冷的物理学和化学定律。[11]

获得博士学位以后，阿利的内心变得越来越不平静。此时的阿利已经结了婚，并且有了一个孩子，但战争的阴云却越来越严重地扰乱着他的心神。看在上帝的份上，世界上究竟为什么会有这样可怕的流血和屠杀？童年的阿利曾经信仰全知全能的上帝，虽然在芝加哥大学学习科学的经历已经让阿利永远放弃了这样的信仰，但在时世艰难的时刻，童年的信仰至少能给他提供些许安慰。虽然他无法消除心中对上帝的怀疑，但他至少可以极其坚定地把反战当作信念。那年3月，阿利被任命为芝加哥贵格会民事救济战争服务部主席。上述组织的原型是贵格会教友每月例行的聚会。

此时是1917年年初，美国还没有正式参战。但在军事训练营和监狱里，一些出于道义或宗教原因而拒绝参战的人受到各种羞辱和殴打。新成立的美国教友服务委员会主要负责协助海外的救济和重建工作，那么，加入这个委员会是否可被视为为国家服务？在这个委员会中工作是否相当于在战争期间为国家做了一种非战斗性贡献？毕竟，自由和平主义的主张是个人和政府都必须为公民的福利和权益负责。应征入伍上战场杀敌或者战死沙场的行为，都会与自由和平主义者最神圣的信仰发生直接冲突。个人主义是民主制度的基石，因为个人主义强调的是个人的自由，而不是民族利己主义的粗俗胜利。在战争时期，政府至少应该允许和平主义者通过非暴力的形式为国家提供服务。

不久以前，阿利被任命为森林湖大学的生物学教授。他读过克鲁泡特金的著作，并且他深深认为克鲁泡特金是对的。但此时阿利还没有完全说服自己相信和平与合作是有生物学基础的，日后他会通过科学发现证明这一点。

在森林湖大学的教堂中，阿利通过布道的方式呼吁大家保护出于道义或宗教原因拒绝参战的人的权力。后来，学校管理层禁止阿利在教堂中布道，于是他改在教室中继续这样做。为了惩罚阿利的这种行为，学校决定扣减他的工资。有人听到一些教师和学生私下里对阿利指指点点，称他为"叛徒"。叛徒？本地的《斯普林菲尔德新闻报告》可不会使用这么含蓄的词。该刊评论道："有时战争是不可避免的，而对人类文明而言，大学教授并不比木匠或者皮匠显得更有用。"阿利的理论"可谓是一种方便他达到自身目的的理论"，如果必须做出选择，"我们应该放弃大学教授，而非放弃木匠或者皮匠"。[12]

同年4月，国会投票同意美国加入第一次世界大战，而美国教友服务委员会的申请则被驳回。在森林湖，阿利只能静静地等待和平的到来。如果阿利想用科学证据反抗战争这种愚行，他就必须离开森林湖，前往别处。

• • •

1917年12月28日下午，各位代表一边朝手上哈着热气，一边走进明尼苏达大学的动物形态学楼。新成立的国家科学研究委员会可以准确地预见物理学家、数学家、化学家和地质学家在战争时期能为国家做出多少贡献，但是，生物学家又能在战争中为国家做些什么呢？在美国动物学家协会的年会上，与会者匆忙召开了一次特别会议，主题是"动物科学的价值，以及动物科学能为国家提供的服务"。与会代表坐在自己的椅子上，一言不发。[13]

这时，达尔文主义变成了一种和肝泥香肠一样带着德国标签的东西。

1859年，达尔文因为《物种起源》一书的出版而在英格兰备受攻击，他曾在一封写给同事的信中说道："来自德国的支持是我仍然没放弃自己理论的主要支撑。"虽然达尔文本人非常小心地避免让进化论与政治产生关联，但在德国达尔文主义后来却被解读为一种与人类文明的未来息息相关的重要理论，路德维希·沃尔特曼率先将这项事业命名为"社会达尔文主义"。出于对犹太基督教和新康德伦理学的反抗，社会达尔文主义提出了一套生物化的理念，他们认为：道德感是一种生物本能，而不是一种精神上的天赋；人与人之间并不平等；生物学代表着人类的最终命运；族群的利益高于个人利益；为生存进行的斗争让战争和死亡成为人类进步的必要途径；人类的进步和生物学上的净化是等价的。许多美国动物学家都认为，社会达尔文主义是对达尔文理论的一种曲解。而在德国，这种曲解无疑助长了主战情绪。[14]

将这一观点表达得最为清楚的是斯坦福大学的昆虫学家弗农·凯洛格。在这一年的早些时候，凯洛格出版了《指挥部之夜》（*Headquarters Night*）一书，并在书中描述了他在战争期间的经历。凯洛格曾是比利时救济委员会在德国驻法国最高司令部的首席联络员。凯洛格在书中写道："一些人相信，以暴力和你死我活的竞争为基础的自然选择是一种万能的绝对权力，这种信念成为德国知识分子的福音。除了这种自然选择的力量，其他一切都是幻觉，都是他们极端厌恶的东西。"美国总统西奥多·罗斯福非常认同凯洛格的上述观点。在《指挥部之夜》一书的序言中，西奥多·罗斯福写道："如果有人在读完凯洛格的书以后，仍然不能理解我们为什么要参战，或者为什么我们不能接受除全面胜利以外的任何和平条件，那么我认为此人既称不上一个优秀的美国人，也不算一个热爱人类的人。"凯洛格曾经也是一位和平主义者，但他现在变了。凯洛格认为，"只有一场能结束所有战争的战争"才能拯救人类文明。[15]

在美国动物学家协会的年会上，所有与会代表都全神贯注地聆听会议内容。如果这些学者能够在科学的战场上击败德国的达尔文主义，他们就相当于在战争中为自己的祖国做出了贡献。与会的重要学者逐一发表了他们对合作主义的支持性看法：难道赫伯特·斯宾塞没有说过进化会让生命从简单走向复杂，从同质走向多元吗？难道斯宾塞没有解释过，进化带来的功能上的分工使合作成为必要，所以一个有机的整体才是最优化的组织形式吗？难道社会不正像一种有机组织，其中的所有个体都应该为了整个集体做出贡献吗？诚然，斯宾塞后来放弃了这些理念，而把生存斗争描述为一种赤裸裸的残酷竞争。但是，我们相信青年时代的斯宾塞比后来的他更有眼光。除此之外，克鲁泡特金也表达了自己的看法。难道他不是已经在自然最光荣的竞技场上击败了赫胥黎的“角斗士论”吗？“适者生存”一词中的适者指的不是最凶猛或最强壮的个体，而是那些习得了互助与合作的习惯，能为群体福利做出牺牲的个体。事实难道不是这样吗？[16]

在场的生物学家都对上述问题给出了肯定的答复。此时，他们突然觉得自己就像物理学家一样为国家做出了贡献。会后，这些生物学家带着比来时好得多的自我感觉匆匆离开了冰天雪地的明尼阿波利斯，他们觉得自己突然变得重要了。

· · ·

“67 553 891除以27等于多少？”

“2 501 995.96。”

“好孩子！”

小时候的约翰·冯·诺伊曼是个神童，他6岁时就能做八位数除法心算。他的父亲马克斯·诺伊曼是一位成功的犹太银行家，当客人去他位于布达佩斯的家中做客时，他们无一不被约翰的能力震惊。这个孩子不仅能够毫不费力地记住电话号码本上的数字，还能用古希腊语讲笑话。长大以后，冯·诺伊曼学习了化学工程、物理学和数学，上的都是欧洲顶尖大学：柏林大学、苏黎世大学、布达佩斯大学（1921年更名为皇家匈牙利伯兹马尼·彼得大学），以及哥廷根大学。很快，冯·诺伊曼的名声就变得非常响亮，几乎人人都知道冯·诺伊曼是个天才。1930年，年仅26岁的冯·诺伊曼就职于普林斯顿高等研究院，他的办公室就在爱因斯坦的办公室隔壁。据说，爱因斯坦的脑子反应很慢，却十分善于思考，常常会就某个问题思考好几年。而约翰的头脑恰恰与爱因斯坦相反，他的思想就像闪电一样迅速，令人震惊。如果你问约翰一个问题，他要么马上做出解答，要么根本解答不了。[17]

当然，对冯·诺伊曼来说，极少有他回答不出来的问题。冯·诺伊曼和他的妻子、女儿及一只名叫“因沃斯”（Inverse，意为“逆”或“相反”）的爱尔兰赛特犬一起住在位于普林斯顿韦斯科特路26号的一所大房子里。冯·诺伊曼因为每周都举办提供大量酒水的豪华宴会而出名，但令他更出名的是，他常常在这样的豪华宴会上拿出铅笔和纸张飞快地写起数学公式来。据他的妻子说：“越是在嘈杂的地方，他就越有灵感。”冯·诺伊曼总是一丝不苟地穿着马甲和西装，还在口袋里塞上一条白手绢，“这种不合群的装扮总是让人们拿他开玩笑”。冯·诺伊曼的头发日益稀疏，身材逐渐发福，他每日的饮食安排如下：早餐是酸奶和煮至全熟的鸡蛋，其他时间则可以吃任何他想吃的食物。他喜欢开快车、烈酒、古典音乐和黄色笑话，他生性顽皮，爱搞恶作剧。有一次，他主动提出送爱因斯坦去普林斯顿火车站，结果却把爱因斯坦送上了开往相反方向的列车。据说，他会发疯般地在黑板上快速写出许多公式，然后在学生还没看清楚的情况下就把这些公式擦掉。据冯·诺伊曼的妻子克拉拉说，冯·诺伊曼记不住他中午吃了什么，却能把20年前读过的书一字不差地背诵出来。在逻辑学、集合论、群论、遍历理论、算子理论等方面，冯·诺伊曼都发表过开创性的论文。他提出了现代计算机的单一内存架构，也完成了原子弹爆炸设计方面最关键的计算。除了以上成就外，冯·诺伊曼还十分喜爱玩具。据说，有人曾经看到他在一块地毯上毫不留情地和一个5岁的孩子抢积木。虽然冯·诺伊曼在公众面前表现得迷人而机智，但很少有人敢说真正了解他。人们开玩笑说，约翰·冯·诺伊曼并不是真正的人类，而是一个能够精确地模仿人类行为的半神。[18]

冯·诺伊曼尤其痴迷于游戏，特别是像扑克这种靠虚张声势和欺骗对手来取胜的游戏。他曾说："一个匈牙利人跟在你身后走进旋转门，但他会比你先走出来。"事实上，由于冯·诺伊曼过于热爱游戏，他决定把游戏当作数学问题来研究。结果，冯·诺伊曼得到了一个令他大吃一惊的研究结果。假设有一种游戏，游戏双方的利益处于绝对冲突的状态（其中一个玩家损失的利益由另外一个玩家获得），并且最后游戏的赢家只能有一个。在这种"零和"游戏中，两个玩家总能找到一种赢得游戏的最佳策略。三连棋游戏是这类零和游戏的最简单例子，但在现实生活中，我们还可以找到其他例子：假设有两个很爱吃甜食的孩子，有人给了这两个孩子一块蛋糕，并且要求他们分享这块蛋糕。这时，如果让一个大人来分蛋糕，不管他多么仔细地把蛋糕平均分成两份，其中一个孩子总会觉得自己分到的蛋糕比较小，即使只是小一丁点儿。此时，最佳策略是让其中一个孩子负责切蛋糕，并且告诉这个孩子，由另一个孩子优先挑选蛋糕。由于两个孩子都知道对方会选择较大的那块蛋糕，所以对负责切蛋糕的孩子来说，精确地把蛋糕切成两等份是他所能采取的最优策略。

从数学上看，这样的结论当然无懈可击。这个结论适用于符合以下几个条件的游戏：第一，这个游戏必须满足"全知信息"的条件（两个孩子都知道蛋糕要被切成两份并分给双方）；第二，游戏双方都必须追求自身利益最大化（两个孩子都想获得较大的那块蛋糕）；第三，双方都必须根据对方的策略做出理性的决策（负责切蛋糕的孩子知道另一个孩子会挑选较大的那块蛋糕，反之亦然，并且双方都会据此做出理性的决策）。满足上述条件后，问题的关键在于，在知道对方会尽可能地把较小的那块蛋糕留给你的情况下，如何使对方留给你的那块最大化。换句话说，优化的目标是使最大损失最小化。最小最大值定理证明，在这类游戏中永远存在实现上述目标的最优策略。只要能获得必要的信息，就可以找出这种最优策略。[19]

· · ·

芝加哥大学的经济学家选择了一个异常困难的时刻发起战争。在欧洲，第一次世界大战已经结束，但是阿道夫·希特勒已经崛起并成为德国的国家元首，墨索里尼则用铁拳统治了意大利。大萧条全面影响了各国经济，生活困苦的民众指望政府来填饱他们的肚子。

此时，一个名叫约翰·梅纳德·凯恩斯的人登场了。1936年，凯恩斯在他的伟大著作中以剑桥式的文风写道："我将这本书命名为《就业、利息和货币通论》。"

> 我想强调的是一个"通"字。我之所以选择这样的题目，是为了把这本书的内容与经典学派对于这一议题的论点及结论区别开来。无论是在实践方面还是在理论方面，经典学派对于这一议题的论点与结论在过去的100年中统治着政治界和学术界的经济思想，就连我自己也是在这样的思想环境中成长的。在这本书中，我将提出以下观点：在这一领域中，经典理论的前提只适用于特殊情况，而不适用于通常情况。因为在这一领域中存在多种可能的均衡情况，而经典理论的假

> 设只是其中之一。更重要的是，经典理论假设的这一特例中的情况并不符合我们社会目前的经济现实。因此，如果我们把经典理论的结论强行应用到现实中，就会产生误导性和灾难性的结果。[20]

在这本著作中，凯恩斯主要提出了以下观点：如果政府不能及时干预国家经济，它就背叛了民众。由于就业率并不是由劳动力的价格决定的，而是由人们的消费支出（这些消费支出被称为“总需求”）决定的，所以“从长期看竞争必然会导致完全就业”的假设显然是错误的。与上述传统观点正相反，就业不足和投资不足的现象很可能是竞争导致的自然状态，除非政府能够采取某种积极的措施来干预国家经济。凯恩斯认为，国家经济面临的最基本问题并不是竞争不足，通过降低工资来减少失业率并不能产生理想的效果。他还认为，解决经济问题的真正有效的方法是积极的政府干预：公共工程，增加赤字以提高政府支出，能产生再分配效果的税收制度，以及降低长期利率的政策。简言之，他认为，如果政府希望社会能够长时间处于比较稳定的经济状态中，就应该抛弃亚当·斯密的“看不见的手”，选择福利化的国家体制。[21]

“胡说八道！”弗兰克·奈特在凯恩斯的这本著作的空白处态度坚决地写下了这几个字。除此之外，我们还能在奈特的这本凯恩斯著作上找到许多其他措辞更加强烈的负面批注。“胡说八道！”亚伦·迪莱克特赞同奈特的看法。迪莱克特是凯恩斯在芝加哥大学的同事，也是垄断经济学方面的专家，还是政府和社会制度方面的“毒舌评论家”。“胡说八道！”亨利·西蒙斯也发出了同样的声音。西蒙斯是《积极的自由放任纲领》（*A Positive Program for Laissez-Faire*）一书的作者，他的办公室就在凯恩斯办公室的楼下。在反对凯恩斯的阵营中，态度最激烈的是雅各布·维纳。维纳像“一位趾高气扬的刻板的领导者，他的面部表情时而愉悦，时而挑衅和鄙视，其变化速度堪比特快列车”。[22]在质疑凯恩斯的同时，维纳也对福利经济学理论持彻底否认的态度。市场必须保持自由运转，竞争是绝不容妨碍的重要机制。“适者生存”是这个游戏的最高准则，而政府干预缺乏理性，感情用事，是对国家经济的最大诅咒。每个人都是自私的，但自私本身并不是一件坏事。相反，自私是通向幸福的道路，并且是唯一的道路。

据说，维纳给自己设定的人生目标就是摧毁所有学生的自信。1932年秋天，一个年轻人走进了芝加哥大学的教室。这个年轻人身高4英尺11英寸（约1.50米），来自纽约布鲁克林区，他的父母是喀尔巴阡卢森尼亚移民。和其他来上“经济学301”课的学生一样，这个年轻人也吓得瑟瑟发抖。然而，和其他学生不同的是，这个名叫米尔顿·弗里德曼的年轻人日后会在芝加哥大学执教，并且教授同一门课程；他也会成为一场思想运动的领袖，这场运动的宗旨是挑战凯恩斯学说和福利经济学理论。关于这场思想运动究竟始于何时，不同的人持有不同的看法，但芝加哥经济学派即将登上历史舞台却是一个事实。[23]

• • •

为什么昆虫的种群中会存在不生育后代的专门职别？这个问题曾令达尔文思索了很长时间。现在，一位刚刚来到芝加哥大学的教授也开始思考这个问题。在过去10年中，阿尔弗雷德·埃默森曾就读于康奈尔大学，在匹兹堡大学当过教师，还曾双膝跪地在英属圭亚那的热带丛林中进行过最艰苦的实地考察。1929年，埃默森来到芝加哥大学，此时他脑中的研究对象是白蚁。

在白蚁的研究方面，埃默森绝对是世界一流专家。当他退休时，他个人的白蚁收藏占全世界已知白蚁物种的91%。[24]埃默森长着一双深邃的眼眸，眼珠就像浸在冷水中的李子那样闪闪发光。他性格随和，善于社交。他的父亲是古典考古学领域的一名受人尊敬的专家。作为著名学者的儿子，埃默森浑身都散发着自信的光芒。然而，有一个学术问题却一直折磨着他。和蚂蚁一样，白蚁的种群也分为不同的职别。兵蚁具有特别适合战斗的强有力的下颚，工蚁具有可以消化纤维素的特殊消化系统。但是，这种职别的划分究竟是怎样产生的呢？究竟哪些白蚁会成为工蚁，哪些白蚁会成为兵蚁？是否早在孵化之前，它们身上的不同基因就已经决定了它们日后的分工？又或者，这种分工上的区别是在昆虫发育的过程中由某些环境因素（比如食物）决定的？要找到这个问题的答案非常困难，毕竟在出生时所有白蚁是完全一样的。

休厄尔·赖特的办公室就在埃默森的办公室隔壁。对深受上述问题困扰的埃默森而言，这无疑是一件幸运的事。1926年，赖特因出众的数学和统计学技巧而被芝加哥大学聘为教授。不久以后，赖特提出了一个能与费希尔和霍尔丹的进化模型相媲美的模型，并因此声名大噪。此时，赖特的模型尚未建立，但他已经构想出一套解释基因如何发挥作用的理论。赖特的理论认为，某些特殊的化学刺激能以某些特定的方式激活某些基因。这些化学物质既有可能关闭某些基因，也有可能开启某些基因。之后，被不同化学刺激激活的基因又会激活不同的生理梯度，于是原本基因完全相同的有机体就会成长为完全不同的生物。赖特认为，这就是有机体发育的方式。他相信有机体是“一种高度自律的反应系统”，系统的不同部分虽然功能不同，却能组成一个有机的整体。[25]

埃默森喜欢用类比的方法思考问题。他认为，一个昆虫的种群就像一个有机体，是一种由许多不同部分整合在一起的生物系统。就像赖特在上述理论中提到的基因、化学刺激和生理梯度一样，在白蚁的族群中，兵蚁、工蚁、蚁后和蚁王也在分别唱着各自的声部。一只刚出生的白蚁日后究竟会发育成工蚁还是兵蚁，这取决于白蚁种群的职别的相对复杂性，就相当于赖特模型中的化学刺激。如同赖特模型中的完整有机体一样，整个昆虫的种群就像一场多声部协作演出的歌剧。因此，一个白蚁种群根本不是随机组合在一起的乌合之众，而是一个“超级有机体”。这种超级有机体内部的各个部分整合得极其完美，因此我们完全可以把整个昆虫种群看作一个有生命的个体。[26]

事实上，上述想法并非埃默森的原创，而是来自一位哈佛大学的昆虫学家威廉·莫顿·惠勒。在英属圭亚那的热带丛林中双膝跪地爬行的时候，埃默森认识了同在当地考察的惠勒。惠勒认为，社会化昆虫的种群就像一个独立的有机体，他对这个想法深信不疑。对惠勒而言，在白蚁种群中勤奋筑巢的工蚁与为保证生物存活而泵血的心脏没有任何区别。有了赖特提出的这套花哨的生理学基因理论，埃默森就可以用惠勒的这套超级有机体理论来解释白蚁的进化问题了。合作是专业分工的副产品，从本质上看，昆虫种群中之所以存在合作现象，是因为种群中的每个个体都是服从于整个种群的一个零件。[27]

因此，这套理论的关键就是“稳态”一词，这个词是由生理学家沃尔特·B. 坎农于1926年首次提出的。坎农所谓的稳态是指生物内部通过自我控制、自我监管、动态维持等机制保证内环境稳定的状态，比如，哺乳动物就是通过这种稳态机制来保持体温恒定的。在这里，埃默森又一次用到了类比的思维方法，他将坎农稳态理论中的“内环境”替换成动物的“种群”。因此，埃默森定义的稳态不只是一种生理学原则，更是一个生态学概念。埃默森因此写道：“在有机体运转的过程中，单个细胞是为整个有机体服务的。同样，在动物种群中，个体生物也是为整个种群服务的。”因此，稳态的概念解决了个体利益与种群利益冲突的问题。个体利益与种群利益就像一场拔河比赛的对手，当绳子保持静止时，这场比赛就进入了平衡状态，即最终均衡状态。[28]

• • •

1921年9月，在一个凉爽的秋日里，阿利走进了他在芝加哥大学的新办公室。在经济系的感召下，芝加哥大学生物学系主任弗兰克·利利宣布，生物学系的研究目标是为社会性控制提供最基本的科学基础。自然是人类的向导，生态学家则是自然的治愈者。为了给这个世界带来和平，他决定潜入自然世界的最深处，从那幽暗的秘境中取得治疗战争顽疾的药方。阿利心潮澎湃，对他而言，森林湖已经成为历史。在芝加哥大学，阿利将投身到为人民服务的工作中去。阿利告诉新同事，他将设计一系列科学实验来帮助人们理解战争问题。[29]

所有这些科学研究的核心就是动物的群聚现象。

蝙蝠群聚在洞穴里，贻贝群聚在礁石床上，草原鸡群聚在雄鸡鸣叫舞蹈的地方，鬣蜥群聚在岩石上取暖。在自然界中，许多独立的生物个体都选择了群聚的生活方式，这样的例子数不胜数。但是，这些动物为什么这样做呢？这样的生活方式难道不会给它们带来更大的风险吗？当某位残忍而幸运的捕食者找到这里时，群聚动物可能会被一网打尽。当环境出现不利于它们的变化时，群聚动物可能会同时遭殃。数十项研究显示，群聚现象不仅非常危险，还会导致动物发育不良、繁殖率下降、后代体弱多病，甚至是原因不明的死亡。如果适者生存是每个生物个体都要面临的最高自然规律，为什么贻贝还要群聚在礁石床上？[30]

对于上述问题，唯一可能的解释是：事实上，群聚行为为生物种群提供了某些我们尚不知道的好处。阿利试图从他最喜欢的等足虫中寻找这些好处。阿利选择了10群等足虫，并在每一群旁边放上一只等足虫作为对照，所有等足虫都被放在滤纸上。通过实验阿利发现，和单只等足虫相比，成群的等足虫能够更好地保存水分。实验结果证明，群聚的生活方式能够帮助等足虫更好地适应干燥的环境，因为在干燥的环境中保存水分是一项非常关键的生存能力。

接下来，阿利将实验对象换成了海星。阿利先将海星放进一些没有大叶藻的容器中，他观察到被放进容器中的海星立刻聚成了团块。接着，阿利在容器中放入大叶藻，此前聚成群的海星便散开了。难道这样的实验结果还不能证明在缺乏自然掩护的情况下群聚行为可以为生物提供保护吗？除了海星以外，另一种动物——海胆也向我们展示了群体生活的好处：在指定区域里的受精卵数目越多，受精卵分裂和发育的速度就越快，因此，在受精卵数目较多的区域中，受精卵发育成能自由游动的幼虫的速度显著快于受精卵数目较少的区域。从这些例子中我们可以看出，群聚生活能够为生物个体提供很多好处。

但阿利也承认，当一个群体中的生物数目达到一定数量时，群聚行为就会变成一种危险的行为。但只要群体中的生物数目没有达到上限，群聚行为就能为整个生物种群和生物种群中的每个个体带来好处。“陌生”的贻贝聚集到一起，是因为这样做对它们确实有好处。自然早已让合作成为执行自然规律的最佳使者。[31]

因此，群聚是一种没有血缘关系的动物互相合作以适应周围环境的现象。这种现象既没有受到德国达尔文主义的污染，也没有给生物决定论抹上污点。同样，我们也不需要进化论或者基因理论来解释这种现象。但是，如果连最简单、低级的生物都在持续不断地互相帮助，如果连海参和海胆都懂得合作的好处，那么人类显然应该从动物的群聚现象中获得一些启示。

毕竟，不管是动物种群还是人类社群都是按照同样的规律和步骤发展而来的：起初，个体因为响应环境的刺激而聚到一起；接着，它们慢慢学会了如何包容其他个体，个体和个体之间渐渐产生了吸引力；然后，它们开始协调一致，最终形成了合作行为。上述演替现象在生物界中无处不在，因此对阿利来说，这是生命最本质的定义。阿利认为所有生物都会繁殖后代，也都会不断地适应环境。但是，每个生物也必须“至少展示出合作的意向”；如果没有合作现象或者意向，就不能称其为生命。[32]

至此，生物学终于和贵格教派的教义结合在一起。阿利说，虽然早期的贵格会教友认为他们的信念是正确的，但他们却无法反驳铁石心肠的军国主义者的观点，因为“他们手中没有任何证据”，无法证明其观点的正确性。然而，事情已经发生了根本性的改变。“现在，我们从现代科学中获得了大量证据，证明有几百年历史的老贵格教派对于战争的态度是完全正确的。”有些人认为，科学证明我们确实应该用目前的这种战争系统来解决国际争端，但这种观点是完全错误的。持有该观点的人在用一种错误而陈旧的生物学理论去理解生命的自然规律。自然中的竞争并没有将合作现象扼杀，相反，合作现象之所以成为可能，正是因为每个个体都很重要。每个个体都在寻找与其他个体产生联系的机会，世界上的所有善意都是通过这种方法诞生的。

阿利将政治、信仰以及科学融合在一起，形成了一套综合性的哲学体系。这套哲学不仅适用于涡虫和昆虫，也适用于人类。社会达尔文主义者的观点是错误的，因为赫胥黎的观点从一开始就是错误的，只有克鲁泡特金找到了正确答案。最后，阿利带着一种印第安纳州人特有的骄傲补充道：“我们贵格会教友在历史上始终尝试用合作取代斗争，这是我们的光荣传统。”[33]

然而，接下来人们要面对的却是第二次世界大战。

• • •

回到普林斯顿之后，冯·诺伊曼的思想仍然和过去一样。他并没有被贵格教派的生物学说服，也不相信福利经济学信徒鼓吹的人性。冯·诺伊曼与奥斯卡·摩根斯坦共同写作了一本将一切可能性都考虑其中的著作《博弈论与经济行为》(*Theory of Games and Economic Behavior*)。这本书有600多页，里面写满了数学公式。奥斯卡·摩根斯坦身材魁梧、仪表堂堂，由于奥地利被纳粹德国占领，他被迫从维也纳流亡到美国。摩根斯坦自称德意志皇帝腓特烈三世的孙子。1942年，他在日记中写道："我越发认为凯恩斯是一个科学骗子，他的追随者甚至连科学骗子都算不上。"[34]摩根斯坦和冯·诺伊曼即将改变世界，在《博弈论与经济行为》一书中，他们写道："我们希望能够在本书中以令人信服的方式建立这样一个理论：所有关于人类经济行为的典型问题，都等同于寻找游戏的最优解的数学问题。"[35]

摩根斯坦和冯·诺伊曼认为，经济学就像三连棋游戏一样需要精确的策略。当冯·诺伊曼从普林斯顿来到芝加哥大学拜访考尔斯经济研究基金会时，芝加哥大学经济系的所有教授就像一群孩子一样在冯·诺伊曼面前排起了队，将他们无法解决的数学问题逐一递交给冯·诺伊曼。[36]冯·诺伊曼轻快地走了进来，这是他的一贯风格，会场中顿时产生了一阵骚动。这一次冯·诺伊曼要解决的可不只是经济学问题，人们低声地耳语说，冯·诺伊曼是解锁人类行为密码的第一人。[37]

· · ·

埃默森从赖特那里学到：自然选择不仅可以作用于单一生物个体，也可以作用于整个生物种群。因此，从数学的角度说，"群体选择"是完全有可能的。赖特的模型涉及非常复杂的数学细节，这个模型的应用也和人们的直觉背道相驰：有些时候，对生物个体不利的行为特征对整个生物种群却是有利的。于是，埃默森又一次使用了类比的思考方法。在亚利桑那州的凯巴布森林中，美洲狮会追捕鹿。仅从生物个体的角度看，每一头美洲狮和每一只鹿之间的竞争都是一场残酷无情的生存斗争：美洲狮要么杀死鹿，要么饿肚子；鹿要么逃脱美洲狮的追捕，要么被吃掉。但是，从一个更高的角度看，美洲狮事实上却在管理鹿的种群数目。如果人类猎杀过多的美洲狮，鹿的数目很快就会失控，这样的情况对所有生物而言都是不利的。如果自然选择能够“检视”各种生物种群，并且从中挑选出在指定环境中比其他种群更成功的种群，进化就有了另一层含义，和人们长期以来的直觉完全不同：竞争事实上是一件有益的事，甚至可以被看作一种合作性行为。对这个问题的解读完全取决于我们从哪个角度看问题。[38]

当然，对这个问题的解读还取决于稳态的概念。在不友好的环境中，只有稳态机制才能让群聚在一起的有机生物控制自己的命运。正是因为稳态机制的存在，白蚁才能在与环境的斗争中取得胜利，凯巴布森林才能繁茂地成长。稳态机制越强，生物的进化之路越会偏离冲突和竞争的道路。根据这样的思想，埃默森为人类社会开出了处方，他的这套学说被称为“社会合作的生物学基础”。如果种群的存活概率依赖于种群中各个生物适应同伴和环境的程度，那么要求种群中的生物个体为其他同伴做出一点儿牺牲并不算过分的要求。生物界的座右铭是：“合作则生，分化则死。”如果个体的自由会威胁到整个种群的稳定性，那么为了“和平、幸福和进步”，我们有必要对个体的自由进行严格控制。[39]

然而，乔治·盖洛德·辛普森却完全不相信埃默森的这套理论。这位耳朵尖尖、留着山羊胡子的古生物学家近来在哈佛广场上散步时总会思考这个政治问题：我们见证了诺曼底登陆，见证了在柏林为庆祝胜利而举行的阅兵，见证了纳粹政府的解体，第三帝国终于覆灭了，但来自芝加哥的这篇论文又是怎么回事呢？希特勒已经在地堡中死去了，而人类历史中有一个希特勒就足够了。“从与进化问题的类比中我们可以知道”，辛普森说，

> 生物群体应该会也必然会向着整合度更高（个体的自由和责任更少）的方向进化。所以，作为生物群体中的一员（你和我），我们应该提高分工的程度（缩小个人活动范畴，降低个人做出改变的可能性），提高互相依存的程度（降低自力更生的程度），在更大程度上成为整个国家的一部分（而不是一个独立的个人）……于是，生物学家不可避免地发现，他们面对着一个事实：这是一种极权主义的思想。[40]

在辛普森看来，芝加哥大学的学者提出的所谓“整合伦理学”事实上也表达了完全一样的意思：超级生物，群体选择，社会性控制。这些思想听上去是不是似曾相识？在辛普森看来，群体只是个人的集合，群体本身不可能拥有独立的生命。做出选择的最基本单位永远是个人，而不是群体。在进化过程中，人类个体已经具备了一切优秀和高贵的品质：有智慧，有知识，也有责任。埃默森相信自然应该是人类的道德灯塔，辛普森也认同伦理学必须被自然化。埃默森认为群体的稳定性只能以束缚个体自由为代价，而辛普森则认为个体的自由是民主的基石。[41]

于是，辛普森脑海中涌现出许多复杂难解的问题。如果对人类社会而言民主并非最优系统，那么我们应该怎么办？如果极权政体能够更高效地维护稳态，我们应该怎么办？法西斯主义给人类带来了巨大的破坏和灾难，并且已经被我们战胜。但是，人类真能以某种合作性的社会化方式展开竞争吗？人类的真正本性究竟如何？针对这个问题，克鲁泡特金和赫胥黎进行过非常激烈的争论。然而这样的争论并不能为我们提供一个明确的结论。那么，在这种情况下，抛弃社会的概念来追求个人自由的理想究竟是不是一种安全的做法呢？

这些问题并没有困扰到埃默森。战争已经结束，一种充满希望的新平衡诞生了，既然自然为人类指出了一条更加智慧的道路，那么现在显然是走上这条正途的时候了。美国在长崎投下原子弹仅仅几个月以后，埃默森就发表了如下声明："答案十分清楚，人类面临的选择只有两个：合作或毁灭。我们面前的道路也只有两条：一条是整个人类通过合作为生存斗争；另一条是在已经组成互相依存的整体的个人、阶级、种族和国家之间展开违背自然意志的破坏性竞争，从而导致人类走向灭亡。"在芝加哥大学生物系的课堂上，埃默森的这番话久久地回荡，仿佛一群望不到边的白蚁正向着林地中的山丘顶端前进。[42]

然而，此时在芝加哥大学的冶金实验室中，年轻的乔治·普莱斯正在埋头研究铀元素，似乎对外界的所有变化一无所知。

· · ·

1946年，在乔治即将离开芝加哥大学时，另一个人走进了这所大学的校门。这个人曾在维纳的课堂上被吓得瑟瑟发抖，他就是我们在前文提到的米尔顿·弗里德曼。

在战争期间，弗里德曼在美国财政部工作，负责研究税收政策。这样的工作经验似乎使弗里德曼的脑海中只有一个议题——货币供给。经济学家罗伯特·索洛曾经抱怨说："任何事情都能让米尔顿·弗里德曼联想到货币供给，而对我而言，任何事情都能让我联想到性爱，但我至少不会试图把性爱写到论文里。"即便如此，弗里德曼仍然是一个让人敬畏的对手。弗里德曼在芝加哥大学的同事乔治·舒尔茨说过，每个人都喜欢和米尔顿辩论，尤其是当米尔顿不在场的时候。[43]弗里德曼头发微秃，戴着一副大眼镜，脸上总是洋溢着胜利的微笑。19世纪，自由派的知识分子认为，个人自由是促进福利与平等的最佳方式。但是，如今的自由派知识分子却持有另一种看法。他们要么把福利和平等看作自由的前提，要么把它们看作自由的替代品。而此时的弗里德曼正在发动一场宗教战争，他的目标是重新拉起古典自由主义的大旗。

要赢得这样一场战争远非易事。此时，大萧条和战争仍让民众记忆犹新，因此人们希望政府能够回答所有问题，于是凯恩斯成为美国人民的英雄。但当弗里德曼的《资本主义与自由》（*Capitalism and Freedom*）面世时，第二次世界大战已经结束15年，《纽约时报》《芝加哥论坛报》《国际先驱论坛报》《时代》《新闻周刊》等主流媒体甚至连评论这本书的兴趣都没有。[44]然而，历史将会证明弗里德曼的这本书是一部伟大的著作。就像约翰·斯图尔特·密尔的《论自由》是19世纪的自由宣言一样，弗里德曼的这本著作是20世纪的自由宣言。弗里德曼想要讨论的问题和阿利感兴趣的问题都涉及“整合”。在一个经济体中，数百万人需要在经济活动中互动，他们不仅要为彼此提供每日餐桌上的面包，还要提供每年都会升级的新车。那么，这种互相依存的状况究竟应该如何与个人的自由统一起来呢？

在俄罗斯，解决上述问题的方法是，把所有经济权力和政治权力都集中到同一群人手中。但是，弗里德曼认为这样的制度只会给人类带来灾难。任何形式的集体主义都必然会导致专制的出现，不管是从经济角度而言，还是从政治角度而言，中央化的经济体都是一条“通往奴役之路”。[45]经济体完全可以将权力分散，消除一切强制性的高压措施，这被看作一种通向政治自由的手段。达到上述目标的关键是，必须让经济权力和政治权力彻底分散，这样一来，这些权力就能相互制约。取得上述结果的最佳方式是，鼓励自由市场和私营企业之间的交易活动。换句话说，亚当·斯密的看法一直都是对的：“看不见的手”是让整个群体实现繁荣富裕的关键，这只“看不见的手”诞生于每个个体追逐私利的自由选择之中。

在这种思想的指导下，弗里德曼当然也想像克鲁泡特金那样成为一名无政府主义者。不幸的是，弗里德曼清楚地认识到，个人的自由常常会引发冲突和不可化解的矛盾。最高法院大法官威廉·O. 道格拉斯说过："我有挥动拳头的自由，但因为你的下巴就在附近，因此我挥动拳头的自由必须受到你的下巴的限制。"[46]政府的存在是有必要的，政府的职责是修改和调解游戏的规则，并且惩罚任何打破游戏规则的个人。同时，正如克鲁泡特金一贯坚持的那样，政府的干预之手必须尽可能受到限制。虽然弗里德曼和克鲁泡特金在这一点上持有相同的意见，但他们支持这一结论的论据却截然相反。克鲁泡特金认为，人类天生具有合作性，因此任何形式的强迫和指导都是没有必要的。弗里德曼则认为，人类的天性是竞争，而竞争总会产生最佳的结果。最终，市场这只"看不见的手"一定能够保证福利和平等的实现。从更本质的角度看，市场能够保护人类最珍贵的财富和"最珍奇、最脆弱的花朵"——自由。[47]

· · ·

回到动物系的阿利嗅到了变革的味道。阿利一贯主张合作是一件只关乎个体的事情：个体需要自我调整以适应环境，适应其他生物，个体需要成为群体的一部分。驱动这一切的力量是生理学，是对环境做出适当反应的挑战。赫胥黎认为，达尔文主义下的生存斗争是一场血淋淋的残酷战争。但是，达尔文本人在这方面的态度却不算强硬。达尔文曾经写道："我们可以说，生活在沙漠边缘的一株植物为了它自己的生存而与干旱做斗争。"和克鲁泡特金一样，阿利将他的目光瞄准了达尔文的上述思想，在他看来，自然的历史已经充分说明，生存斗争意味着生物应该团结起来对抗外界环境中的挑战，而不是在彼此之间上演"所有人对所有人的战争"。在外界环境中既有气体等化学问题，也有掩体等物理问题，生物必须对所有这些因素做出反应，合作是这种反应机制产生的正面结果。

在阿利楼下工作的埃默森的观点让阿利感到不悦。群聚问题完全超出了个体生理学的范畴，它显然是一个群体生物学的问题。从更高的角度看，群体也许比个体更重要。海星选择群聚在一起可能不只是为了适应缺乏掩护的环境，最本质的原因是自然选择更青睐聚在一起的海星种群，而不喜欢它们各行其是。早在1930年，阿利的双腿就出现了麻痹的症状，此后他进行了多次手术以切除腿部的病灶。1938年，在做完第三次腿部手术后，阿利的双腿完全瘫痪了，只能坐在轮椅上。个人自由大幅受限的阿利开始思考埃默森所说的“超级有机体”，也开始思考将个体整合为群体的真正意义。[48]

埃默森曾经提出一个观点：生物个体之于群体就相当于单个细胞之于整个身体。但阿利认为，如果要对群聚现象进行严谨的研究，仅仅依靠这种类比的思考方式显然不够。如果生物群体真如单个有机体般具有独特的属性，如果埃默森所说的“超级有机体”真的有生命，那么阿利希望弄清楚这样一个种群究竟是以何种机制运行的。后来，阿利在鸡的身上找到了这个问题的答案。

和许多社会动物一样，鸡的生活方式是围绕一种等级制度建立的：等级较低的母鸡在和等级较高的母鸡打斗时，大部分情况下都会落败；这样的规律自下而上普遍成立，直到处在等级制度最顶端的优势母鸡为止。[49]阿利知道，优势母鸡产下的鸡蛋数目多于低级母鸡。从中我们看到，似乎自然选择只作用于生物个体：更强壮、更富有攻击性的个体能够留下数量更多的后代。如果事情真是这样，那么群聚现象将毫无意义。就像辛普森说的那样，群体只是个体的集合，而没有任何额外的意义或者优势。

但是，赖特的群体选择方程给阿利留下了深刻印象，因此阿利决定和一名学生一起寻找另一种解释。很快，他们的研究就取得了激动人心的成果：社会等级不稳定的鸡食量更小、体形更瘦、下蛋的数目更少，鸡冠也不如社会等级稳定的鸡大。此外，阿利还发现，一旦鸡群中建立起稳定的支配–从属关系，鸡群内部的冲突总量就会显著下降。毕竟，等级制度是一种群体属性，也是一种智慧而友善的整合机制。在通向和谐山顶的路上，我们似乎不可避免地要先经过竞争的低地。[50]

虽然这样的解释看上去十分可信，阿利却并不喜欢它。因为阿利坚信，在自然的方程中根本不应该出现竞争这一元素。然而，在鸡的种群和更高级的脊椎动物中，竞争却似乎是生存必不可少的元素。面对这样的现象，贵格派教徒又会做何感想呢？

1945年6月，阿利在《新共和》（*New Republic*）杂志上发表了一篇文章，并在该文中清楚地阐述了上述问题。此时距离美国向广岛和长崎投掷原子弹还有两个月的时间。阿利在这篇文章中指出，竞争不仅是生存游戏的一部分，而且必然会导致不稳定和流血冲突。阿利写道：

> 像在老鼠、鱼、母鸡或者其他动物种群中一样，在人类的国际舞台上，被支配的弱势个体或国家迟早会向处于支配地位的个体或国家发起挑战。虽然弱者的挑战常常被镇压，而且是多次被镇压，但本来处于支配地位的个体或国家最终必然会被新的君主取代，于是整个循环又会从头开始。到目前为止，任何新国际组织的崛起主要都是以权力的等级制度为基础的，就像在鸡群中母鸡互啄的顺序也是由权力决定的。在这种设定下，即使双方表面上接受了停战协定，随之而来的和平也必然是短暂和不稳定的。脊椎动物依靠武力来决定支配–从属关系，如果人类一味效仿这种先例，那么持久的和平将永远不会到来。[51]

如果说自然是人类道德的指南针，那么在自然的指引下，人类究竟应该怎么办？难道人类文明注定在永恒的流血冲突中挣扎吗？

上述想法令阿利感到恐惧。当然，从海胆和鸡的群体中观察到的现象告诉阿利，自然界中同时存在着两种力量："一种力量以自我为中心，驱动个体追逐私利，并且有利于个体的生存；另一种力量以群体为中心，在某种程度上可被看作一种利他主义的驱动力，这种力量有助于群体的生存。"然而，究竟应该如何把上述两种力量整合在一起？在权衡了各种选择以后，阿利最终决定站在善良的一边。他写道："经过大量的思考，我最终得出了以下结论……我认为在上述两种力量中，合作的力量从生物的角度来说更加重要和关键。"毕竟，等级关系和支配–从属关系仅存在于社会化的脊椎动物中。如果我们从全局看这个问题，那么这些动物只是整个自然界中生物合作之树上的一个小枝杈。在进化过程中，竞争显然是一种后来才出现的行为。人类虽然是一种脊椎动物，但在合作方面我们却需要向等足虫学习。[52]

为了解决这个难题，阿利需要做的不是建立更多的壁垒，而是尽可能地打破性别、家庭、种族、国籍的壁垒，因为它们都只能使人类分裂。阿利深信，就像等足虫一样，独立的人类之间即使没有血缘关系，也可以互相帮助，并非只有同一种族或者国家的人才可以形成互助关系。人们需要做的事情其实很简单，就是像对待近亲一样对待所有人。善意和利他并非来自排外的家庭政治，而是来自每个人具有的合作本能。但是，现在已经到了整个人类走向更高阶段的时候。只要所有人团结起来，人类就会变成一个"超级有机体"，而且这个超级有机体将获得生命。像所有好东西一样，这样的超级有机体将是进化选择的产物。[53]

此刻，这位"勤快能干的贵格派教徒"无力地坐在自己的轮椅中，陷入了沉思。他的人生已经走过了一段很长的道路：从印第安纳州到芝加哥，从上帝的信徒到科学和平主义者，从相信个体进化的生态学家到相信群体进化的进化论者。阿利的朋友埃默森把合作看作达到稳态的一种机制，以及达到最终目的的一种手段。但是，如今的阿利已经认识到，人生并不是一件非常功利的事。和平的合作行为绝不只是达到最终目的的手段，而是自然最初的设计，也是自然最甜蜜的伊甸园。抱着这些想法的阿利摇着轮椅来到芝加哥的最南端，为同时向黑人孩子和白人孩子开放的跨种族夏令营提供帮助。在走过了漫长的人生之路之后，阿利终于找到了他的信仰。他相信生物学代表着道德，教育是拯救人类的途径，成为一个和平的群体是人类最终的仁慈归宿，也是人类最宝贵的目标。在进化的道路上，人类已经走过了漫长的旅途，但人类不应该因此抛弃他们从进化历史中获得的智慧。现在，是时候回归海星的友善之道了。

• • •

在距离圣莫尼卡海滩只有一个街区的地方，有一片由专人把守大门的封闭街区，那里分布着一些由陶瓦和油灰建成的中层建筑。在这些建筑中的小房间里，一群人坐在转椅上，一边摆弄铅笔，一边开着玩笑。

这些人的工作内容事实上没有任何规则，他们想研究什么问题都可以：冲浪、语义学、外太空、芬兰语语音学、神经症、阿拉伯的等级制度，或者分析当时流行的玩具“立刻疯狂”（一种类似魔方的游戏，又称为“四色方柱”）……任何能激发他们想象力的东西都可以成为他们的研究议题。在海军的官方合同中，这一项目被称为“关于洲际战争的研究”。但事实上，这个项目主要是付钱雇用一批人“思考那些无法思考的问题”。比如，如果一枚核弹在克利夫兰爆炸，会造成多大伤亡？美国政府如何回答这个问题？怎样才能研发出洲际弹道导弹？苏联对美国发动袭击的概率有多大？如果美国对苏联发动袭击，可能有哪些好处和坏处？[54]

兰德公司成立于1948年3月，是一家非营利性的非军事化智库。这个智库主要由一小群精英知识分子组成，包括物理学家、数学家、经济学家和政治科学家。可以说，兰德公司相当于冷战时期的洛斯阿拉莫斯实验室（“二战”期间美国研究原子弹的地方）。《真理报》将兰德公司称为“制造死亡与毁灭的美国学院”，一些对兰德公司心存戒备的美国民众也持有和《真理报》类似的看法。除了小平头、烟斗和恶作剧以外，在兰德公司中还弥漫着一种奇怪的时代精神：这里的人崇拜理性和量化，迷恋地缘政治，“奥林匹斯山上众神一般的超脱感和偏执、狂妄自大的精神结合在一起，形成了一种引人注目的怪异气氛”。在兰德公司中，博弈论是最核心的研究方向。数学部门负责人约翰·威廉斯希望把美国最顶尖的人才收归麾下。在他的名单上，排名最靠前的就是约翰·冯·诺伊曼。[55]

冯·诺伊曼曾在战争中为美国效力。在第二次世界大战期间，冯·诺伊曼的学生为美国空军设计了一套轰炸策略，这套策略能将飞行员在敌军领空中被击落的概率降至最低。[56]此外，针对向日本投放原子弹的最佳地点问题，冯·诺伊曼还亲自指导过曼哈顿计划的军事统帅莱斯利·格罗夫斯中将（冯·诺伊曼在1945年5月10日的笔记上写着“京都、广岛、横滨、小仓”的字样）。冯·诺伊曼似乎能够回答任何问题，比如，扑克牌游戏中怒目相向的对手，为决定究竟看电影还是看歌剧而争执的夫妻，在拍卖会上竞标的企业，两个展开原子弹军备竞赛的国家，没有什么问题是冯·诺伊曼解决不了的。骰子在空中翻滚，扑克牌被掀开，极权国家的统治者抬起了眉毛，所有这一切都揭示出一个最基本的事实：人类是一种自私自利的理性生物，在一个残酷和充满竞争的世界中，他们唯一的目标就是使自己的利益最大化，而博弈论能够告诉人类赢得这场战争的最佳方式是什么。[57]

于是，在威廉斯位于洛杉矶太平洋帕利塞德斯的家中，“高酒精，高智商”俱乐部的成员投入了工作。除了冯·诺伊曼以外，还有约翰·纳什、保罗·萨缪尔森、约翰·米尔诺和罗伊德·沙普利。1948年9月，年轻的肯尼斯·阿罗接到了一项任务，需证明以下结论：虽然博弈论是为解释个体间的博弈行为而发明的，但该理论同样适用于国家之间的博弈。然而，对持集体是个体的简单加总这种观点的人而言，阿罗的结论并不那么振奋人心。“阿罗不可能性定理”指出，除了独裁制度以外，在其他任何我们可以构想出来的制度下，把众多个人的选择加总为一种清晰的社会选择，从逻辑上看都是不可能的。随着人们逐渐接受阿罗得出的结论，梅尔文·德雷希尔和梅里尔·弗勒德又构想出另一个游戏，同在兰德公司工作的普林斯顿大学数学家阿尔伯特·塔克将这种游戏命名为“囚徒困境”。其中一个版本的囚徒困境游戏是这样的：

> 一个犯罪组织的两名成员被警方逮捕，都进了监狱。这两名犯罪组织成员被分别关押，他们无法通过任何方式与同伴交谈或者交换信息。警方没有足够的证据，因此不能以较重的罪名将两人绳之以法。所以，警方计划以较轻的罪名分别判处两人一年徒刑。警方同时向这两名犯罪组织成员提出了一个魔鬼交易。如果其中一人愿意指证同伴，他就可以无罪释放，而他的同伴将因为较重的罪名被判三年徒刑。关键是如果这两个人都选择指证同伴，他们都会被判两年徒刑。警方给两名囚徒很短的时间，让他们思考是否接受上述交易，但这两名囚徒在做出各自的决策之前都不可能知道同伴做出了怎样的选择，而且，选择一旦做出就不可以撤销或更改。两名囚徒都知道，警方向自己的同伴提出了完全一样的交易条件。所以，两人都只从自己的利益出发，尽量缩短自己的刑期。

| | B拒绝警方提出的交易条件 | B为警方提供证据 |
|---|---|---|
| A拒绝警方提出的交易条件 | 1年，1年 | 3年，0年 |
| A为警方提供证据 | 0年，3年 | 2年，2年 |

> 两名囚徒都可以通过以下分析做出决策："假设我向警方指证同伴，而同伴不向警方指证我，那么我可以被释放（而不是在监狱中待上一年）。但假设我向警方指证同伴，同伴也向警方指证了我，那么我将获刑两年（而不是三年）。因此，不管同伴是否选择向警方指证我，我都应该选择向警方指证同伴，这样做对我比较有利。不管同伴的选择如何，指证同伴都能让我的刑期缩短一年。"[58]

问题的关键在于，如果两名囚徒都是只追求自身利益的理性人，那么两人都应该按上述方式思考问题。于是，上述游戏的结果是：两人都会选择背叛同伴，分别被判两年徒刑。然而，如果两名囚徒选择"合作"，即都不向警方指证对方，那么他们都只会被判一年。由此可见，合作的结果事实上对两人都更有利。囚徒困境的游戏令人抓狂地证明了亚当·斯密所说的"看不见的手"并不总是那么有效：当个体只追求自身利益最大化的时候，群体的利益未必能达到最大化。约翰·纳什证明了以下结论：如果一个游戏中有多个玩家，并且这些玩家的利益相互交叠，但不对立，那么这个游戏必然存在最优策略。该结论是对"最小最大值定理"的重要延伸，然而，囚徒困境的例子却与这个结论相矛盾。德雷希尔和弗勒德都相信，纳什或者冯·诺伊曼一定能够解决这个悖论。然而，纳什和冯·诺伊曼都没有成功，因为个人理性和集体理性之间的矛盾是真实存在的。[59]

• • •

战争或和平，个人或集体，真正的"善意"究竟来自何方？此刻的情况与之前的任何时刻一样，人与动物、文明与野蛮毫无希望地交织在一起。博弈论专家、经济学家、生态学家发明了许多新词："整合""管理""优化”“稳态”“群体选择”“效率”。每个新词似乎都在自信地为人类社会开具处方。然而，那些最难的问题却始终没人能解答：人类的自然状态究竟是怎样的？它是一种高贵的状态吗？我们是不是应该回归那种状态？如果是这样，我们应该如何做到这一点？还有，终极问题是：为什么我们应该回归人类的自然状态？19世纪的思想斗士的纷争似乎仍然悬而未决，赫胥黎和克鲁泡特金之争也未分胜负。

1946年2月，阿利意外将他的轮椅摇进了一个敞开的电梯井里。他从高处坠下，头部着地，头骨被摔裂。在这次事故发生以前，阿利是一个性格柔顺、言辞温和的人，然而在这以后他变成了一个专横霸道、爱发脾气的人。阿利逐渐康复，并重新回到实验室，然而在这个过程中，外面的世界却发生了可怕的变化。资本主义和社会主义在冷战中处于对峙状态，热核武器毁灭一切的威胁笼罩着整个世界，而成立世界政府和实现和平的希望则变得越来越渺茫。让道德自然而生似乎越来越不可能成功，对一个和平团结主义者而言，他心目中的那个“超级有机体”如今越发像一头怪兽。难道民主的最终目的不是获得个人的自治和自由吗？

贵格教派的生物学原来只是一出闹剧，而团结与整合居然是最可怕的妖魔。不管阿利多么希望人们能够团结在一起，事实都似乎证明，人类不可能真的变成涡虫。阿利写给美国国家科学研究委员会的开题报告收到了这样的回复：“你可以认为关于动物种群问题的研究是建立世界和平的关键。如果你能够证明这一点，我们将愿意提供一大笔资金帮你完成这项研究工作。但就目前的情况来看，试图把对动物种群的研究和世界和平连接起来的逻辑链似乎环节过多。”[60]

在芝加哥大学退休以后，阿利搬去了佛罗里达州。1955年3月18日，阿利死于肾脏感染。在阿利的葬礼上，致悼词的人说，阿利向我们展示了没有血缘关系的生物之间也可以进行合作的现象，这是自达尔文以来最伟大的科学结论。[61]那些深爱阿利的送葬者拖着沉重的脚步，试图在这样的发言中找到一些振奋人心的东西。然而，当看向周围的世界时，他们的眼中还是无法避免地流露出怀疑，就连贵格派教徒也不例外。

阿利去世一年后，冯·诺伊曼接到去白宫领取自由勋章的邀请。此时，距离冯·诺伊曼参加本章开头提到的那次听证会也仅有一年的时间。冯·诺伊曼依旧风度翩翩，他穿着深色西装，胸前的口袋装饰着一条白色的手绢，领子上别着一枚闪闪发光的战争勋章。但是，冯·诺伊曼已经疾病缠身，他坐在轮椅中与艾森豪威尔总统握手，并表示愿意继续为国家效力，以便配得上这枚勋章的荣誉。“哦，是的，你会一直与我们在一起。”艾森豪威尔总统回答道，接着又好心地补充道，“我们需要你。”[62]

兰德公司的黄金时代结束了。如今人们总是说，现实中的问题太过复杂，因此没有人可以用矩阵解决这些问题。[63]人们不再相信科学是解决所有问题的灵丹妙药，毕竟科学从未解决人性的难题。

身患骨癌的冯·诺伊曼逐渐走向生命的尽头。他不仅身体每况愈下，头脑也糊涂起来。在医院的病床上，他用匈牙利语说着没人能听懂的胡话。每到夜晚，冯·诺伊曼的病房中便会传出恐惧的尖叫声，回荡在整个病区中。显然，冯·诺伊曼的心智已完全被痴呆症控制了。为了防止他会无意泄露政府机密，空军派遣了特殊安保人员守在冯·诺伊曼的病房前。

在病房里，冯·诺伊曼的兄弟迈克尔陪护在他的床边，用德语给他读原版的《浮士德》。一页读完，迈克尔停下来翻页。此时，病床上的冯·诺伊曼闭着双眼，凭记忆轻轻地背诵出接下来的几句。冯·诺伊曼于1957年2月8日离开了这个世界。他一直深信，人类的本性就如奥威尔所言，不过是“深不见底的自私”。[64]

**HE CAUSES STIR**

# Researcher Devotes His Life to Science

**By JOHN EMMERICH**
**Minneapolis Tribune Staff Writer**

Dr. George R. Price looks more like a crew-cut college youth than a chemist and writer whose articles have caused a stir in the world of science.

Price, 34, is a research associate in the University of Minnesota department of medicine.

He received his B.S. degree from the University of Chicago in 1943 and his Ph.D. degree in 1946.

**WHILE STILL** working on his doctor's degree he was a researcher on the Manhattan project, the program which led to the wartime atomic-bomb development. Later he was a full-time project consultant.

Before joining the University of Minnesota in 1950, he was a chemistry instructor at Harvard university and a transistor researcher at Bell Telephone laboratories in New Jersey.

In August 1955 Price attracted nationwide attention when he debunked the theory of extrasensory perception in an article published in Science, a monthly magazine of the American Association for the Advancement of Science.

**HE DREW** counter-attacks from both sides of the Atlantic when he challenged believers in mental telepathy to show "just one experiment that does not have to be accepted simply on a basis of faith in human honesty."

The issue inspired letters from scientists and psychologists from some of the nation's leading universities.

Price's interest in science started when he was a youngster. He was the son of the head of a stage-lighting company which patented some 25 electrical inventions.

A New Yorker, Price in his teens attended a public high school which specialized in science training. Later he attended Harvard one year before transferring to the University of Chicago.

**THE BLOND,** bespectacled chemist speaks in the precise manner of a scientist. He lives alone in a two-bedroom apartment at 516 University avenue SE.

In his present job, Price has concentrated on an instrument for studying fluorescent spectra. For the past two years he has been rebuilding a complex instrument which he said is the only one of its kind in existence.

Price began thinking about his Design machine some 10 years ago.

"I was new at the game and I was impressed by how much of a researcher's time was taken up in drafting work," he explained.

**"A FAIRLY** intelligent machinist can make a simple piece of equipment from a rough sketch faster than the time a draftsman requires to finish his drawing."

Price's answer is his Design-machine system. He anticipates something on the order will be achieved in the next few years. Within five years, he said, his system can be in operation.

MINNEAPOLIS TRIBUNE PHOTO BY DON BLACK

**DR. GEORGE R. PRICE**

***Researcher shows how to speed up invention***

报纸文章《乔治·普莱斯博士向我们展示了如何加快发明的进程》，刊载于1957年1月20日的《明尼阿波利斯星期日论坛报》

## 第6章

# 忙乱而不羁的生活

1885年，美国心灵研究协会在波士顿成立，它的母会是三年前成立于伦敦的英国心灵研究协会。美国心灵研究协会的赞助人之一是哈佛大学哲学家和心理学家威廉·詹姆斯，詹姆斯是波士顿最杰出的人才之一，他的弟弟亨利是一名小说家。美国心灵研究协会是詹姆斯的骄傲，该组织的目标是对所谓“通灵”或“超自然”的行为进行研究，以确认这类行为是否存在，并向公众宣传这类行为。悬浮、透视、心灵感应等惊人的表演很快攫住了美国人的想象力。记者们从明暗对比强烈的圣殿内部走出来，无不心醉神迷，他们写下各种报道，声称自己见证了“灵魂如何物化”，如何凭空出现丢失的胸针、遗嘱、隐藏的家族宝藏等。“真实的幽灵”“水晶般透明的幻影”“陷入迷幻的恍惚境界”，报道中所说的这些东西真的存在吗？人们急于知道答案。同时，人们还非常好奇科学能否在一定程度上解释上述现象。[1]很快，就有两个人找到了上述问题的答案，他们是约瑟夫·莱茵和塞缪尔·索尔。

虽然美国心灵研究协会没有红火多久，但超自然现象一直困扰着整个美国的神经。1911年，斯坦福大学成为美国首家接受超自然现象挑战的学术机构。1930年，杜克大学也开始对超自然现象进行研究。在杜克大学的所在地北卡罗来纳州的达勒姆，约瑟夫·B. 莱茵开始着手解开“超自然能力”之谜。莱茵曾参加过预备牧师的学习，原本是要成为一名神职人员的；

然而，后来他看到了科学之光，便将神学彻底抛到脑后。接着，莱茵又对唯物主义的信仰感到失望，便抛弃了科学，转而研究“超自然能力”之谜。不难看出，莱茵似乎是一个非常容易改变信仰的人，他信仰过奇迹，又信仰过物理学，最后他决定信仰某种科学无法解释的东西。然而，在经历过所有这些风浪以后，莱茵认为，有一条真理已经清清楚楚地摆在他面前了，那就是超心理学现象绝对是存在的。[2]

与此同时，在大西洋另一端的英格兰，一名伦敦玛丽女王大学的顶尖数学家迷上了和死者进行交流的体验。塞缪尔·索尔的兄弟死于战争期间，索尔和许多痛失亲人的人一样想通过灵媒与死去的亲人交流。某次“成功”的心灵感应给他留下了深刻的印象，因此他为《玄学百科全书》中的“招魂术”词条撰写了一段很长的注释。然而，索尔有着非常严格的科学标准，因此他决定用科学方法对心灵感应现象进行测试。在对160名参与者进行了超过128 000次卡片猜字实验之后，怀疑精神终于在索尔身上占了上风，他既不情愿又充满嘲讽地宣布，超感觉现象似乎只在美国才能“奇迹般”地出现。此时，约瑟夫·莱茵已经成为超心理学界的前辈，并著有畅销书《心灵新边界》（*New Frontiers of the Mind*）。很快，索尔将对超感觉现象展开尖刻无情的嘲讽，莱茵将成为他攻击的靶子。[3]

但1939年时，索尔尚未完全否定通灵术。在这一年中，他再次研究了他之前取得的实验数据，并且发现了一些惊人的事实。因为不愿意相信自己亲眼看到的现象，索尔设计了一个人类历史上最细致的超感觉现象测试实验。完成上述实验以后，索尔宣布这个实验排除了所有合理的怀疑，证明了预知和心灵感应现象真实存在。在这次实验中，有两个人达成心灵感应的成功率大大超过了瞎猜的成功率，他们是伦敦著名肖像摄影师巴泽尔·沙克尔顿和格洛丽亚·斯托尔特女士。即使心灵感应的信号发送者和接受者之间隔着好几英里的距离，沙克尔顿和斯托尔特也能预知对方会选择哪张扑克牌。索尔认为，统计数据不可能说谎，21位有头有脸的监督者同样不可能说谎。不管心灵感应现象能否在科学上找到解释，也不管心灵感应现象成立的途径究竟是什么，上述实验结果显然说明，这种现象令人惊讶地打破了常规的物理定律。[4]

至此，大西洋两岸的超感觉现象的信徒终于得到了他们一直在寻找的东西，即能证明奇迹发生的确凿证据。约瑟夫·莱茵和塞缪尔·索尔既不是江湖术士，也不是骗子和造假者，他们都是科学界备受尊敬的学者。1955年，两人提出的强大证据让反对者阵营哑口无言，至少当时的他们是这样认为的。对任何关注过两人实验进程的人来说，一个令人背后发凉的事实就这么明晃晃地摆在眼前：现代科学必须对通灵现象做出适当的解释，否则科学大厦将就此坍塌。

• • •

与此同时，身在纽约市的艾丽斯·普莱斯正满怀热情地与死者交流。艾丽斯自己给自己写信，并声称信中的文字都来自她死去的丈夫。在其中一封信中她写道："我最亲爱的、辛苦工作的妻子，我很遗憾你必须为了每天的口粮如此奔波，但最糟糕的日子很快就要过去了。"在另一封写给"亲爱的朋友"的信件中，艾丽斯死去的丈夫则表示他会干预舞台照明有限公司的一桩交易："艾丽斯正承受着巨大的压力，而我正在尽我所能影响所有与这桩交易有关的人……请告诉艾丽斯，我正在加班加点地工作，以保证所有事情都按照它们本来的样子发生。真诚的，W. E. 普莱斯。"第三封来自W. E. 普莱斯的信则承诺艾丽斯将获得救赎，这封信中潦草的笔迹记录了《圣经》中的字句："我十分确信，你的耐心和基督教精神一定会给你带来奖赏。"在信的结尾，逝者表示："我将永远和你在一起，你的比利。"[5]

在明尼苏达，脊髓灰质炎在乔治·普莱斯身上留下了明显的后遗症：一瘸一拐的双腿使他无法正常行走，右肩的问题则导致他只能用左手喝水，否则就会把整个脸都弄湿。在严冬中，乔治再次孤身一人回到简陋的学生宿舍中，大部分时间他都待在那里。实验室中有大量关于卟啉的研究工作等着他完成，此外还有一个新项目，旨在建立一套机械心肺系统。但是，此时的乔治对这些问题已经失去了兴趣，他的心飞到了别的地方。乔治认识到，他研究的这些问题技术性过强，只有极少数人会阅读他的研究结果。隐居的时间越长，乔治就越渴望能有人听到他的声音，所以，他想研究一些普通民众关心的问题。乔治的生活重心是学习如何把他的身体挪动到浴室中，以及如何顺利地把杯子送到嘴边。乔治决定为拯救现代科学做出努力。[6]

乔治的目标也许并不是拯救现代科学，而只是想阻止他的母亲艾丽斯继续给他写那些关于通灵术的信件。

不管乔治的初衷是对母亲的关心还是勇敢的科学信念，对他而言，有一件事情显而易见：莱茵和索尔的实验不可能是真的。真的就是真的，假的就是假的，两者绝不可能共存。谍报工作人员深知这一点，地震观测员深知这一点，伟大的魔术师胡迪尼深知这一点，甚至已故的苏格兰哲学家大卫·休谟也深知这一点。因为如果超心理学现象真的存在，间谍就可以把秘密的消息从克里姆林宫瞬间传出来，灾难就可以避免，魔术也会变成不需要技巧就能表演的节目。如果莱茵和索尔的实验结果真的成立，就意味着奇迹比骗局还要多，而大卫·休谟认为这样的情况是不可能的。由于有艾丽斯这个深信通灵术的母亲，乔治本人也曾相信超感觉现象的存在。在哈佛大学读本科时，年轻的乔治甚至写信给莱茵，说他有一种聪明的方法可以帮助莱茵证明超感觉现象的存在。然而，在投身科学事业多年以后，乔治对超感觉现象的信仰逐渐被怀疑取代。如今，他心中的怒火已经积累多年。托马斯·潘恩在他的《理性时代》(*The Age of Reason*)一书中提出了这样的问题：究竟是自然更有可能偏离它的航线，还是人类更有可能说谎？对乔治而言，这个问题的答案非常明显。[7]

于是，在全世界的所有人几乎都能看到的地方——《科学》杂志上，乔治提出了索尔有可能作弊的6种方式。索尔宣称超心理学现象和科学可以共存，而乔治则完全不接受这样的说法。乔治表示，他“不需要100名不同的调查者进行1 000种不同实验方法下的1 000万次实验，以便把巧合的概率降低到$1/10^{1\,000}$”。乔治·普莱斯只要求支持者提出“一个真正可信的实验”，而这个实验的结果“不可以建立在对人类诚实品质的信赖之上”。科学的关键是事物作用的机制，而魔术的关键是泛灵论。如果莱茵和索尔无法建立一套机制来解释他们的实验结果，乔治将永远不会相信他们的结果。同时，乔治希望所有具备思考能力的人都能和他一样，不再相信莱茵和索尔撰写的那些没有根据的文章。[8]

虽然几乎没有人知道这位名叫乔治·普莱斯的人究竟是何方神圣，但他在《科学》杂志上发表的这篇文章却激起了极强的反应。在《君子》杂志上，“达尔文的斗犬”、托马斯·亨利·赫胥黎的孙子奥尔德斯·赫胥黎发表了一篇文章，批评乔治·普莱斯的文章“简直是一个绝无仅有的无礼范例”。赫胥黎斥责普莱斯“对于事实过分执着”，并批评他“对自己最为热爱的形而上学命题”抱有如萨满教般的信念。赫胥黎还恶毒地表示：“我为人类的心灵不能像物理学家的分子那般整洁有序而感到抱歉。”科学的本质难道只是事物作用的机理，而没有其他东西了吗？赫胥黎认为普莱斯的文章“没有数据，也没有任何形式的证明，就像把所谓永恒的真理从西奈山上直接传输到明尼苏达大学一样”。如果普莱斯认为任何东西都必须有可重复的实验作为支持，并因此不相信超感觉现象，那么我们为什么还要相信巴赫、莎士比亚或者华兹华斯呢？毕竟，这些大师的作品远远超过了巧合可能带来的结果，即便是他们的天赋，也不可能靠掷硬币来召唤。[9]

对乔治·普莱斯的“诽谤之言”同样不满的还有专门揭露黑幕的作家厄普顿·辛克莱。世纪之交，初到芝加哥的辛克莱发表过一个响亮的声明：“大家好！我是厄普顿·辛克莱，我来这里是为了写出工人运动领域的《汤姆叔叔的小屋》！”辛克莱的《屠场》是一部揭露肉类加工业腐败现象的经典著作，不仅震撼了整个美国，还为辛克莱赢得了普利策奖的殊荣。然而，令辛克莱本人更震撼的却是另外一件事：他妻子的超自然预知能力。据说，辛克莱的妻子曾经在千里之外预感到杰克·伦敦即将自杀。1929年，辛克莱和他的妻子在《心灵电波》一书中描述了300次经过严格控制的实验。在这些实验中，辛克莱的妻子能在隔壁房间猜对丈夫放在信封里的字条内容。《心灵电波》一书出版后大获成功，杜克大学正是因为受到了该书的影响，为莱茵的研究专门成立了一个部门。此外，《心灵电波》一书的德文版甚至还加上了阿尔伯特·爱因斯坦写的序言。乔治·普莱斯的论文刊登在《科学》杂志上以后，年近八旬的辛克莱激动地专门写信给乔治，要求他解释《心灵电波》中描述的“那些情况”。[10]

《纽约时报》专门撰文报道了乔治·普莱斯发表在《科学》杂志上的论文。读完这则报道后，数千名读者来信表达了他们的感谢、建议或者愤怒。一位来自加利福尼亚州瓦列霍市的牧师礼貌地提醒乔治·普莱斯：“不管是在天堂，还是在我们的世界里，都有许多事情是科学家不知道的。”一位来自法国的妇女生动地描述了她死去的丈夫如何每天通过心灵感应，告诉她晚餐应该制作哪种意大利面酱汁。另一位来自康涅狄格州纽黑文市的读者则表示，他试过在猪身上重复莱茵的实验，并且得到了和莱因相同的结果。但芝加哥查尔默斯燃油公司的查尔默斯先生来信指出，可以在扑克牌的边缘上做手脚。（对此，乔治·普莱斯热情地回复道：“非常感谢！”）来自洛杉矶的芬恩·克拉克不理解为什么乔治“无法看到上帝并且和上帝交流”，她还在信中提供了完整的心理评价结果。（对此，乔治·普莱斯亲切地回复道："谢谢，但你对我的猜测不太准确。"）[11]

由于公众对这篇文章的反应过于热烈，1956年冬天，《科学》杂志决定让反方阵营在接下来的一期杂志上发文反驳乔治·普莱斯的观点。于是，一大波超感觉现象的信徒对乔治进行了猛烈的攻击，这些人中不仅包括莱茵和索尔，还包括乔治在明尼苏达大学的一些同事。《科学》杂志的编辑呼吁读者对双方阵营的论点都保持怀疑态度，但索尔却认为乔治的言论"不公平，简直令人作呕"。而乔治在明尼苏达大学的同人则声称，乔治的攻击既"没有意义"，又"不负责任"。难道真有人会相信备受尊敬的科学家是江湖骗子和造假者吗？毕竟，乔治在他的论文中没有提供任何证据。莱茵认为，乔治这种奇怪的"行为"一定是一种有意为之的表演，表面上是对超心理学现象提出诽谤和批评，真正的目的却是更好地向公众兜售他自己的超心理学。乔治以从未有过的方式帮了超心理学一个大忙："是的，要么目前人类提出的机械化理论是错误的或者极不完整的，要么所有超心理学家都被彻底误解了。这两个互相矛盾的论断中必然有一个是错误的。现在，请依据《科学》杂志做出选择吧！"[12]

只有哈佛大学物理学系的荣誉退休教授、诺贝尔奖获得者波西·威廉斯·布里奇曼对抨击乔治的声音表示了怀疑。布里奇曼用一种严肃的学术文风写道："将概率计算应用到任何具体的情境中，都会带来一种固有的悖论，伯兰特·罗素早就提出过这个问题。他曾说，每当我们读出身边经过的一辆汽车的车牌号码时，我们就遇到了一次奇迹。"如果我们计算一下遇到某个具体号码的概率，就会发现我们看到这个车牌号的概率简直小到不可思议的程度。概率是一个被人们误解的概念，在解决这一问题之前，布里奇曼不打算参与这方面的讨论。[13]

然而，对于布里奇曼的上述看法，乔治却不以为然。虽然乔治非常尊敬布里奇曼，但他认为，布里奇曼针对概率提出的论点并不能成为他逃避的借口。莱茵和索尔提出的那些实验结果要么是超感觉现象，要么是骗局，每个人都必须在这两者之间做出抉择。人类的心理是一头奇怪而充满好奇心的野兽：不管人们多么憎恨不可预知的东西，他们仍然宁可相信不符合自然定律的现象，也不愿意接受自己受骗的可能性。被一些混杂着可信和不可信成分的神秘事件吸引，也许是人类的宿命，但它们不应该占据我们的理性。不管其他人怎么说，乔治只是固执地重复着同一个要求："具有确定性的实验证据在哪里？"任何其他东西都不能令乔治满意。[14]

准备工作已经就绪，负责执行这一挑战的关键人物是著名魔术师约翰·斯卡耐，他的本名是奥兰多·卡梅罗·萨卡那琪亚。很多年前，他在新泽西州的费尔维尤市从一个骗子那儿学会了三牌赌的把戏。如今，他已经成为美国最著名的魔术师，也是赌博方面的权威专家，他的身家远超普通百万富翁的许多倍。斯卡耐的招牌魔术"斯卡耐的A"和"三重巧合"都非常引人注目，精彩绝伦。当然，斯卡耐十分乐意参与乔治发起的挑战。事实上，斯卡耐甚至愿意出钱邀请专门揭穿骗术的阿根廷专家里卡多·穆索从布宜诺斯艾利斯飞来参加这次活动。[15]

这正是一个摸不着门道的门外汉最渴望的万众瞩目的时刻。一开始是曼哈顿计划的大人物们，接着是贝尔实验室的巴丁和肖克利，现在又来了布里奇曼和乔治的偶像克劳德·香农（乔治曾经给克劳德·香农写信，询问后者对《科学与超自然》这篇文章的看法。香农回信称："如果真的存在超感觉现象，它将'颠覆一切'。"），[16]还有奥尔德斯·赫胥黎、厄普顿·辛克莱、阿尔伯特·爱因斯坦……他的名字如今能跟这些大人物的名字同时出现，这次"决定性的实验"一定会让他一举成名。

但是，这次"决定性的实验"并未真正发生。首先，里卡多·穆索从阿根廷寄来的热情洋溢的回信出现了翻译问题。其次，乔治还有一篇关于叶啉的论文需要完成。再次，乔治需要面对巨大的疲惫感。最后，他还有朱莉亚和孩子们的问题需要解决。在写给阿尔的信中，乔治写道：“我只能告诉你，我起床跑（?）了5英里，去年春天我做了140个挺举。对了，还有一件事是，1月20日我离婚了。”[17]这次决定性的实验还没有发生，就已经失败了，罪魁祸首也许是离婚所需支付的赡养费，也许是人的惰性和惯性，也许巴别塔本就是一个永远不可能实现的美梦。事实上，乔治给出的所有理由都只是借口罢了。在乔治的人生中，他做过许多事，却几乎没有一件能善始善终。关于这一点，乔治自己也心知肚明。而此刻，乔治的心又一次飞到了别处。

• • •

1952年11月，美国用一枚氢弹摧毁了太平洋上的一个岛屿。仅仅9个月后，苏联就在中亚的一片沙漠中完成了类似的核试验。此时美国中央情报局的特工人数已经达到了3年前的10倍，美国政府的秘密活动预算也从470万美元上升到8 200万美元。1954年春天，艾森豪威尔总统说出了如下的隐喻：“当你将一排多米诺骨牌摆好，你只需推倒第一块……最后一块很快也会倒下。”在冷战的铁幕下，美苏两国都想将尚未站队的其他国家拉入自己的阵营，这场激烈的斗争进入了白热化阶段。乔治·普莱斯已经为拯救现代科学做出了他的贡献，现在，在他位于明尼阿波利斯第六街西南的狭小公寓中，乔治又开始酝酿他的下一个计划，一个拯救世界的计划。[18]

这个计划始于经济学。乔治一直在思考一个问题：共产主义是不是由贫困催生的？这是当时许多人的主张。乔治在对不同国家进行大量研究后发现，各国的人均收入和该国对共产主义制度的同情程度之间并不存在负相关关系，所以上述观点似乎没有什么道理。乔治认为，共产主义并不是由贫困催生的。虽然已有的研究表明，贫困和民众的不幸福程度之间的相关性较弱，但乔治认为，如果可以用某种方法更好地度量这两个指标，就有可能更好地定义民众的不幸福指数和共产主义之间的关系。乔治认为，美国需要把这个真理告诉全世界，尤其是在美苏两国之间犹豫不决的“多米诺”国家。[19]

虽然乔治完全没有受过经济学方面的教育，但他丝毫不掩饰自己的自信。在这种自信心的驱动下，乔治针对上述问题写了一篇论文，并将它投稿给《科学》杂志。在这篇论文中，乔治·普莱斯对一位名叫乔治·奥尔特曼的经济学家的马克思主义经济学理论进行了猛烈的抨击，而这篇论文竟奇迹般地被《科学》杂志刊登了。奥尔特曼的观点是，由于市场的兴衰是由“生产能力”的固定规律决定的，所以政府必须对经济活动进行干预和控制；因此，唯一符合经济规律的社会制度就是社会主义制度。而普莱斯不同意奥尔特曼的观点，他指出：“认为经济周期的问题仅仅是由‘资本过剩’和‘资本不足’导致的，就好比只用炼金术中的4个元素来解释所有化学现象一样可笑。”普莱斯向来能够很快地理解各种复杂的事物，这次他又用他那灵活的头脑逐步分析和驳斥了奥尔特曼的计算和分析。普莱斯认为，经济的繁荣和衰退并非因为投资水平超过或低于某个“与生产能力对应的资本水平”。事实上，他认为“与生产能力对应的资本水平”根本就是一个假想出来的概念，是根据马尔萨斯的“自然生态法则”生造出来的概念。普莱斯认为，在一个自由经济体中，经济的繁荣和衰退永远是由众多企业家的决策共同决定的，而且，企业家是根据他们对盈利或亏损的预期做出决策的。此外，普莱斯还认为，企业家对盈利或亏损的预期是由许多因素共同决定的，既包括复杂的数学模型，也包括“来自灵魂世界的信息”。对于后一点，普莱斯再熟悉不过了。由于经济活动如此复杂，任何一种仅研究单一因素的数学模型都必定毫无价值。普莱斯认为，现在人类急需用一套新工具来解决上述问题。然而，经济学目前仍处在相对初级的发展阶段，自然科学则早已脱离了这个阶段。因此，普莱斯认为，人类应该尝试用自然科学的方法去解决经济学问题，这是一个值得考虑的研究方向，并且很有可能取得令人满意的成果。也许，有某种更深层次的自然定律能够解释人类的行为。在这篇论文中，普莱斯以一种十分神秘的语气写道："也许，如今时机已经成熟，我们将会迎来另一位玻意耳，他将写出《怀疑的经济学家》。①"[20]

乔治·普莱斯所说的另一位"玻意耳"会不会就是他自己呢？

在发表了这篇文章以后，普莱斯开始执行计划的第二部分：研究和发展。要想赢得冷战，仅靠掌握更先进的经济系统显然不够，对于人性的更深刻的理解也不一定能帮助美国赢得冷战。除了以上这些能力以外，美国还需要更加先进的技术，也就是能够帮助美国更快更好地生产产品的技术。这种技术究竟是什么？在发表于《财富》杂志上的《如何加快发明的进程》一文中，乔治给出了他的答案。

乔治称之为"设计机器"。当然，工业界需要制定"最优策略"，设定"几乎不可能达到的高目标"，还需要给工程师更吸引人的金钱奖励。但是，解决生产问题的真正核心是普莱斯提出的这种设计机器。这种机器能够自动完成制图部门和模型制造车间的各项数学和机械操作，将给美国工业界带来革命性变革。这种机器的工作原理非常简单：

> 先要有一名工程师来描述某个机械部件的形状，他可以通过按键和操作摇杆将这些信息快速输入设计机器。然后，这台机器将上述信

① 化学家罗伯特·玻意耳的著作《怀疑的化学家》是化学从炼金术向科学演变的重要里程碑。——译者注

息转化成它自己的数学语言。几秒钟以后，这台机器就能显示出该部件的立体图像，操作者可以从任意角度看到这个部件的设计细节。或者，几分钟以后，这台机器就能用金属材料自动生产出该机械部件。[21]

这种机器系统可以处理由存储在电脑中的数学方程构建出来的模型，而当时尚不存在任何能够对模型进行这类处理的系统。如果能在美国范围内推广这样的系统，它将成为能够储存所有设计信息和工程信息的数据库，并且人们随时可以对数据库中的信息进行编程处理。虽然乔治提出的这套系统是为了机械设计的目的，但人们不难想到，类似的系统同样适用于电子设计和化学设计。乔治终于想出了一个能让教过他的史岱文森高中的老师备感骄傲的点子。

然而，在看了这个提案以后，一位著名的电脑专家却持怀疑态度。为了回应这名专家的疑虑，乔治迅速写出了一份以单倍行距排版、长达75页的备忘录。在这份备忘录中，乔治详细解释了如何将一台IBM 704电脑整合到设计机器中，如何向这种设计机器描述复杂部件的细节，以及这种设计机器展示部件图像的方式——三维立体成像。这份备忘录出炉以后，原本持怀疑态度的电脑专家让步了，IBM公司（国际商业机器公司）的其他专家也做出了让步。乔治相信，这样的设计机器不仅可以实现，而且可以在3~5年以不到500万美元的成本实现。毕竟，美国花了8年才完成B–52轰炸机的研发流程，而苏联仅用了4年就研发出他们的野牛轰炸机。乔治写道："美国的技术进步速度不只是一个学术问题。"时间是一切问题的关键。从广义上说，美国的技术进步速度决定了"整个非共产主义世界的最终命运"。[22]

面对世界局势的变化，乔治变得越发紧张。苏联刚刚发射了斯普特尼克2号，并且在莫斯科举行了庆祝布尔什维克革命胜利40周年的盛大活动。在阅兵式上，接受检阅的不仅有军队，还有他们制造出来的先进机器，苏联正在快速追赶美国的步伐。在《生命》杂志上，乔治发表了一篇措辞强烈的文章，题目是《为什么我们应该感到恐慌》。乔治在这篇文章中指出，如果美国不及早醒悟并认清苏联的威胁，那么美国将在1975年之前成为苏维埃社会主义共和国联盟的一员。乔治甚至在这篇文章中极为详细地描述了美国成为苏联成员国的精确步骤，他将美国比作安徒生童话中的庸人，“他们站在那里，看着他们的皇帝裸体走过街道，还交口称赞皇帝的衣服有多么华美”。乔治认为，当时的美国就像古代的巴比伦、巴格达、君士坦丁堡和罗马，这些富足、骄傲、奢华的国家沉醉于沾沾自喜的自信和危险的自大之中，完全没有意识到“它们的野蛮对手”将给它们带来灭顶之灾，因为这些对手“虽然补给不足、衣衫褴褛，却有着高昂的士气和极强的征服欲望”。[23]

乔治的这篇文章和贝尔电话公司的广告“电话发展的7个阶段”刊登在相邻页面上。贝尔电话公司的广告占了整整一页，其中一张图片是一位笑容满面的母亲拿着电话听筒放在一个金发婴儿的耳边，旁边配有“你好，爸爸”的文案。还有一张图片是一个穿着格子短裙、衣服上戴着校队奖章的“活力少女”坐在沙发上打电话，下面的文案是：“女孩可以和女孩说话，男孩也可以和女孩说话，当她回答‘我很愿意去’的时候，就有了两颗快乐的心。”在以“新婚燕尔”为主题的第三张图片上，一位长着深色头发的女子坐在椅子上打电话，她的丈夫满脸宠爱地看着她，广告文案是：“两个眼中写满了幸福与希望的年轻人即将展开新的生活，电话不仅在他们恋爱的过程中扮演了重要角色，也能在筹备婚礼的过程中助他们一臂之力。”

而与此同时，乔治却在他的文章中愤慨地大声疾呼：“美国人究竟还想要什么？是一辆凯迪拉克汽车？一台彩色电视机？更低的个人所得税？还是自由生活的权力？美国人想要的究竟是奢华的生活，还是自由的生活？是职业棒球赛，还是诺贝尔奖？谁又将扮演富兰克林或者汉密尔顿的角色？乐观的说辞似乎让人感觉良好，但实际上只会让人们更加迷惑。如果美国不能马上将国防预算加倍，我们过不了多久就会成为苏联的一个省份。”[24]

· · ·

在关于科学的基础的辩论中，名不见经传的乔治·普莱斯突然空降在这场争论的舞台中心。接着，他又卷入了关于世界经济学的争论，警告美国人民灾难就在眼前。这个34岁的明尼苏达人留着小平头，戴着边缘清晰的钢架眼镜，打着领结，总是微微地噘着嘴。虽然没有人知道他是谁，但这样的形象可以说非常与众不同。不管你怎么评价乔治·普莱斯，你必须承认他确实发出了自己的声音，并且产生了不小的反响。

然而，在乔治的五花八门的行动中，仿佛隐藏着一种奇怪的双重意味。他的动机既像对美国利益和世界命运的真诚担忧，又像以自我为中心的炫耀性表演。普莱斯究竟是一个怎样的人？是一个傲慢的化学家，一位清醒的经济学家，一位不安的工程师，还是一名预言家？不知道为什么，他同时拥有所有这些身份，但这些身份又统统不能代表真正的他。

不管乔治·普莱斯的行动背后真正的动机是利他主义、爱国主义，还是疯狂的自我推销，人们确实开始注意到他的存在。在《明尼阿波利斯星期日论坛报》用一个对开页报道了乔治发明的“设计机器”后，明尼苏达州的参议员休伯特·汉弗莱专门写信告诉乔治：“我们为你感到骄傲。”这是一个乔治迫切需要的鼓励，此时的他供养着两间公寓、两辆车、两部电话，还雇用了两名律师。外面依然天寒地冻，乔治没有遇见其他女人，自然也没有性生活。他的肩膀问题仍然困扰着他。虽然他仍然领着实验室的薪水，但他已经自称为“前化学家”了。不，在写给阿尔的信中，乔治表示，他之所以还没离开明尼苏达州，并非因为他有着异于常人的“受虐倾向”，而是因为他不愿意继续以化学家的身份工作，但其他人又不愿意雇用他去当“物理学家、经济学家、作家，或者从事其他未受过专业训练的工作”。[25]

最终，乔治于1957年辞去了实验室的工作。就这样，乔治抛弃了他原本拥有的一切：叶啉、施瓦茨博士、一份稳定的薪水，还有他的两个女儿。此时，乔治的两个女儿已经随她们的母亲搬去了马凯特。乔治即将搬去纽约州金斯顿，在那里，他将成为一位基层的外包技术“评审员”。他的新雇主是史蒂文斯工程公司，他的新工作是评审IBM电脑的说明书。

许多人觉得乔治的这种行为无异于自毁前程，但乔治却完全不理会他们的看法。不管其他人相不相信他对现实的判断，他却深信自己很快就会改变命运。虽然他还未找到一份非常重要的工作，但前方的道路看起来充满希望。IBM公司总部位于纽约市麦迪逊大道590号，从那里传来了一个消息，一位名叫伊曼纽尔·皮奥里的高层人士对乔治的“设计机器”表示出兴趣。皮奥里是一位来自立陶宛的移民，他担任过美国海军的高层科学家，获得过杰出平民服务奖，还参加过艾森豪威尔总统的科学顾问委员会。现在，作为IBM公司研究部门的主管，皮奥里正带领IBM公司走进数字电脑时代。皮奥里给乔治写信，询问他是否愿意来IBM纽约总部，讨论一下他的一些研究理念。[26]

乔治和皮奥里的会面被安排在1957年7月15日。会面的前一天，乔治的一位前女友突然现身于乔治居住的城市。她名叫安妮，在和朱莉亚分手期间，乔治曾与安妮有过一段恋情。安妮来自美国中西部，和朱莉亚一样也是一名罗马天主教教徒。在感染脊髓灰质炎之前，乔治曾认真考虑要和安妮结婚，但安妮却为了另一个男人和乔治分手了。如今，安妮非常明确地表示愿意再度和乔治交往。虽然乔治仍然对安妮的情史感到嫉妒，但他表示会认真考虑安妮的提议。

第二天，在IBM总部的23楼，乔治走进了一间豪华的办公室，坐在一个驼色的大沙发上。皮奥里微笑着告诉乔治，对IBM公司而言，目前要制造乔治的“设计机器”，时机尚不成熟。但皮奥里又说，如果乔治有兴趣，公司欢迎他来研发部门继续研究这个富有想象力的构想。对一位外包技术评审员而言，这显然是一项条件非常优厚的邀请了，而对IBM公司研发部门的主管来说，这也是一项十分重大的决定。但皮奥里不知道的是，此时的乔治已经在纽约中城雇用了一名收费昂贵的律师，帮他争取“设计机器”的专利权。因此，如果皮奥里不打算研发和制造乔治的设计机器，那么乔治根本不会接受他的邀请。毕竟，一旦加入IBM公司，乔治就不能再为自己的发明申请私人专利了，对他来说，这项决定可能关乎数百万美元的收入。于是，这场会面以友好的握手结束，却没有取得任何实质性结果。离开皮奥里的办公室后，乔治急匆匆赶去机场，因为他即将乘飞机去波多黎各度假，这是他人生中第一次离开美国本土。[27]

一个星期之后，乔治到火车站接回了他的两个女儿。此前，安娜玛丽和凯瑟琳跟着她们的妈妈住在密歇根州的沃什特诺县。因为生活的挫败，朱莉亚“从来都看不见周围的美好”。朱莉亚认为她和乔治的婚姻是一件非常不幸的事情。如果没有跟乔治结婚，她本来可以拥有非常光明的前途：她在曼哈顿计划的团队中工作，并且即将从医学院毕业；但因为与乔治结婚，如今她只是一个教小学三年级的老师，她的朋友也都是一些沉闷无聊的老师。如今，当这些人来家里喝咖啡、吃曲奇饼时，朱莉亚要求两个女儿必须态度礼貌、轻声细语。此外，不管在任何情况下，都不允许提起她们的爸爸。当安娜玛丽和凯瑟琳拒绝跟妈妈一起去教堂时，朱莉亚会抑制不住大发脾气，并大声叫着：“爸爸离开我们完全是因为你们俩太坏了。”比以上这些更糟糕的是伊迪丝阿姨做的难以下咽的晚餐，餐后甜点是难吃的炖李子。总之，安娜玛丽和凯瑟琳的生活远谈不上精彩。[28]

而纽约城里的生活与伊普斯兰迪截然不同，这里的一切新奇有趣，与沉闷无聊的日常生活正好相反。乔治带着两个女儿见识了外面广大的世界。这里的生活无拘无束、无忧无虑，他们一起吃热狗、冰激凌，看自由女神像和尼亚加拉大瀑布，听尊尼与乔爆红的单曲《翻过山，越过海》。除此之外，还有尤·伯连纳领衔主演的百老汇歌舞剧《国王与我》。在这个星期结束时，乔治在中央车站挥手告别了两个坐火车离开的女儿。在缓缓驶离中央车站的火车上，9岁的安娜玛丽和8岁的凯瑟琳只顾着哭泣，她们根本不知道，在以后的日子里，像这样和父亲共度一周的机会将越来越少。

乔治的心中考虑着一件事情：要不要在那个星期向安妮求婚。由于IBM公司正在消减外包业务的数量，乔治收到了来自史蒂文斯工程公司的解雇通知。根据这份通知，乔治最晚必须在星期五前清空他的办公室。与此同时，位于第五大道551号的威廉·R. 利伯曼律师事务所的专利、商标与版权分部也给乔治寄来了一封信。这封信说，如果乔治想为设计机器申请专利，必须在11月之前提交申请，因为到了11月，刊登在《财富》杂志上的那篇报道就会进入公众视野。此刻的乔治根本没有钱支付专利申请的费用，也没有任何东西可供抵押，他越来越意识到他的设计机器其实已经没有获得个人专利权的希望了。恐惧和焦虑让乔治陷入了狂乱的状态，他写信给皮奥里，询问现在接受IBM公司的工作邀请是否来得及。然而，当时皮奥里恰好在外度假，暂时接替皮奥里工作的人对这位刚被公司解雇的外包技术评审员毫无兴趣，毕竟他连乔治的名字都没有听说过。乔治已经打定主意要与安妮结婚，然而，此时的他不仅失业，而且债务缠身；安妮则回到美国中西部，居无定所。要是在和皮奥里见面的前一天向安妮求婚就好了，那样的话，他一定会立刻接受IBM公司主管给他的工作机会。后来，乔治声称，他之后的所有沉沦都始于命中注定的那一天——1957年7月15日。[29]

约翰·梅纳德·史密斯（1920—2004）

威廉·汉密尔顿（1936—2000）

## 第 7 章

# 寻找最后的答案

J. B. S. 霍尔丹躺在伦敦一家医院的病床上。医生说，他患上了直肠癌。为了接受最好的治疗，霍尔丹从印度回到英国，然而他那贴在印度纱丽中的“自我讣告”看起来实在不是个好兆头。霍尔丹即将离开这个世界，这一点他心里很清楚。与此同时，霍尔丹派他的学生约翰·梅纳德·史密斯去书店找点儿他可以阅读的书籍。[1]

对梅纳德来说，看到自己的导师处于这样的状态是一件相当痛苦的事情。梅纳德1920年生于伦敦的温坡街，对他而言，童年是一段孤独的记忆。他的父亲曾经是一名军医，在梅纳德8岁那年，性情淡漠的父亲去世了。而梅纳德的母亲对他并不关心，除了舒适的物质生活以外，他几乎无法从母亲那里得到安慰。梅纳德和他的母亲冬天住在伯克郡，夏天住在埃克斯穆尔，因为他的母亲出身于爱丁堡一个富裕的股票经纪人家庭，他们才能负担得起这样的生活。童年时期的梅纳德常常连续几个小时观察乡村地区的鸟类，这使他成为一个热爱自然也喜爱独处的人。

在伊顿公学上学期间梅纳德从别人口中听说，有一位毕业生背叛了自己的阶级和宗教。因为离经叛道的行为，这位毕业生成了梅纳德的某些老师十分仇恨的对象。虽然在伊顿公学中存在着许多令人不快的特权与偏见，但必须承认的是，伊顿公学的图书馆中仍包含J. B. S. 霍尔丹的著作。梅纳德借阅了这些书，并且被书中的内容深深吸引。梅纳德认为，霍尔丹的著作融合了无神论与理性，他说“绝不要让自己仅仅沉迷于一种看似深刻而实际却语焉不详的迷雾中”。梅纳德的政治信仰当然也受到了科学信仰的影响：在赢得了学校的一次奖励以后，梅纳德选择的奖品正是马克思的《资本论》。痴迷数学的梅纳德很快就接受了“世界上没有上帝”的信念。当时，梅纳德的理想是成为一个“解决问题的人”和一名社会主义者。虽然梅纳德的外祖父希望外孙日后能够加入家族经营的股票经纪公司，但梅纳德却选择去剑桥三一学院工程系就读，并于1939年加入了共产党。[2]

战争期间，梅纳德在雷丁附近的麦尔斯飞机制造公司负责做压力方面的计算。战争结束以后，他决定改变自己的生活方式。由于视力不好，梅纳德永远不可能亲自驾驶他设计的飞机，所以他对飞机从未有过真正的热爱。至于政治，那是梅纳德的选择之一——科学和政治是他尚可接受的两种选择。然而，也许一个人的心灵无法有两个归处。当然，更重要的是，一个人的头脑无法同时应付两件事。由于理论物理难度太高，化学又太无聊，梅纳德最终选择了生物和他从小就非常热爱的自然。1947年10月，梅纳德发现他的偶像霍尔丹在伦敦大学学院当遗传学教授，于是他立即申请去伦敦大学学院就读。在申请信的开头，梅纳德这样写道：

> 亲爱的同志，
>
> 我主要对进化和遗传学感兴趣，我的才华和优势是具备较高的数学能力。我过去的经历已表明我具备做一名工程师的能力，但我在工程方面的能力主要表现为用数学的语言来诠释物理问题。我读过赫胥黎的《进化：现代综合论》，在我看来，用数学方法研究自然选择、物种起源等问题，似乎是一个很有前途的领域。[3]

也许是因为霍尔丹那天心情很好，也许是因为他确实觉得梅纳德是一个有才华和前途光明的年轻人，霍尔丹很快就给梅纳德寄去了录取信。事实证明，这是一个明智的决定：梅纳德在担任飞机工程师的过程中学会了如何利用模型和模型附加的各种必要假设。进行理论计算时，工程师往往会假设气流是不可压缩的。虽然充气轮胎和充气救生衣的存在可以很容易地证明这种假设并不成立，但既然皇家空军的战斗机确实能够飞上天，那么这种简化后的假设显然也是有价值的。[4]当然，霍尔丹明白上述道理，从他踏进生物圈的那一天开始，他便知道简化假设的重要性。

梅纳德·史密斯走进书店。请不要死去，他想，至少现在不能死。

• • •

梅纳德在迪利恩书店买了一本又大又厚的书《与社会行为有关的动物分布》(*Animal Dispersion in Relation to Social Behaviour*)。这本书的作者名叫韦罗·科普·温–爱德华。韦罗的父亲曾是利兹文理学校的校长，退休后成为约克平原上风景如画的乡村教区——柯克兰教区的牧师。韦罗的童年是追着奔宁山上的兔子度过的。他那些打橄榄球的伙伴叫他“温”，韦罗还记得他和这群小伙伴一起“采集植物，捕捉鳞翅目动物，寻找鸟巢，在本地的水泥坑里寻觅动物化石，在池塘里捉水生动物，在中世纪教堂的墙上画‘壁刻日晷’，在沃特林街上的罗马营中‘挖掘’陶器”的美好时光。[5] 1924年，韦罗来到牛津大学后便立即投入了动物学方面的学习。韦罗的老师都是一些大名鼎鼎的人物：比较解剖学专家E. S. 古德里奇，实验胚胎学专家加尔文·德比尔，遗传学专家E. B. 福特，普通动物学专家朱利安·赫胥黎，生态学专家查尔斯·埃尔顿。1925年，当赫胥黎离开牛津大学前往伦敦大学国王学院时，埃尔顿对他产生了很大的影响。如今，埃尔顿在牛津大学附近的巴格利森林中有计划地捕捉田鼠和林区鼠，以便研究这两种动物的种群动力学原理。埃尔顿想知道，野生动物的种群规模是否随时间呈周期性变化？如果确实是这样，那么导致这种变化的原因又是什么？[6]

埃尔顿的调查显示，动物的种群规模确实会随时间变化，但他始终没有找出其背后的原因。动物种群规模的周期性变化究竟是什么因素导致的，是天气、食物来源、季节性迁徙，还是捕食者和被捕食者之间的周期变化关系？似乎没有人知道这个问题的答案。大约就在这个时候，埃尔顿送给温-爱德华一本书——《人口问题》(*The Population Problem*)。该书写于1922年，作者是赫胥黎曾经的学生亚历山大·卡尔-桑德斯。卡尔-桑德斯后来成为伦敦政治经济学院院长，并因为在公共服务方面的贡献而获得了爵位。在《人口问题》一书中，卡尔-桑德斯提出了关于人口问题的革命性学说。和马尔萨斯的理论不同，卡尔-桑德斯认为人类的存续并不需要灾难的介入，即使没有传染病、战争、饥荒，或者其他任何形式的“自然修正”，世界所能承受的人口数目和实际的人口数目之间也能达到完美的平衡。当资源充足时，人们就会生育更多子孙；而当资源匮乏时，人们就会减少生育。通过这样的机制，人类可以完美地适应周围的环境，因此人类既不是上述因素的奴隶，也不是地球的牺牲者。进化教会了人类许多东西，能成功存活至现代社会的原始部落早就已经学会了控制人口。所以，人口的密度始终都能保持在最优水平上。[7]

40年后，当温-爱德华撰写那本梅纳德·史密斯买给濒死的霍尔丹的书时，他恍然大悟。温-爱德华是阿伯丁大学的一位教授，这位英格兰人半辈子都住在苏格兰地区。和克鲁泡特金一样，温-爱德华去过北极考察，并且发现那里严酷的自然环境让动物产生了合作行为。[8]这段经历使温-爱德华相信，如果自然中真的存在斗争，那么斗争的对象应该是动物所处的自然环境，并且动物已经发展出不同的社会机制与自然环境做斗争。早在1937年，温-爱德华就在巴芬岛的海岸线上观察到了这样的现象：在管鼻鹱的繁殖区域中，只有1/3~2/5的管鼻鹱会发生交配行为，其他管鼻鹱则会离开繁殖区域，然后死去。[9]这种防止过度繁殖的机制是多么精妙啊！更加精妙的是，每到繁殖季节，管鼻鹱会齐声高歌，于是没有计算器的管鼻鹱就可以根据歌声估计鸟群的规模和资源的数量，并根据这些信息进行繁殖。经过多年的思考，1962年，温-爱德华终于在写字台前坐下，打算就上述现象写一本书。温-爱德华的理论深受卡尔-桑德斯的启发：和原始人类一样，鸟儿也会控制种群的数量。[10]

有些人认为，温-爱德华的上述理论打了达尔文主义一记响亮的耳光。也许人类懂得生育控制，难道鸟也有这样的能力吗？繁殖是一种难以控制的自然冲动，显然鸟类简单的头脑根本不可能与这种强大的冲动相抗衡，而繁殖的冲动才是实现适者生存的仲裁者。20世纪30年代，朱利安·赫胥黎曾经派他的另一位学生去热带地区研究达尔文研究过的达尔文雀。在进行上述考察的过程中，戴维·拉克发现，虽然竞争食物的现象普遍存在，但在地理上隔绝的达尔文雀种群之间存在微小的差异，可能有助于减轻不同种群对食物的竞争。[11]每一个达尔文雀种群都专注于某一特定区域内的某种食物，这种机制完美地降低了不同种群之间的竞争。就这样，各个达尔文雀种群之间逐渐产生了基因上的区别，并进化成不同的物种。换句话说，自然花费了大量精力来避免冲突的产生。为了减少物种之间的竞争，自然甚至不惜创造出新的物种。然而，和竞争的力量同样强大的是繁殖的本能，我们甚至可以认为，繁殖的本能比竞争的力量更强大，因为这是一种比竞争更加本质的冲动。每一个生物个体的目标都是使自己的适应性最大化，并且产生尽可能多的后代。有些人认为，“鸟类具有利他主义精神，并且愿意为了整个种群的利益减少自身的繁殖数量”，但这种想法显然是没有道理的。[12]

当然只有一种例外，即自然选择不是作用于生物个体，而是作用于整个种群。这正是温–爱德华的观点。温–爱德华综合了休厄尔·赖特的“群体选择”模型、威廉·莫顿·惠勒的“超级有机体理论”、阿尔弗雷德·埃默森的稳态理论和沃德·克莱德·阿利的鸡群等级制度学说，提出了一套主张集体主义的非数学理论体系。温–爱德华的理论认为，虽然个体很重要，但它们毕竟只是种群的一部分。如果个体的生理行为与“整个种群甚至整个物种的生存和存续”产生了冲突，那么群体选择一定会成为最终的胜利者，而这场斗争的结果则是生物个体的繁殖活动受到了限制。上述机制与捕鱼的机制非常类似。如果村里的每一位渔夫都拼命撒网，去捕捞更多的鱼，那么人们很快就会发现他们的“捕鱼量不断减少”。然而，如果全村的人能够达成共识，把整个村子的捕鱼总量最大化作为目标，就能取得更加令人高兴的结果：海里的食物来源不会因过度捕捞而枯竭。[13]管鼻鹱（红松鸡和许多其他鸟类的情况也与管鼻鹱类似）与自然的关系就相当于渔夫和鱼的关系。为了避免耗尽有限的资源，可以通过社会规范来限制种群数量，这样的管理机制符合整个种群的利益。[14]

温–爱德华相信，他正走在一条巨人走过的道路上。达尔文曾经把马尔萨斯关于人类的理论推广到自然界，温–爱德华则要把卡尔–桑德斯关于人类的理论推广到自然界。为了解释自然选择的机制，达尔文曾使用人工选择的例子作为类比，而现在温–爱德华则用人类捕鱼的例子解释动物种群对种群规模的控制。但是，达尔文也曾写下这样一段话：

> 不论后代和亲代之间的每一处细微差异究竟是什么原因造成的——每一处差异都必然有其产生的原因——我们都有理由相信，正是因为这些对个体有利的差异能够通过自然选择的机制稳步积累，物种才会出现构造上的更多变化。通过这些变化，地球上的大量生物之间可以互相竞争，其结果正是适者生存。[15]

温–爱德华感到，通过许多学者长达一个多世纪的研究与探索，他终于理解了就连伟大的进化学导师达尔文都未能理解的真理：生物对环境的适应性是以种群的整体利益为目标的，而不是以生物个体的利益为目标。

在医院的病床上，霍尔丹在临终前笑着对他的学生梅纳德·史密斯说道："史密斯，你知道这本书讲的是什么吗？"接着，霍尔丹以他一贯的俏皮口吻，对这本书的内容做了如下总结：

> 好吧，这本书相当于说，那儿有一群黑色的雄松鸡。你看，所有雄松鸡都在趾高气扬地走来走去。每过一段时间，就有一只雌松鸡出现，然后，其中一只雄松鸡就会和这只雌松鸡交配。每只雄松鸡都带着一根棍子，每和雌松鸡交配一次，就在棍子上做一个记号。当它们的棍子上有了12个记号以后，假如又有一只雌松鸡向它走来，这只雄松鸡就会对它说："不行啊女士，数量到了，不能再做了。"[16]

很快，事实就变得显而易见：即使是世界上最好的药，也无法挽救霍尔丹的生命。认识到这一点后，霍尔丹回到了印度，并于1964年12月1日离开了这个世界。虽然关于群体利益的生物学理论并没有说服霍尔丹，但霍尔丹至死都是一名坚定的马克思主义者。

· · ·

然而，梅纳德·史密斯却不像他的老师那样固执。李森科的恶行、大清洗的暴行和1956年秋天苏联干预匈牙利的事件，逐步让他对共产主义产生了怀疑。虽然梅纳德并没有放弃共产主义的信仰，但他脱离了组织，并把越来越多的精力花在研究进化和自然上。然而，要用一个模型来解释进化和自然并不是一件易事：“假如霍尔丹还在，会有什么理由从事理论研究呢？”[17]一开始，梅纳德在果蝇的遗传学问题上停滞不前。但当1957年霍尔丹搬去印度以后，梅纳德渐渐积累了在学术方面的自信。他已经做好了准备，自己动手解决进化问题。

在把温-爱德华的书拿给霍尔丹之前，梅纳德没有读过这本书。现在，梅纳德决定好好地读一读。学术界对这本书的评价毁誉参半。戴维·拉克对它恨之入骨，温-爱德华挚爱的导师埃尔顿也不喜欢它，他认为这本书“过于狂热”，“写得也不清不楚”。[18]然而，也有许多学者认为这本书中的“自然平衡”概念很有说服力，并且是一个关乎人类的重要概念。温-爱德华支持后一种声音。那年夏天，他为《科学美国人》杂志撰写了一篇文章。在开头处他写道：“人类物种数量的增长速度已经显著背离了其他动物物种数量的增长速度。”[19]在整个自然界中，只有人类种群的规模从长期来看呈现出上升趋势。这是一个值得关注的警告：不管人类自认为有多么高贵和聪慧，但和管鼻鹱及红松鸡相比，人的社会技能堪称低下。现代的个人自由主义精神显然践踏了原始社会的稳态智慧。

和达尔文一样，温-爱德华也试图缩小动物和人类之间的距离。《泰晤士报文学副刊》的一位匿名评论员指出，温-爱德华已经令人信服地证明“社会生活并不是人类独有的行为，而是一种广泛存在的生物现象的最高形式”。[20]目前的问题是，人类的社会生活与动物的社会生活越来越不同。《国家》杂志的一位评论员焦虑地指出，一个显而易见的事实是：

> 在温-爱德华提出的证据中，我们可以看到以下现象：父母和子女之间关系的瓦解；男性和女性之间关系的日益疏离；人们不再长期生活在一个地方，而是经常迁徙；女性不愿再充当生育机器，男性也不愿意仅仅扮演为生计奔波的角色；家庭规模缩小；离婚；抛弃家

庭；少数族裔人群逃离“贫民窟”；精英阶层试图抵制侵入他们领地的其他人；同性恋行为和神经质现象增多；酗酒与吸毒。比上述情况更加严重的是，温-爱德华提供的证据显示，对社会压力最敏感的族群——年轻人越来越诉诸暴力，尤其是无意义和毫无益处的暴力行为。温-爱德华指出，这些现象都是一个过于拥挤的社会注定会出现的现象，因此从这些证据中我们可以看到，人类社会确实离过度拥挤的状态越来越近。温-爱德华警告我们，虽然我们看到星期日高速公路上的车辆拥堵得像嗡嗡飞舞的蚊子或者铺天盖地的蝗虫，但没有人注意到这是一种应该警惕的现象。[21]

梅纳德·史密斯冷静地检视着温-爱德华提供的数据。除了时下流行的对人口爆炸现象的非理性恐慌以外，温-爱德华似乎并没有提出什么令人激动的东西。然而，从理论上说，如果群体选择的机制真的成立，就算不能降低同性恋现象的出现频率或者解决交通拥堵问题，这种机制可能也是进化过程中的一种重要机制。

梅纳德·史密斯思考的是另一个问题：如何解释衰老的现象？他考虑这个问题已经有一段时间了。为什么进化会选中身体机能不断衰退的生物呢？让所有生物都能无限繁殖不是更好吗？19世纪的学术巨匠奥古斯特·魏斯曼也考虑过这个难题。魏斯曼认为，衰老现象之所以存在，是因为这种现象符合集体利益。进化让所有生物老去，是为了给下一代生物提供成长的空间；在资源有限的情况下，这显然是对整个群体最有利的机制。[22]

然而，对梅纳德·史密斯来说，魏斯曼的上述逻辑无法让人信服。在梅纳德看来，衰老现象显然不是为了实现族群更替而出现的慈善机制。毕竟，在自然环境中，几乎很少有动物能活到老年；自然界中的生物能否继续繁殖主要取决于它们能不能生存下去，而不是取决于它们衰老的程度，因为生物存活的时间越久，死亡的概率就越大。如果自然死亡在自然界中是一种罕见现象，自然选择的机制就不可能选中衰老这种生物特质。衰老现象也许不是由群体选择而产生，而是出于遗传学的原因被选中的。如果某个基因既能提高生物体在青年时代的适应性，也会让它们出现衰老的迹象，这些基因就能通过自然选择的筛选，被遗传给下一代。[23]

梅纳德以“基因之眼”的观点来解释进化现象，这是他从霍尔丹那里继承来的做法。也许正是因为梅纳德持有这种观点，《理论生物学期刊》才会把比尔·汉密尔顿写的一篇论文发给梅纳德审阅，在此之前它让另外两名评审者备感困惑。

• • •

膜翅目昆虫有一些不同寻常的社会性行为。在这些行为的启发下，《社会行为的遗传进化》提出了一个原创性观点。在20世纪的大部分时间中，古典群体遗传学理论一直把生物的适应性作为衡量生物繁殖是否成功的标准：一个生物产生的后代越多，就意味着这个生物的适应性越强。然而，对适应性的上述定义会产生一个必然的结论：如果任何降低生物适应性的行为或者产生这类行为的基因都能够稳定地存续下来，那么遗传理论将很难解释这类现象的存在。因为从理论上看，随着时间的流逝，自然选择机制理应履行它的职责——将这类行为淘汰掉。但是，汉密尔顿提出了一种新的观点：如果我们重新定义适应性，让它不仅包括生物自身的适应性，还包括生物的亲属所产生后代的适应性，那么在许多情况下，用达尔文主义的观点来解释利他行为的存在将不再是一个难题。上述理论的关键是用“基因之眼”来看待进化现象，膜翅目昆虫的行为能够清楚地解释其中的原因。

膜翅目昆虫包括叶蜂、黄蜂、蜜蜂和蚂蚁。雌性工蜂（或者工蚁）与其姐妹的亲缘关系，比它们与其后代的亲缘关系更加紧密。这是因为在决定这些昆虫性别的遗传机制中，存在一种独特的遗传现象，即“单倍二倍性”现象。在这类昆虫中，所有雌性都是二倍体，它们由受精卵孵化而成（因此雌性昆虫具有来自父母的两套染色体）；雄性则是由未受精的卵孵化而成的单倍体（也就是说，雄性昆虫没有父亲，它们只有一套来自母亲的染色体）。由于雌性工蜂（或者工蚁）与它们的姐妹共享父亲的所有基因和母亲的一半基因，所以姐妹之间的关系系数 $r = 0.75$。同时，雌性只会把它的一半基因遗传给下一代，因此雌性与其后代之间的关系系数 $r = 0.5$。在这类昆虫中，兄弟与姐妹之间只有一个共同的亲辈，也就是它们的母亲，因此兄弟与姐妹之间的关系系数 $r = 0.25$，仅为正常物种的一半。

上述现象将产生一种奇怪却富有启发性的应用。在上述几种昆虫中，不从事生产的雄蜂（或者雄蚁）并非道德上的懒惰者，而只是一群基因上的机会主义者。它们之所以不从事生产活动而只以交配为生活目标，是因为它们与其后代的亲缘关系是它们与其姐妹的亲缘关系的两倍，因此，花时间帮助姐妹从事生产活动是不划算的。而雌性工蜂（或者工蚁）也和雄蜂（或者雄蚁）一样，进行过非常精明的遗传学计算：它们既不是因为懒惰而逃避交配，也不是因为盲目而选择辛苦的工作。像“姐妹制造机器”[24]一样一心为蜂后（或者蚁后）提供食物和其他生存条件，是它们的最优策略，这种生存方式比产生自己的后代更符合它们的利益。基因的目标是尽一切可能增加它们出现在生物后代身上的可能性，从这个角度看，究竟是通过后代来传递基因，还是通过亲属的后代来传递基因没有任何区别。简言之，在达尔文去世一个世纪以后，“广义适应度”的新概念终于解开了蚂蚁的谜题。[25]

但是，汉密尔顿并没有满足于以上结论。毕竟，膜翅目昆虫只是动物界中的一个特例。经过大量数学演算，汉密尔顿推导出一个非常优雅的方程。它听起来就像一种经济学理论：当捕食者接近时，兔子会通过蹬腿的方式警告同伴，猴子则会通过吼叫来达到相同的目的。虽然动物的利他行为的表现形式千差万别，但所有利他行为都会产生两个方面的影响：一是对做出上述行为的个体产生适应性方面的成本（它们的这些行为可能引起捕食者的注意，从而增加自身被捕食的概率）；二是对受益的个体产生适应性方面的收益（收到警告以后，同伴的生存概率提高，产生更多后代的概率也随之提高）。汉密尔顿的演算得出了这样的结论：如果利他行为的发起者和受益者之间的亲缘关系系数是$r$，那么在任何一种社会情况下，只要利他行为的收益（B）乘以亲缘关系系数$r$后仍大于这种行为的成本（C），产生利他行为的基因就有可能在进化过程中被保存下来。在生物种群中，个体之间的亲缘关系越密切，出现利他行为的概率就越大。也就是说，只要$rB>C$，利他基因就有可能传递下去。达尔文、赫胥黎、费希尔、霍尔丹都曾提出“利他行为只应该在家庭成员之间产生”的观点，但他们的观点都只是基于直觉。有了上述基因公式，汉密尔顿首次成功地为这个观点提供了数学基础。

• • •

砰！

随着一声巨响，他被重重地摔在地上。过了一会儿他才注意到，鲜血正从他的胸部下方渗出，慢慢地浸透了他的衬衫，他受伤的手也在流血。他被锯屑和烟雾包围，空气中弥漫的那种又甜又苦的味道显然来自火药——这一点他绝不会搞错。眼前的烟雾如此浓重，他几乎看不清东西，眩晕的感觉攫住了他。[26]

威廉·唐纳德·汉密尔顿1936年夏天生于埃及尼罗河流域的一个小岛

上。他的父母都是新西兰人，母亲贝蒂娜是一位医生，父亲阿奇博尔德是军队的一名工程师。后来，汉密尔顿的父母觉得军旅生活已没有什么意义，也不对这种生活抱有什么热情，于是他们决定搬到英格兰肯特郡诺斯当斯郊外，把家安在巴杰斯山上的一座农舍中。自此以后，贝蒂娜放弃了行医生涯，把人生的重心放在了家庭生活上。除了贝蒂娜和阿奇博尔德以外，他们的家庭成员还包括贝蒂娜的妹妹玛丽；后来，这个家庭里又增加了4个孩子。阿奇博尔德则做起了桥梁设计的工作。在第二次世界大战中，军队曾用来建造桥梁的“卡伦德–汉密尔顿钢材”，就出自他之手。这种在战争时期帮助坦克通过山沟的钢材，为阿奇博尔德不断增大的家庭带来了稳定的收入。

几天前，比尔（威廉的昵称）从一个兔子洞里挖出了几个装满火药的罐子。阿奇博尔德把这几个危险的罐子藏在一个棚屋里，但事实证明这并没有阻挡住他儿子的好奇心。当比尔用老虎钳夹住装满火药的黄铜弹药筒时，火药爆炸了。比尔用尽最后一丝力气爬回家中，然后就瘫倒在厨房的地板上。当时，比尔只有12岁。他的肺部被榴霰弹片击中，他的三个指尖被炸飞。即便如此，他仍然幸运地活了下来。对危险事物的迷恋是汉密尔顿家族的传统。

阿奇博尔德夫妇把巴杰斯山上的这座农舍命名为“橡树场”，以纪念他们在新西兰的旧居。住在“橡树场”里的人都勤劳务实，并善于修修补补，他们的目标是“尽可能地把橡树场建成一个自给自足的共和国”。假设你在“橡树场”住上一段时间，你就会发现这里的人从来不需要雇用水管工、木匠、焊工或者电工。也许正因如此，你在“橡树场”也无法找到一个像样的房间。比尔晚上睡在餐厅角落里的一张行军床上，当寒冷的冬天过去、春季的夜晚吹着凉爽的风时，他会搬去屋子外面的一个工棚里睡——在农舍周围，有许多这样的工棚。事实上，比尔对睡觉的地方一点儿也不挑剔，不管是在干涸的溪流中，还是在一大块桦树皮下，又或者在一个舒服的兔子洞里，他都能睡得非常香甜。有时候，比尔沉醉于失落世界中的自然冒险，甚至会忘了晚上回家睡觉。比尔觉得在植物和昆虫的陪伴下度过的时光是最快乐的，他喜欢光着脚忘我地在森林小路上行走，“在长满红花苜蓿的原野上追逐纹黄蝶”。汉密尔顿一家人极富独立精神，重视精神生活，从不随意伤感。贝蒂娜对自然历史有着浓厚的兴趣，比尔显然从他母亲身上继承了这种兴趣。[27]

除此之外，年轻的比尔还从父亲身上继承了对数学的兴趣，虽然他当时认为自己在数学方面没有什么天赋。[28]来到剑桥大学以后，比尔决定学习遗传学，因为这个学科可以把他对自然历史和数学的兴趣结合起来。当然这一切都发生在一件事情之后：比尔赢得了某次学校的奖励，他选择达尔文的《物种起源》作为奖品。

比尔的一生似乎都在追寻着费希尔的脚步。不久以后，比尔在剑桥大学的圣约翰学院见到了费希尔。当比尔在费希尔的办公室里亲眼见到这位白发苍苍、穿着拖鞋的学者时，敬畏和紧张的心情令他的手脚颤抖不已。然而，比尔和费希尔的这次会面并没有让两人变得更加亲近，因为费希尔当时的研究兴趣并不在遗传学领域。尽管如此，费希尔的著作《自然选择的遗传理论》仍然对比尔产生了极其重要的影响。比尔后来写道：“对我来说，这本书的重要性相当于我在剑桥大学选修的所有其他本科生课程的总和。”[29]然而，《自然选择的遗传理论》并不在剑桥大学的官方教科书之列。比尔的一位教授承认费希尔是一位非常重要的统计学家，但他同时强烈质疑费希尔在生物学方面没有任何天分。这位教授的观点代表了当时剑桥学术圈的主流看法，“物种的利益高于一切”的学术观点似乎压倒了其他所有声音。另一位剑桥大学教授在他的一本著作的开头写道：“昆虫并不是为它们自己而活，而是将它们的生命都贡献给物种的存续，每个个体都是种群的代表。”这样的看法在当时屡见不鲜。而费希尔的理论则强调，自然选择机制永远只作用于个体层面，当时的学术界完全无视这种观点。事实上，在当时的剑桥大学，甚至连自然选择机制也几乎不受学者尊重。[30]

于是，比尔·汉密尔顿又一次选择走自己的路，就像童年时在树林中玩耍一样，这种精神成了他性格中一个突出的部分。尽管比尔向自己的妹妹玛丽坦承，费希尔的数学推导在相当程度上“超出了我的能力范围”，但他仍然选择一头扎进费希尔的著作中。这本书的每一章，比尔都会花上几个月的时间才读完。他埋头苦读，只为吃透书中的每一个细节。在这本书中，令比尔深受触动的是费希尔对人类文明的优生学观点。在给玛丽的信中比尔写道：“现在我知道它们为什么会走向衰亡了，我也知道应该如何阻止它们。”从费希尔的著作中，比尔汲取了这样的思想：文明的进程依赖于自然选择机制的作用。[31]

比尔认为进化的机制是，自然选择总是作用于个体层面，即让每一个生物的适应性最大化。然而，要树立这种信念，就必须先解决利他行为的问题。达尔文说过，只要有一个关于利他行为的可信记录，就可以摧毁整套进化论。[32]此时的比尔已经了解了费希尔关于“难吃的蝴蝶”的学说，他也了解了霍尔丹对“要不要去救溺水表亲”问题的讨论。但后来比尔回忆说，那时候“有些东西我读过就忘记了”。[33]毕竟，不管费希尔和霍尔丹对进化问题的讨论有多么全面和广泛，他们也只花了几个小节的篇幅来讨论这个问题。而且，这两位科学巨匠都没能用完整的数学模型来解释进化问题，这有些出乎比尔的意料。此外，费希尔和霍尔丹都把进化现象和赢得军事勋章联系在一起，这种做法似乎只能让问题变得更加令人迷惑不解。尽管如此，汉密尔顿仍然认为，决定生物行为的遗传学问题显然是一个与动物、植物以及人类都有关的普遍问题。如果剑桥大学的遗传学家看不到这个显而易见的事实，如果剑桥大学的社会人类学家看不到社会人类学与遗传学之间的关系，他就只能另寻他法了。22岁的比尔·汉密尔顿性格温柔害羞，总是独来独往。他长着一头浓密的乱发和较大的下巴，双手像劳动人民一样粗糙。然而，此时这位外表酷似尼安德特人的年轻人却找到了愿意为之奋斗终生的目标：解决利他行为的进化问题。

汉密尔顿知道，生物对家庭成员的情感与它们对陌生同类的情感截然不同。他童年常去的山上有许多獾，所以那座山被命名为巴杰斯山。巴杰斯山上的獾因为总是凶悍地保护家庭成员而出名，虽然保护亲人的行为风险很大，但在獾类中普遍存在。为什么会出现这样的情况呢？汉密尔顿一边思考这个问题，一边申请教职，他的偶像费希尔以前也是这样做的。然而，爱丁堡大学的马里之家教师培训项目却友善地回信说，汉密尔顿的遗传学学位只够格成为初中教师。遭到这样的冷遇后，汉密尔顿甚至考虑要做一名木匠。

最后，汉密尔顿走进了伦敦大学学院高尔顿遗传学教授莱昂内尔·彭罗斯的办公室。此时，霍尔丹供职于印度统计研究所，住在奥里萨邦的一座象牙塔中。听完比尔的请求，彭罗斯冷淡地回答说：不，我觉得像利他主义这样的道德行为与基因之间没有任何关系。彭罗斯不久前刚刚将《优生学年报》更名为《人类遗传学年报》，人类行为与基因的关系是一个他完全不想讨论的问题。研究利他行为的进化问题只是在浪费时间，更重要的是，这种研究很有可能是有害的。虽然生物形态学可能是一个正统的研究领域，但第三帝国的教训难道还不够惨重吗？[34]

然而，彭罗斯是不是发自内心地相信上述说辞呢？对此汉密尔顿并不确定。当时的环境学家对上述问题的态度确实出现了强烈的反弹，但在汉密尔顿看来，这似乎只是一种缺乏理性依据的政治立场。所以，他怀疑彭罗斯不过是受政治因素的限制而不敢说实话罢了。彭罗斯或许也在盼着这场政治风潮赶快过去，就像《笨拙》杂志上的一幅漫画描绘的那样，一位维多利亚时代的女士十分震惊地对她的同伴说："达尔文先生说我们都是从猿猴进化来的，难道你没有听说吗？""哦，亲爱的——那当然不可能是真的……但如果事实确实如此，就让我们祈祷这个事实不要被大众知道吧！"[35]

当时，研究道德行为的生物学基础就相当于思考"社会不允许人们思考的问题"。在《我的奋斗》和纳粹的"最终解决方案"问世之后，这个议题已经成为全社会的禁忌。在达尔文时代，这方面的讨论因涉及宗教问题而成为敏感话题；而如今，这些问题更是不宜讨论的敏感话题。因为答案不仅关乎民主的前提——"人人平等"的假设是否成立，还触及了种族政治的红色警戒区。尽管如此，彭罗斯仍然认可了汉密尔顿在剑桥大学获得的遗传学学位，并且邀请汉密尔顿来伦敦大学学院从事果蝇遗传学方面的研究；然而，如果汉密尔顿想研究利他行为的进化问题，就只能另谋高就了。幸运的是，伦敦政治经济学院人口统计学系的诺曼·卡里尔教授"似乎完全没有意识到我可能是从刚刚倒下的法西斯主义大树根部发出的一棵阴险的新芽，除了我，没有人敢将'基因'和'行为'这两个词放在同一个句子中"。友好的卡里尔教授虽然不太理解比尔想要研究的项目，但他不仅对比尔的想法进行了鼓励，还帮比尔申请了一份奖学金。[36]

比尔陷入了深深的孤独。当时的他虽然是两所院校的两个不同系别的博士生，但他待在这两所学校的时间都非常少，也没有自己的办公室。不管是在办公楼的走廊上还是在图书馆中，没有人知道他的名字。他当时住在奇西克的一间卧室兼起居室中，他的大部分工作都是在家中独立完成的。有时，太阳终于冲出了云层，比尔就在伦敦西郊的皇家植物园的一条长凳上一边工作，一边与老想吹走他手中纸张的风做斗争。在伦敦大学学院中，彭罗斯似乎总在"悄悄地躲着比尔"，于是态度友善却总是心不在焉的塞德里克·史密斯教授成了学校正式派给比尔的导师。在伦敦政治经济学院，卡里尔教授也不再是比尔的导师，取而代之的是数学能力很强但对生物却一无所知的约翰·哈伊纳尔。比尔孤身一人走在无名的窄桥上。究竟是他看到了别人都没有看到的东西，还是他只是一个喜欢胡思乱想的怪人？比尔无法做出判断，自我怀疑导致他在绝望的边缘摇摇欲坠。

有时，当比尔离开他常去的两家关门时间较晚的图书馆——霍尔本公共图书馆或者参议院图书馆后，又不想回到令人抑郁的住处时，他就会在滑铁卢车站的长凳上稍做停留。至少，候车大厅里等车的人们能给比尔带来些许安慰。而且，当他在那里用铅笔在笔记本上潦草地写出他心中的数学公式时，他似乎觉得自己不那么孤独了。

比尔一次又一次地穿过整个伦敦。他这样做既是为了省钱，也是为了锻炼身体，似乎还为了召唤某种神秘的力量。“在我周围的砖块和灰泥之下，是曾经的沼泽，是曾经分隔这些沼泽的溪流，是溪流背后的石楠……若用一句话来形容，我在寻找这座城市之下的那些原始的基本力量。”

> 就算是街上一位落单的儿童，也不及羊齿蕨那样牵动我的心。比如，有时我会在那条曾经叫弗利特河的河谷中见到羊齿蕨……我还能记起一种名叫千里光的植物，它们开着扁平的星状花朵，鲜艳的黄色仿佛刺穿了我的灵魂。这究竟是一种什么植物？竟然能在条件如此恶劣的悬崖下开花。这种植物究竟是从哪里来的？它的生长习惯是否类似于我以前在肯特原野上常常见到的那种植物？那种植物更加皱缩，生命力也更顽强。朱砂蛾的幼虫身上长着条纹，它们会爬上那种植物，把它们啃成细条。但是，如果伦敦的植物因缺乏光照和井水中铅元素含量过高而长得更疏松、颜色也更绿，为什么它们的花朵反而更大呢？……我只能这样想，这些植物就像我一样，渴望逃离混凝土筑成的幽暗峡谷，回到属于它们的乡村。除了用鲜艳的花朵绝望地向蜜

> 蜂发出信号以外，这些被囚禁于城市的花朵又有什么别的办法呢？那些经过法灵顿街的蜜蜂，在这座城市中也像花朵一样少见，它们同样迷失在这里。不管是花朵还是蜜蜂，都与我有着相似之处。也许，它们这样做是想靠这些鲜艳的花瓣和蜜蜂的帮助产生种子，然后等待一场秋日的风暴带着它们的种子离开这里。[37]

比尔·汉密尔顿对这些户外的景物有着一种特殊的亲密感，因为这些东西似乎模糊了他与自然的界限。了解比尔的人都会情不自禁地感到，这位性格温柔的巨人在与蜘蛛相处时似乎比与人类相处时更放松。

于是，从那些写满数学公式的笔记本中，从那种无处排遣的绝望心绪中，诞生了一个重要的公式——$rB>C$。别人都认为，这个公式背后的思想是一种“重要的社会黏着剂中的关键溶剂”，而汉密尔顿却像接纳一个“私生子”一样拥抱了这个来之不易的成果。我们为何对他人怀有善意？在达尔文、费希尔、霍尔丹、彭罗斯之后，汉密尔顿终于在痛苦与孤独中再次敲开了这扇紧闭的大门。[38]

• • •

《理论生物学期刊》发给梅纳德·史密斯审阅的这篇论文中充斥着数学公式和关于自然历史的内容，梅纳德觉得伦敦大学学院的“汉密尔顿”这个名字听上去有些耳熟。[39]虽然梅纳德未能完全看懂论文的数学推导过程——作者使用的数学符号不合常规，排版也相当令人迷惑——但他还是建议作者把这篇论文分成两篇来发表。显然，目前的这篇论文太长了，而且需要做必要的修改。另外两名评审员完全看不懂这篇论文，而梅纳德尽管对这篇论文提出了修改意见，却仍然觉得汉密尔顿在论文中提出的思想非常富有启发性。“当然，为什么我没有想到这一点呢！”梅纳德冲自己大声喊道。曾经，当T. H. 赫胥黎读到达尔文的著作时，他也发出过同样的呼喊。[40]由于梅纳德当时正在为温–爱德华的著作撰写一篇书评，他希望把汉密尔顿的思想和群体选择的思想区别开来。毕竟，家庭也可以算作一个种群，有些人可能会认为“广义适应度”不过是群体选择的其中一种形式。所以梅纳德认为，提出一个更好、更准确的术语是非常有必要的。

当时，许多生物学家对《与社会行为有关的动物分布》表达了振奋与认同之情。而在梅纳德·史密斯看来，对温–爱德华学说的这种追捧简直令人厌恶。[41]在与戴维·拉克及其他几位牛津大学的同事讨论上述情况时，梅纳德·史密斯终于找到了一个更好、更准确的术语——亲缘选择。梅纳德·史密斯在《自然》杂志上发表了一篇名为《亲缘选择与群体选择》的论文。在这篇论文中，他提出了一个将数学与论证结合在一起的模型，并证明群体选择需要的条件过于严格，在自然界中很难成立。[42]梅纳德认为，群体选择理论的主要障碍之一是入侵现象。如果在一群严格实施生育控制的鸟类中突然出现了一只完全不进行生育控制的鸟，那么没有任何机制能够阻止后者的行为。由于这样的性状是可以遗传的，所以我们可以假设这只鸟的后代也继承了这种反社会的性状。在这种情况下，整个种群很快就只剩下自私自利的鸟。

不，动物的社会性行为并不是靠群体选择的机制进化出来的，所谓的群体利益不过是一种寄托了人类的美好希望而完全不可行的幻想。相较之下，亲缘选择则是一种可行的进化机制。

• • •

除了蚂蚁、猴子和靠跺脚来警告同伴的兔子以外，在蛾类中也可以观察到利他行为。蛾子可以被分成两种：一种是颜色和周围的景物较为相似的（保护色）蛾子，另一种是颜色非常鲜亮的（警戒色）蛾子。按照亲缘选择的理论，这两类蛾子在生育后代后应该立刻表现出不同的行为。当一只保护色蛾子被鸟类抓住时，它事实上在不知不觉中成了鸟类的帮凶，鸟类由此学会了如何识破这种蛾子的伪装，可以更轻松地捕食暴露在危险中的蛾子后代。而当一只警戒色蛾子被鸟类抓住时，它却在为亲属做贡献。由于它身上的警戒色真实地反映出体内含有毒素的事实，捕食它的鸟类会因此吃一堑长一智，尽量远离身上有这种颜色的蛾子后代。如果用“广义适应度”的“基因之眼”逻辑来分析上述情况，过了繁殖期的保护色蛾子就应该比过了繁殖期的警戒色蛾子更早死亡。汉密尔顿从鳞翅目昆虫学家A. D. 布莱斯特处了解到，过了繁殖期的保护色蛾子的生命确实略短于过了繁殖期的警戒色蛾子，但这种情况只在这些蛾子与其亲属共同生活的时候才成立。这个信息令汉密尔顿十分欣喜，所谓的群体利益果然只是一个神话。让汉密尔顿更加高兴的是，各路学者还在不断从自然界中找到更多的例子，以支持他的理论预测结果。

这些证据终于证明，汉密尔顿并不是一个胡思乱想的怪人。可惜，除了汉密尔顿自己以外，他的这套理论并没有说服其他人。此时是1963年，为他提供研究资金的利弗休姆奖学金马上就要到期，而汉密尔顿还没有发表过一丁点儿学术成果。汉密尔顿迫切渴望向世人展示他辛苦研究数年得到的结果，于是写了一篇3页纸的论文，这篇论文虽然未被《自然》杂志采用，却发表在《美国博物学家》杂志上。[43]除了这篇论文以外，汉密尔顿还写了一篇较长的论文详细讨论他的研究结果的各种细节，这篇文章后来发表在《理论生物学期刊》上。当然，在这篇文章发表之前，汉密尔顿必须先回应一位匿名评审对该文提出的意见。根据汉密尔顿的理解，这位评审最主要的意见就是建议他把这篇论文分成两篇发表。与此同时，汉密尔顿即将跟随与达尔文共同发现进化论的著名学者阿尔弗雷德·华莱士的脚步，到巴西的热带雨林中去研究黄蜂。

走在自然的小径上，汉密尔顿再次获得了久违的归属感。按照评审的意见修改论文，并将修改后的论文《社会行为的遗传进化：第一部分与第二部分》再次提交上去，需要花费9个月的时间。而与世隔绝的汉密尔顿并不知道，约翰·梅纳德·史密斯此时撰写了一篇名为《亲缘选择与群体选择》的论文，并且发表在《自然》杂志上。梅纳德在这篇论文中提出了“广义适应度”这个吸引眼球的新概念，他没有引用汉密尔顿即将发表的论文，而只引用了汉密尔顿此前发表在《美国博物学家》上的那篇短论文。当然，汉密尔顿也不知道，梅纳德·史密斯就是那位匿名评审。很久以后，当汉密尔顿知道真相时，他那谦卑的灵魂燃起了一种少有的情绪。而此刻，汉密尔顿在巴西的热带雨林中写道：“我想，那天的太阳很可能见证了许多不同的时刻。”

> 那天的太阳看到《理论生物学期刊》的编辑部寄出了我的论文……那天的早些时候，同一轮太阳看到我开着我的老式美国吉普车，在贝伦–巴西利亚路上左躲右闪地避开各种沟壑、石头和坑洞……那天正午，阳光近乎垂直地射在我的头顶上，当时我将车停在路边，正从一些蜂巢中收集黄蜂。那天的黄昏时分，这轮太阳的光线仍能透过薄暮、注视着我和我的巴西同伴……那时的我们正待在塞拉多草原上。我们把吊床系在两颗矮树之间，然后躺在轻轻摇摆的吊床上。不远的地方是路面布满砂石的公路，即便夜幕降临，我们仍能听到公路上偶尔传来的货车的轰鸣声。值得庆幸的是，不管是在那天白天还是晚上，我的心绪都十分安宁，关于如何度量生物之间的亲缘关系的一些小争论并未扰乱我的心神。[44]

· · ·

在这个世界上，恐怕没有人比乔治·威廉斯更讨厌群体选择这个概念了。这位身形纤细的美国鱼类学家的下巴上留着络腮胡，嘴唇上方却没有胡须，有人觉得这让威廉斯的脸看起来有点儿像复活节岛上的雕像。威廉斯决心与温–爱德华的学说斗争到底。学生时代的威廉斯听过埃默森的一次演讲，在那次演讲中，来自芝加哥的埃默森提出，死亡是生物为了适应环境进化出的一种性状，而它存在的目的是为了让群体利益最大化。威廉斯无法接受埃默森的这种理论，难道生物走向死亡竟是为了“不要碍群体中其他同伴的事儿”？这种荒谬的说法不可能是正确的。威廉斯对自己说：“如果进化生物学是这样的，那我宁愿去干点儿别的，就算卖汽车保险也比研究进化生物学有意义。”[45]

与此同时，在大西洋彼岸的牛津大学，戴维·拉克正在尽最大努力与温–爱德华的“群体利益”学说做斗争。温–爱德华认为，鸟类会为了提高群体的适应性而控制自己的生育数量，而拉克认为，我们根本没有理由相信温–爱德华的这种假设。一只雌鸟产下的蛋较少，并不是因为它和其他雌鸟商量过要减少产蛋的数量。相反，真正的原因是这一年的资源较为贫乏。在这样的情况下，少下蛋是一种完全合理的选择，只有这样雌鸟才有能力照顾好孵出的小鸟。在食物匮乏的年份，如果一窝只有3只小鸟，鸟妈妈也许还能勉强喂饱它们；而如果一窝有7只小鸟，这7只小鸟也许会全部饿死。自然选择从来不会考虑什么群体利益，在任何时刻，自然选择都只会冷酷无情地指向个体利益。[46]

此时是1966年，早在9年前，威廉斯就建立了一个比赖特模型更好的模型，用于说明群体选择究竟在怎样的条件下才能实现。[47]但是，就像梅纳德·史密斯一样，威廉斯后来也改变了自己的学术观点。他认为群体选择的机制即便在理论上是可行的，在自然界中也没办法真正实现。威廉斯认为拉克的看法是正确的：如果不同层级上的自然选择机制都可以解释生物的行为，我们就应该相信较低层级上的自然选择机制，而没有理由相信较高层级上的自然选择机制。这位走在奥卡姆剃刀上的进化学家认为，既然个体选择和群体选择的理论都能解释生物的行为，那么我们显然应该遵循简约法则而相信前者。

然而，不管奥卡姆剃刀是一种多么有用的工具，简约法则毕竟只是解决问题的一种方式。自然选择究竟是作用于个体层面还是种群层面？事实上很难有确凿的证据彻底解决这方面的争论。要想彻底击败群体利益学说，威廉斯就必须找到一种可进行自然测试的理论预测。最终，在费希尔的《自然选择的遗传理论》一书的一个小节中，威廉斯终于发现了他寻觅已久的宝藏。[48]

在《自然选择的遗传理论》中费希尔指出，无论在什么物种中，雄性和雌性的性别比例总是趋近于1：1。导致上述现象的原因很简单，如果一个雄性生物出生在一个雌性多于雄性的种群中，这个雄性生物就必然拥有生殖优势，因为它和雌性交配的机会多于任一雌性生物和雄性交配的机会。如果性别是由基因决定的，在一个雌性生物数量大于雄性生物的种群中，自然选择就会更偏爱雄性的基因，使其在种群中出现的概率大大提高，最终，种群中的雄性生物将多于雌性生物。此时，与上述选择机制截然相反的机制就会启动，自然选择将更偏爱雌性的基因。任何生物种群中的性别比例都会在上述两种情形之间不断摇摆，这就保证了该种群在性别方面的对称性。自然选择的智慧让任何种群中的性别比例总是趋近于1：1。

虽然费希尔本人也许从未意识到这一点，但在他的理论中已经用到了约翰·冯·诺伊曼最喜爱的博弈论。一位母亲究竟应该选择生儿子还是女儿？这个问题的答案最终取决于其他母亲的生育策略，这是运用博弈论的先决条件。费希尔的上述理论将经济学和生物学结合在一起，但在威廉斯看来，费希尔还做出了一项更为重要的贡献，即通过从逻辑上论证生物性别一定存在对称性，费希尔事实上已经对群体利益学说判了死刑。

为什么说性别的对称性意味着群体利益学说不可能成立呢？我们不妨想象这样一种情况：一只雌性鹦鹉先与雄性鹦鹉交配，然后飞到大海中央的一个与世隔绝的孤岛上。假设这只雌性鹦鹉在孤岛上产下了10枚蛋，其中一半的蛋孵化成雄性幼鸟，另外一半蛋则孵化成雌性幼鸟。我们再假设这些雌性幼鸟长大后也会重复它们母亲的生殖策略。那么，接下来会发生什么呢？鹦鹉的种群会迅速扩大：第一代有10只鹦鹉，第二代会猛增到50只（其中包括25只雄性鹦鹉和25只雌性鹦鹉），第三代的数量会多达250只（其中包括125只雄性鹦鹉和125只雌性鹦鹉），以此类推。[49]

但是，如果第一代的雌性鹦鹉下了10枚蛋，其中9枚蛋孵化为雌性幼鸟，1枚蛋孵化成雄性幼鸟，并且之后的雌性鹦鹉也重复同样的生殖策略，这个种群又会如何发展呢？和上文中讨论的情况一样，第一代有10只鹦鹉（其中包括1只雄性鹦鹉和9只雌性鹦鹉）。但是，第二代有90只鹦鹉（其中包括9只雄性鹦鹉和81只雌性鹦鹉），而第三代的鹦鹉数量多达810只（其中包括81只雄性鹦鹉和729只雌性鹦鹉）。显然，和上文中讨论的性别比例为1：1的生育策略相比，雌性占优势能够让种群更快地发展。用不了多久，这个小岛上就会挤满鹦鹉。

虽然多生雌鸟的策略能让种群更快地壮大，但实际上这种生殖策略会降低选择这种策略的雌性鹦鹉的个体适应性。假设有两只雌性鹦鹉同时来到这个岛屿上，第一只雌性鹦鹉名叫琳达，它决定选择1：1的后代性别比例；第二只雌性鹦鹉名叫芭芭拉，它则选择了雌雄比例为9：1的后代性别比例。在琳达和芭芭拉都产下后代以后，这个岛屿上的第一代鹦鹉共有20只，其中14（5 + 9）只是雌性，6（5 + 1）只是雄性。接着，这20只鹦鹉开始交配：每一只雌性鹦鹉仍然产10枚新蛋，而平均来说第一代的每只雄性鹦鹉则会产生23个后代（140 ÷ 6 = 23），因为每只雄性鹦鹉将与超过2只雌性鹦鹉交配，并成为雌性鹦鹉后代的父亲。很快，琳达和芭芭拉的生育策略就将产生令人惊讶的不同结果：琳达坚持1 : 1的后代性别比，和芭芭拉相比，它的繁殖速度虽然较慢，但产生了较多的雄性后代。三代之后，琳达一共拥有165个后代；而芭芭拉选择了雌雄比例为9 : 1的后代性别比，三代以后，芭芭拉只有113个后代。

从上述例子可以看出，在后代性别比的选择上，出现了群体利益和个体利益的冲突。如果把群体利益设定为首要目标，那么表现出"利他主义精神"的芭芭拉将成为生殖活动的赢家；但如果自然选择的对象仅仅是个体利益，那么自私的琳达才是留下更多后代的赢家。温–爱德华的学说表明，当资源匮乏的时候，使后代的数量最大化对整个种群而言并非最优的生育策略。但如果假设后代的性别比例是生物对环境的一种适应，那么一旦食物匮乏的时期结束，我们就会观察到种群中的性别比例发生了变化，后代中雌性动物将占多数。然而，在广泛研究了各种文献后，威廉斯发现上述情况在自然界中从未发生过，不管是果蝇、猪、兔子，还是人类，都不会在食物充足的时期生育更多的雌性后代。不管是在什么时期，也不管是在什么物种中，1 : 1的性别比例是长期稳定存在的一种现象。上述现象证明自然选择的作用机理确实是使个体的适应性最大化。

这是对群体利益学说的致命打击。几乎一夜之间，《适应与自然选择》成为新的经典，而群体选择理论则成了人人避之不及的瘟疫。有了上述学说，温–爱德华终于被彻底击倒，但在随后的日子里温–爱德华会像西西弗斯一样不停地捍卫他的理论。威廉斯用他的学说完成了对费希尔的致敬：虽然在管鼻鹱和红松鸡等物种中确实存在利他行为，但毫无疑问，自然选择是通过使个体生物的适应性最大化的方式帮助生物适应环境的。威廉斯充满自信地写道："我充分相信，这就是光，这就是正确的道路。"[50]

然而，从巴西归来的汉密尔顿却带来了新的消息：在蚂蚁、蓟马、黄蜂、甲虫、白蚁等动物中，有很多种群都表现出异于普通动物的性别比例，甚至严重背离了费希尔关于"所有物种的雌雄比例都必然趋近于1∶1"的原始假设。费希尔（和威廉斯）并不知道这些情况，但汉密尔顿却了解得非常清楚，因为在巴西的热带雨林中，他观察过这些昆虫如何剥掉萼叶茜木和木棉树的树皮，如何在雨林浅浅的溪流之下从幼虫身上剥除杂草，如何大嚼暗藏玄机的无花果果实。比如，寄生蜂就是一个性别比例十分特别的物种。寄生蜂是一种个头很小的寄生黄蜂，雌性寄生蜂会将卵直接产到雄蜂的活体蛹中。这些寄生蜂卵孵化后，蛹里的寄生蜂会啃破雄蜂的蛹。但在破蛹而出之前，所有雌性寄生蜂都会与这个蛹中唯一的雄性，也就是它们唯一的兄弟进行交配。雌性寄生蜂之所以选择这样做，是为了提高生育效率。雌性寄生蜂会充分利用雄蜂蛹这个封闭的环境，在其中产下尽可能多的雌性卵和一个雄性卵，因为只要有一个雄性在，就足以让所有雌性受精。所有雌性在受精后会飞到别处，在另一个倒霉的雄蜂的蛹中产下它们的卵，而没有翅膀的雄性寄生蜂则在被抛弃的蛹中孤独地死去。[51]

此时，汉密尔顿在帝国理工学院的一个野外考察站得到了一个研究性职位。这个考察站位于阿斯科特附近，帝国理工学院是昆虫生态学方面的著名研究机构。在西尔伍德公园由朽木铺就的地面上，在他位于伯克郡的狭窄房屋的沥青缝隙中，在温莎附近的皇家森林的步道上，汉密尔顿找到了一些和亚马孙丛林中的寄生昆虫类似的西欧寄生昆虫。通过研究这些昆虫的行为，汉密尔顿发现寄生是一种相当复杂的生存机制，而且这些寄生昆虫能以极快的速度繁殖。有时两只雌性寄生昆虫可以在同一只毛毛虫或者同一个虫蛹中产卵；有时幼虫会分散到各处或集中在一起；有时雄性昆虫会为了争夺与姐妹交配的机会以命相搏，就像一群"刺刀敢死队"一样。

以上的每种情况都有可能完全改变关于适应性的进化原则。然而，一只小小的寄生蜂是如何精确地决定产卵时的雌雄比例的呢？

为了找到这个问题的答案，汉密尔顿多次前往伦敦的戈登广场，试图在伦敦大学学院的计算机中心解决这个问题。然而，在那个时代，计算机编程并不是一件易事。要想用古旧的福传语言编程，还得借助19世纪的霍列瑞斯式打孔卡，而“那些曾经十分有用的利爪如今已经退化为毫无用处的脚指甲”。等待读卡的队伍一直排到了地下室，汉密尔顿常常拿着一卷卷打好孔的纸带，排队等待。轮到他的时候，汉密尔顿会看着技术人员设置好“水星”计算机，然后这只“魔力怪兽”便开始工作。在房间的另一边，形状如意大利面条般的打孔纸带不断从颤抖的机器中吐出，收集好这些纸带后，汉密尔顿快速走到相邻的房间中，通过电传打字机检视结果。当年的编程工作远不像坐在一台笔记本电脑面前敲击键盘那么简单。[52]

尽管编程的过程极度烦冗，但伦敦大学学院计算机中心的那台老式电传打字机的屏幕上仍然显示出一条全新的逻辑之河。不管你是象鼻虫卵中的一只蚂蚁，是野生无花果果实中的一只黄蜂，还是白蚁母体内的一只白蚁，对这些寄生昆虫而言，都存在产卵性别比例的最优解。只有精确地按照这个性别比例产卵，才能取得最优的生殖结果，汉密尔顿将这种最优的产卵性别比例称为“不可战胜的生殖策略”。除此以外，汉密尔顿还发现了一个令他大吃一惊的事实：虽然这些小小的昆虫既没有水星计算机和控制开关，也没有电传打字机和福传语言，但它们在生殖的过程中总能自发地找到这种最优的性别比例。

这是一个令人震惊的事实。白蚁居然懂得计算分数，而且计算的精确度竟然达到了3/14。汉密尔顿并不相信上帝，但对他而言，上述结果对灵魂的震撼程度不亚于任何宗教奇迹。此刻，汉密尔顿知道他已经发现了一种强有力的工具，足以帮助人类破解自然的奇迹。许多年前，当汉密尔顿还在剑桥大学读书时，他就曾利用闲暇时间阅读了冯·诺伊曼的伟大著作，但当时的他从未想过冯·诺伊曼的理论可以和生物学联系起来。如今，面对自己的研究成果，汉密尔顿发现这个进化学例子与博弈论中的囚徒困境之间无疑存在着相似之处。在昆虫的生殖游戏中，生物的适应性就是游戏的"收益"，而决定后代性别的基因则是游戏的"玩家"。他清楚地看到，寄生蜂的性别比例问题实际上是一个博弈论问题。[53]

为了击败群体选择学说，威廉斯一直在寻找一种适用于群体选择的自然测试。然而，当时似乎并没有人注意到，汉密尔顿在寄生昆虫中发现的异常性别比例现象正是威廉斯苦苦寻找的东西。[54]汉密尔顿对种群利益与个体利益之争发表了看法，他认为这种异常的性别比例不可能是为了种群的利益进化产生的，因为哪怕是最轻微的过度繁殖现象，也足以摧毁任何一种利他主义的基因。[55]不，事实再次证明，利他主义只是一种在家庭成员内部才有可能存在的现象，毕竟，像虫蛹这样的狭小空间就像一个与世隔绝的家庭。汉密尔顿的发现完全符合时代的精神，寄生蜂种群中的性别比例现象在群体利益学说的棺材上钉上了最后一根钉子。他的学说再次证明，自然选择的目标是使某种基因在后代身上出现的概率最大化，只有改变有亲缘关系的生物个体的行为，才能实现上述目标。

在写下这一结论的时候，汉密尔顿的脸上也许露出了胜利的微笑。先有 $rB>C$ 公式，现在又有了寄生昆虫中的性别比例现象，数学证明了"基因之眼"的观点，并把生物学变成了一门具有预测性的硬核科学。费希尔的看法是完全正确的：自然选择通过无情的筛选，产生概率极小的结果，利他主义的行为也是这种残酷无情的拣选机制的结果。在这篇写满数学公式的论文的结尾处，汉密尔顿按照博物学的伟大传统，以谦卑的态度感谢了其他学者的合作：感谢毕文博士"为我提供了关于小蠹虫的信息"，感谢路易斯博士"为我提供了关于蓟马的信息"。

· · ·

人与人之间纯粹的善意究竟来自哪里？利他行为的产生究竟是为了群体利益还是个体利益？利他行为产生的机制究竟是优化还是单纯的运气？赖特、霍尔丹和费希尔率先对这个问题进行了探索，他们将达尔文的学说和孟德尔的学说结合在一起，将自然选择和基因学结合在一起，大胆地提出了进化综合理论。尽管这几位学者对变异、随机漂移和选择在进化过程中扮演的角色持有不同的看法，但由他们共同创造的进化综合理论仍然起到了重要的奠基作用。如今，为了与温-爱德华和群体利益学说对抗，约翰·梅纳德·史密斯、乔治·威廉斯、比尔·汉密尔顿等年轻学者又在破解自然之谜的道路上更进一步。这些年轻学者的想法与爱因斯坦的思想实验同样大胆。在爱因斯坦的思想实验中，一个人乘着光线飞向了宇宙；而这些年轻学者则从新的角度展开了一次同样精彩的冒险。我们即将解开生物行为的谜题！在这些年轻学者的心中，洋溢着发现的狂喜。

1964年，在亚马孙热带雨林中，汉密尔顿收到了一封来自伦敦的信，这是他的女友寄给他的分手信。在收到这封信的那个星期，汉密尔顿在森林中遇到了两个巴西孩子——罗米尔达和戈多弗雷多。孤独忧郁的汉密尔顿深深怀疑自己不会结婚，更不会有孩子。于是，他找到这两个巴西孩子的父母，提出愿意收养这两个孩子，并把他们带回英格兰接受教育。

4年过去了，事实证明汉密尔顿当时的悲观与疑虑都毫无必要。汉密尔顿找到了一位极好的妻子——克丽丝，夫妇二人也在考虑孕育自己的孩子。但是，汉密尔顿仍然打算遵守他当年许下的承诺。在《科学》杂志上发表论文《异常性别比例》的一年以后，汉密尔顿和克丽丝一起回到巴西的丛林中，准备将罗米尔达和戈多弗雷多带回伯克郡。一只彩色的蜻蜓扑棱地扇动着翅膀，一只叫鹤用响亮的啼鸣宣告着清晨的来临，它的声音就像在山间敲响的一口破钟。汉密尔顿躺在吊床里，静静聆听着这些自然的声音。此刻的汉密尔顿比之前的任何时候都更加坚信，他之所以能对非亲非故的人做出利他行为，绝对不是自然选择的结果。但他同时感到，在他孤独的内心中，利他主义的声音从未停止。[56]

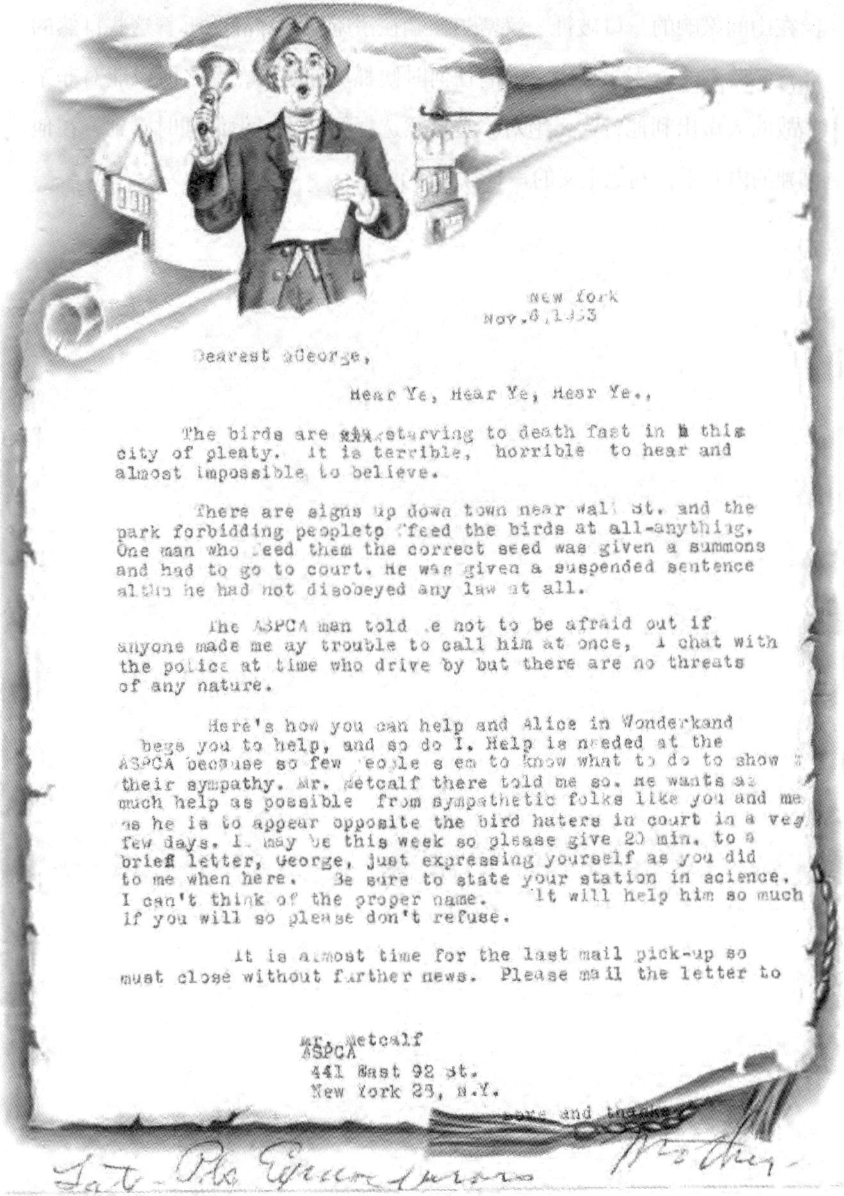

New York
Nov.6,1963

Dearest aGeorge,

Hear Ye, Hear Ye, Hear Ye.,

The birds are xxx starving to death fast in h this city of plenty. It is terrible, horrible to hear and almost impossible to believe.

There are signs up down town near wall St. and the park forbidding peopleto ffeed the birds at all-anything. One man who feed them the correct seed was given a summons and had to go to court. He was given a suspended sentence altho he had not disobeyed any law at all.

The ASPCA man told me not to be afraid but if anyone made me ay trouble to call him at once. I chat with the police at time who drive by but there are no threats of any nature.

Here's how you can help and Alice in Wonderkand begs you to help, and so do I. Help is needed at the ASPCA because so few people seem to know what to do to show their sympathy. Mr. Metcalf there told me so. He wants as much help as possible from sympathetic folks like you and me as he is to appear opposite the bird haters in court in a very few days. It may be this week so please give 20 min. to a brieff letter, George, just expressing yourself as you did to me when here. Be sure to state your station in science. I can't think of the proper name. It will help him so much if you will so please don't refuse.

It is almost time for the last mail pick-up so must close without further news. Please mail the letter to

Mr. Metcalf
ASPCA
441 East 92 St.
New York 28, N.Y.

Love and thanks
Mother

一封艾丽斯·普莱斯写给儿子乔治的信，1963 年 11 月 6 日

## 第8章

# 致命的伤害

1957年春天，参议员休伯特·汉弗莱引入了一项新法案。根据这项法案，向高等院校支付学费的家庭可以免缴部分所得税。为此，乔治·普莱斯给汉弗莱写了一封感谢信。乔治认为教育是最重要的事，这项法案标志着美国又向正确的方向前进了一步。但事实上，等到高等教育阶段才开始进行干预，显然太迟了。为什么不能对小学教师每年的6 000美元以下部分的工资免征所得税呢？毕竟，要想打赢与苏联的战争，小学一年级的教师无疑是美国最强有力的武器。对于自己的思想，乔治做了如下解释："'树枝向哪里弯，树木就朝哪里长'，我一直都相信这样的说法。"[1]

汉弗莱这位明尼苏达州的老参议员早就与乔治打过交道。如今，乔治又与汉弗莱建立了通信往来，并向汉弗莱提供了许多关于美国如何打赢冷战的建议。"我们为什么不采取以下这些措施呢？比如，美国可以承诺，如果苏联不干涉匈牙利的政务，美国就给每个苏联人发放两双鞋子；或者，如果匈牙利警方不再折磨监狱里的犯人，美国就免费提供给他们价值1 000万美元的脊髓灰质炎疫苗；又或者，可以试试对苏联人进行广播宣传，主题就是黄油比枪支更有用。此外，参议员先生做过以《美国的外交政策与武装解除》为题的发言，那么能否在4月份将发言稿递交国会呢？参议员先生对约翰逊准备小组委员会的听证会有什么看法吗？参议员先生是否读过唐纳德·哈灵顿昨天发表在《泰晤士报》上的那篇文章呢？'当然！为什么我自己没有想到这一点？’参议员先生能否巧妙地让这种想法在杜勒斯先生的头脑中生根发芽？如果能做到这一点，乔治将非常感激你的努力。”[2]

参议员先生在回信中礼貌地表示，他非常欢迎乔治提出的意见和建议。乔治的观点“十分理智”，按照他设想的方式建立一支更强大的联合国警察力量，也是一个非常好的主意。也许，乔治对冷战的这种过度焦虑的态度让参议员先生感到有点儿奇怪，但参议员的回信却让乔治感到分外骄傲。他的潜力受到了一个有地位的重要人士的肯定，这让乔治感觉无比良好。

撰写各类科普文章似乎是出名的最佳途径。毕竟，和各类名人取得联系是记者的特权。因此，在发表《保龄球的物理学》《美国开始在其他星球上寻找生命》《我们能从动物身上学到什么》等文章（这三篇文章均发表于《大众科学月刊》杂志上）的间隙，乔治还曾开车去克劳德·香农的家中采访他的旧时偶像，准备给IBM公司的《思考》杂志写一篇介绍香农的报道。在那次采访中，乔治和香农“在香农家的湖上划着船”，两人陷入了一种“壮丽”的沉默。接着，在发表《美国科学的成就》《如何孵化一个书呆子》等文章的间隙，乔治又联系了诺贝尔奖得主赫尔曼·J. 穆勒，询问后者对其他星球上的生物进化现象的看法。每次与名人打交道的时候，乔治总能以这样或那样的借口打开对话的通道，并且会在过程中千方百计地表现自己，试图给对方留下深刻的印象。许多人都认为穆勒是所有在世的遗传学家中最伟大的一个，而穆勒竟然记得乔治普·莱斯发表过《科学与超自然》的文章，并且称赞了乔治的作品。在给穆勒的回信中乔治引用了小说家爱伦·坡和诗人济慈的名言，还对人们阅读太多科幻小说的现象发表了看法。穆勒友好地感谢乔治能分享他的看法，然后他们的通信就此终止了。乔治在与名人打交道时已经形成了自己的套路：先唤醒对方的回忆，然后与对方交换对某些问题的意见，最后激起对方的兴趣。[3]

如果IBM公司愚蠢到不愿雇用一个像他这样杰出的人才，那么乔治绝不会就此放弃或屈服。由于乔治曾在《生命》杂志上发表过一篇颇有影响力的文章，他与哈珀兄弟出版公司签订了一份图书出版合同，并开始努力写作一本他认为能够拯救整个世界的重要书籍。

就在这个时候，我们的故事中出现了一个新的人物——斯金纳。

• • •

哈佛大学教授伯尔赫斯·弗雷德里克·斯金纳是美国最有影响力的心理学家。人们像崇拜弥赛亚一样崇拜着他，却又像憎恶危险与威胁一样憎恶着他。斯金纳是行为主义心理学的领军人物，他认为人的行为模式与机器并没有太大差别。这样的思想引来了弗洛伊德派心理学家和人本主义者的攻击和谩骂，有些人称斯金纳是“极权主义者”，也有人称他是“奥威尔主义者”。但是，另外一些人却把斯金纳的思想看作人类的唯一希望。[4]

斯金纳的思想引发了乔治的兴趣。早期的基督教思想家认为，人与动物的不同之处在于人拥有“灵魂”，灵魂是上帝赐予人类的一种非物质、不可触及和完全精神化的东西。但是，真实情况究竟是怎样的呢？人会不会只是一种动物，一种和其他动物一样深深植根于自然世界的动物？人和动物的行为模式会不会与机器其实并无二致？

早在18世纪，狄德罗和拉美特利的学说中就已经出现了上述思想的萌芽。甚至在更早的霍布斯的著作中也出现过相似的思想。如今，达尔文的思想广泛流传，心理学和遗传学也在蓬勃发展，在这样的情况下，斯金纳提出了以下观点：人类所谓的自由和自由意志不过是一些令人感到安慰的幻觉。在斯金纳看来，自由意志只是一种为了让人类感觉良好而发明的虚假概念，而道德的概念更像一个邪恶的骗局。相信人类拥有内在的灵魂就像相信上帝的存在一样，这种信念只是一种迷信，它证明人类根本无法正确地理解这个复杂的世界。人类是被各种外部影响控制的，不管人类喜不喜欢，这个事实都不会改变。有些外部影响是偶然的，有些是邪恶的，还有一些只是为了遵循惯例。社会之所以会出现各种各样的问题，是因为人们盲目崇拜个体自由这个虚假的概念，试图给自己的内在“灵魂”赋予生命，但这样做事实上是以牺牲社会秩序为代价的。斯金纳认为，在现实中，需要改变的不是人而是环境，不是人的感觉而是人的行动。要想拯救人类文明，唯一的希望就是依赖一种“行为主义的技术”，即“操作条件反射”。操作条件反射能够完成许多道德论战不能完成的任务，并能创造出一个完美的世界。在这个世界中，人们能够充分克制自己的欲望，不去污染环境，不过度繁殖，不发生暴动，不互相仇恨，甚至不再发动战争。而乔治·普莱斯恰好是一个相信“树枝向哪里弯，树木就朝哪里长”的人，乔治以为他的书收集材料为借口访问了斯金纳在哈佛大学的实验室。很快，他就和弗雷德（弗雷德里克的昵称）成了朋友。[5]

走进斯金纳的实验室，眼前的情景足以让任何人以为他们走进了最富想象力的科幻小说中的世界。在这个实验室里，鸽子可以打乒乓球，老鼠可以用鼻子顶球，甚至还有靠鸽子操纵的名叫鹈鹕的导弹。然而，这些只是在动物身上的实验结果。人类的行为会怎样？是否能用类似的方式操纵人类的行为？在控制人类的行为时，究竟惩罚更管用，还是激励更管用？

斯金纳认为，在控制人类的行为时，激励会比惩罚更管用。于是，他设计了一个“教育机器”来证明自己的观点。首先，屏幕上会出现一个问题。接着，如果儿童能够正确地回答屏幕上的问题，他就会立刻得到奖励。儿童获得的奖励不是一粒玉米，而是机器打印出来的一句表扬他们的话；这种奖励就像玉米一样高效，并且能产生令人满意的结果。斯金纳一边领着乔治参观实验室，一边向乔治解释他的研究成果。通过这样的教育机器，儿童可以学会算术，就像老鼠能学会杂耍而鸽子能学会打乒乓球一样。[6]

乔治被斯金纳的实验深深地迷住了。那个月的晚些时候，乔治在《思考》杂志上写道："在热核武器、地球卫星和月球探测器引发的热潮中，其实还有另外一项重要的新发明悄悄问世了。"同时，乔治向斯金纳发出了如下邀请："毫无疑问，你的科研成果可以立刻得到最直接的应用，那就是用这种机器来教那些不识字的人学会读书和写字。"乔治·普莱斯声称，在过去的一个小时中，他设计出一种方法，即"用一个有发条盒的留声机和一个圆纸片制造出一种非常便宜的机器。在问题开始的时候，机器会自动控制留声机的唱头，将其放在正确的位置上，而在问题结束的时候，则让留声机自动停止工作。同样，它也能控制留声机自动记录使用者的答案。在需要的时候，机器会自动重播问题或者答案，并且能够跳过此前已经被使用者正确解答的问题"。有了乔治·普莱斯的设计方案，这种机器就可以大规模生产，而且成本很低，每台的造价只有5美元。[7]

不管斯金纳的机器究竟有多管用，它显然促使乔治开始思考一些更宏大的问题。人类真的能够控制自己的命运吗？自由是否只是一种幻想，或者一个诡计？斯金纳认为，人类之所以愿意相信自由意志的存在，是因为有了这样的理念，人们就可以把所有"好"的行为归功于自己。然而，乔治确实在自由意志的驱使下离开了他的家庭，这不算什么好的行为，乔治也没有因此得到什么好处。显然，某些特质一直深藏于他的天性之中，未必是他后天习得的。对乔治而言，最大的问题就是如何管理这些特质，尤其是他身上最根深蒂固的两种特质——自我中心和利己主义。

乔治将他个性的弱点看作公众的共有弱点，这样想也许能帮他较为轻松地逃避自我谴责。在为哈珀兄弟出版公司撰写图书的初稿时，乔治想起了修昔底德的著名论断：雅典之所以会沦落于斯巴达人之手，都是人性的自私在作祟。此外，他还想起托克维尔曾经的哀叹：由于自私和贪婪，人们“忘记了每个人的私人财富与集体的共同富裕原本是息息相关的”。[8]“我也许是个很不重视家庭的人，”乔治想道，“但我真的关心这个国家。”要想真正实现个人利益，就必须为了群体的利益做出个人应有的奉献。苏联人做到了，中国人做到了，美国人也能做到吗？在一个民主国家，能否限制个人对快乐的追求？斯金纳认为这个目标是有可能实现的，乔治也同意斯金纳的想法。美国人缺少的只是必要的教化，只有通过教化，他们才能懂得共同利益的实现离不开个人利益的牺牲。

• • •

然而，就在此时，哈珀兄弟出版公司却解除了与乔治的出版合同。虽然这家公司认为乔治的某些建议既“出人意料”，又“富有智慧”，但他们觉得总体而言这本书根本卖不出去。于是，乔治更改了这本书的书名。在一位能干的文稿代理人的帮助下，乔治找到了另一家愿意出版该书的出版公司。签下新合同以后，乔治终于可以继续写作了。此时已经是1958年4月了，双日出版公司要求乔治最迟7月份提交《并无捷径》的书稿。[9]

此时，乔治住在纽约的西村。他的小阁楼位于贝德福德街88号，不远处就是埃德娜·圣文森特·米莱的故居。米莱的诗歌被托马斯·哈代赞誉为美国的第二名胜，而美国的第一名胜是摩天大楼。杰克·凯鲁亚克、艾伦·金斯伯格、威廉·S. 巴勒斯都是附近咖啡馆的常客。距离乔治的住处只有几个街区的地方有一家白马酒馆，几年前狄兰·托马斯在白马酒馆喝酒时突然倒地身亡。若干年后，附近又出现了一个名叫鲍勃·迪伦的年轻人，他在咖啡馆里唱着伍迪·格斯里式的“新民族”歌曲。显然，这里属于作家、诗人、艺术家，属于音乐和鼓点，而衣着整齐、戴着领结、剃着平头的乔治在这里显然是一个异类。然而，乔治却很乐于接受他的“前化学家”身份。波希米亚式的生活方式以一种奇怪的方式吸引着乔治，在一个混乱的世界中扮演一个循规蹈矩的人给乔治带来了一种渴望已久的满足感。他在自己的护照上自豪地盖上了“作家”的印章。[10]

然而，即便如此，乔治也无法摆脱自己过去的生活。朱莉亚常常追着他索要赡养费，而乔治口袋里的钱每天都如流水般离他而去。为了谋生，乔治又在IBM公司找了一份技术编辑工作，这次的工作地点在波基普西，所以乔治只有到了周末才能回家。双日出版公司规定的交稿日期简直要了乔治的命。更糟糕的是，这个世界的变化速度如此之快，以至于乔治的笔头望尘莫及。他才刚刚开始呼吁美国加强军备，苏联却要削减军备。面对苏联的这种行为，美国究竟应该如何应对？美国应该继续与苏联竞争，还是选择撤退？苏联人究竟值不值得信任？乔治对这些问题的答案备感困惑，他忙到几乎连吃饭的时间都没有，他周围的世界无时无刻不在高速运转着。[11]

乔治松开他的领结，并向体内注入各种药物：异丙烟肼、右旋安非他命、麻黄碱、司可巴比妥、兴奋剂、巴比妥酸盐、精神刺激剂。他周围的每个人似乎都在使用这些药物，但乔治很快发现，这些药物的效果不太令人愉悦。在写给心理医生内森·克莱恩的信中，乔治说：“到目前为止，今天的大部分时间我都不得不躺在床上。”药物消除了他的焦虑和恐慌感，却让他处于一种过于安宁和镇静的状态。这使得乔治无法完成任何工作，他终日碌碌无为，既感觉不到痛苦，也感受不到快乐。在写给克莱恩医生的信中，乔治令人担忧地表示他采取了“一些措施”，试图刺激他的肾上腺素的分泌。只不过他记不清这些肾上腺素究竟有没有穿过他的血脑屏障了，那么克莱恩医生是否记得呢？[12]

1960年冬天，医生在乔治的喉咙中发现了肿瘤，初步诊断为霍奇金淋巴瘤。一位曾和乔治在曼哈顿计划中共事的朋友现在是斯隆-凯特琳纪念医院X射线透视部的主任，他给乔治介绍了一位癌症专家。最终，乔治的肿瘤被诊断为良性甲状腺瘤，手术后乔治的身体逐渐康复。1961年3月，医生给乔治开了一种新药，由于乔治患有甲状腺功能不平衡症，如果他想活命，就必须终身服用这种药。[13]

• • •

乔治的生活依旧非常忙碌。他需要赶快完成一份通用电气公司的电磁套件的说明书，斯伯利航海公司的陀螺仪和加速计的说明书也不能再拖了。乔治有了新的恋人琼，她在佛蒙特的本宁顿女子学院当老师。艾丽斯仍与她的日本房客同住，却日益衰老。乔治与他的兄弟爱迪生已经没有什么来往，爱迪生早已成为照明方面的专家和发明家，他继承了普莱斯家的舞台照明有限公司，并将公司更名为爱迪生·普莱斯照明有限公司，地址就在纽约西十六街409号。朱莉亚把乔治告上了民事法庭，要求他按时支付赡养费。乔治的女儿已经很长时间没有见过她们的父亲了。在写给朋友的信中，乔治绝望地恳求对方借他一点儿钱。除此之外，乔治的健康问题和滥用药物问题也让他焦头烂额。1960年4月10日，在如一团乱麻般的生活中，挣扎的乔治收到了一封来自IBM公司的信。这封信是由IBM高级系统研发部门的弗雷德·施耐德寄来的，信的内容与乔治多年前发表在《财富》杂志上的那篇文章有关。施耐德在信中称，IBM公司已经开始投资计算机辅助设计领域，并询问乔治是否有兴趣参与这个计划。[14]

那年秋天，乔治在明尼苏达认识的一位医生朋友好心地写信告诉乔治，他的妻子也有甲状腺方面的问题。唐·弗格森在芝加哥大学工作，他在信中对乔治说，甲状腺瘤不是什么大问题，所以他不会有事的。除此之外，弗格森还询问乔治是否真的打算把他的生命浪费在那些该死的说明书上。毕竟，乔治拥有过人的聪明头脑，理应用它来解决真正的科学问题。[15]

事实上，乔治同时撰写了两篇科学论文，他希望凭借这两篇论文再在大学里谋取一份教职。第一篇论文讨论了大脑组织中随机神经网络的一些谬误，第二篇论文则提出了一种关于处女膜功能的理论。[16]当然，乔治在这两个领域中都未受过正式教育。但在写作这两篇论文之前，他全面梳理了这两个领域中的各种学术文献，而且他决定将这两篇论文都投稿给《科学》杂志。他需要的是一个真正伟大的突破——一个真理，只要有一个真理就足够了。IBM公司曾经用类似的邀约戏耍过他，而且如今的他早已对设计机器失去了兴趣。但在这两篇论文成功发表并让他一举成名之前，乔治确实需要找到一份工作来缓解经济上的困境。

IBM公司的工作邀约看起来也没那么糟糕，在它1961年的财报中有这样一段话：

> 在商业、政府、科学、国防、教育、宇宙探索，以及几乎所有人类正在努力发展的其他领域中，不断涌现出各种越来越复杂的问题。IBM公司致力于创造出一套机器和方法，帮助人类找到上述问题的答案。[17]

1961年，IBM公司的业绩骄人，仅美国国内业务的毛收入就达到将近17亿美元，比上一年增加了2.5亿美元。于是，乔治写信给双日出版公司的编辑迪克·温斯洛，告诉他“《并无捷径》的写作计划很不幸地”必须暂时搁置。大约4年前，乔治曾与IBM公司的伊曼纽尔·皮奥里见过面，那是一次改变乔治命运的面试。4年后，乔治终于正式加入了IBM公司。[18]

在成为IBM公司正式员工的几个月后，乔治收到了《科学》杂志寄来的退稿信。乔治关于处女膜功能的理论严重缺乏证据，关于神经网络的“谬误”一文更是被一份措辞极为强烈的审稿报告批判得体无完肤。一位匿名评审在报告中写道，“这篇措辞啰唆、思想怪异的谩骂之文根本不应在一份科学杂志上占有一席之地”，这位评审还批评乔治不但没有原创性观点，还一味地“用自己的想法曲解他人的学术论文”。[19]

这样的打击也许是乔治此时最不需要的东西，因为他生活中的麻烦已经够多了。因为近期的一次攀爬活动，乔治的肩膀脱臼了（他的朋友说他实在“太好动”）。几个月后，由于在汹涌的海浪中游泳，他的肩膀再次脱臼。乔治的肩膀本来就有伤，脊髓灰质炎又让问题变得更加严重，所以现在他不得不接受手术治疗。1962年秋天，手术后的乔治在家中休养，忧郁的情绪再次击垮了他。《科学》杂志的退稿信是一次令人耻辱的非难，是专业人士给像他这样一位冒失无礼的业余学者的一记响亮的耳光。乔治已经有5年多没见过他的两个女儿了。女友琼淡出了他的生活。后来，乔治在公共图书馆遇到了一个名叫塔蒂亚娜的女子，他们的恋情匆匆开始又匆匆结束，并没有在乔治的生命里留下什么痕迹。此时的乔治已经快40岁了，但他仍未建立起他想要的声望。于是，乔治开始思考自由意志是否真的有价值。

和过去一样，母亲艾丽斯是乔治生活中唯一固定不变的点。在这样的时刻，母亲的安慰如期而至。“你会不知不觉地获得成功，而且是一种巨大的成功。”艾丽斯在写给儿子的信中说，她试图让自己的措辞显得鼓舞人心。然而，艾丽斯在生活中也有她自己的麻烦。感谢上帝，有一位荒町先生租住了东南侧的房间，还有一位石田先生租住了西南侧的房间。然而让艾丽斯烦心的是，市政府的那些“仇恨鸟类的人”在公园中竖起了各种各样的告示牌，禁止人们投喂鸟类。在给乔治的信中，艾丽斯不快地写道：“在这个富足的城市里，鸟儿们却快要饿死了。”相关部门早就知道这位小个子的八旬老人是个非常难缠的人。不管是市政府的罚款还是法庭的传票，都不能吓退艾丽斯拯救苍生的勇气，在任何时候，她都毫不妥协地决心与世界上的所有残酷无情斗争到底。为了拯救鸟类，艾丽斯会偷偷把鸽子带回家喂养，再把它们放回中央公园。[20]

· · ·

与此同时，在IBM公司，乔治在计算机辅助设计方面进行了一些研究，但他很快就对这个领域完全失去了兴趣。在乔治看来，计算机辅助设计仿佛是他孕育的思想婴儿，但它却被偷走了，以至于他无论如何也无法再对这个婴儿投入任何感情。与此同时，新生产线公司正在进行一项关于程序化指令的市场调查，乔治觉得自己能在这方面帮上忙，毕竟这个项目与斯金纳有关。

乔治虽然还与斯金纳保持着朋友关系，但他对斯金纳的同情已经大不如前。在一份市场要求备忘录中，乔治对他的这位朋友提出了严厉的批评。乔治认为，斯金纳错误地将人类等同于鸽子和狗，因此他提出的这套学习理论过于简化，而且有失偏颇。[21]在斯金纳看来，学习的过程只是一种简单的刺激–反应（S–R）过程，要想分析任何与学习有关的干预步骤，就必须把这些步骤分解成基础的刺激–反应元素。但乔治认为，人类真实的学习过程也许并不是简单的刺激–反应过程，而是较为复杂的S–A–B–C–D–E–F–R过程；而且，中间的几个步骤A–B–C–D–E–F既不能被归类为刺激，也不能被归类为反应。乔治深信自己的想法与事实相符，他认为在人类的学习过程中，感知（A）、理解（B）、相信（C）、接受（D）、记忆（E）、重现（F）是几个应该清楚区分的步骤，并且激励强化手段对这些步骤的作用各不相同。斯金纳认为，仅靠激励强化手段就能教会人类很多东西。但在乔治看来，这是一种过度简化的误导性学说。要想制造出一台能用程序化的步骤教育员工的机器，首先必须更深入地理解激励强化机制对各个学习步骤会产生怎样的效果。乔治认为，必须先深入研究人类的天性，然后才能理解人类能够学习哪些东西。人类的行为是一个谜题，在这个谜题之下隐藏着多个层次。自由意志问题显然比斯金纳的设想要复杂得多。[22]

事实上，乔治对自由意志问题已经有了不少想法。由于对自己的观点充满自信，乔治甚至写信给双日出版公司的编辑迪克·温斯洛，表示他有意撰写一本关于自由意志的书籍。此时，乔治还没有完全放弃《并无捷径》的写作计划。在匆匆抛弃上一个计划以后，乔治总能像浴火重生的凤凰一样很快构思出下一个全新的计划，这是典型的乔治式行为。虽然《心理学的改革》这个书名听起来太过平淡无奇，但乔治相信自己很快就会想出一个精彩的书名。在乔治的构思中，这本书的主题是向读者解释为什么现存的所有心理学理论都不能被大量已有的数据支持。这些缺乏实际证据的理论之所以能够长期存在，是因为到目前为止还没有人能够提出一套真正有见地的理论来取代它们。在乔治即将撰写的这本书中，他不仅会向读者介绍与大脑功能及解剖特点相关的各种动物的数据，还会将自省、学习、动机、记忆、爱、先天–后天之争等方面的论述全面融合，从而提出一套颠覆心理学领域的全新理论。乔治认为，在这本书中他不仅可以纳入此前被《科学》杂志拒绝的两篇论文的内容，还可以谈及他对许多其他问题的想法，比如，记忆存在于大脑中的什么部位，数学家可以为心理学领域做出怎样的贡献，等等。在写给温斯洛的信中，乔治说他已经离开了纽约西村，搬到（他万分厌恶的）波基普西居住。IBM公司的这份工作不仅给他提供了不错的薪水，还使他拥有了大量自由的个人时间。因此，在这种有利的条件下，他可以立刻开展新书的写作。[23]

乔治开始利用IBM公司提供给他的大量自由时间来做工作以外的事情，于是公司的同事们对他越发持怀疑态度。这个名叫乔治·普莱斯的家伙究竟是谁？一个记者，一名科学家，一位发明家，还是一个骗子？为什么他总在家办公？有些人怀疑乔治也许正在试图窃取IBM公司的商业机密，以便在《生命》或者《财富》杂志上再发表几篇论文，甚至悄悄制造出他自己的"智能机器"。一些人则搞不懂为什么乔治的工作任务是设计研发一种新型计算机，而他却利用工作时间来撰写一本心理学书籍。乔治的上司弗雷德·布鲁克斯相信乔治的能力，因此他想尽办法为乔治的各种不当行为打掩护。然而，要做到这一点并不是一件容易的事。布鲁克斯的私人秘书要求乔治停止用公司的资金购买办公用品。有一天，乔治非常少见地出现在办公室中，他的一名同事在谈话中提到，IBM公司很快就会向公众发布新的"系统/360计算机"。然而，听到这个消息以后，乔治竟然问道："360是什么？我从来不记得有这么一个机型。"此言一出，同事们立刻面面相觑：要知道，乔治的上司就是整个系统/360计算机项目的负责人。[24]

乔治根本不在意这些流言蜚语，他追求的是一个巨大的突破性成果，不管付出什么代价，他都必须朝着这个目标努力。在一篇发表于《思考》杂志上的旧文中，乔治写道："许多最富想象力和最重要的发明都是由所谓的外行人实现的，这些人并不受雇于与发明相关的行业，他们有自己的时间表，并且只按照自己的计划工作。"这句话成了乔治的座右铭。[25]

· · ·

乔治自认为可以在两个领域取得重要发现：第一个领域是数学优化系统，第二个领域是能够解释彩色成像现象的神经生理学编码方案。两者都与IBM公司的研究方向没有直接关系，但向来不走寻常路的乔治四处游说，希望说服研发部门相信这两项研究可能会给公司带来无上的荣耀。

乔治之所以会对数学优化系统感兴趣，是因为他此前一直在研发一套步骤，用于解决变量仅限于0和1的线性问题。这项研究的目标是找到一种快速的算法，用于找到多任务、多变量问题的近似最优解，这是一个计算机编程方面的问题。然而，乔治很快发现，该问题可以产生一个非常有趣的应用，但它与计算机编程领域的“寄存器问题”毫无关系，而是与经济学领域中的经济周期问题密切相关。乔治发现，将变量限定为0和1以后，这个模型可以用来解释以价格和利润为基础的经济系统，并且新模型比普通的线性模型好用得多。取得上述成果以后，乔治立刻写信给麻省理工学院的著名教授保罗·萨缪尔森。乔治认为他无意中发现了一套框架性模型，能够很好地解释以利润为基础的经济系统；有了这个模型以后，许多复杂的经济现象一下子变得易于理解了。[26]

在写给萨缪尔森的这封长信中，乔治写道：“为了向您证明我在经济学方面并不像您可能想的那样无知，我必须告诉您一些事实。”这些事实包括：1940年他在哈佛大学就读时曾经和鲍勃·索洛同班学习；1947年，安迪·帕潘德里欧曾在乔治位于温斯罗普屋的宿舍里上过课。“最后，也是最重要的一点是，在我13岁时麻省理工学院经济与社会科学系主任说我是一个很有经济学天赋的人……我和这位系主任是在某个组织的聚会上见面的，我们两人都是这个组织的成员。我和这位系主任讨论了他的论文，在谈话结束时他对我说：‘你应该去学经济学，你很有学习经济学的天赋。’（结果我去学习了化学，并且发现自己并没有什么化学天赋。）”[27]

乔治再次使用了他的经典套路：一些原创的想法加上一些古怪的幽默感，这是他取悦名人的常用做法。乔治给萨缪尔森留下了不错的印象，萨缪尔森认为乔治的利润算法听上去“新颖有趣”。但萨缪尔森还是建议乔治参阅关于经济周期的大量文献。萨缪尔森认为乔治是个古怪而独特的人，乔治的想法既有一定的原创性，又有一种想重新发明轮子般的狂热。于是，萨缪尔森在给乔治的回信中写道：“我相信你做的不少东西会让经济学家感兴趣，如果你能把你做的东西和其他学者的相关研究联系起来，就更好了。”[28]

与此同时，第二个“突破性”的研究方向也让乔治越来越感兴趣，它源于IBM公司的一份关于“针对复杂图像的物体识别方法”的备忘录。然而，乔治很快转到了另一个研究方向，他试图解决动物视力的基本谜题。在对外部世界成像时，动物眼中的神经线路的精确度究竟有多高？乔治一头扎进了文献中，只要是他能找到的视网膜显微解剖和电生理学方面的论文，他都读了个遍。最终，乔治决定向《科学》杂志投两篇论文，一篇名为《视网膜受体细胞内陷突触的结构与功能》，另一篇名为《锥色素与分光光度法的人工部件》。在写给他的上司弗雷德·布鲁克斯的信中，乔治写道：“我想我也许找到了缺失的一块关键拼图。”他指的是神经系统中的非神经元——神经胶质细胞，乔治认为他终于发现了这种细胞在视觉成像过程中扮演的角色。

此刻的乔治“忽略了身边的所有人，包括他的孩子”。安娜玛丽和凯瑟琳如今已经长成少女，她们有近10年没有见到她们的父亲了。毫无疑问，为了达到目标，乔治付出了巨大的代价。但是，他真的做到了吗？他付出的一切值得吗？从化学到经济学，再到写作、计算机，这条艰苦的路真的能够带领他走向荣光吗？乔治认为这是一项“极为重要的发现”，不仅是他原创的，而且非常大胆。经过多年的努力，他终于找到了属于他自己的真理。“我对此非常乐观，”他对朋友坦言道，“我认为，这个发现将极大地改变我在世界上的位置。”[29]

• • •

然而，事实和乔治的预想大不一样。关于动物眼睛的“发现”很快被宣告失败，就像他曾计划与约翰·斯卡耐及阿根廷专家里卡多·穆索共同进行的超感觉实验，就像那台惊人的设计机器，就像《并无捷径》一书，就像他即将震撼整个经济学世界的优化模型一样。乔治将他的论文寄给了获得过诺贝尔生理学或医学奖的科学家约翰·埃克尔斯，后者礼貌地回复说，乔治的这篇论文十分“惊人”，不过他看不懂。“你对这个重要的问题做了物理化处理，”埃克尔斯写道，“但以我平庸的学识实在无法理解你的意思。”[30]

与此同时，乔治的甲状腺又出问题了，他考虑做手术。虽然在斯隆–凯特琳纪念医院就有一位不错的主刀医生，但乔治还是决定去芝加哥，让唐·弗格森为他做手术。弗格森的妻子也做过甲状腺切除手术，当时的监督医生就是弗格森本人。如今弗格森的妻子已经完全康复，人们都说弗格森比较保守，他也是乔治的老朋友。

直到乔治来到比林斯，穿上了医院的病号服，弗格森才告诉他，对于患甲状腺瘤的病人，他总是做完整清除型颈部廓清术。弗格森让乔治不要担心，这个手术只会留下“一个小小的疤”。而乔治已经失去了改变计划的勇气，此时是1966年2月。[31]

手术结束后乔治回到纽约，在写给弗格森的信中他说自己“康复得不错”。现在他还不能研究数学（“那将是完全康复的标志”），但他正在朝这个方向努力。他对弗格森为他做的一切表示感激：“谢谢你对我的所有关爱。谢谢你的花、你的收音机、你打给我妈妈的电话，谢谢那些书、那些音乐课程，谢谢你在家里那么友好地招待我，还要谢谢你给我的刀口缝上了美丽的针脚。”[32]

夏天过去了，随着秋天的来临，乔治的康复状况却不顺利。他到纽约大学的物理医药与康复中心进行物理治疗，却几乎无法移动他的右臂。更糟糕的是，他的右侧颈部、脸部和肩部也几乎没有知觉。乔治开始考虑进行神经移植，但一位专家告诉他，从来没有人能通过10厘米长的神经移植达到显著提高运动能力的目的，即使进行自体神经移植也达不到这个效果。此时的乔治不再外出，不再约会，也有好几个月没有去过剧院了。接着，1967年1月，弗格森写了一封措辞十分震惊的信，说他昨天收到了一个包裹，把他吓了一跳。包裹里装着乔治的溜冰鞋，字条上只写了发信人，没有任何留言。[33]

“我希望他去做疝气修复治疗，将他阴茎的神经切断。”在给一个朋友的信中乔治这样写道。他说弗格森就是一个“屠夫”。如果乔治能“根据摩西的法律”起诉弗格森，而不是只要求弗格森赔钱，那他会开心得多。朱莉亚又开始向乔治索要赡养费。凯瑟琳在纽约市的一家昂贵的私立学校——圣希尔达和圣休学校就读，最后一个学年的学费也得由乔治来支付。乔治的半边脸几乎毫无感觉。双日出版公司的律师写信要求乔治归还《并无捷径》一书的2 500美元预付金。乔治的生活变得越来越灰暗。由于乔治的情绪抑郁且没有按时服用甲状腺药物，他的兄弟爱迪生将他暂时送到佩恩·惠特妮精神病诊所住院治疗。[34]

此外，乔治辞去了IBM公司的工作，虽然所有听过他故事的同事都觉得他反应过度。在辞职信中，乔治向IBM公司630部门的布鲁克斯先生解释道：“我的目标、态度和动机都发生了根本性变化。”乔治曾向一位芝加哥的同事表示他想撰写几篇论文，主题是“关于人类在解剖、生理、行为等方面的几个奇怪之处的进化起源”。在写给女儿的信中乔治则说他打算去欧洲待上两三个月，目的是“写几篇杂志文章”。他对一位朋友终于说了实话：“我的家人会认为我去欧洲待几个月，写几篇杂志文章，但事实上我不打算回来了。”乔治得到了一大笔保险赔付金，足够他生活一年以上。现在乔治感兴趣的是家庭的进化过程，但人们也许很难从他的行为中猜出他的这个新兴趣。也许，这才是他最终做出突破性发现的领域。[35]

· · ·

10年过去了，乔治的生活就像一场疯狂的清道夫狩猎游戏。但是，乔治·普莱斯究竟在追求什么呢？他从明尼阿波利斯令人昏昏欲睡的市中心搬到了垮掉文化的中心——纽约市西村，又从那里搬到了灰暗的波基普西。在东奔西走的道路上，他满怀希望地接触了许多迥异的事物：卟啉、癌症、心灵感应、计算机辅助设计、经济周期、大脑神经网络、处女膜、优化系统，还有视觉成像问题。他当过化学家、经济学家、作家、数学家、心理学家、生理学家，还曾经自称为先知。他接触过若干大人物，并试图给他们留下深刻的印象，其中包括三位诺贝尔物理学奖得主（巴丁、肖克利、布里奇曼），一位得过诺贝尔奖的遗传学家（穆勒），一位诺贝尔生理学或医学奖得主（埃克尔斯），以及一位诺贝尔经济学奖得主（萨缪尔森）。他结交过美国最有影响力的心理学家（斯金纳）、信息理论之父（香农）、备受尊敬的明尼苏达州参议员（汉弗莱），以及当时最伟大的两位作家（赫胥黎和辛克莱）。他思考过合理性和学习的问题，思考过人性和大脑的运作，研究过心理学和经济学方面的最新理论。他真的非常努力。

可是，乔治究竟得到了什么成果呢？他的家庭支离破碎，他的身体每况愈下。他换过数不清的工作，如今还失业了。他几乎和自己的兄弟断绝了联系，他快不认识自己的女儿了。他的母亲总以他死去的父亲的口吻给她自己写信，并且非法喂养鸽子。乔治已经45岁了，他想要成名，但他一无所成。

但奇怪的是，在绝望的外表下，乔治的内心似乎聚集了一些重要的元素：他习惯于优化的思维方式，总喜欢把问题分解成许多元素分别考虑，善于思考个体与社区之间的关系，痴迷自由意志的问题，想找到一条玻意耳式的人性定律，他对进化很感兴趣。最重要的是，他的心中始终有一个信念，一份奇怪、固执、自我的决心：不管付出什么代价，他一定要找到属于他的真理。

1967年11月13日，一个刮风的星期一的早晨，乔治踏上了伊丽莎白女王号的甲板，即将离开美洲大陆。大西洋上的夜晚晦暗不清，乔治的未来也是一样。此刻的乔治并不知道，他正追随着先人的脚步，包括克鲁泡特金、赫胥黎、阿利、费希尔、霍尔丹、温–爱德华、冯·诺伊曼、汉密尔顿和梅纳德·史密斯。乔治·罗伯特·普莱斯正动身前往英格兰，去那里解开利他主义的谜题。

# 第 二 部 分

乔治·普莱斯的公寓，位于小蒂奇菲尔德街，公寓楼下原是一家肉铺（现在是一家熟食铺）

## 第9章

# 移居伦敦

1967年年末，整个伦敦充斥着令人兴奋的气氛。首先是那些时髦的夜店，比如莱斯特广场附近的即兴酒吧、卡纳比街角的猫酒吧。然后是离岸海盗电台，比如“广播卡罗琳”、“广播城市”，以及每周五晚播出的音乐电视秀《各就各位，预备，跑》，在沙沙作响的黑白电视中介绍最新、最时髦的音乐（这个节目的口号是：“周末从这里开始！”）。最后，这里还有滚石乐队、谁人乐队，以及罗伊·盖勒佛的新乐队——品位乐队。在衣饰零售店方面，披头士乐队在贝克街上开了一个苹果精品店，在这里，由荷兰“傻瓜”三人组创作的迷幻壁画正欢迎着对新潮流如饥似渴的顾客们。[1]

理查德·汉密尔顿和彼得·布莱克给波普艺术注入了一缕英伦风情，戴维·霍克尼将对这个时代的讽刺精心雕琢，玛丽·奎恩特和奥西·克拉克发明了新的世界时尚潮流。伦敦城中的男人喜欢时髦的发型、衣领、鬓角，以及长度介于大衣和外套之间的皮夹克。女人们则在崔姬和简·诗琳普顿的引领下将骨瘦如柴的身材、迷你裙、钟形下摆的裤装、配超大扣子的外套，以及高跟厚底摇摆靴的艺术发挥到极致。脉冲、震动、喧闹、起舞，这座城市仿佛一座充满着人类精神的热带雨林。没有人知道这个名字来自哪里，但在战后的节俭年代过去以后，我们迎来了“摇摆的伦敦”。无法无天，招摇华丽，这里是世界的“酷”之都。[2]

然而，乔治完全没有注意到周围的这一切。下船之后，他走进了一个与波基普西完全不同的世界，但他自己的生活却一片混乱。在乔治眼中，四周一片模糊。

“我仍然拒绝社交。”在写给他在美国的前女友塔蒂亚娜的信中，乔治这样写道。在伦敦大学附近的惠特菲尔德街，乔治租了一间局促的公寓。这间公寓里堆满了房东的杂物，还有乔治从美国搬来的好几箱东西，因为租储藏室的成本太高了。乔治99%的时间都在这堆东西中独自用餐。中央供暖是一种他很长时间都享受不到的奢侈品，上次享受这种待遇还是在来英国的船上，只有美国运通公司和福伊尔书店才能使他获得一点儿温暖。交通情况令人困惑（“我很不喜欢这里的司机和行人的关系”），食物仿佛来自另一个星球，公寓租金昂贵，服务速度极慢，所有事情都以一种古怪的方式低效运转，一切都令人厌烦。11月21日，乔治在位于伯爵府路的海外访客俱乐部里申请了一个邮政信箱。服务人员告诉他，如果一切顺利，他可以在1月末启用这个邮政信箱。关于伦敦的文化，乔治表示他“事实上什么都没看到，什么也没有听到”。[3]

最重要的是，乔治的胸中仍然熊熊燃烧着对弗格森的“仇恨之火”。他的右臂几乎不听使唤，更不要说脖子和肩膀了。由于在伦敦无事可做，也无人可拜访，对给他做过手术的老朋友的憎恨就成了乔治消磨时间的主要方式，甚至被他发展成一种哲学。乔治认为，弗格森的“屠夫行为”看似无意，实际却是精心策划的，这是一种将新教伦理延伸至清教伦理的行为，目的是展示生命中最重要的东西并非外表和微不足道的运动爱好，而是工作、家庭和艺术素养。弗格森是想通过这种方式提高乔治的道德水准。在接受手术之前，乔治是一个离了婚的单身汉，他抛弃了自己的女儿，享受着运动和整洁漂亮的衣服，甚至沾染了毒品。弗格森是一位来自明尼苏达的保守派人士，生活节俭，看重家庭。对弗格森来说，切断乔治的斜方肌神经是修正乔治的行为和劝他向善的完美手段。事实上，乔治对上述想法简直着了迷，他甚至打算发表这套理论，文章的主题是“完整清除型手术中的无意识因素”。[4]

乔治的内心变得越来越痛苦。他继续写信给双日出版公司的编辑，请求推迟归还《并无捷径》一书的预付金。在这封信中乔治写道：

> 这些医生觉得病人“应该”以某种方式做出反应。而对于弗格森的屠夫行径，我并没有做出这样的反应。（他们认为，一位“好病人”应该是，虽然他坐在轮椅上，颈部以下完全瘫痪，但他仍流着泪水，感激地说道：“我要感谢我勇敢的主刀医生，我还要感谢上帝。因为他们，我才能继续活在这个世上，享受着美丽的夕阳，听到小鸟的歌唱。”）[5]

事实上，在弗格森将他“搞定”以后，乔治并没有从“继续活着”的生活状态中获得多少乐趣。因此乔治表示，他“最多再活几年，甚至更短，这一切都取决于在未来一年中情况怎么发展”。乔治从保险公司那里获得了一笔25 000美元的赔偿金，这笔钱超出了两个女儿——19岁的安娜玛丽和18岁的凯瑟琳——的抚养费金额。过去的经验告诉他，只要能在科学领域出名，就能靠给杂志写文章赚钱。因为1955年在《科学》杂志上发表的那篇关于超感觉现象的论文，他后来在《财富》和《生命》杂志上发表的文章都获得了成功。乔治一直希望在科学上做出突破性的发现，因此他计划完成一些科学研究之后再做回自由撰稿人，这样就能赚到补贴生活开支的收入。如果上述计划能够取得成功，那么双日出版公司应该能在几个月后从报纸上读到关于他的消息。而如果计划不成功，那么双日出版公司就会接到位于西五十七街111号的曼哈顿人寿保险公司的电话。[6]

乔治编了一个自艾自怜的茧，并将自己紧紧地封闭在这个茧中。与此同时，外面的世界却并不安宁。1968年3月17日，在瓦妮莎·雷德格瑞夫的领导下，1万多人涌入特拉法加广场，抗议越南战争的暴行。示威人群计划一路和平游行至格罗夫纳广场，然后把抗议书贴到美国大使馆的门上。无政府主义者、强硬的“托派分子”和花童并肩行进，希望能让美国低头。当这群人在阿尔德尼街左转时，他们被一堵由警察组成的人墙挡住了。很快，煽动者控制了场面。在人们的叫喊声和挥舞的红旗中，人们听说接近美国大使馆的抗议者遭到了警察的机枪扫射。于是，这场和平示威瞬间演变成一场暴乱：骑着白马的骑警手执长杆冲进人群，就像古代的骑兵一样；蹲在地上的示威者被马踢到了头，妇女惊声尖叫，警察被从马上拉下来，然后是催泪弹和暴力镇压，这在伦敦很少见。那天傍晚，受伤的警察人数达到117人，受伤的抗议者人数则未知。[7]

“你是否已经找到了一位健康美好、偶尔会给你煮饭的英国姑娘？”为了振作乔治的情绪，塔蒂亚娜在写给乔治的信中这样问他。乔治并没有找到这样一位英国姑娘，此刻的他情绪抑郁，孤身一人，没有固定职业，并且怀着对弗格森的深仇大恨。他试图将每天的生活费控制在5美元以内，他诅咒爱迪生迟迟不肯归还欠他的钱。爱迪生和劳拉结了婚，而劳拉的父亲是通用汽车公司的原始股东。乔治和爱迪生的关系并不和谐，从童年时期开始，兄弟两人便一直在争夺母亲的爱。如今，他们的母亲年事已高，兄弟间积累多年的怒火几乎随时会爆发，并彻底粉碎仅存的一点儿团结的家庭气氛。这是一个苦涩的结局，为了摆脱忽视母亲的罪名，乔治给艾丽斯寄去了一本书，书名是《鸽子与人》。[8]

• • •

然而，在绝望的外表之下，乔治的心中已经种下了激情的种子。乔治是图书馆的常客，虽然与他的住处仅隔一条街就是伦敦大学学院的参议院图书馆，但他还是会去另外13家图书馆，包括卡姆登镇图书馆、海格特图书馆、动物学协会图书馆、大英博物馆和伦敦自然历史博物馆图书馆等。当图书馆关门时，乔治会被赶出去，此后他会继续奔向关门时间较晚的霍尔本公共图书馆。乔治涉猎的领域很广，包括人类学、语言学、医学、神经生理学、心理学、行为学等，任何有可能给他的研究课题提供线索的书，他都会去阅读。[9]他孤独地在这些书本上花去了很多时间，但这些并不能阻止他继续前进。终于，在早春三月的一天，乔治找到了让他眼前一亮的东西。

“我刚刚拜读了您关于社会行为的遗传进化的论文，我认为这篇论文非常有趣。”乔治写给比尔·汉密尔顿的信是这样开头的，“不知您是否有这篇论文的复本，我非常希望您能赠予我一份。”乔治指的是1964年的那篇关于亲缘选择的论文，也就是梅纳德·史密斯要求汉密尔顿拆分成两部分发表的论文。虽然乔治还没有完全理解论文中的所有数学细节，但他已经计划以汉密尔顿的这篇论文为基础自己再撰写一篇。乔治尤其感兴趣的问题是：一个生物如何知道其他生物身上携带着与自己一模一样的基因，是否有某种基因能让生物察觉到这种情况？汉密尔顿是否掌握了这方面的证据？换句话说，基因的相似性是否可以通过某种途径被生物感知？在大部分物种中，上述机制似乎根本不可能存在，但也许对人类这种高度进化的物种而言，“在理论上可能存在某种有趣的效应”，毕竟，不管是在遗传上还是在文化上，人类都拥有非常丰富的遗产。[10]

这是一条乔治早已熟悉的路：因为不满母亲艾丽斯总是以死者的口吻写信，乔治在科学杂志上发表檄文，向超自然现象宣战；因为对自由意志的存在产生了质疑，他为IBM公司撰写了那篇关于斯金纳的“教育机器”的文章；出于对利己主义的恐惧，他发展出一套世界哲学，对迫在眉睫的国家灾难提出了警告。如今，乔治·普莱斯再次将个人化的存在主义的困惑转化成属于他自己的科学研究项目。乔治在4岁时就失去了父亲，他将自己的女儿抛在遥远的美洲大陆，而曾共同度过大萧条时期的艾丽斯、爱迪生和乔治也彻底分道扬镳。乔治的思维陷入混乱，但他仍在寻找一个能将他在风暴中稳定住的船锚。在他的内心深处，一个问题如劲风一般呼啸：家庭的意义究竟是什么？家庭最初究竟是如何产生的？

关于人类进化的问题有一些新的畅销书涌现出来，比如德斯蒙德·莫里斯的《裸猿》(*The Naked Ape*）和罗伯特·阿德雷的《创世记大洪水》(*Genesis Flood*)。这些作者认为，对史前人类而言，狩猎-采集的生活方式是一种非常古怪的变化，而自然选择在帮助人类适应这种变化的过程中塑造了人类今天的某些行为，比如攻击行为和性取向。莫里斯出生于威尔特郡，他不仅是动物学家，还是超现实主义艺术家和作家。乔治发明的这套将引起争议和兴趣的全新理论，似乎有一半已经被莫里斯写在书中了。然而，灵感不断向乔治涌来。很快，他便调整了预期，认为他的理论只有15%被莫里斯发表过。在写给女儿凯瑟琳的信中，乔治表示他正在思考父爱和家庭的进化起源。[11]

在格罗夫纳广场暴动发生的一周以后，乔治在他的信箱中找到了比尔·汉密尔顿写给他的回信。

汉密尔顿非常遗憾地告诉乔治，他手上已经没有1964年论文的复本了。但汉密尔顿将他最新发表的另一篇论文随信寄给了乔治。这篇论文发表于1967年，主题是性别比例。这篇论文也以独特的方式研究了基因认知的问题。当然，汉密尔顿并不知道这位海外读者乔治·普莱斯究竟是谁；虽然他并未深入考虑人类基因和文化传承之间的互动关系，但他有兴趣了解乔治在这方面的想法。

当基因共同作用（在不同的染色体上，或者在一对特定的染色体上被联系在一起）时，它们究竟在进行何种博弈？关于这个问题，目前我还没有产生清晰的想法。我不得不承认，就现象来看，这种博弈似乎有些像社会主义（或者种族主义，我也说不清）。但是，关于生物和文化进化之间的互动关系，我只有一个模糊的概念。在人类历史上，文化曾以原始宗教的形式使社会主义牢不可破；但是，如今被我们奉为最高标准的文化风气却强烈反对裙带关系及其他类似的做法。实际情况是否有可能是，文明在人类族群中创造了基因多样性的需求，甚至创造了种族多样性的需求，这种需求又催生了一种更高层次的伪善？我十分好奇，在这个领域中，你是否有一些自己的心得呢？[12]

乔治的感情受到了冲击，而汉密尔顿恰好有一颗敏感的心，他立刻读懂了乔治的意思。在那封来自陌生人的短信中，汉密尔顿从索要论文复本的寥寥几行文字中看穿了乔治的内心。因为在阅读汉密尔顿1964年的那篇关于$rB>C$的论文时，乔治情不自禁地产生了以下疑问：裙带关系型利他行为已经是自然能找到的最好方式了吗？[13]如果情况确实如此，那么人类的前景看起来十分黯淡。然而，对于道德的成因，汉密尔顿却在给乔治的回信中描绘了一幅更加虚无的图景。人与人之间的善意似乎范围十分有限，仅存在于亲属之间，当人们想到这一点时，常常会产生一种厌恶的情绪。然而，这种厌恶情绪本身可能恰恰是基因的把戏，其目的是在人类中催生基因更偏爱的行为。家庭以外的更广泛的利他行为能产生有益的效果，即增加种群的整体基因多样性。这种生物学意义给“纯洁”的道德感蒙上了一层实用的黑色。

难道人类就没有取胜的希望了吗？真正的善意必然是有限的，而广泛的善意则不存在，真是这样吗？汉密尔顿是否还揭示了一种更加模糊的可能性：不管在什么层面上或什么范围内，基因才是真正的主人，而人类只是基因的奴隶？在给汉密尔顿的回信中，乔治一开头就写道："您的信极为有趣。"乔治一直相信"树枝向哪里弯，树木就朝哪里长"，然而，也许真正能控制树枝向哪里弯的因素是基因。费希尔在这方面的洞察力真是令人震惊，然而在他身后又留下了什么呢？汉密尔顿是否意识到亲缘选择学说的另一面，家庭中的裙带关系意味着对陌生人的恶意？还有，汉密尔顿是否有兴趣与他合作，共同研究"关于对非亲属的恶意的自然选择"问题？[14]

此时是1968年3月，汉密尔顿已经出发前往巴西雨林，去研究有多个蜂后的黄蜂种群，因此他无法提供回信的地址。[15]乔治无法继续与汉密尔顿通信，他的手上只有一封如孤儿般被遗弃的信件，上面写满了语焉不详的内容。这些内容令乔治心跳加速，他又看了一眼汉密尔顿的信，信上写着："它们究竟在进行何种博弈？"博弈？这一切都是博弈吗？

"我十分确定，"汉密尔顿在信上写道，"囚徒困境的情况在生物进化中十分普遍，也十分重要。"此时乔治还不完全清楚这句话的精确含义，但他通过参议院图书馆中的一篇论文找到了关于这个谜题的一个重要线索。也许，他终于可以找到一点儿善意，帮助他缓解内心最大的恐惧。

在图书馆中，乔治没日没夜地工作。他阅读了6篇论文，但没有一篇是彻底读完的。在给他的女儿凯瑟琳的信中，乔治写道："我的重大成果将是关于人类家庭的进化起源。"接着，乔治继续解释道：

> 在许多鸟类物种中，雄鸟都会直接参与对后代的养育工作，但在哺乳动物中，这种情况却相对少见。在大部分哺乳动物中，雄性只负责与雌性交配，而后代的养育工作则完全由雌性承担。在一小部分哺乳动物中，雄性虽然也会参与后代的养育工作，但种群中的所有成年雄性往往会共同照顾所有后代，而不是只照顾自己的后代。比如，在

狒狒这个种群中，占统治地位的雄狒狒会对小狒狒采取极端保护的行为，但它并不会区别对待自己的后代和其他雄狒狒的后代。而人类的情况并非如此，在大部分甚至是所有人类文化中，占统治地位的情形是：成年男性只会优先保护和照顾自己的孩子。这就产生了一个问题：为什么人类物种会以这种方式进化？[16]

这封信的署名是“爱你的爸爸”。

· · ·

乔治又走上了放纵散漫的老路，他仍在寻找某种知识上的突破，但没人知道这种突破是什么，他的追寻也毫无重点。不久后在参议院图书馆中，一篇发表在《自然》杂志上的论文再次吸引了乔治的注意力。在《人类的由来》中，达尔文已经认识到这个问题：鹿角是一种成本很高的设计，但在给对手造成伤害方面，这种武器却远谈不上高效。[17]既然如此，为什么鹿会进化出鹿角呢？一个名叫G. 史通豪斯的人声称他找到了这个问题的答案，那就是这种形态精巧、体积巨大的器官事实上是为了散热才进化出来的。在夏季，鹿茸的血管中有血液流过，鹿可以通过这种方式散热。因为温度调节方面的需求，鹿不得不进化出这种成本高昂的器官。通常，只有雄鹿才有角，这是因为雄性体型较大，它们的散热需求也较高。史通豪斯十分自信地认为他解决了达尔文的谜题，一些看似只是负担的装饰性身体结构，事实上在生理上是必不可少的。[18]

乔治完全不同意史通豪斯的结论。早在1967年夏天，乔治就开始思考鹿角的问题，但他至今都没有解开这个谜题。对于这个问题，乔治在头脑中进行了反复的思考。他想过汉密尔顿留给他的线索，并为此辗转反侧。

之后，他灵光一现，想出了一个办法。博弈！当然！他早就研究过博弈的问题！虽然《并无捷径》的书稿已经被遗弃在某个抽屉中逐渐发黄，但它确实是一本关于博弈问题的书，主题是冷战中美苏两国如何在解除武装方面互相博弈。突然间所有孤立的点都被连接在一起：如果鹿真的需要散热，它们显然可以通过成本更低的方式达到这个目标（比如下垂的皮肤或者体积较大的耳朵），而根本没必要采用每季更新鹿角这种昂贵的方式。而且，母鹿春天有鹿茸，夏天却没有鹿茸，而低地热带鹿整年都需要散热。所以，鹿角显然不是用来解决散热问题的。大自然的鬼斧神工完全是为了限制搏斗，这是一种经典的冯·诺伊曼博弈。[19]

这种博弈的逻辑是：假设有一群雄鹿的战斗能力（E表示战斗能力较强，e表示战斗能力较弱）各不相同，降级冲突的能力（D表示降级冲突的能力较强，d表示降级冲突的能力较弱）也各不相同。在这种设定下，我们可以计算各种雄鹿（De，DE，de，dE）与其他雄鹿作战时可能采取的策略。通过对受伤、生存、胜利等事件分配一定的概率，乔治发现了一个惊人的结果。假设共有100代雄鹿，每代经历4~5个配种季，那么事实证明限制搏斗的策略最为成功，因此这种策略在进化中应该被保留下来。雄鹿可以通过不止一种方式来实现限制搏斗的策略，其中一种方式就是长出装饰性的鹿角。当用这种鹿角打斗时，鹿角会锁在一起，这显然比用一根或两根强有力的尖角互相冲撞更安全，也不容易对身体造成致命伤害。因此，这种生物学上的设计就像拳击手在出拳时手下留情一样。

但是，如果鹿群中有一头鹿心怀恶意，并且长着一副尖锐朝前的角，这样的鹿是不是总能从这种策略中受益？对于这个问题，我们需要引入博弈论的思想和进化稳定策略的概念：

> 某种遗传策略若想保持稳定、不受进化扰动的干扰，就必须充分

> 满足以下条件：物种若不在智力和体力上取得明显进步，就不可能找到一种比现存策略更好的策略。因此，为了检测某种战斗策略的稳定性，我们可以引入一种进化扰动。对于表现异常的动物，我们需要判断自然选择是否会自动对这种动物不利，进而将这种动物淘汰掉。[20]

通过以上方式，乔治发现长鹿角确实是一种优势策略。除此之外，实验还揭示了几条简单的原则：第一，任何动物都应该避免与比自己更强的动物打斗；第二，任何动物都应该对比自己更弱的动物表现出攻击性；第三，在与能力相当的动物打斗时，动物有时应该采取“刺探”行为，也就是故意升级冲突来判断对方的反应。然而，最重要的是“扯平”原则。[21]

这是一种最优策略。一只攻击行为不足的动物会在战斗中反复落败，但是，如果第三只动物在第一只和第二只动物已经扯平的前提下使冲突降级的倾向较低，那么它也会在战斗中反复落败。假设还有第四只动物，它做出刺探行为的倾向较低，那么它同样会在战斗中反复落败。最重要的是博弈论中的一条基本原则，即一个玩家的策略永远取决于其他玩家的策略。比如，对拥有领地的动物来说，因为战斗失败会输掉更多东西，所以它的优势策略也许是把战斗时间拉长，以使前来争夺领地的动物早些退出。相反，对前来争夺领地的动物来说，优势策略也许是尽早结束战斗（以及有时做出刺探行为），前提是它知道保卫领地的动物很可能会选择战斗到最后一刻。当然，以上分析可能过度简化了。自然选择也可能会青睐致命的闪电式攻击，或者同一族群中可能存在两种以上的攻击行为。尽管如此，在一个不会形成联盟的物种中，基础策略绝对是最优策略。根据乔治的解释，人类的所有层次的“双方博弈”中都存在该策略，“不管是两个小孩打架，还是两个国家争霸”。[22]

将限制搏斗模型在逻辑上推向极致，就会得出一个结论：所有生死相搏的战斗，最终都会进化为远距离、象征性的无害威胁。在有些物种中，我们可以观察到两个不同层面的物理搏斗方式，比如，在鹿群中，既有把鹿角锁在一起的战斗方式，也有直接攻击对方身体的战斗方式。但是，即使在这样的物种中，完全不参与战斗仍然比参与温和的战斗更安全。当然，在博弈中，一切都取决于你如何判断对手的特点。在进化的“军备竞赛”中，双方都必须发出展现各自力量的信号（以及展现各自的“野性”和“不确定性”的信号），双方还要比拼判断对方诚信度的能力。在一群雄性动物中，鹿角的分化程度越高，冲突发生的概率就越低。大部分战斗并不会真正发生，只要在远处看看对方的鹿角（也许还需要吼叫几声），战斗就结束了。

在写给汉密尔顿的信中乔治说过，亲缘选择的另一面是对没有亲属关系的其他生物抱有恶意，这实在不是振奋人心的想法。当时他还不知道汉密尔顿即将动身前往巴西雨林。但是，战斗同样具有两面性，它的另一面是更有希望的利他主义承诺。亲缘选择学说可以解释父母对后代的照顾行为，如果这种行为中区分亲疏程度的机制失灵了，那么这种学说还可以解释人们对陌生人的“善行”。但是，乔治并不相信亲缘选择学说能解释自然中的所有利他行为。

之前阅读的各种文献开始在乔治的头脑中清晰起来。乔治发现，乔治·C. 威廉斯在1966年的《适应与自然选择》一书中讨论过这个问题。威廉斯认为，如果动物生活在稳定的社会族群中，并且有足够的智力在家庭以外形成个体之间的友谊和仇恨，这种动物就可以进化出一套合作行为的体系。但是，乔治认识到，即使不满足上述条件，动物之间同样可以进化出互惠关系。如果在某个物种中合作行为非常重要，那么博弈论的逻辑本身足以保证合作行为的存在。这些动物根本没有必要拥有形成友谊和仇恨的能力，问题的关键其实是对不合作行为进行报复。

在非洲猎犬中就存在这样的例子。人们观察到，有时一群猎犬会“群殴”某一只猎犬。非洲猎犬种群通常表现出高度的合作模式，乔治认为，报复行为是对不合作个体的完美惩罚（以及潜在威胁），从而保证合作行为的存续。这套理论背后的逻辑非常简单。种群中的个体可以通过两种方式提高自身的适应性：第一种是帮助种群中的其他个体，从而避免被其他个体攻击；第二种是攻击不合作的个体，强迫这些不合作的个体帮助自己。因此，合作的倾向和攻击不合作个体的倾向都会被进化选中。惩罚行为和维持秩序的行为都是合作的必要条件。[23]

这不仅是将博弈论应用到动物行为领域的原创性成果，也是一个相当骇人的想法。此时的乔治还没有找到人类家庭、父道和爱的进化起源，但这些用博弈论做出的进化解释已经为他之后的发现打下了基础。乔治将这篇篇幅较长的论文整理出来。1968年8月，他将这篇名为《鹿角、种内搏斗与利他主义》的论文投稿给《自然》杂志。

就在同一星期内，乔治从帝国理工学院得到了汉密尔顿在巴西的地址，他决定给汉密尔顿写一封迟到的感谢信。乔治正在研究另一个问题，采取的方法与1964年那篇关于亲缘选择的论文中使用的数学方法如出一辙，但更加透明（而不太严谨）。时机成熟的时候，汉密尔顿能否抽空阅读一下他的论文呢？显然，汉密尔顿的认可对乔治而言非常有价值。[24]

不久后，乔治搬进了另一间公寓，位于小蒂奇菲尔德街和大蒂奇菲尔德街的交界处，向南走5分钟就是牛津圆环站。

• • •

乔治新搬入的街区仿佛在福尔摩斯的故事里才会出现。楼下是一间肉铺，店主是一位德裔犹太人，马路对面是卖意式浓缩咖啡的弗兰克咖啡屋。

在莫蒂默街和大波特兰街的交界处有一家本地酒吧——乔治酒吧，这家建立于1799年的酒吧至今仍挂着石膏顶灯，铺着吱吱作响的木地板，客人们无精打采地喝着啤酒，说着半真半假的故事。大蒂奇菲尔德街的住客们的生活谈不上富裕，但还算舒适，这些人中有物理学家、律师、记者，还有一些性格古怪的未婚女作家。在一条狭窄沉闷、令人昏昏欲睡的街道旁有一排红棕色的四层维多利亚建筑，窗台被漆成白色。这些房子使人产生一种奇怪的幻觉，仿佛房屋的冠顶要将天空挤出人们的视线一样。就在西侧100码①开外，摄政街庄严地一路向北，延伸至朗豪坊的万灵教会，然后在一栋宏伟的白色石头建筑（英国广播公司的大楼）处拐了个弯，转入宽阔的波特兰广场，那里有捷豹和劳斯莱斯汽车，还有豪华的英国皇家物理学会和英国皇家建筑师学会。总之，这里的一切都和纽约的格林尼治村大不相同。

乔治租住的这间公寓就位于摄政街背后的小蒂奇菲尔德街上。这栋四层红砖建筑带有阁楼，屋顶由黑色茅草覆盖。在二楼，一间面积不小、有三个卧室的公寓就是乔治的家。乔治在房地产市场萧条的时候与房东签下了7年租约，头5年的租金已经付清。[25]这真是一个不错的住处。

虽然周围的环境相当宁静，但乔治总有一种无法忽略却也无法解释的感觉。不管是沿着主街从牛津圆环站往家走，还是走在主街背后的小巷中，或者在弗兰克咖啡屋里喝咖啡，万灵教会的石质塔尖总是“注视”着他。那种目光严峻而阴险，像一只鹰在望着对危险毫无察觉的猎物。

• • •

与此同时，汉密尔顿身在马托格罗索，这里是英国皇家学会和英国皇

① 1码≈0.914米。——编者注

家地理学会考察团的大本营。他一面在8月的艳阳下挥汗如雨，一边提笔准备撰写给乔治的回信。对汉密尔顿来说，乔治只是一个陌生的通信者；但不管是谁写信给他，汉密尔顿总会尽量回复。事实上，乔治对汉密尔顿来说有着特殊的意义，毕竟对利他主义的遗传问题感兴趣的人实在不多，而乔治正是其中之一。当然，他对乔治打算撰写的论文非常感兴趣。但是，假设乔治的这篇论文只有一个复本，那么把它寄来巴西实在是太冒险了。邮政服务极不可靠，他们的下一站——贝伦的邮政系统相对安全一些，也许乔治可以把论文寄去那里。又或者，乔治可以等他回国再说，估计在12月到下一年的1月间，他就会带着克丽丝、罗米尔达和戈多弗雷多回到英格兰。汉密尔顿将这封回信寄了出去，便又投入到对黄蜂的研究中，很快把乔治的事情忘得一干二净。[26]

此时，在英格兰，秋天的冷风已经刮了起来。乔治一头埋在图书馆的文献之中，他无论如何都无法把亲缘选择的想法从自己的头脑中赶出去。即便依据汉密尔顿的数学演算，他的这个想法也真的可靠吗？利他的基因是否只能通过家庭传播？如果事实真是这样，那么利他主义的反面——恶意和战争是否就是没有亲缘关系的个体之间的宿命？这种灰暗的想法令乔治感到郁闷。

乔治开始怀疑，亲缘关系真的是利他主义成立的必要条件吗？生物个体之间共享的利他基因会不会已经足够了呢？当然，亲缘关系是共享基因的一种方式，但它并不一定是唯一的方式。如果亲缘关系并非共享基因的唯一方式，汉密尔顿提出的亲缘关系原则上就只是更广泛的现象的一个特例。在3月初的那封信中，他提出了一个问题：基因能否在其他生物个体中识别出相同基因的存在？假设一个利他主义者能够通过某种方式找到其他利他主义者，那么他们之间不一定要有亲缘关系，也可以互相帮助，让利他主义的基因不断增殖。[27]

乔治把这个问题从头到尾认真想了一遍。问题的本质其实是如何追踪某一特征随时间的变化，要想做到这一点，最简单直接的方式是什么呢？假设我们有一组10个人，他们的身高不完全一样。然后，我们又有第二组10个人，他们的身高分布与第一组不同。为了达到我们的目标，我们可以测量第二组人的身高，但只允许测量那些与第一组人相同的身高。当然，这些身高在第二组人中出现的概率可能和第一组不同。比如，第一组人的平均身高是5.5英尺。如何最好地预测第二组人的平均身高呢？从直觉上看，这个问题的答案相当简单。我们需要知道第一组中的每个人的身高，以及这些身高在第二组中的“副本”数量，衡量这两个因素之间的关系后，再除以“副本”的平均数量，就可以知道第二组人的平均身高。从科学的角度说，这种关系被称为“协方差”。比如，第一组中有一半的人身高为5英尺，另一半的人身高为6英尺；而在第二组中，6英尺高的人比5英尺高的人多得多，第二组的平均身高就会更接近6英尺。协方差的公式是：

$$\Delta\bar{z} = \frac{Cov(w, z)}{\bar{w}}$$

这个公式解释了第一组的不同身高（$z$）的“副本”数量（$w$），如何决定第二组的平均身高（$\bar{z}$）。

这是一个普适的选择方程：不管是小孩挑选哪个收音机频道，地球选择保存哪些化石，还是遥远的星系选择哪些化学晶体，这个公式都适用。当然，这个公式也可以被用来挑选生物特征，比如秃顶、身体力量的强弱和牙齿是否弯曲等。最重要的是，这个公式适用于社会行为的进化，比如利他行为的进化。我们只需要用$z$表示生物的性状，用$w$表示这种性状的适应性（性状的“副本”数量就是它的适应性），这个协方差公式就能告诉我们这个性状怎样从一代传递至下一代——得到答案非常轻松，就像魔术师把兔子从帽子里拽出来一样。虽然乔治还没有完成所有推导工作，但他已经看出，他的方法比使用亲缘系数的方法更加抽象，并且他可以用这个方法产生和亲缘系数法同样的结果。通过计算性状和适应性的协方差，就能追踪利他主义的传播方式，而计算亲缘关系的传播路径则变得没有任何必要。虽然汉密尔顿提出了方程$rB>C$，但实际上利他主义依赖的是联盟，而不是家庭关系。[28]

乔治立刻找到了其中的原因，只要个体生物组成联盟，自然选择就将一视同仁地对待这些联盟。组成联盟的原因并不重要，生物个体可以因为共同的血缘而结盟，可以因为相似的性状而结盟，也可以因为其他原因而结盟，从自然选择的角度看，这些情况毫无区别。而且，因为我们可以用协方差来度量统计学意义上的联盟程度，而不是血缘关系的亲密程度，所以生物个体之间的关系程度甚至可能是负数。从数学的角度看，这意味着在某些特定的联盟条件下，生物种群中可能进化出利他行为；而在另一些联盟条件下，生物种群中则可能进化出恶意。总之，一切都取决于环境。恶意不仅可以表现为自私地伤害他人、为自己牟利，也可以表现为伤害自己，以达到在更大程度上伤害敌人的目的。因此，解释恶意的进化过程与解释利他行为的进化过程这两个问题非常相似。它们都会降低生物个体的适应性，但这两种行为却仍然存在于自然界中。这是一种完全被汉密尔顿忽视掉的可能性。

乔治开始思索更深层次的意义。利他主义真的没有什么特别之处吗？从进化的角度说，利他主义与恶意之间只有一线之隔。一个生物表现出利他的善意还是恶意，这与它的“灵魂”或“内核”毫无关系，毕竟两者都存在于我们的心中。相反，一切都是由环境决定的。如果这个生物与周围的其他生物高度相似，利他的行为就会在进化过程中被保留下来；如果它与周围的其他生物低度相似，那么恶意才是最优解。纯粹的善意不过是一个虚构的概念。

这是一个令人震惊的结论。但奇怪的是，仔细思考一番以后，它似乎又是一个充满希望的结论。因为利他主义在适应性方面的成功依赖于社会环境，也就是社会。虽然人与人之间的善意缺乏纯洁无瑕的神圣道德起源，但只要社会认为善行是一种重要的品质，它就能得到广泛的传播。只要将合作行为制度化，就可以杀死竞争；相反，如果提倡和奖励自私的行为，利他行为则会被抑制。美德一直存在于我们心中，但我们需要一些外界的帮助才能践行这些美德。也许斯金纳只掌握了部分真理：只要创造出合适的条件，就可以培养出善行。

乔治把关于鹿角的论文投给了《自然》杂志，虽然他还没有收到《自然》杂志的回复，但他觉得问题不大。现在，最重要的事已经不是鹿角了，而是关于选择的数学新方法。过去，他总是从一个问题跳到另一个问题；现在，他终于找到了一个他愿意长期研究的问题。在给艾丽斯的信中，乔治写道："我认为我正在从事的这项工作真的会产生一些重要的结果。"乔治着重强调的是"重要"一词。[29]

亲爱的母亲，

就在大概一小时前，一件非常神奇且完全出乎我意料的事情发生在我的身上。我一直在撰写一篇用数学方法研究遗传与进化的论文。我取得了一些看上去非常有趣的数学结果，但它们看起来过于简单，我觉得前人一定得出过这些结果。今天早晨我和史密斯教授交谈，他是伦敦大学学院人类遗传学系的教授，也是数学遗传学方面的专家。史密斯教授看了我的结果，他说它们十分有趣，而且他此前从未看过类似的结果。[30]

"他太喜欢我的结果了，竟然立刻带我去见系主任。"在写给女儿安娜玛丽的信中，乔治继续激动地描述着当天的情况。在一封写给朋友的信中，乔治写道："90分钟以后，我离开了系主任的办公室。他们决定分给我一个房间，还给了我房间的钥匙。此外，他们还让我提供一份简历，以便正式授予我荣誉职位。"[31]

伦敦大学学院可以说拥有世界上最优秀的人类遗传系。在完全无人知晓的情况下，乔治踱步离开常走的街道，到系主任的办公室逛了一圈；几分钟以后，他就拿到了学校分配给他的住房钥匙。这正是乔治·普莱斯一直在等待的奇迹。

· · ·

伦敦大学学院的嘉尔顿实验室是一栋多层建筑，位于尤斯顿站以西的小蒂奇菲尔德街上。嘉尔顿实验室可以和许多大人物的名字联系在一起：卡尔·皮尔森，R. A. 费希尔，J. B. S. 霍尔丹，莱昂内尔·彭罗斯，以及现任实验室负责人哈利·哈里斯。一位评论员曾对嘉尔顿实验室做出这样的评价："这里的房间和走廊好像在一艘巨大的战船上，虽然它们并不在水下，但它们看起来却像在水下一样。镶花的地板和墙板常常被人们忽视，因为求知的实际需求淹没了建筑本身的豪华气派。"[32]

乔治走进了塞德里克·史密斯教授的办公室。此人曾是汉密尔顿的上司，担任该校生物系的韦尔登教授职位。史密斯比乔治大5岁，是一名生于莱斯特市的贵格派教徒。史密斯教授内心柔和，兼具数学家的奇怪幽默感。比如，他曾提出这样一个问题：当基督说"天堂等于$ax^2 + bx + c$"时，他是什么意思呢？（答案是：天堂是一条抛物线。）再比如，他发明了一个新的算术系统：从1数到5，然后把所有大于5的数字写成减去10再反过来写的方式。在剑桥大学读书时，他和其他三个朋友建立了三一学院数学协会，并以“布兰奇·笛卡儿”的名字发表对神秘问题的解法。在数学文献中，有时仍能看到这个神秘的“法国女人”的名字。[33]

布兰奇·笛卡儿研究过的其中一个神秘问题是，是否可以把一个大正方形剪成多个小正方形，并且每个小正方形的边长都不相同。对这个问题的解答孕育了“完美正方形”的概念，它在电子网络的设计中非常有用。另一个是假币问题：假设你有12枚硬币，其中一枚是假币，而假币与真币的区别是假币比真币稍重。假设给你一架天平，那么至少要称量几次才能找出假币？塞德里克对这个问题的解法为搜索理论的建立奠定了基础。搜索理论是数学的一个分支，在计算机科学、经济学，以及在寻找失事飞机或失踪登山者时常要用到搜索理论。（假币问题的答案是3次。）最重要的是，塞德里克是霍尔丹的学生，他发明了一种强大的方法，来测定基因在染色体上的位置。事实上，塞德里克已经继承了老师的衣钵，成为世界上最著名的生物统计学家之一。[34]

与此同时，乔治始终无法摆脱过去的纠缠。他离开了他的妻子，抛弃了他的女儿，对日渐衰老的母亲来说，他这个儿子也不太尽职。人们都说，乔治的行为具有自毁性。在乔治的内心深处，他知道人们说得一点儿也没错。他仍然“做着折磨弗格森的白日梦”。在大洋彼岸的美国，朱莉亚继承了一笔遗产，具备了独立抚养孩子的能力。现在的乔治对任何人都变得不再重要；即便他死了，也不会有人觉得失去了什么。伦敦大学学院给他提供的职位让他有了体面，但他仍没有收入。如果一直如此，乔治计划结束自己的生命。在写给女儿安娜玛丽的信中，他写道：“因为继续活着太麻烦了，我觉得根本不值得。”[35]

然而……

家人、陌生人、利他主义、恶意，这些概念就像喝醉的食人鲳一样，在乔治的头脑里挥之不去。为了驯服这些可怕的怪物，他必须求助于科学的力量。在某种意义上，乔治十分清楚，这些东西可以把他从深渊中拯救出来。塞德里克十分欣赏乔治，甚至有点儿被他的天才所震撼。在塞德里克赞许的目光下，乔治再次投入了工作。

乔治的目标非常清楚，那就是解开家庭进化的谜题。配偶选择、父爱、个人利益与群体利益的冲突，这些都是他要解决的问题。这应该是一个非常清楚和完全理性的问题，与他一团糟的个人生活截然不同。“情绪的偏见会产生扭曲的效果，为了保护自己不受这种效果的伤害”，唯一的办法就是发展出能解决进化问题的数学工具。现在，乔治已经逐渐了解了霍尔丹的学术成果，用霍尔丹的话说，“1盎司的代数结果相当于10吨的语言论证”。[36]

乔治曾为IBM公司研究过“寄存器问题”的优化方法，如今他试图用同样的方式给人类行为建模。如果一种行为策略能够使个体的基因在下一代中出现的概率最大化，这种行为策略就是“最优”行为策略。乔治沿用了莫里斯和阿德雷的研究方法：假设在中更新世和晚更新世中，有一群包含20~50个原始人的部落，想象有几种不同的行为策略都可以解决这个部落面临的某个问题，并将这几种行为策略与目前的行为进行比较。由于智人是一种非常成功的物种，所以假设我们的祖先很可能发展出遗传意义上的最优行为，并将这种行为保持了很长时间。因此进化很可能选中了最接近今天人类行为的策略。

乔治从最基础的问题开始研究。比如，我们的祖先是如何分配食物的？最优解法之一可能是完全的分享和合作：随机、非竞争性的交配策略；合作育儿，较少或完全不对个体的父母关系进行确认；对自私自利的个体进行报复性惩罚。和鹿角模型的结论一样，生物个体可以通过两种不同的方法提高自身的适应性。第一种方法是与他人合作，并通过这种方法逃避惩罚；第二种方法是帮助群体中的其他人惩罚不合作的个体，从而强迫这些个体参与合作。这种模型描绘的是一个真切的石器时代的柏拉图理想国。

但是，还存在另外一种可能性。如果这个部落在狩猎时选择让所有成年男性相互合作，而在其他领域中则让个人利益和家庭利益优先，会导致什么结果？在获得猎物以后，猎物会先在成年男性之间分配；然后成年男性再根据个人的选择将猎物分配给女人和小孩。乔治很快就意识到这样一个系统将青睐一夫一妻制，或者至少青睐某种与一夫一妻制类似的配偶制度。原因在于在食物稀缺的情况下，如果一名成年男性倾向于把肉留给自己，那么他会吃得很好，而他的“妻子”和孩子却会挨饿。平均而言，这样的男性留下的后代较少。因此，与这种行为有关的基因会在部落中迅速减少，这种吃独食的行为也会变得越发少见。另一种情况是，如果一名成年男性很愿意养家，但每隔几年就换一位妻子，那么在大部分时间里他都在给别人的孩子提供食物，而他自己的后代却没有得到照顾。由于基因概率不是一个绝对量，而是一个比例，所以这种男性越是愿意养家，他的基因在种群中出现的概率就越少。[37]

确实，世界上存在一些性行为十分随机的社会，其配偶制度与一夫一妻制相去甚远。但是，考虑到在过去的两万年中，人类的生活条件发生了巨大的变化，而目前绝大多数人类几乎都遵循一夫一妻制的家庭模式，这就能充分说明问题了。因此，假说2比假说1更有说服力。

因此，家庭是在与食物分配有关的选择压力下发展而来的。在人类进化史上的某一刻，由男性合作完成的狩猎活动变成了一项重要的生产活动，家庭应该就是在这个时间点发展出来的。也许，这也是原始人从树上下来并开始在热带大草原上直立行走的时间。令人惊奇的是，高贵的父爱并没有什么高贵的起源：人类只是为了解决如何每天稳定地获取食物的实际问题，才找到了这样一个最优解。爱的崇高理念不过是一个虚构的概念，目的是粉饰最优化的实际行为。毕竟，早在乔治打算为斯金纳搭建教育机器的时候，他就在给一位制造仪器的朋友的信中说，爱不可能是对某种“强化行为”的自动反应，因为爱不一定会给人们带来幸福。产生爱的一定是一种更强有力的因素，比如遗传因素。[38]

但是，以上这一切都只是猜想。要想让这方面的研究更进一步，乔治就必须运用数学工具。数学可以帮助他解释许多问题：配偶选择和性选择的问题，虚无主义和恶意的问题，互惠与合作行为的问题，文化遗传和基因遗传的互动问题。最重要的是，数学也许可以帮他解决那个终极谜题：进化究竟将鸡蛋放在哪个篮子里，是个体还是群体？是基因还是家庭？进化究竟使谁的利益最大化？

带着这些问题，乔治又一次审视了他的方程。

• • •

此时是1969年3月初。在大洋彼岸的美国，凯瑟琳和她的新婚丈夫罗尼正在等待婴儿的出生。艾丽斯的健康情况不断恶化。爱迪生告诉乔治，艾丽斯的两个脚趾的血栓导致了坏疽，她必须在本周接受双腿膝盖以下部位的截肢手术。在那年2月，《自然》杂志初步接受了乔治的那篇关于鹿角的论文，只要乔治按要求大幅缩减论文的篇幅，它就可以顺利发表。乔治感到非常兴奋，却没有时间庆祝。医生又要“害人”了，他必须立即飞回美国，见母亲最后一面。[39]

两天后乔治来到城中医院的病房，见到了躺在病床上的艾丽斯。截肢手术非常成功，但情况却并不乐观。见到乔治时，艾丽斯拉着他的手，十分亲切地看着他说：“今天学校里发生了什么？你穿鞋子了吗？你有没有喝热牛奶？”[40]

艾丽斯的健康情况不断恶化，与此同时，凯瑟琳在加利福尼亚州生下了一个男婴，名叫多米尼克，而凯瑟琳完全不知道她的父亲此刻就在美国。由于赡养费的尾款还没有付清，乔治很怕朱莉亚找他的麻烦，这种恐惧甚至超过了他对女儿和外孙的亲情。艾丽斯的家位于纽约市西九十三街，乔治到那里整理了旧文件和老照片，打算将它清空。即便艾丽斯能够康复，她也得住进德维特养老院。乔治出售了艾丽斯的家具，送走了她养的所有猫。最重要的是，他得和艾丽斯的租客麦卡特尼小姐做斗争。曾任法律秘书的麦卡特尼小姐75岁，体重200磅，沉迷酒精，性格极度难缠，熟知所有法律花招，并且坚决不肯从公寓里搬出去。她简直就是一个“从噩梦中走出的生物”，天哪，那些能找到日本绅士做租客的日子一去不复返了？[41]

乔治启动了驱赶租客的法律程序，然而他在这场战斗中却节节败退。由于手中现金短缺，他写信向亲朋好友借钱，老朋友阿尔、仪器制造者路德维格·勒夫特和住在密歇根州的姨妈埃塞尔都收到了他的借款信。为了筹钱，乔治甚至诡异地写信给位于宾夕法尼亚州阿伦镇的充气制品与化学公司的总裁，此人曾于1955年捐钱给明尼苏达大学，为乔治关于超感觉现象的研究提供过资金。乔治还给美国科学促进会会长、遗传学家本特利·格拉斯寄去了一篇关于选择问题的52页长的数学论文，问格拉斯能否帮他申请学术经费，比如古根海姆基金。除了勒夫特借给他200美元以外，其他人都没有回信。爱迪生慷慨地帮乔治支付了机票钱和他在纽约的生活费，但他觉得乔治并没有处理好母亲的公寓事宜，因此对乔治颇有微词。乔治筋疲力尽，情绪抑郁。[42]

为了逃避麦卡特尼小姐的纠缠，乔治会在下午乘坐开往下城方向的地铁去四十二街上的公共图书馆。他想通过写杂志文章赚钱，却找不到任何主顾；但他在图书馆里认识了一位叶史瓦大学的研究生，并靠帮这个人的叔叔写了一篇工商管理硕士的毕业论文赚了275美元。这位可爱的研究生桑迪比乔治小20多岁，和她出去约会让乔治又找到了年轻的感觉。可是，不管这段浪漫的关系有多么美好，乔治还是不能摆脱长久以来的习惯——比起女友，自我毁灭更容易。在给塔蒂亚娜的信中，乔治写道："我非常小心地继续怀着对弗格森的仇恨。因为如果我让这种仇恨消失，就意味着对弗格森恶行的屈服……他已经在身体上击败了我，但只要我继续恨他并且寻找复仇的机会，他就无法在精神上击败我。"[43]

4月中旬，第三篇论文吸引了乔治的目光。

• • •

在《科学》杂志上的一篇名为《公地的悲剧》的论文中，生物学家加勒特·哈丁提出了一个观点，即人口的增长问题是一个"在技术上无法解决"的问题。[44]在一个有限的世界中，使人口的增长速度最大化从技术角度而言是不可能的，就像一个人无法在玩井字棋游戏时一直取胜，以及在冷战中不可能通过囤积武器来提高国家安全程度一样。在这个问题上，马尔萨斯是对的，而亚当·斯密和芝加哥学派都是错的。有限的资源会让看不见的手变得荒谬滑稽，在这种条件下，个人利益不仅不能给集体带来好处，还会导致所有人加速走向毁灭。1833年，一名业余数学家出版过一本名不见经传的单行本。在《科学》杂志的这篇论文中，哈丁引用了其中的一个比喻，[45]对他的论点进行了如下解释：

> 想象有一片对所有人开放的牧场。我们可以预见，每位放牧者都会在这片公地上放养尽可能多的牲畜。这种安排可能会延续几个世纪，并且效果相当令人满意，因为部落战争、偷猎、疾病等因素会把人口数量和牲畜数量都控制在这片公地的承载能力范围内。但最终人们会迎来审判日，长期以来人们希望社会稳定，然而，目标达成的那

一天就是人们自食恶果的那一天。此时，公地的内在逻辑将无情地导致悲剧的发生。[46]

原因在于，每个放牧者都会问自己一个问题："如果在我的牲口群中增加一头牲口，会给我带来多少额外的效用呢？"对于这个问题，每个人都会得出相同的答案："增加一头牲口的好处由我独享，而这样做的成本（对公地造成的损耗）却由所有人共同承担。"因此，增加牲畜永远是所有人的最优策略。于是，放牧者会增加一头牲畜，再增加一头牲畜……哈丁在这篇论文中悲叹道："悲剧就这样发生了。每个人都被锁在一个系统中，这个系统推动他们毫无节制地增加牲口的数量，而这个世界的资源却是有限的。"

最终的结果是，这片公地会被彻底摧毁。在许多问题中，都会出现个人利益和公共利益的真正冲突，包括国家公园的使用、广播频段的使用、停车、捕鱼、林业、污染等。冯·诺伊曼和奥斯卡·摩根斯坦证明，同时使两个变量最大化在数学上是不可能的。如果要解决公地问题，就必须"对道德的概念做实质性的延伸"。

但是，哈丁是一个硬心肠的现实主义者，他认为靠良心和道德不可能解决公地问题。在哈丁看来，人类要想获得救赎，就必须靠一种"经所有人同意的强制措施"。问题的解决之道绝不是指望所有人都突然变成天使，而是设计一套聪明的管理机制，通过它尽可能地使公共利益和个人利益达成一致。从某种角度看，这又是斯金纳的那一套。虽然在世界各地，人们都宣称自由是一种人权，但它并不总是一种个人选择。就像黑格尔意识到的那样，在某些时候，自由只是一种"对必要性的认识"。

乔治坐在纽约的公共图书馆中，他很快就要回到上城去面对噩梦般的麦卡特尼小姐，这令他焦虑不已。但他又立刻认识到，公地问题与进化问题有一定的相似性。毕竟，在很多情况下，自然界中也存在个体利益与群体利益的冲突。然而，乔治知道群体选择理论早已被判了死刑，汉密尔顿、梅纳德·史密斯和威廉斯亲手把群体选择理论埋进了坟墓。

乔治认为应保持更开放的态度，要想让群体选择理论起作用，一个物种中就必须存在互不相同的种群。但是，进化学家已经排除了这种可能性，因为他们拒不接受休厄尔·赖特在1945年提出的模型。虽然随机漂移可能导致种群之间的差异，但只要生物能在种群之间迁移，这种差异就会被消除。但在与赖特通信以后，乔治得知现在赖特认为他的模型粗糙且过于简化。在赖特看来，虽然他1945年提出的模型没有被接纳，但这并不能说明群体选择理论就是错误的。[47]

群体选择在理论上是完全可行的，即使梅纳德·史密斯也承认这一点。而且，群体选择也许在现实中也是可行的。事实上，汉密尔顿的那篇关于性别比例的论文（这篇论文提出性别比例可能会严重偏离费希尔所说的1：1的情况）中，就有一个非常完美的群体选择的例子，只不过没有人注意到这个例子，包括汉密尔顿自己。不仅是低等动物，哺乳动物也提供了案例。比如，虽然大猩猩和黑猩猩都有高度发达的社会优势统治系统，但这两种动物的雄性之间都没有表现出为求偶而竞争的行为。雄狼的行为更加令人费解，虽然证据不多，但它们显示，雄性个体的霸主地位和交配成功率之间呈现负相关关系。虽然温–爱德华的学说已经被历史淘汰了，但仅用个体选择学说很难解释这些现象的原因。[48]

在乔治看来，在人类的进化过程中，群体选择显然起到了一定的作用。早期人类过着群居生活，文化遗传很可能早就开始发挥作用，帮助人类把这种遗传表现方面的差异保存下来，否则它们就会随着迁徙而湮灭。

赫胥黎、克鲁泡特金、阿利、温–爱德华、埃默森、赖特、霍尔丹、梅纳德·史密斯等人的著作乔治全都读过，除此之外，他还读过许多其他学者的著作。每个人都在思考选择的单位究竟是什么，每个人似乎也都找到了自己的答案。是不是每个人都找到了一部分真理，没有人全对，也没有人全错？哈丁认为，要想让个体利益和群体利益达到平衡，就一定存在一种经济学机制，而类似的机制会不会同样存在于生物领域呢？换句话说，是不是达尔文最初的想法才是正确的呢？早在研究蚂蚁问题的时候达尔文就注意到一种可能性，即选择可以在不同的层面上同时发生。

4月底，乔治告别了艾丽斯，安排好了麦卡特尼小姐的事宜，清空了母亲的旧公寓，登上了一架飞往伦敦的飞机。回到伦敦大学学院以后，塞德里克督促乔治赶快完成一份写给科学研究委员会的研究资金申请报告。在这份报告中，塞德里克说，这是一种古典理论，我们假设每个生物个体都具有一定的"适应性"，这种"适应性"与其他生物个体的"适应性"彼此独立。如果用数学的方法来分析这种情况，就能够预测出一个物种的进化过程。在某些情况下，该模型能够很好地模拟现实，比如一种遗传疾病可能缩短生物的寿命。但是，在另一些情形下，生物个体之间的互动会对生物的命运产生重要的影响。在这种情况下，模型就不够用了。在性选择、父母对子女的照顾、家庭和社区的形成等方面，冲突和合作都扮演了极为重要的角色。这个游戏的名字应该是互动，而不是孤立；但除了费希尔和汉密尔顿以外，几乎很少有人从这个角度研究问题。"直到最近，普莱斯博士才开始研究这个课题，"塞德里克以抱歉的语气写道，并补充说，"但是，他的能力仍给我留下了极为深刻的印象。"[49]

与此同时，乔治的生活没有太大的改变。"我的计划仍然是把自己的寿命限制在50岁左右。"在写给塔蒂亚娜的信中，他依然没有改口。[50]不久后，乔治收到了一条好消息：科学研究委员会给了他一笔为期3年的研究资金，从1969年7月1日起生效。乔治从伦敦大学学院走回他位于小蒂奇菲尔德街的公寓，路上他看了一眼万灵教会的塔尖。此时乔治的心中激情澎湃，他要解开关于家庭的遗传起源的谜题。除此之外，他还要向弗格森复仇。

几天以后，艾丽斯在纽约平静地去世了。

· · ·

那一年2月，在他回美国看望母亲之前，乔治听过一次英国皇家医学会的学术演讲，主讲人是莫兹利医院的一位心理医生约翰·普莱斯，此人后来被称为“另一个普莱斯”。约翰·普莱斯也对动物中的仪式性打斗行为颇感兴趣：如果这种打斗行为既不会造成肉体上的痛苦，也不会导致动物残疾，那么一方为什么要认输呢？约翰·普莱斯认为，这种仪式性的认输是心理残疾和心理上的痛苦导致的，人类的抑郁和焦虑（这两种情绪既令人痛苦，又会剥夺人的行动能力）可能也是由此演化来的。[51]

对乔治来说，“另一个普莱斯”的观点中最重要的部分是其背后的博弈论逻辑。为什么生物在认输行为方面会存在差异呢？如果从群体的角度看，这个问题的答案非常清楚。在一个物种中，认输行为的差异越大，在每场打斗中双方的认输行为不匹配的概率就越高，打斗的时间也会越短。如果在生物进化的过程中，群体选择扮演了重要角色，打斗时间较短的群体就会具有优势，因为打斗时间过长会给群体带来高昂的成本。

但是，认输行为的差异也对生物个体有利。“另一个普莱斯”是这样解释这个问题的：

> 当两个都不肯认输的动物打斗时，很可能导致一方或双方死亡。因此，做一个“认输者”虽然不利，却可以降低死亡率，这种好处可以平衡认输的坏处。因此，当所有其他生物都是不认输者时，个体选

择成为认输者是有好处的；而当所有其他生物都是认输者时，个体选择成为不认输者是有好处的。一个生物的表现型优势依赖于物种中其他生物的表现型……这有利于保持物种中的表现型差异。[52]

“另一个普莱斯”的想法与乔治在关于鹿角的论文中提出的观点不谋而合，都依赖于博弈论的逻辑。哈丁的论文显示，个体利益和群体利益之间常常存在冲突；冯·诺伊曼则证明，不可能同时使两个变量最大化。而在这个新的例子中，个体利益似乎与群体利益一致，但即使在这种情况下，乔治仍然认为自然选择可以同时对个体和群体发生作用。由于乔治是一个在进化论方面未受过专业训练的“门外汉”，所以面对两派学说的冲突，他没有理由“站队”。为什么要限制达尔文理论的范围？对乔治来说，真正重要的问题不是“自然选择究竟是在个体层面还是在群体层面上有效”，而是“在各种不同的情况下，究竟是个体选择的力量更强，还是群体选择的力量更强”。

为了回答这个问题，乔治再次转向他的方程式。协方差是一种非常简单的关系，从数学角度看，这个概念就是对已经存在的概念的重复定义。为了完善这个方程，乔治意识到他必须在方程中加入一个额外的项——“传递误差”。假设某种性状从母体传递至后代，或者用进化论的术语说，从上一代传递至下一代，那么我们不仅需要知道这种性状能否提高适应性，还需要知道下一代继承这种性状的概率有多大。比如，如果这种性状具有遗传性，我们就有必要知道是否发生了突变，或者这种基因是否以比预期更高的概率传递至下一代，从而以某种方式扰动整个系统。因此，为了让他的方程更加准确，乔治在其中添加了第二项：

$$\Delta\bar{z} = \frac{Cov(w, z)}{\bar{w}} + \frac{E(w\Delta z)}{\bar{w}}$$

在这个方程中，$E(w\Delta z)$度量的是性状忠实传至下一代的概率。通常，父母会以随机的方式将基因传递给子女，也就是说，基因通常不会决定哪一个精子与卵子结合。由于这一项几乎总是等于零，所以在大部分情况下，我们都可以忽略传递误差项。但加上了这一项以后，乔治的方程变得更完整了。只要知道性状$z$、性状$z$的适应性，以及性状$z$传递至下一代的概率，用这个方程就能精确地计算出性状$z$如何从上一代传递至下一代。

乔治的方程将进化过程中的性状变化分割成两个部分：第一部分是选择（$Cov$），第二部分是传递（$E$）。这种分割本身就已经很有价值了，[53]但更有价值的是乔治在方程中加入的新项。只要进行简单的代换，它就能证明选择可以在两个层面上同时起效。事实上，这个方程甚至可以比较这两种选择机制对整体性状变化的贡献大小。我们既可以把方程中的两项定义为选择项和传递项（选择项对应于个体，而传递项对应于精子和卵子中的基因），也可以更进一步把这两项定义为个体项和群体项。关键在于，我们应该以处理左边一项的方式来处理右边一项，只是右边一项作用于一个更低的层次。[54]

这样做非常有用。想象有一群人，他们只知道利他行为，而从未听说过自私的概念。想象还有一群人，他们从未听说利他主义的概念，而只知道为自己谋利益。显然，第一群人的社会会运行得更好，因为他们会努力合作；而第二群人只会斗得你死我活。但是，如果每群人的构成并不纯粹，又会发生什么呢？在自私自利的群体中，利他主义者会很快被淘汰；而在利他主义的群体中，自私自利者会很快将群体中的其他成员骗倒。因此，虽然利他主义群体比自私群体的适应性更强，但在每个群体内部，自私自利的个体比利他个体的适应性更强。那么，问题在于，如果这样的两个群体并肩生存，进化究竟会选中什么性状，是利他主义还是自私自利？究竟哪种力量更强，是群体利益还是个体利益？乔治的协方差方程能够告诉我们这些问题的答案。

自达尔文以来，一代又一代学者都想完成一项任务，即思考自然选择如何光芒万丈地在不同的层面上同时起作用。然而，一代又一代的学者都失败了。如今，乔治的方程终于成功地做到了，虽然这不完全是他的本意。事实上，因为这个方程可以被无限扩展，所以它可以包含所有层次的生命体：基因、细胞、生物个体、家庭、种群、物种，甚至互相关联的生物世系。自然选择像一只巨大的天眼，它随时审视着所有生物，看见所有东西。我们则可以任意比较两个层次上的选择。在乔治之前，一代又一代进化学家做出了艰苦卓绝的努力，比如哈丁提出了“公地问题”。现在乔治终于建立了一个可以准确证明群体利益优于个体利益的方程。更重要的是，乔治的方程推翻了汉密尔顿的结论。在汉密尔顿的亲缘选择模型中，善良只是一种表面的东西。但是，乔治的方程表明，当种间选择的力量比种内选择的力量更强时，真正的善良就可以在进化中产生。

乔治注视着自己的发明，他不敢相信，自己创造了一个“奇迹”。[55]

• • •

1969年1月，汉密尔顿带着克丽丝、罗米尔达和戈多弗雷多从巴西回到英格兰。他受邀于同年5月去美国华盛顿特区的史密森尼学会参加人类与野兽大会，并发表主题演讲。这场大会花费巨大，宣传攻势也很强，旨在告诉政客和公众，生物学和进化论与人类息息相关。但是，这位眉毛浓密的独行侠却带来了比主办方的预期更加重要的结果。汉密尔顿在这次主题演讲中提到，在人类进化的过程中，仇外甚至残忍地对待外族人的性状被自然选择保留了下来，这是因为利他的群体要想扩张，就必须损害其他群体的利益，与其他群体作战。仅依靠直觉和盲目地相信存在所谓的“高贵的野蛮人”，并不能回答囚徒困境问题，也不能回答马尔萨斯提出的问题——在一个层面上催生利他行为的因素会在另一个层面上催生仇恨和暴力。看来群体选择并不能掩盖自然选择残酷的一面。事实上，群体选择会导致法西斯主义。[56]

汉密尔顿的这番话震惊了台下的听众。在会后的鸡尾酒派对上，一位参议员的夫人对汉密尔顿“怒目而视”。他的理论是否有可能帮助美国降低大城市贫民区的犯罪率？参议员夫人问汉密尔顿，并急于从对方那里得到一两句宽慰人心的话。事实上，汉密尔顿提出的这种想法也令他自己烦恼不已。如果善良不是人类的本性，那么信任应该被置于何地？对一个和平而有创造性的未来的希望又该被置于何处？然而，汉密尔顿坚信，只有诚实地面对这个问题，人类才有可能去驯服“内心的野兽”。[57]

汉密尔顿不得不接受一种既可怕又充满讽刺意味的情况：从生物学角度看，要想获得善良，就得先付出残忍的代价。最糟糕的是，这种悲剧性的真理在人类中表现得最为明显。汉密尔顿认为，在所有其他生物中，群体选择都是一种定义不明的抽象概念。在他看来，这种学说应该彻底从进化学家的工具包中被清除掉。[58]因为在除人类以外的其他生物中，根本不存在任何有说服力的机制（比如文化遗传）支持群体选择学说。只有在人类物种中，文化的力量才可以平衡选择的力量，不管是在遗传层面上，还是在个体层面上。在这个过程中，文化会让选择的力量在群体层面上起效。而在人类以外的所有其他生物中，汉密尔顿仍然坚决反对群体利益的老生常谈。

大约一年前，乔治在写给汉密尔顿的信中表达了他的意见：利他主义会催生对其他人的恶意。汉密尔顿把这件事情彻底忘记了。但是，此时乔治已经升级了他的方程，于是他决定再给汉密尔顿写封信。“我一定是世界上最糟糕的通信者之一。”他在这封信的开头写道。一年前，汉密尔顿在马托格罗索给乔治写了一封回信，此后两人再没有通过信。在那封信中，乔治又把他的故事从头到尾讲了一遍：他如何再次推演汉密尔顿在亲缘选择模型中做过的数学推导；他如何发明了关于协方差的方程；他如何走进了塞德里克·史密斯教授的办公室，并且获得了伦敦大学学院的荣誉职位和住房待遇。显然，除了利他主义以外，恶意也是一种值得考虑的可能性。亲缘选择会增加某些基因出现的概率，从而使动物更愿意保护近亲的利益，但是，这种情况始终意味着亲缘关系较远的个体会受到伤害。汉密尔顿曾经认为，亲缘选择能够让整个群体中的个体表现出利他行为，但这只是一种过于理想化的误判。乔治认为，这是汉密尔顿的一个疏忽，汉密尔顿显然应该设法修正这个问题。乔治写道："但是，因为我与你进行过友好的通信往来，因为我尊重你的学术结果，因为每个人总会在某些时刻犯错误，所以我希望以一种不会让你难堪的方式发表这项学术成果。"也许，最佳的做法就是让汉密尔顿自己发文修正他的学说。不管怎么样，乔治都很愿意与汉密尔顿进行电话交流。[59]

第二天，汉密尔顿给乔治打了一个电话。但汉密尔顿觉得电话另一头的声音很奇怪，充满了防备，"既刺耳又居高临下"。乔治说，协方差方程"也令我自己感到相当意外，那真是一个奇迹"。最令汉密尔顿惊讶的是乔治接下来的话。在一阵尴尬的沉默后，乔治说道："你有没有看到我的方程怎样对群体选择起作用？"后来，汉密尔顿回忆道："我对他说，我还没有看出来，然后我可能还说了一句话：'所以你真的相信自己得出的结果，是吗？'"[60]

这次通话结束以后，乔治和汉密尔顿回到了各自的世界中。汉密尔顿正努力使自己适应家庭生活和两个新收养的孩子，他也在撰写一套新理论的大纲，名字叫作"自私畜群的几何学"。乔治则要再完成一项数学证明，才能彻底完善他的方程。为了解决代数表达方面的问题，乔治决定求助于伦敦大学学院的FORMAC语言计算机。乔治给他的姨妈——住在密歇根州哈瓦沙的埃塞尔——写了一封信，他说："我想人们会非常重视我的工作，我真希望我的母亲能活到那一天。"[61]

· · ·

那一年10月是英格兰几个世纪以来最干燥和温暖的10月。在已经过去的夏季里，乔治一直在写一篇很长的论文，他野心勃勃地希望发明一套关于选择的通用理论。但是，此时的他已经改变了自己的论文发表计划。11月11日，乔治给《自然》杂志的编辑写了一封短信，只有一页纸多一点儿，而且一条索引也没有。乔治就是这样一个不走寻常路的人。在这封信中，乔治推导了自己的方程，并且解释了协方差可以应用于遗传问题，但他并没有详细阐述任何具体的遗传问题。在写给女儿安娜玛丽的信中，他说，这只是一篇"初步的通讯"。这封短信只是一个工具，但它最终将会帮助他解开关于家庭的谜题。[62]几个月以后，他将那篇较长的论文投稿给《科学》杂志。

1970年2月，乔治收到了一封拒稿信。《自然》杂志的编辑约翰·马多克斯在拒稿信中说："你的文章太难懂了。"这封信对乔治的情绪毫无帮助。为了赚点儿外快，他在嘉尔顿实验室担任一门统计课的助教，但他仍然想着给美国的杂志投稿赚钱。显然，读者都太"蠢"了，这可是帮他在伦敦大学学院获得住房和荣誉职位的那个神奇而简单的方程啊！1970年到来了，乔治仍然没有取得突破性的进展。[63]

一个月后，乔治再次在万灵教会塔尖的注视下走回位于小蒂奇菲尔德街的家中。信箱中的邮件告诉他，他的麻烦还没有结束。《科学》杂志也拒绝刊登乔治的论文，编辑的回信解释说，那篇文章太抽象了，而且文章中充斥着狂妄自大的话，却没有清楚地把理论运用到具体的科学问题上。乔治认为这封信“十分恶毒……简直充满了对我的仇恨”。但是，也许乔治的论文被拒的原因很简单。毕竟，他在这篇论文中用大写字母特别醒目地写着，他在寻找一种“关于选择的通用数学理论”，这套理论将与克劳德·香农在通信理论方面做出的贡献一样伟大。口气也真够大的，尤其是这些话竟然出自一位无名之辈，乔治·普莱斯的大名根本没有人听说过。[64]

在大洋彼岸的美国，阿尔·索米特已经是水牛城的纽约州立大学副校长和政治学系主任了。国际政治科学协会将于夏天在慕尼黑举行大会，阿尔打算在这次大会上设置一个关于“生物学与政治学”的单元，因此他写信给老朋友乔治，问他是否有兴趣参加。在这封信中，阿尔依然与乔治开着芝加哥大学风格的玩笑，在玩笑间他又说了一句：“我们的兴趣似乎正走向同一个方向。”而乔治则在回信中抱怨说，即使在伦敦，他也摆脱不了“非雅利安人”的干扰：他的房东巴齐耶·塞缪尔和霍华德·塞缪尔，路对面的犹太面包房，街角的犹太餐馆，曾与他短暂交往并在5月看望过他的叶史瓦大学研究生桑迪，那个爱制造仪器并且曾经借钱给他的朋友路德维格·勒夫特，嘉尔顿实验室的系主任哈利·哈里斯。面对乔治的这些抱怨，阿尔只是耸了耸肩，他认为乔治一直是这个样子。[65]

但对乔治来说，一切并不寻常。乔治感到整个世界都在慢慢地压向他。他思考了慕尼黑的问题和生命的问题，他穷困潦倒、孤苦无依、垂头丧气。他想做一次学术演讲，主题为道德只是一种“伪装”。

乔治寻找奇迹的努力，显然又以失败告终。他的母亲去世了，朱莉亚憎恨他，爱迪生也和他生分了。他的两个已经长大的女儿也疏远了他，她们住在加利福尼亚州，经营着属于她们自己的小家庭。乔治却孤身一人远在异国他乡，身边连一个朋友也没有。他的手臂和肩膀已部分瘫痪，他对人类进化问题的研究没有结果，因为这场战役的输赢取决于一套关于选择的数学方法能否被接受，而他已被残忍地拒绝了两次。摇摆的伦敦并不能挽救乔治沉闷暗淡的命运，寻找家庭起源的使命也无法挽救乔治破碎不堪的个人生活。也许，乔治的方程显示出善良是存在的，但即使这个世界上真的有善意，乔治·普莱斯也从未体验过它。

## Selection and Covariance

THIS is a preliminary communication describing applications to genetical selection of a new mathematical treatment of selection in general.

Gene frequency change is the basic event in biological evolution. The following equation (notation to be explained), which gives frequency change under selection from one generation to the next for a single gene or for any linear function of any number of genes at any number of loci, holds for any sort of dominance or epistasis, for sexual or asexual reproduction, for random or non-random mating, for diploid, haploid or polyploid species, and even for imaginary species with more than two sexes

$$\Delta Q = \mathrm{Cov}(z,q)/\bar{z} \qquad (1)$$

The equation easily translates into regression coefficient ($\beta_{zq}$) or correlation coefficient ($\rho_{zq}$) form

$$\Delta Q = \beta_{zq}\sigma_q^2/\bar{z} = \rho_{zq}\sigma_z\sigma_q/\bar{z}$$

• • •

Fifth, it seems surprising that so simple a relation as equation 1 has not (to my knowledge) been recognized before. Probably this is because selection mathematics has largely been limited to genetical selection in diploid species, where covariance takes so simple a form that its implicit presence is hard to recognize (whereas if man were tetraploid, covariance would have been recognized long ago); and because, instead of using subscripts as "names" of individuals (as I have done), the usual practice in gene frequency equations is to use subscripts only as names of gene or genotype types, which makes the mathematics seem quite different. Recognition of covariance (or regression or correlation) is of no advantage for numerical calculation, but of much advantage for evolutionary reasoning and mathematical model building.

Some genetical selection cases (such as group selection) and many forms of non-genetical selection require more complex mathematics than that given here. I plan to discuss these and other matters in papers now in preparation.

I thank Professor C. A. B. Smith for help, and the Science Research Council for financial support.

GEORGE R. PRICE

Galton Laboratory,
University College,
Stephenson Way,
London NW1.

Received November 12, 1969.

摘自乔治·普莱斯发表在《自然》杂志上的开创性论文

## 第10章

# 转机的到来

去慕尼黑做演讲的事情从未成行。但在那一年5月，乔治迎来了一个转机。这是一个意料之外的转机，但也是此刻的他迫切需要的。

汉密尔顿的行文风格通常严肃阴郁，但这封信显然是他匆匆写成的，兴奋之情都快从字里行间溢出来了。“你的公式简直令我陶醉。”他在信中写道，“读了你的论文以后，我真的对选择的过程有了更加清晰的看法。我认为，我们也许可以用你的公式的一般形式来研究‘群体选择’问题。”[1]

要知道，此前汉密尔顿认为群体选择是一个模糊不清的抽象概念，他甚至认为这种学说应该彻底从进化学家的工具包中被清除掉。而他在这封信中的态度简直有了彻底的转变。在群体内部，利他行为对生物个体不利，要让进化选中这种行为，群体之间就必须发生争斗。因此，亲缘选择不可能代替群体选择，因为亲缘选择和群体选择都是自然计划的一部分，两者必须互相联系起来。根据这种想法，汉密尔顿决定接受乔治关于恶意的研究计划，并且他设计了一个绝对不会失败的诡计。汉密尔顿为自己的这个诡计感到自豪：他决定先写一篇关于恶意的论文，投稿给《自然》杂志，在《自然》杂志同意发表之后，汉密尔顿就会写信给杂志编辑马多克斯，说他必须撤回这篇论文，因为这篇论文完全基于乔治·普莱斯关于协方差的数学推导，而——假设马多克斯已经忘记了——乔治的这篇论文早在2月就被《自然》杂志退稿了。当然，汉密尔顿非常希望《自然》杂志能发表这篇关于进化模型中的自私和恶意行为的论文，但如果普莱斯博士的论文状态悬而未决，他就不能发表自己的这篇论文。一个绝妙的诡计，一次奸诈狡猾的突然袭击，汉密尔顿的计策果然神奇地奏效了。《自然》杂志很快就回复乔治，表示将刊发乔治写给编辑的信，标题是《选择与协方差》。[2]

那一天，在从伦敦大学学院回家的路上，乔治又像往常一样望向了万灵教会的塔尖。塔尖顶端高高凸起，由17个凹面构成，周围环绕着12根科林斯式的柱子。爱奥尼亚式的柱顶是由科德石做成的，长翅膀的小天使是根据米开朗琪罗的设计雕刻的。柱子下方是3面大钟，黑色和金色的赫姆勒铲形指针计数着分分秒秒。万灵教会的塔尖是一个完美的锥形，十分尖锐，像一个凶兆，无情地刺穿了阴沉的天空。当乔治从狭窄的莱丁豪斯街转入小蒂奇菲尔德街时，他开始思考自己的运气，尤其是他人生中的巧合。

后来，乔治写到，那些促使他皈依上帝的巧合的概率只有$1/10^{30}$。这个概率简直小得离谱，因此他实在没有其他选择，只能“投降并承认上帝的存在”。[3]那年秋天，乔治给哥哥爱迪生写了一封信，试图解释这方面的情况。他在信中写道：

> 大概在6月初，我注意到我生活中的一个惊人的巧合。以此事为开端，我开始翻看我过去的日历册、书信和其他材料，然后我发现了一系列其他不太可能发生的小概率事件，个别事件的发生概率极低。我把那些发生概率在1‰到1%之间的事件列了出来，从中发现了一个重要的规律。当我把这些概率乘在一起时，乘积大概在$1/10^{30}$~$1/10^{20}$之间。[4]

那么，最初的那次“奇异的巧合”究竟是什么事情呢？它奇异、荒唐、疯狂又怪诞。乔治完全被它吓住了。

那是去年圣诞节的事情，普莱斯家在纽约市的老朋友鲍勃·谢菲尔德和玛格丽特·谢菲尔德带着两个女儿安妮和萨利来伦敦游玩。虽然安妮刚满18岁，但乔治立刻喜欢上了这个姑娘。鲍勃对此事非常不满，他暗示乔治不要碰他的女儿。但是，在与家人同游伦敦以后，安妮又和朋友到欧洲旅游，在游览了芬兰、瑞典、德国以后，安妮给乔治写了一封十分真诚的信，表示她会在5月15日再次来到伦敦，而且这次只有她一个人。后来，乔治在给安妮的信中解释了他皈依上帝的过程。他写道："由于你的来访在这个过程中扮演了至关重要的角色，所以我想你一定有兴趣听听这件事情的发生过程。做好准备吧，你将听到一些惊人的事情，因为我猜在天堂和这个世界里，有许多你想都没想过的事情。"[5]

是这样的：当乔治在圣诞节第一次见到安妮时，他立刻注意到她与另一个名叫安妮的女人惊人地相似。另一位安妮是指乔治旧时在美国中西部结交的女友，她曾经来纽约看望乔治。就在安妮来的第二天，即1957年的7月16日，乔治在纽约IBM大楼的33层见到了IBM公司研究部门的主管伊曼纽尔·皮奥里。这次会面的起因是，几个月前，乔治在《财富》杂志上发表了设计机器的初稿。在那次决定乔治命运的会面中，乔治拒绝了皮奥里的邀请，没有加入IBM公司。在这次会面的前一天，1957年7月15日，乔治见到了安妮。但当天他并没有向安妮求婚，而是告诉安妮他需要想清楚一些事。当年，在乔治感染脊髓灰质炎时，他曾经很想和安妮结婚，而安妮却选择与他分手并投入了另一个男人的怀抱。此时，因为嫉妒之情仍未消退，乔治不愿意立刻向安妮求婚。

乔治认为，事实非常清楚，正是1957年7月15日发生的事让他的人生一蹶不振。他认为，如果当天他向安妮（安妮是一位罗马天主教教徒）求婚，他就会把得到一份稳定的工作视作第一要务。那么，第二天他一定会接受皮奥里的邀请，也就不会搬去西村，不会廉价地给通用电气公司和斯伯利航海公司写技术说明书，也不会试图撰写那本一直没写完的书《并无捷径》。事实上，如果他当时接受了皮奥里的邀请，后来他就不会以那么低的姿态加入IBM公司，他也就不会得甲状腺瘤。如果他没有生病，他就不会任由“屠夫”弗格森的宰割，他的生活也不会一路滑落谷底。[6]

总之，1957年7月15日是改变乔治命运的一天，他对这一点深信不疑。因此，30年后他遇见安妮·谢菲尔德就绝对不是一个“巧合”。这个安妮不仅长得和当年的那个安妮极其相似，而且她们有着一样的名字，说话的语调也相似。虽然乔治已经47岁了，而安妮只有18岁，她家还是普莱斯家的世交，但这些都不重要。他必须得到她，乔治在给安妮的信中写道：“我非常渴望见到你。”在此前的人生中，在每一个重要关头，他都做出了错误的选择：选择成为一名化学家，选择与朱莉亚结婚，选择让弗格森做手术，选择不向当年的安妮求婚。这一次，乔治下定了决心，绝对不能再犯错了。[7]

在那一周结束时，安妮离开伦敦回到了纽约，天真无邪的她有点儿被乔治吓到了。再次孤身一人的乔治在爱情中沦陷了，他相信这一切绝不只是巧合。他想起了亨利·康斯特布尔的一首诗，一位哈佛大学的老朋友曾经把这首诗抄给他。“生活在地狱中，同时仰望着天堂。/迎接生活，同时在一种活着的死亡中死去/……如果这就是爱，如果这其中的爱能有根基……”，乔治想不起这首诗中的其他句子了，于是他开始在旧文件中翻找这首诗。由于没有找到，他又去大英博物馆的图书馆继续寻找。当乔治的手指拂过一排检索卡片时，他发现了另外一位亨利·康斯特布尔，此人不是16世纪的诗人，而是一位20世纪的神学家。《地狱：人类即将面临的情况》《一切事物的偿还》《未来惩罚的时间和性质》，都是这位亨利·康斯特布尔的著作。看着这些字眼，乔治感到一阵寒意沿着脊椎传遍全身，他不禁颤抖起来。完全一样的名字，仿佛在向他传递一条信息——这样的情况居然又一次发生了！[8]

乔治回到位于小蒂奇菲尔德街的公寓中，万灵教会的塔尖仍然注视着他。他开始思考他的电话号码580–2399，最后4个数字代表午夜的前一分钟。当然，严格来说，午夜的前一分钟应该是2359，但对乔治来说，2399也是有意义的——事实怎样并不重要，对他有意义才真正重要。是不是有人正试图告诉他命运的时钟即将敲响午夜的钟声，现在只剩下最后一分钟，而乔治必须在这一分钟内做出正确的人生选择？这是最后的选择，是唯一的选择，是关于一切的选择？[9]

乔治翻看了他从前的日记和信件，并找到了越来越多的"巧合"。人名、数字、日期，它们都显示出一种规律，一种让他根本无法忽略的规律。确实有人正在对他说话，乔治对这一点深信不疑。"并不是因为我想相信上帝。"后来他在给安妮的信中写道，"而是因为实在没有其他选择。"最终，当了大半辈子无神论者的乔治在47岁那年皈依了上帝，他终于向万灵教会的塔尖低下了头。6月14日，乔治走出他的公寓，走进了万灵教会那温暖的蜜色旋转门廊。

• • •

万灵教会的设计者是约翰·纳什，他是曾任摄政王的乔治四世最喜爱的建筑师。1824年，伦敦主教威廉·豪威尔为这座教堂祝了圣。当年，曾有这样一幅漫画：纳什被绑在万灵教会的塔尖上，他称万灵教会为"一个烛台上的灭火器"。从这幅漫画中，我们可以清楚地看出，这座将哥特式塔尖和古典圆顶大厅结合在一起的建筑，一开始并未受到广泛的认可。但是，批评的声音很快就消失了。一份关于万灵教会的史料称，自1870年以来，"万灵教会在礼拜仪式方面比较简单，在传教活动方面则很有魄力。除了两个短暂的时期之外，这座教堂一直遵从福音派的传统”。[10]

巧合的是，乔治走进万灵教会的那个星期日恰好是针对访客和新信徒布道的日子（这样的星期日每月只有一次，而其他星期日的布道都只针对常来教堂的普通信徒）。走进教堂以后，乔治领到了一份节目表（在其他星期日是不会发放这种材料的）。他在西侧的旁听席上找了一个没有人的木条凳坐了下来。在他的头顶是纳什亲自设计的圣坛，由上好的西班牙桃心木制成。管风琴在那里奏鸣，装饰性铜管曾在战争中遭到破坏，现在已被修好，并且刚刚镀了色。大厅宽敞明亮，通风良好。在讲台的后面是一幅巨大的画作——理查德·韦斯托（Richard Westall）的《基督受难像》，基督落入敌人手中，并被敌人挟持。在画作上方的一个半圆中，有一些蚀刻出的金字。乔治觉得，整场布道就像专为他一个人设计的。金字写道：“上帝如此爱这个世界，因此他愿意牺牲自己唯一的儿子。”

第二天，乔治再次来到万灵教会，询问怎样才能加入圣公会。他惊喜地发现，他已经以圣公会教徒的身份受洗过了，这意味着他早就是圣公会的教徒了。这帮他省去了很多麻烦，但乔治的父母都和圣公会毫无关系，这在乔治看来又是另一个神奇的巧合。在翻看旧文件的过程中，他终于记起了受洗的经过。当年在明尼阿波利斯居住时，为了让朱莉亚高兴，他加入了唯一神教派，教会的牧师是一位不可知论者，大部分教徒都是无神论者。至此，乔治终于相信，没有什么事是偶然发生的，一切都是注定的。他受洗的日期是1955年的6月14日，距他第一次走进万灵教会过去了整整15年。因此，这个日期又是另一个神奇的巧合。[11]

统计证据让乔治变成了基督徒，但一旦皈依上帝，一切就有了统计证据以外的新的意义。那个星期二，乔治购买了一本二手的修订版《圣经·新约全书》。星期六，他又去听了一次布道，主题是“基督在橄榄山上”。他开始疯狂地阅读《圣经》，并写下批注。在他每天的日程安排中，都可以找到“经文中心”和“购买《公祷书》”的字样，旁边记录着“需要指导”和“哈威医生——甲状腺”。尤其值得注意的是，乔治开始频繁地与约翰·斯托特对话。在乔治的日记中，约翰·斯托特的名字旁边写着“提问！提问！提问！”的字样。[12] 1938年，当斯托特还很小时，他在拉个比市听了一次布道，主题是“被称作基督的耶稣，我究竟该拿你怎么办”。听完这次布道以后，他便毅然地走上了宗教的道路。在剑桥大学获得法语和神学双一等学士学位以后，斯托特在1945年被任命为万灵教会的助理牧师；1950年，他被提升为教区牧师。之后，他又升为英格兰福音教会的领袖。[13]

事实证明，作为一名刚刚皈依宗教的信徒，乔治非常固执己见。他坚持不懈地在《圣经》中寻找线索，认为其中存在某种密码。斯托特劝乔治慢慢来，并告诫他不要过于纠结字面意思。[14]但乔治说，发现上帝对人类的具体要求是一项至关重要的任务，他认为在《圣经》的解读方面，教会犯下了许多错误。于是，乔治与斯托特的对话很快就变得剑拔弩张。现在，决定论是乔治最关心的问题：命运究竟在多大程度上是由机遇和自由意志决定的，又在多大程度上是根据上帝的旨意早已注定的？

1970年7月，英格兰的夏天特别炎热。在1970年上半年及之前，乔治曾经写信给哈佛大学的老友亨利·诺尔，就是他把亨利·康斯特布尔的诗抄写下来送给乔治的。1967年，乔治离开纽约前往英格兰的时候，曾把一些家具留在了亨利位于纽约的公寓中，当时乔治为这批家具支付了运费。此时，手头缺钱的乔治写信给亨利，希望对方支付一半运费——31.35美元。亨利出生于新罕布什尔州的西安多弗，是一位相貌英俊的理想主义青年。1942年离开哈佛大学后，亨利加入了印度和意大利的美国战地服务团，并获得“缅甸之星”和“意大利剧院丝带奖”。战后亨利回到美国，根据他自己的说法，回国后的他“不小心掉进了当代美国的布尔乔亚式的享乐陷阱”。很快，亨利再次改变了他的人生方向，他登上了洛杉矶油轮公司的船只，担任该船的事务长。随船来到法国后，他却自愿放弃了自己的美国国籍。《波士顿旅行者报》刊登了一条令人震惊的新闻——“哈佛大学校友放弃美国国籍”。当时，在几乎所有的美国报纸上都能看到这条新闻，包括《普兰菲尔德信使新闻报》和《达拉斯时代先驱报》。不管外界有何看法，亨利已经选定了自己的人生道路。他决定成为一个“世界公民”，而不做任何一个国家的公民。亨利来到德国卡塞尔，成为一名砌砖工，他想“了解这个国家及其人民”。[15]

后来，亨利·诺尔以一个法国移民的身份又回到美国。他结了婚，并且有了两个孩子。他成为一名教科书自由编辑，也在写一本关于UFO（不明飞行物）的书和一本自传。在收到乔治的消息后，亨利在回信中写道：“我必须说，我从未想过你竟然会皈依上帝。”[16]亨利对此感到非常高兴，因为在很多年前，他就皈依了上帝。事实上，除了他自己以外，乔治是亨利知道的唯一一个因为“统计规律似乎不起作用”而皈依上帝的人。“在整个人类历史上，在所有文学作品中，以及在我认识的所有人中”，亨利只知道乔治这一个例子。亨利在1963年皈依了上帝，促使他改变信仰的事件与联合广场储蓄银行的钟表/温度计的旋转方式有关。

当时，我住在西十一街（你曾经去那里看望我）。那天，我从家里赶往中央车站。清晨，我需要乘坐B大道的公共汽车去联合广场。在联合广场下车后，我要去南派克大街附近搭乘另一辆公共汽车。每天早上，我在下了B大道的公共汽车后，都要再走几步转过街角。在街角处，首先映入眼帘的就是一面大钟，它就在我乘坐第二趟公共汽车的地方。很快，我就养成了一个习惯，把自己手表上的时间与那面大钟上的时间核对一下。但有时，当我经过街角时，对着我的不是钟面，而是有温度计的那一面，我就无法核对时间了。我发现，在我转过街角的那一刻，温度计这面对着我的次数远远超过钟面对着我的次数，一连几个月都是这样。这样的情况显然不符合统计规律（当然，公共汽车到达的时间、钟转面的时间、我从公共汽车站走到那个街角的时间不可能同步）。一开始，我感到很惊奇，然后是迷惑，再后来则是震惊。[17]

当时，亨利的第一个儿子杰克刚刚出生。对于儿子的出生，他充满感激之情。但是，他究竟应该感激谁呢？一天晚上亨利回到家后，他开始抛一枚一便士的硬币，并一连抛出了9次正面，然后他对自己说下一次一定是反面，结果真的是反面。那一刻他决定相信上帝，成为一名罗马天主教教徒。他在哈佛大学的老朋友（也是乔治在国际象棋俱乐部的棋友）罗伊德·沙普利此时已经是兰德公司的高级数学顾问。沙普利告诉亨利，如果他在联合广场的转角遇到和亨利相同的情况，那么他也一定会很自然地认为有人在跟他玩把戏。亨利暗自想着，罗伊德搞错了，不是“有人”在跟他玩把戏，而是“上帝”在执行某种神秘的计划。

亨利讲述的故事令乔治欣喜若狂。乔治询问亨利能否把亨利的信拿给其他教友看，或者“拿给那些我想劝说他们信教的异教徒看”。亨利在纽约成立了C. S. 路易斯协会，这一举动也让乔治感到高兴。路易斯是英国最著名的信徒（对新入教的信徒来说，他是一位英雄），虽然乔治还不太熟悉路易斯的所有著作，但乔治读过《返璞归真》（*Mere Christianity*）和《魔鬼家书》（*The Screwtape Letters*），还从图书馆借来了《奇迹》（*Miricles*）。亨利向乔治介绍了一位可能对入会感兴趣的伦敦人——福里斯特盖特的肯尼思·德曼，还把这个人的联系方式给了乔治。于是，乔治着手创建C. S. 路易斯协会的英国分会，他甚至拉来了路易斯的遗稿保存人——路易斯的兄弟。在找到更大的场馆之前，新成立的大不列颠和爱尔兰C. S. 路易斯协会的会议，就在位于小蒂奇菲尔德街的乔治家的起居室中举行。[18]

乔治渐渐成了一位有名望的基督徒。在写给亨利的信中，乔治说自己“50天前才刚刚出生”。他还对亨利说，恕他唐突，他十分清楚上帝更希望亨利专心通过C. S. 路易斯协会的活动传播福音，而不是撰写一本关于UFO的书。如果亨利未能筹到足够的资金把家人搬去法国，这显然是因为上帝希望他继续留在纽约一段时间。“我认为我们似乎不应如此轻易地把上帝的意图与我们的琐事联系在一起。”亨利在回信中答道，“关于上帝的意图，我们只知道一点，那就是我们最终都会回到他的怀抱，知道他才是我们的造物主。”[19]

“你怎么能这样说呢？”乔治在回信中非常气愤地写道，“你曾经跟我说，上帝会关注你抛硬币到底能得到正面还是反面，但你现在却怀疑上帝根本不在意你究竟会写一本关于UFO的书还是关于C. S. 路易斯的书！”上帝关心所有的事情，上帝对每个人都有安排。《马太福音》28：19、《路加福音》9：60、《使徒行传》10：42、《提摩太后书》4：2，《圣经》中的这些语句都清楚地显示，上帝希望人类传播他的福音。显然，上帝选中了亨利，他要亨利通过路易斯传播福音，现在亨利需要做的就是把上帝说的每一句话都按字面意思加以理解。乔治在信中说，如果亨利不相信他，他可以去寻求更高层级的意见。“亨利，请你去问问上帝吧。”[20]

事实上，乔治认为上帝每时每刻都在试探我们。“你还记得摩西和燃烧的荆棘的故事吗？”在写给远在美国的安娜·谢菲尔德的信中，乔治写道：

> 《出埃及记》第3章中写道：“摩西说：‘我会转过去看这大异象，这荆棘为何未被烧坏呢？’当主看见摩西转身去看时，就在荆棘中呼喊：‘摩西，摩西！’”这里的重点是荆棘虽然烧着了，却没有被烧坏，这是摩西“转身去看”时注意到的情况。而且，只有当上帝看到

摩西转身去看时，他才对摩西讲了话。因此，摩西、我身在纽约的朋友和我自己分别转身去看，并且都注意到了某种异象。我们注意到的现象十分不同，因为我们兴趣不同。上帝向每个人展示了我们感兴趣的现象，也是我们会注意到的现象。亨利看到了温和的智力“游戏”，并非因为那是上帝的本质，而是因为那是亨利会注意到的现象。我注意到一些与女孩有关的巧合，因为我会特别注意这类事情。我还注意到许多与人名和日期有关的巧合，因为这些也是我关注的内容。[21]

在乔治看来，事实显而易见，安妮之所以会来伦敦，是为了成为乔治的“燃烧的荆棘”。但这并不意味着所有事情都是事先决定好的，毕竟，“转身去看”的能力是决定每个人命运的关键。尽管如此，乔治仍写道：“显然，对于5月末和6月初的事件，上帝事实上没有给我任何自由。”乔治认为上帝强行将对基督教的信仰降临在他身上，就像在去大马士革的路上上帝强行将对基督教的信仰降临在圣徒保罗身上一样。[22]

如今，乔治的所有科学工作都具有与从前完全不同的目的。在达尔文之后涌现出很多伟大的学者，但他们竟然都不曾发现协方差方程，而他这个彻头彻尾的门外汉却发现了这个方程。突然之间，事实变得简单明了：乔治是被上帝选中的人。他决定完全放弃向弗格森复仇的想法。在写给安妮的信中，乔治表示：“我的皈依将带来某些结果，以后你也许会听说它们。因为上帝让我皈依宗教显然是为了让我完成某些工作，以后这些工作将变得广为人知。”然而，与此同时，他还需要履行一些其他的责任。安娜玛丽、凯瑟琳和她的孩子多姆（多米尼克的昵称）计划于8月16日到伦敦，并打算在伦敦住一个月。乔治的情绪十分高涨，他打算把女儿和外孙也变成基督徒，要是他能找到C. S. 路易斯的著作《向非信徒传播基督教信仰时的困难》（*Difficulties in Presenting the Christian Faith to Unbelievers*）就好了。[23]

· · ·

8月1日，《自然》杂志刊出了乔治的文章《选择与协方差》。然而，几乎没有人注意到这篇文章。事实上，汉密尔顿似乎是这个世界上唯一认识到它的重要性的人。汉密尔顿把自己的那篇关于恶意的论文初稿寄给了乔治，让乔治帮他检查一下数学推导过程中是否有问题。乔治心想，他与汉密尔顿在精神上是多么相似啊！他甚至觉得，世界上存在智力如此超群的两个人似乎有些浪费。汉密尔顿曾给乔治的哥哥爱迪生写信，说乔治像他一样是一个独行侠，在他认识乔治以后，立即觉得"与乔治非常亲近"。乔治不仅聪明过人，他"拒绝妥协的性格和英勇无畏的幽默感"也很讨人喜欢。乔治是一个美国人（虽然他是汉密尔顿见过的"最不像美国人的美国人"），他穿着体面，善于言谈，并且显然不是一个与自然为伍的人。比尔觉着，他们俩虽然完全不同，但从某种奇怪的角度看，两人又像双胞胎一样。[24]

7月，比尔邀请乔治去他位于伯克郡的家里度周末。比尔与克丽丝、罗米尔达和戈多弗雷多住在那里，他的姐姐珍妮特及其家人住在附近。[25]乔治和比尔一起走过树林，狗和孩子们在他们身后奔跑。他们一起穿过黑莓灌木，鞋子上沾满了泥土。乔治告诉比尔他皈依了上帝，显然，乔治的心已不在世俗之中了。和乔治一样，比尔的心也受到了启发，落在别处。但是，为什么乔治会相信耶稣呢？许多年前，与达尔文共同发现自然选择进化理论的阿尔弗雷德·拉塞尔·华莱士成了一名唯灵论者，并且宣扬在人类的进化过程中一定有某种人类以外的高级智慧进行过干预。听到这个消息时，达尔文着实吓了一跳。在写给华莱士的信中达尔文说："我希望你还未彻底杀掉你和我的孩子。"比尔并不相信上帝，在这方面他的态度虽然温和，却非常坚定。现在，比尔想试着了解乔治有多么相信上帝，就像达尔文一样，他也把"触角"伸向了自己的朋友：

> 我怀着极大的热诚阅读了你写的那篇关于超感觉现象的论文。那篇论文写得非常透彻，也很睿智……毫无疑问，我之所以态度热忱，是因为我本人是反对超感觉现象的。和你一样，我觉得这种现象捉摸不定，好像魔法，跟我的世界观不符。我知道最近你改变了对超自然现象的看法，我希望这种转变不会改变你在那篇文章中的基本态度。对我来说，如果接受超感觉现象和宗教，就意味着相信存在一位全能的上帝，他愚弄和误导人类，并且十分残忍。这种想法让我感到非常厌恶。[26]

可是，乔治对上帝的信仰却在不断加深。事实上，一次意外的发现进一步坚定了他的信仰。玛丽·林奇及其家人从美国来到伦敦，并于8月8日到小蒂奇菲尔德街探望乔治。20世纪20年代，普莱斯一家曾住在斯卡斯代尔，他们的邻居家有一位名叫卡罗琳·多赫利提的女仆，她是一位虔诚的爱尔兰天主教教徒。卡罗琳多年来一直是普莱斯家的老朋友，她也是安娜玛丽和凯瑟琳的教母。玛丽就是卡罗琳·多赫利提的女儿。事实上，在乔治出生的那一天，卡罗琳是第一个来看望他的人。卡罗琳的女儿玛丽也是一名虔诚的教徒，听说乔治皈依了上帝，她十分激动。但与此同时，玛丽还有另外一个想法：威廉·爱迪生·普莱斯对此会怎么想呢？她漫不经心地把这个想法当作玩笑大声说了出来，毕竟，他是一个犹太人。[27]

玛丽的这句话令乔治深感震惊。他是一个犹太人，这是真的吗？他立刻发疯般地写信给远在纽约的卡罗琳，并得到了肯定的答复。在保守秘密方面，母亲真是有一手！突然之间，记忆中的许多事情都解释得通了。艾丽斯常常说犹太人的坏话，可是每次说完之后，她总会含糊不清地加上一句："他们当中也有一些不错的人。"读高中的时候，他最亲近的朋友全都是"希伯来人"。在芝加哥大学的合作社中，他一边发表反闪米特的言论，一边又很愿意和社里的朋友同吃同住。显然，乔治一直被犹太人吸引，这是一种奇怪又无法解释的吸引力。现在他终于弄明白了，一切都是有原因的。毕竟，“圣保罗告诉我们，上帝没有忘记过犹太人。而且我们非常确定，许多人都愿意成为基督教教徒”。听到这个消息时最高兴的人恐怕是阿尔·索米特了，在写给阿尔的信中，乔治像往常一样说着俏皮话：“我非常荣幸地通知你（请注意，我已经开始学会英式拼法了），我既是一名基督徒，也是一个犹太人……在你的意识深处，其实一直有这种感觉吧。我实在太聪明了，所以我不可能不是一个犹太人。（我认为，你之所以打消了这种疑虑，是因为你觉得我太英俊了，不可能是一个犹太人。但是，你瞧，我的英俊是从母亲那里遗传来的。）”[28]

安娜玛丽、凯瑟琳和多姆将于那个周日抵达伦敦。乔治暂时不准备把家庭血统的秘密告诉他的女儿，因为这会令她们感到困惑。他也不准备把自己的计划告诉女儿，但是，他却对卡罗琳·多赫利提说了实话：

> 过去，我一直不鼓励女儿信仰宗教。主在这个时候把她们送到我的身边，是想给我一个机会，让我弥补这种过错，把她们带回基督身边……在开始时，她们不会意识到我想做什么……我打算给凯西（凯瑟琳的昵称）办一个生日会，大部分宾客都是高级的基督徒，但一个局外人是看不出这些宾客的身份的。[29]

安娜玛丽和凯瑟琳来到伦敦后，听说了乔治皈依上帝的事情，她们都觉得这一定是个玩笑，是父亲的幽默感的另一种表现方式。凯瑟琳觉得这件事情十分有趣，于是在她21岁生日的那个晚宴上，她一直都在与肯尼思·德曼及安纳德夫妇争论上帝的存在性。肯尼思·德曼和安纳德夫妇是C. S. 路易斯协会的新会员。[30]事情似乎并没有朝着乔治预想的方向发展，但总的来说，乔治还是满意的。上帝的计划正在起效，最终一切都会各归其位。

除了劝女儿信教以外，乔治还劝说其他人信教，包括策划《哦！加尔各答！》的伦敦西区剧院经理，以及和乔治住在同一条街上的蔬果经营商安吉罗先生。然而，最重要的是，乔治决心向一些著名科学家传教，因为这是与无神论做斗争并传播上帝福音的最有效手段。[31]一开始，乔治打算邀请汉密尔顿来参加凯西的生日聚会，但他最终放弃了这种想法。比尔的岳父是路德教会的牧师，但凯西生日会的宾客是一群由乔治秘密组织起来的人（目的是劝他的家人信教），因此比尔不适合成为他们中的一员。而且，汉密尔顿还未信教。就像当年华莱士给达尔文的回信一样，乔治也给汉密尔顿回了一封信。在这封信中乔治写道："我对超自然现象看法的转变必然会影响我在《科学与超自然》一文中表达的某些观点。"乔治还说，汉密尔顿的见解很深刻，在超感觉实验中确实有一些像魔法一样的现象似乎与科学定律相悖，但在乔治看来，这类现象"更像魔鬼的行为，而不是上帝的作为"。就像利他行为需要恶意一样，如果没有"邪恶的力量"，就不可能建立起基督教精神。对于其中的原因，他解释道：

> 如果超感觉现象确实像索尔和莱茵认为的那样真实存在，我也会相信这类现象确实涉及超自然的力量。如果超感觉现象以人们通常理解的方式发生，那么这其中有可能涉及某种（或者多种）无形的高级智慧。你认为，同时相信超感觉现象和宗教会导致某些结果；而我认为，以上是在你提出的那些结果以外也有可能成立的两种可能性。[32]

C. S. 路易斯在《痛苦的问题》（*The Problem of Pain*）和《奇迹》中都谈到了一些与这些话题有关的有趣想法，为什么比尔不去读读这两本书呢？毕竟，他理解了乔治关于协方差选择的数学推导过程，并且"比我认识的任何一个人理解得都深"。因此，也许他也可以读懂路易斯的神学论述。乔治把汉密尔顿视为他最主要的传教对象，但汉密尔顿本人并没有意识到这一点。上帝之所以把协方差方程交给他，原因之一就是希望汉密尔顿看到上帝的光芒。

与此同时，爱迪生在纽约迷上了艾扬格瑜伽。在给卡罗琳·多赫利提的信中，乔治写道："我怀疑他离基督已非常远，并且在通往毁灭的道路上越走越远。"她是否愿意为爱迪生祈祷呢？他是最需要祈祷的人之一，与此同时，爱迪生的态度却一如既往地平静。如果基督能给乔治带来快乐，就让乔治相信基督吧。但是，任何试图向他传教的努力都不会起作用。爱迪生并没有皈依上帝，相反，他给乔治推荐了一本关于"莲花坐姿"的书。[33]

· · ·

乔治对基督教的信仰越来越坚定，也越来越多地表现出乔治的个人色彩。

1968年年末，乔治参加了伦敦动物学协会举办的一次公开讲座。他在会上遇到了一位迷人的年轻女子，他和这位留着齐肩深色头发的女子聊了一会儿，她很开心，他向她要了电话号码，他们一起吃了午餐，但最终乔治却决定不再与这个女子见面。然而，两年以后，乔治又一次坐在那个女子对面喝着茶。他发现，那个女子并非虔诚地信仰宗教，但她从出生开始就是一名罗马天主教教徒。事实上，她的父亲是英格兰著名的罗马天主教平信徒。乔治相信，罗斯玛丽也是上帝计划的一部分。她出生的那一天恰好是耶稣升天节，而乔治的父亲有犹太血统。显然，这不可能是一个巧合。除了罗斯玛丽本人以外，似乎所有人都参与了这个计划。乔治写信给朱莉亚，向她索要离婚证书的副本；同时，他写信给阿尔和他的那个喜欢制造仪器的朋友路德维格·勒夫特，将自己的计划告诉他们，那就是他打算跟罗斯玛丽结婚。[34]

乔治又约罗斯玛丽出去喝了几次茶，然后他说出了心里话。“我请求你为获得上帝的指引而祈祷，即便魔鬼让你觉得那样做十分傻气。”罗斯玛丽一点儿也不喜欢乔治的举动。她认为宗教信仰是她的私事，而乔治的行为则是一种冒昧无礼之举。罗斯玛丽坚定地要求乔治再也不要跟她联系了，但乔治却完全无视她的需求。乔治回复说：“清醒一些，警惕一些。魔鬼正像一头咆哮的狮子那样在你周围潜行，寻找可以吞噬的猎物。”难道罗斯玛丽看不出来吗？如果魔鬼可以在基督面前误导圣彼得，他就可以误导任何一个人。乔治与罗斯玛丽是命中注定的配偶，只有看清这一点，才能通过上帝的测试。她之所以不肯接受他的追求，正是因为受到了魔鬼的蛊惑。[35]

此时，在加利福尼亚州，多米尼克得了流感。乔治认为这也是魔鬼造成的，是魔鬼让凯瑟琳把孩子送去女子图书馆合作托儿所的。乔治非常确定地对凯瑟琳说，在托儿所中，“魔鬼为你选择了一位反基督的保姆”。他还引用了圣詹姆斯的话：“反抗魔鬼，他就会从你身边逃走，一定要反抗他！”乔治认为这就是多米尼克发烧的真正原因，而凯瑟琳对父亲的话感到既迷惑又好笑。[36]

乔治对两个女儿说，他很抱歉在她们来伦敦看望他的时候，他没有向她们坦承家族的秘密：威廉·爱迪生是一个犹太人。但是，这件事显然也不可能是一种巧合。

> 每当我想告诉你们的时候，多米尼克总会把我从桌边拉走。由于我相信在顺应和表达上帝的意图方面，多米尼克是十分可靠的，所以我认为，这说明上帝并不希望我把这件事告诉你们。当我准备说出那件事时，多米尼克接二连三地把我从桌边拽走，于是我对上帝说，如果他不希望我把这件事告诉你们，就让多米尼克再次把我从桌边拽走吧。之后，多米尼克立刻跑来把我拉走了。[37]

乔治相信，上帝随时随地都在向他发送信息。在这个世界上，任何事情都是有意义的，即使最微小、最不重要的细节也一样。

事实上，他阅读《圣经》的次数越多，就越发相信自己发现了前人没有发现的东西。比如，关于耶稣的祖先究竟是谁的问题，一代又一代学者都通过耶稣的父亲圣约瑟把他与大卫王联系在一起。但是，约瑟只是耶稣法律上的父亲，而不是他的生父。在《新约全书》中，一个盲眼的迦南女人（不是犹太人）和一群耶路撒冷民众将耶稣称为“大卫之子”，但这群人后来也呼喊着“放了巴拉巴，钉死耶稣”！这些细节必然具有重要意义，因为耶稣本人曾经警告过人们不要接受“盲目的指引”，也不要让“盲人引导盲人”。显然，《圣经》暗示我们，约瑟的祖先是谁不重要，重要的是玛利亚的祖先。一代又一代的圣经解释学家扬扬自得，但都没有找到耶稣真正的祖先。而在一些前人没有注意的线索（《圣经》中曾三次提到，拉结等人被葬在去以法他的路上）的指引下，乔治发挥了福尔摩斯般的才能，把圣处女玛利亚（以及耶稣）与《旧约全书》中约瑟的儿子以法莲联系在一起。乔治相信，上帝向他昭示了许多东西，包括“666”的真实含义。他甚至对被他吓倒的罗斯玛丽说，如果她愿意出来跟他见面，他就告诉她“666”的真实含义。显然，上帝正在向乔治展示一些此前从未展示过的东西。[38]

最重要的是，乔治现在相信，上帝帮他解决了“人类历史上最重要的谜题之一，在长达18个世纪的历史中，许多充满智慧的著名学者都关注过这个问题，最早的一个是生活在约公元前170年的亚述的提香”。对基督教教徒而言，这是他们寻求已久的答案，能够解释四福音书中的矛盾之处。对犹太人来说，这是一个关于古代历史的让人着迷的答案。而对不可知论者而言，这是一个关于“解谜”的有趣故事。他曾在1971年1月的某个时刻解开了这个谜题；现在，他打算把这个谜题的答案写成一篇52页长的论文，并打算把这篇论文发表在某份复活节的报纸上。纪念耶稣受难已有近

2 000年的传统和实践，但乔治·普莱斯要告诉全世界一个惊人的消息：关于耶稣受难的传统年表是错误的。[39]

圣周（复活节前的一周）加上复活节不应该是8天，而应该是12天；耶稣被钉在十字架上的时间不是6小时或7小时，而是整整20个小时。早期的基督教组织错误地使用了月历，这违背了基督的旨意，因此复活节的日期是完全错误的。准确地说，复活节的正确日期应该是公元前27年4月13日。乔治给世界教会委员会信仰与仪式部门的主席写信说："这意味着受你们管辖的大部分教会采用的复活节日期（四月的第二个星期日）有一半与使徒日期完全重合，而另一半则与使徒日期相当接近，这一变化将极大地改善目前以月历确定复活节日期的传统做法。"乔治把这件事当成他的一项使命，他给许多神职人员、圣经学者和新约学者写信解释此事。虽然没有收到任何肯定的答复，但他一点儿也不在意，因为改变复活节日期是上帝的真正意图，只有这样才能按福音的真正含义行事。虽然魔鬼会让所有人觉得乔治的这种行为是在渎神，但对他来说，这是一件必须做的事情。[40]

• • •

乔治再次要求汉密尔顿帮忙审视他的神学理论；当年，在他发表协方差方程的时候，该说的都说了，该做的都做了，却只有汉密尔顿一个人能看懂他的论文。汉密尔顿在回信中写道："你的这篇关于第一圣周年表的文章非常棒，但是读完以后，我认为我还是寄给你一些关于复活节的文献作为反击比较好。"这些关于复活节的文献包括契科夫的两篇小说，A. E. 豪斯曼（A. E. Housman）的一本诗集，以及萨缪尔·贝克特的《等待戈多》（*Waiting for Godot*）。乔治研究出来的年表似乎非常令人信服，但汉密尔顿实在没有资格评判它是否准确。[41]

对于汉密尔顿的回复，乔治表示非常感激，但他对豪斯曼的《复活节圣歌》持保留态度：

> 假设我们用数字70来表示世间的生命，如果无神论者或伪基督徒的信仰是正确的，在相同的尺度上，死后的生命就应该被记为0。而如果耶稣的教诲是正确的，死后的生命就应该被记为无穷。因此，与死后的生命相比，现世生命的重要性可以用以下两个不同的比率来表示：
>
> $$70/0=\infty \text{ 或者 } 70/\infty=0$$
>
> 如你所见，这两种观点从本质上说是不同的。耶稣一再教导我们的是右边的等式（它说明，与死后的生命相比，现世的生命毫无价值）……而豪斯曼在那首诗中的推论却是基于左边的等式（它说明，现世的生命比死后的生命更加重要）。[42]

不，一个不相信天堂与地狱的基督徒根本不是真正的基督徒。虽然尘世间的享乐和成功都不会有任何结果，但一个人在短暂的人生中的所作所为仍然非常重要。生命是上帝对人类的一种考验。汉密尔顿肯定不想攻击基督教，但《等待戈多》中的弗拉基米尔对《新约全书》中一些事件的无望迷惑，似乎向乔治表明搞清楚上帝在《圣经》中想要表达的真正意思，这是上帝对人类的另一种考验。乔治向汉密尔顿解释道："如果不在《圣经》中设置任何障碍，而只是清楚地向我们展现一种超人的逻辑和智慧……这种考验在很大程度上就会变得无效。"

那么，上帝究竟想考验人类的何种品质呢？毫无疑问，就是"agape"

（希腊语，意为“无私之爱”）。通常，这个词会被翻译成“爱”或者“慈爱”。但除此之外，还有其他一些品质也能让人类通过上帝的考验。上帝让亚伯拉罕献出儿子以撒，这是为了考验他的信心和忠诚，而不是为了考验他的爱。除了信心和忠诚以外，还有顺从的品质，摩西就具有这种品质。乔治认为，这种品质意味着“在智力方面愿意接受意见、证据，并听从劝说”。在给汉密尔顿的信中，乔治坦率地写道：“通过上帝考验的方式不止一种，这是一件好事。因为如果只用爱作为测试的唯一标准，我似乎无法通过上帝的考验。”乔治了解自己的局限和弱点，他从来就不是一个利他主义者。但如果上帝考验的品质是服从和智力上的开放程度，那么他显然是有优势的。

汉密尔顿对乔治的说法做出了反击。他给乔治讲了一个故事，故事的主角是一个爱尔兰人。有人问这个爱尔兰人是否喜欢吃牡蛎，他回答说不喜欢，而且他很高兴自己不喜欢吃牡蛎。因为如果他喜欢吃牡蛎，他就会一边仇恨这种讨厌的生物，一边整天吃牡蛎。汉密尔顿的意思很清楚，那就是他绝对不会接受基督教。汉密尔顿还对乔治提出了这样的挑战：“穿越红海的故事到底是事实还是虚构？如果这个故事是真的，那么我们为什么要敬重摩西呢？他不过是一个傀儡，他所做的就是服从命令，成为耶稣被钉上十字架的先兆。我们又为什么要信仰耶稣呢？他不过是在走一条他不得不走的路。如果我们相信基督教的说法，那么上帝制订出如此详尽的计划只会让人类的生命变得毫无意义，以及十分丑陋。”[43]

乔治在给汉密尔顿的回信中也进行了强烈的反击：“你是否认同并不会让事情有任何改变。难道你以为我想相信这些事情吗？”乔治认为，和C. S. 路易斯一样，他是因为证据而被迫成为上帝的信徒的。信奉上帝是一项必然的科学推演结果，而不是一种个人的道德选择。可预见性和自由意志并不冲突，乔治的童年经历可以充分证明这一点。

> 在20世纪30年代的大萧条期间，我的母亲为了养活我和我的兄弟而非常努力地工作。虽然生活非常艰难，但她总能为我们兄弟俩提供食物和住处。因此，在那段时间的每一天，我都可以确定明天母亲也能给我们提供食物，我还可以确定下个月或下一年她也会为我们提供食物。事实的确如此。难道我不应该因此敬重我的母亲吗？按照你的说法，我的母亲只是一个受母爱、母性本能之类的因素驱动的“傀儡”。[44]

摩西和耶稣的情况也是这样。在任何一个给定的时刻，他们都可以按照自己的自由意志行事，而违背上帝给他们设计的命运。但是，他们并没有那样做。

虽然汉密尔顿并不相信奇迹，但他认为，乔治提出的耶稣受难时间表就像他在进化论领域做出的最杰出的工作一样优秀。对于权威和教会，汉密尔顿一向不太敬重，因此他说乔治提出了比18个世纪以来的其他学者更优秀的耶稣受难时间表，也就没什么可奇怪的了。毕竟，乔治拥有那些学者不具备的一项优势，那就是他没有上过神学院。但是，乔治并不同意汉密尔顿的说法。大量历史证据显示，受过神学教育的人也能提出非常极端的异教学说。为什么这种教育会阻止人们做出一些违背主流观点的小改动（比如乔治提出的这个小改动）呢？就科学发现而言，有时今人能做出比古人更伟大的发现，是因为时代已经进步了很多。但在乔治的问题上情况并非如此，毕竟古代人比现代人更擅长阿拉米语和希腊语，而且对于复杂的月历和日期问题，古代人也应该比现代人懂得更多。在确定基督最后一周行为的精确时间方面，和过去的解释学家相比，现代人根本没有优势可言。

然后，乔治又以魔鬼代言人的身份提出了另一种可能性：

> 但你也许会说，那是因为我太聪明了。既然我如此聪明，为什么我没有成为闻名世界的科学家呢？毕竟，我在科学研究方面的付出可比宗教研究更多，花的时间也更长……为什么我在科学方面如此不成功？是的，那是一个非常漂亮的方程，但令人惊讶的不是我发现了那个方程，而是在我之前竟然没有人发现这个方程。在长达18个世纪的时间中，群体遗传学是一个所有欧洲人都关注的重大问题，但在那段时间却没有任何人发现这个方程，而我发现了它，为什么会这样呢？[45]

乔治认为他之所以能够做出如此重大的发现，肯定不是因为他具有超群的智力。毕竟，艾萨克·牛顿也研究过圣经解释学，却没有取得预期的结果。如果非要考查乔治的条件，那么他只有不利的条件。在皈依上帝之前，他对《圣经》一点儿也不熟悉，还不如他对雪莱和拜伦的诗歌了解得多。和其他学者相比，比如威廉·惠斯顿，乔治会有什么优势呢？惠斯顿在牛顿之后担任剑桥大学数学系的卢卡斯教授职位。他是著名地质学家，也是研究以古文写成的《圣经》的著名学者。他翻译过约瑟夫斯（公元1世纪时的历史学家，著有《犹太古史》）的著作，以及许多其他早期基督教经典著作。显然，惠斯顿的条件比乔治优越得多。

这个问题的答案十分清楚。如今的乔治在翻领上别了一个银制的十字架，他扬扬自得地在写给女儿安娜玛丽的信中说道："你的父亲解决了人类历史上最重要的一个问题，从而超越了许多智慧超群的著名学者，比如艾萨克·牛顿爵士、圣奥古斯丁，以及其他人。"乔治之所以能够做出如此重大的发现，原因只能是他被上帝选中了，除此以外，不可能有其他解释，因为《圣经》"是以超自然的方式写成的，所以各种各样的罪过会给人们造成各种各样的盲点"。比如，极度的仇恨会让人们误读《启示录》13：18，他们会把自己鄙视的人看成敌基督，而不会看出"666"的真正含义。同样，贪食之罪会令人误读雅各，自负之罪则会令人误读耶稣受难的时间表。出于某种原因，上帝决定在此时安排乔治向全世界揭示这个真理。他并不知道上帝究竟出于什么原因做这样的安排，但这毫无疑问是上帝的安排。[46]

因此，汉密尔顿一定要认真审查乔治的那篇关于耶稣受难时间表的论文，这一点至关重要。这么做也不会浪费他太多时间，和大部分科学论文相比，乔治这篇论文的技术性并不高，也没有艰深的数学推导过程，不会让人望而却步。他读这篇论文比其他人读都更重要。乔治解释道：

> 虽然你不相信我关于耶稣和福音的信仰，但你却具有某些特质，比如，诚实对待知识，像摩西一样"顺从"……而且你不嘲笑别人，也不迁就别人。因此我认为，只要你试着读一下，你就能看到我看到的东西……为什么要拖延呢？为什么不现在就读呢？

乔治认为这是一项对人类至关重要的任务，是一项汉密尔顿无法拒绝的挑战。"如果你试着读一下这篇文章，你就会立刻发现在写作四福音书的过程中，显然有某种超越人类智慧的因素参与进来。"用直白的话说，乔治认为他获得了一个惊人的启示："四福音书中存在一种非人类创造的密码，而在过了18个世纪以后，这个密码才被他解开。"[47]

• • •

如果上帝给他开了天眼，让他看清了福音中的真相，那么上帝同样让他看见了科学的真相。乔治将他的长篇论文《选择的性质》修改后再次寄给了《科学》杂志。此外，他还在研究另外一些问题。福音的谜题困扰了人类18个世纪，费希尔的自然选择基本定理虽然不复杂，却也让所有学习进化论的学生困惑了半个多世纪。乔治一边研究耶稣受难的时间表，一边决定解开费希尔留下的数学谜题。

费希尔坚称，自然选择基本定理可以被比作热力学第二定律，“在任何一个时间点，对任何生物而言，适应性的增加等于该时刻这一生物适应性的遗传差异”。作为一名圣公会教徒，费希尔认为这是对宇宙衰退问题的终极回应。上帝虽然创造了令人不安的熵定律，却也通过自然选择基本定理慈爱地回应了人类的这种不安。费希尔对此感到十分骄傲，但他的学生却不能完全理解费希尔的意思。在这些学生看来，费希尔似乎在说，只要不对自然选择进行干预，自然选择就能提高生物的适应性。因此，自然选择的力量可以与混乱的倾向做斗争，它是进化的终极工具。[48]

然而，似乎没有任何人可以理解，费希尔究竟是如何从数学上推导出上述结论的。有人说费希尔的数学推导过程有些“深奥”，有人说他的推导过程“非常难以理解”，还有人说他的推导过程简直“晦涩难懂”。但大部分人都认为，费希尔的自然选择基本定理只能在非常特殊且受限制的情形下成立，比如无性繁殖和随机交配，因此伟大的费希尔遭到了误解。后来，在费希尔曾经就读的剑桥大学冈维尔与凯斯学院中，费希尔的后继者提出，他们的老师可能一直以来都是完全正确的，而问题在于我们未能理解他真正的意思。[49]

在一篇名为《对费希尔的基本定理的清楚阐释》的文章初稿中，乔治写道：“费希尔对他的定理的解释确实存在很多问题，其中充斥着含糊不清的地方、不恰当的表达、印刷上的错误，还省略了许多关键性的解释和矛盾之处。”但乔治认为，我们显然不能轻易指责费希尔错了。乔治仔细研究了费希尔的语言，对比了各种词语，长时间地审视那些令人迷惑的数学符号。经过一系列的努力，现在他仿佛看清了费希尔的真正意思。[50]

乔治不久前刚给亨利·莫里斯写了一封信。莫里斯是得克萨斯人，也是造物研究科学中心的创始人，美国人视他为“现代创造论之父”。他是一位年轻地球创造论者，也是一位圣经直译主义者。作为一名福音派的信徒，他撰写了《创世记洪水》(*The Genesis Flood*）一书。乔治写信给莫里斯，祝贺他取得的成就。听到这样的赞美，莫里斯感到既惊奇又高兴，尽管这些赞美来自《科学与超自然》的作者。但很快，就连莫里斯也震惊于乔治对原教旨主义的坚持。[51]乔治在写给莫里斯的信中表示：

> 对于你的组织提出的理念，我非常认同，我曾经觉得我会成为你们中的一员。但现在我恐怕不能那么做了……你瞧，在所有事情上，我都成了上帝的仆人。不管是大事还是小事，我都请求上帝代替我做决策。我请求上帝的言辞就像扫罗在《使徒行传》9：16中的请求一样……我问上帝我是否应该申请入会，他对这个问题的回复是，我应该读一读《信仰宣言》。对于第一点和第二点，我告诉上帝我非常认同。但对于第三点，我对上帝说，我认为洪水在全世界范围内都存在，但我对此并不太确定。之后，上帝让我重新阅读《创世记》中的记载……除非上帝告诉我《信仰宣言》中的说法是正确的，否则我无法相信这些说法。之后，我再次询问上帝我是否应该申请入会，他却命令我不应该那么做。当然，我永远服从上帝的命令。[52]

莫里斯礼貌地回复说，他对此感到抱歉。既然乔治不愿意申请入会，他便邀请乔治订阅该会的会刊。出乎莫里斯的意料，乔治很快给他写了一封回信：

> 恐怕你没有完全理解我在上一封信中的意思，你在信中写道：“如果我们的《信仰宣言》中的某些条目，让你觉得你不能加入本

> 会……”不，我不加入你们学会的原因是，上帝命令我不要加入，这一点我在上一封信的倒数第二段的倒数第二句话中已经说得非常清楚了。那不是我的选择，而是他的选择，这两者之间有着实质性的区别。你似乎没有理解，我是上帝真正的仆人，对你的误解我表示遗憾。通常，福音派的基督徒总是祈祷上帝给他们指引，然后按照自己的意志来做决定，但我不是这样的。我从不要求上帝给我“指引”，我只要求上帝给我命令。然后，我会完全服从那些命令……我从不假装自己是先知，我只说自己是仆人，我对于这一点深感骄傲。[53]

在后面的部分中，乔治的语气变得越来越严厉，他责骂莫里斯以及像他一样的伪基督徒只要求上帝提供指引，而不要求上帝下达严格的命令。莫里斯没有回信，出于同样的原因，罗斯玛丽也不再回复乔治的信。乔治写给她的信越来越令人生厌，在最后一封信中，乔治要求罗斯玛丽做祷告：“保佑我，天父，因为我正走在通向地狱的路上。”这封信的落款是“上帝忠诚的仆人”。[54]

虽然乔治的行为变得越来越疯狂，但他在科学方面的眼光却越来越尖锐。他一边与创造论之父辩论《圣经》中的大洪水究竟遍布全世界还是只在本地发生，一边逐渐看清了20世纪最伟大的进化论信徒的晦涩思想。乔治将《对费希尔的基本定理的清楚阐释》的初稿寄给塞德里克·史密斯审阅，后者决定把它作为《人类遗传学年鉴》的封面文章，这篇文章后来引起了巨大的反响。显然，这也不是巧合。乔治给他身在美国的朋友路德维格·勒夫特写信说：“我对解读《圣经》的谜题产生了很大的兴趣，这就要求我具备某些能力。我也可以用这种能力解读费希尔定理。”[55]

所有信奉费希尔学说的人都曾试图解开这个谜题，但最终成功的却是乔治。20世纪早些时候，费希尔提出了“差异”的概念。一个物种中的差异既可以是基因造成的，也可以是环境造成的。因为在不同的环境中，基因可以做出不同的反应，同样的基因可以产生两种截然不同的表现型。由于费希尔从数学的角度定义了这种差异，所以科学家可以区分究竟哪一部分差异是由基因造成的，而哪一部分是由环境造成的。后来的遗传学专业的学生在决定论的影响下，试图说明在智力的遗传过程中，基因的作用比环境更大。但是，费希尔本人希望找到一种通用的定律，因此他用这个概念构建了自然选择基本定理。对费希尔的理论的主要误解是，人们以为费希尔讨论的是"总体"的适应性，然而事实上，他只想说明以下情况：在对离散的那部分差异进行选择时，"附加"（不互相影响）基因总能提高生物的适应性，并且其提高速度与差异率成正比。在费希尔的自然选择基本定理中，所有附加基因差异以外的东西都被定义为"环境"，这些环境因素包括上位作用（基因间的相互影响）、显性作用，以及那些确实不具有遗传性的因素。也就是说，费希尔的自然选择基本定理讨论的并不是总体适应性，而是总体适应性中附加的可遗传的部分。

但是，如果自然选择总能挑选出最适应环境的基因，那么这些基因适应的只能是某个时间以前的环境。事实上，环境是不断变化的。[56]因此，一个物种的总体适应性既有可能上升，也有可能下降，一切都取决于遗传因素有多么适应环境和外部世界。因此，在随机性和必要性的对决中，虽然基因是进步的使者，但它们就像一群盲眼的仆人一样，跟在一位异想天开的主人后面奔跑。乔治证明，这种说法精确地描述了真实的情况。从统计角度说，长期来看基因总是能够更加适应环境，从而把基因的携带者推至新的进化高度。然而，只有从较晚的时间点回溯至较早的时间点，才有可能定义这种高度。[57]

我们可以从这种迟来的解读中得到一条有益的结论。费希尔一直相信，进化的真正动力是自然选择对离散的附加基因差异的作用。就像气体理论可以通过研究在烧瓶中相互碰撞的离散分子行为来预测气体一样，费希尔的选择理论能够通过研究基因的行为来预测物种的命运。他一直渴望找到一条深刻的真理，他渴望在上帝创造的生物界中找到一剂解药，去解掉非生物界的第二定律（热力学第二定律）的毒。但是，现在乔治发现，事情也许比费希尔想象中更复杂。自然选择基本定理也许是我们目前能够找到的描述生物界规律的最佳方式，以及关于生命和生物进化过程的通用定律了。但是，这条定理只在有限的范围内才成立。成功或失败、适应性的上升或下降，最终不只是取决于整体内部的离散元素。对生物的整体适应性而言，真正重要的是这些离散元素如何与环境相互作用。只有当内在与外在达成统一时，才能保证生物进化的方向是前进的。[58]

• • •

此时是1971年年底。汉密尔顿和他的家人正试图从告别罗米尔达和戈多弗雷多的忧伤中走出来。在一封气氛忧郁、充满哲学气息的信中，比尔向乔治解释道："在与养子、养女相处的过程中，人真的会发展出父母般的情感，但又不完全一样。"两个孩子中较小的那一个——戈多——有点儿忘记他的亲生父母了，而罗米尔达则恋爱了，因此汉密尔顿夫妇不得不把他们送回亲生父母的身边。事实证明，生物学因素始终比其他因素都更有影响力。[59]

送走两个孩子以后，汉密尔顿开始回答关于《圣经》中的密码问题。如果《圣经》中真的存在某种关于利他主义的密码，这种密码就相当于《圣经》中的协方差方程。但是，比尔对此不太感兴趣，他也不想被乔治说服。据他自己解释，他之所以一直不愿意完成乔治给他布置的"家庭作业"，是因为他始终是一个无神论者。在汉密尔顿的成长过程中，他的心中始终存在“一种美感”或“一种关于人类自由的感觉”，这些信念一直在告诉他，乔治给他布置的任务是错误的：

> 为什么我要依赖这种美感呢？部分原因在于，这是一种本能的感觉，是一种内心深处的感觉。同时，我也不相信存在一位造物主……你的论点我虽然完全看不懂，但我心中的这种美感却让我看到了这些论点的真正缺陷和短处。甚至，当我在中学和大学里读书时，我觉得自己在这方面比同学略有优势。我觉得我们学到的进化知识不够优雅，也不够完整，正是因为这种审美上的不满足，我才会开始寻找生物界中利他主义的真正来源。[60]

汉密尔顿的这种美感“就像蟑螂长长的触须一样”，如果说这种感觉真的给他带来了好处，那么如今它也暗示他，虽然乔治对《圣经》中的预言做出了极为详尽的解读，但从某种角度看仍无法令人满意。然而，乔治的协方差方程则完全不一样。汉密尔顿最近刚刚读了一篇论文，它的作者是美国数学物种遗传学家理查德·莱文斯。在这篇论文中，莱文斯像乔治一样认为群体选择的理论虽然未经证实，却有可能是正确的。但在汉密尔顿看来，莱文斯的论文事实上证明群体选择成立的条件比他的预期更严格。汉密尔顿坚信，只要把乔治的方程运用到自然界中，就能让科学家在这方面取得更多进展。事实上，汉密尔顿更愿意在这个领域中追随乔治的脚步，而不想同他一起研究圣经解释学。汉密尔顿在信的末尾友善地写道：“我还是回去研究蚂蚁、蜜蜂和黄蜂吧。”[61]

乔治回信说，读汉密尔顿的信对他而言简直就是一种折磨。他认为真正重要的是真理，而不是美感：

我记得，在我刚皈依基督教后不久，我曾与你一起散步。当时我向你指出，《圣经·诗篇》的第22章第16行的内容和耶稣被钉上十字架的情形十分吻合，“……他们钉住了我的手，我的脚”。当时我告诉你，大卫的手和脚从未被钉过。你回答说，应该研究整部《圣经·诗篇》，找出其中描述的各种伤害，再对其做统计评估。简言之，你把科学的推理方法应用于神学研究。可是现在，你不再把科学的思考方法和标准运用在这些问题上，而是开始谈论审美、哲学，并且毫不掩饰地基于主观愿望来思考……我认为你应该做一名科学的思考者，而不是基于主观愿望的思考者。我希望在研究神学问题时，你能够放弃审美的想法，专注于思考有关科学真理或谬误的问题。[62]

乔治居然指责他的朋友汉密尔顿放弃了科学，这实在好笑，因为恰好有人以同样的罪名指责乔治。这个人不是别人，正是杜克大学超心理学系教授约瑟夫·莱茵。这真是一个既讽刺又注定的转折。1955年，乔治曾经发文指控莱茵作假。

在皈依基督教以后，乔治写信向莱茵道歉。多年前，乔治认为莱茵为了推广基督教而在超感觉实验中作弊，当时的乔治还是一名敌基督者，因此他想尽一切办法揭露莱茵的作弊行为。现在，乔治也成了一名基督徒，他对当年的事情深感抱歉，甚至还给《科学》杂志寄了一封道歉信。事实上，如果整件事情中真的有作弊行为，作弊者就是乔治自己。1961年，乔治曾在波基普西与几个IBM公司的朋友做过一次纸牌实验。实验结果出现的概率只有1/300。“这个概率是上帝对我的一次考验，它既没有低到我可以忽略不计的程度，也没有高到使我相信上帝的程度。恐怕我没有通过这次考验，而且差得很远。”事实上，乔治认为这就是上帝赐予他的第一次“燃烧的荆棘”，他十分感激地表示，在第二次遇见“燃烧的荆棘”时，他终于“转过身去看了”。[63]

收到乔治的道歉信后，莱茵感到既迷惑又好笑，但他最强烈的感觉是好奇。在他年轻的时候，他也曾试图皈依上帝，但他觉得自己找到的证据并不能消除他心中的疑问。因此，他没有皈依，而是转身去研究科学。在这个过程中，他开始质疑科学领域中的教条唯物主义风气，并对超心理学产生了兴趣。也就是说，莱茵根本不是福音派的信徒，他甚至根本就不信教。事实上，他是出于纯粹的科学兴趣才去研究超心理学的。除了传统物理学定律以外，是否存在其他自然规律呢？乔治的道歉真的完全没有必要，不管这个领域能够出什么成果，都必须拿出证据，任何权威都无法给予支持。他高兴地指出，大部分科学家都持类似的态度。后来，超心理学协会正式成为美国科学促进会的分支机构。[64]

莱茵还以开玩笑的语气向乔治转述了一个他听过的故事。多年前，一位纽约的记者曾在报纸上发文请读者描述超灵体验。其中一封信来自一个女人，她先是绘声绘色地描述了自己与死者的对话，又补充说，1955年她的儿子曾在《科学》杂志上发表过一篇严厉批评灵媒现象的评论，但她比自己的儿子更了解这些事情。乔治友善地感谢了莱茵的回信，并表示这个女人确实很像他的母亲。但乔治告诉莱茵，艾丽斯在两年前就去世了。[65]

1972年年初，《科学》杂志刊登了乔治写给莱茵和索尔的道歉信，但这场友好的交流很快就变了味儿。一方面，乔治感到非常好奇，既然莱茵的超感觉实验结果与科学不相容，那么莱茵为什么不信仰宗教呢？另一方面，莱茵则想知道，乔治打算如何把他的宗教信仰和科学融合在一起。莱茵认为，他从来不认为超感觉实验的结果与科学不相容，他只是对教条主义的科学假设不满意。这种假设认为，所有现象都可以用已知的物理定律解释，如果哪个现象不能被已知的物理定律解释，它就是不科学的。乔治和莱茵通信的次数越多，两人之间的分歧就越明显。莱茵认为，科学家有时会因为太过教条而犯错误；而乔治认为，科学家之所以会犯错误，是因为“整个世界都是上帝给人类设计的考验”，上帝会“让智者变得愚蠢”。莱茵认为，组成人的不只是物质，但他也认为这并不意味着人一定具有上帝赋予的灵魂，只是有些科学定律还未被发现；而乔治认为人的灵魂是上帝赋予的。

在亨利·诺尔、亨利·莫里斯和约翰·斯托特神父身上发生的事情重演了。乔治和莱茵的对话一开始很友好，最后却变得非常糟糕。乔治曾经提出，他想在《超心理学期刊》上发表一篇论文，讲述1955年的那篇论文的前因后果。

莱茵拒绝了乔治的这项提议，他不想把自己的名字和乔治放在一起。接着，几十封愤怒的信件从大西洋彼岸寄给了莱茵。最终，莱茵称，艾丽斯是对的，乔治真的不知道自己在说什么。莱茵对乔治对他的侮辱忍无可忍，所以他彻底断绝了和乔治的往来：“为什么你不能放过超心理学领域呢，就算为了你自己的内心平静着想？前天我在明尼苏达大学讲过课，没有人提到你的名字。”[66]

莱茵这样说话确实不太客气，但真正让乔治受伤的是，莱茵说的一点儿也没错。乔治看到了其他科学家不曾看到的东西。与此同时，他陷进了一个只属于他自己的古怪世界。他对家人大肆抱怨，与朋友疏远，把熟人从自己身边推开。他变得越来越孤独，而且他似乎故意忽略周围人的感受。乔治的方程能帮助我们解开利他主义的谜题，但他自己却因为对上帝的命令深信不疑而走入人性最黑暗的洞穴——自私。

但很快，这一切就将发生戏剧性的变化。

March 24th, 1973

Dearest Kathy,

I called your mother again a little while ago, and she told me she had asked you about coming out to London this summer with Dom, and you said, "Absolutely not." Kathy, I wish and hope you'll change your mind, because this summer is likely to be the last opportunity we'll ever have to be together as a family. As you know, I went through a false conversion in 1970, and went to church for the first time as a partial (but false) Christian on June 14th, 1970. Last month I had a real conversion. My first time to Church after this real conversion was February 25th. I'm going to another church, not All Souls, but St. Mark's—Clerkenwell, which is about a forty-minute walk from here. On that day, February 25th, as I was getting close to St. Mark's, I began to have a faint, vague impression of seeing Jesus walking before me bearing the Cross. Two or three times since then I have felt that He gave me the message "Follow me." So this means that some suffering lies ahead for me. It won't begin very soon because I'm not ready for it nor

乔治·普莱斯写给女儿凯瑟琳的一封信，1973 年 3 月 24 日

第 11 章

# 爱的皈依

当乔治给比尔·格雷厄姆牧师写信时，越南战场上的58 148名美国士兵、223 748名南越士兵、1 100 000名北越士兵和大约4 000 000名两方平民中的大部分都已在战场上死去。近来，在东田纳西，理查德·尼克松出现在格雷厄姆牧师的宗教复兴仪式上，这是美国总统首次在福音派的讲台上发表演讲。乔治对格雷厄姆牧师有一个诚恳的请求：必须阻止战争继续进行。牧师是否会用他的力量影响美国总统，从而结束这场流血冲突呢？[1]

此时，乔治正在思考战争的问题。1969年，《自然》杂志要求乔治改写那篇关于鹿角的论文，并大幅缩短论文的长度。如今，他终于开始进行这项工作了。乔治用伦敦大学学院的IBM 360/65计算机算出了一种不可能被击败的搏斗策略。1970年7月，他甚至参加了在伯明翰举行的动物行为学会的年度大会。他的学术成果在这次会议上得到了肯定，这令乔治深受鼓舞。大会结束后，乔治回到伦敦。[2]

乔治的朋友阿尔并不认为他的这项研究有什么价值。那年12月，阿尔在给乔治的信中写道："在过去的15年里，国际关系专业的学生一直在用类似的方法研究冲突理论。用电脑模拟的方式研究两只动物之间的冲突，听起来与之如出一辙。"尽管没有获得朋友的支持，但乔治依然沿着这个方向勤奋工作。在给阿尔的回信中，乔治说："在这方面你懂的比较多，我不确定我的做法是否和你说的研究'如出一辙'。但是，冲突理论是用来研究策略优势的，而非研究心理机制，不是吗？如果是后者，那么假如研究发现在冲突的过程中，动物和人会经历相似的推理过程，那将会是十分有趣的结果（在我的研究中，‘谁挑起了斗争’和‘扯平’是两个主要的概念）。”[3]

面对乔治的辩解，阿尔并没有放弃进攻。“原谅我对搏斗模拟研究持怀疑态度。显然，这种研究的困难在于，我们没有确凿的证据表明‘在实际的搏斗场景中，人类究竟是如何行动的’。尽管我们可以对这些情形进行各种推测，但却无法走进搏斗双方的大脑。在我看来，类比的论述方式缺乏可信度，不管是以动物的行为进行类比，还是以电脑模拟进行类比。”[4]

像往常一样，乔治又拿出他那奇怪的幽默感来反击阿尔的论点。此时的乔治刚刚完成他在教堂的第一次布道，并且开始给远在国外的亲友不断寄送C. S. 路易斯的著作，他的自我感觉良好。在给阿尔的回信中，他写道：

> 针对你这一段的第一句话“原谅我对搏斗模拟研究持怀疑态度”，我认为你应该这样反驳我才更有法官的风采：从总体上看，我对搏斗模拟研究持怀疑态度，也对以类比的方式论述持怀疑态度（包括以动物的行为进行类比和以电脑模拟进行类比）。但据我观察，你常会以一种别出心裁的方式切入问题。为什么？事实上，你看问题的角度十分特别，即使你发现以下情况，我也不会感到惊讶：也许你会发现某个众所周知的问题，它已经被成千上万名学者研究了10个甚至20个世纪，但你仍然能够找到这个问题的完整解答，并得出前所未有的结论。比如，你可能会证明，耶稣在十字架上被钉了整整一夜，或者棕榈主日其实应该在星期三。当然，如果这类新奇的结论来自其他学者，我会觉得他们完全是在胡言乱语，而且充斥着明显的谬误，就算

> 像我这样的外行也能在几分钟内发现这些谬误。但是，如果得出这些结论的人是你，那我会认为你一定经过了深思熟虑，并且做了充分的研究，因此我相信没有人（至少在我担任副校长的这所差劲的大学里，那些老迈的学者肯定没有办法做到这一点）能像你这样找出《圣经》中的矛盾之处，大家也能够毫不费力地根据你的讨论把这些内容和历史联系起来。在你的来信中，你简要介绍了你研究动物搏斗行为理论的方法，虽然我对这类方法抱有一种偏见，但既然使用这种方法的人是你，那么我认为你完全有可能得出一些新颖有用的结果。而且我知道，《自然》杂志已经在约翰·梅纳德·史密斯（我知道他是一位杰出的数学生物学家）的推荐下，接受了你的文章……[5]

但事实上，乔治在用电脑模拟研究动物搏斗行为的问题上的进展并不顺利，他其实已经放弃了这项研究。乔治写信给阿尔的真正目的是想在耶稣受难时间表的问题上激怒阿尔。乔治相信，如果他能让阿尔对此既感到迷惑，又觉得受到了挑战，阿尔就会把这篇论文送给他所在大学的圣经学者看，乔治也就不用厚着脸皮求阿尔了。可是，阿尔对乔治这种令人迷惑的新行为一点儿也不感兴趣。他只愿意和乔治讨论科学，而他对乔治在科学方面的成果也没有给出太高的评价。“显然，你忽略了一个事实：到目前为止，没有人发现‘模拟现实生活中的政治情况’的方式。虽然你确实是一个天赋颇高的人，但我怀疑即使是你也没有办法完成这项任务。”之后阿尔又补充道，“尽管约翰·梅纳德·史密斯推荐了你的文章。”[6]

• • •

J. B. S. 霍尔丹特别喜爱的学生约翰·梅纳德·史密斯究竟是怎么与乔

治结识的呢？这要追溯到20世纪40年代末的伦敦大学学院。当时，史密斯和他的同学听说康拉德·劳伦兹在动物行为方面取得了新发现。劳伦兹是一个留着山羊胡子的奥地利人，他自以为是、盛气凌人，曾经是纳粹成员。虽然他是一个富有争议性的人，但人们仍然认为他是现代个体生态学之父，他后来还获得了诺贝尔奖。[7]劳伦兹提出，仪式化的打斗行为不是自然界中的特例，而是一种常态。当动物为了争夺领土或配偶而进行竞争时，它们鲜少拿出所有武器搏命，而是多以攻击性姿态做做样子。[8]劳伦兹认为，这种行为对物种来说是有好处的，这种想法与时代精神一致。假设物种内部冲突的升级很常见，就会造成大量伤亡，最终可能影响物种的存续。约翰·梅纳德·史密斯在一篇论文中采纳了劳伦兹的上述假设，结果J. B. S. 霍尔丹愤怒地在这篇论文上批注"盲目乐观的定理"。在霍尔丹看来，这是群体选择学说的胡言乱语，这种理论根本不应该在生物界占有一席之地。[9]

10年后，理查德·路文丁在美国阅读了关于博弈论的通用教材《博弈与决策》(*Games and Decisions*)。这本书的作者是鲁斯和雷法，两人都曾供职于兰德公司。路文丁是哈佛大学的群体遗传学家，他反应机敏、热衷政治，许多人都认为他是这个时代最聪明的理论学家，但也有一些人认为他是一名"危险又极端"的马克思主义者。路文丁不相信过于依赖环境的适应性概念，他决定在博弈论中寻找答案。通过某种方式也许可以把适应性表达为互动造成的结果，路文丁打算利用冯·诺伊曼的方法，建立一个动物与自然博弈的模型。[10]

然而，路文丁的模型只能度量一个物种的适应性与不断变化的环境之间的博弈。他还想研究动物基因之间的博弈，以及动物基因与环境的博弈，但事实证明建立这样的模型十分复杂和困难。要想建立上述互动模型，就必须进行一些简化，但在路文丁看来，这些简化与自然界的真实情况相差太大。于是，他放弃了博弈论，认为博弈论并非一种对生物学家有用的工具。路文丁认为，博弈论能够给我们提供一个逻辑清楚的故事，但这并不意味着这个故事与真实情况相符。对于“有趣却不真实”的解释，路文丁并不感兴趣。[11]

与此同时，在英格兰，约翰·梅纳德·史密斯把20世纪60年代的大部分时间都花在以下问题的研究上：他先研究了关于衰老的生理学原理和关于规律的遗传学原理；在20世纪60年代末，他又研究了关于性别进化的理论问题。史密斯感兴趣的问题是：物种中为什么一开始就存在性别呢？温-爱德华用群体选择理论解释鸟类的性别问题，但在史密斯看来，如果人们不同意温-爱德华的解释，认为“性别的进化对整个物种有好处”的学说就站不住脚。然而，这种解释仍然是目前的主流观点，即自然之所以会创造性别，是因为性别是一种创造差异的极佳方式。对生物个体而言，有性别意味着有50%的基因不能遗传给后代，寻找配偶和交配也会消耗很多能量。但是，性别差异对整个种群有利，因为在面对变化的环境时，这意味着更高的灵活性。所以，在种间竞争中，有性别的种群会比无性繁殖的种群更有优势。通过“发明”性别，自然选择的智慧使群体利益优于个体利益，并为世界注入了无限的多样性。但是，梅纳德·史密斯想起了他的导师霍尔丹愤怒的批注——“盲目乐观的定理”，史密斯觉得它不可能是对的。因此，史密斯决定采取行动，他希望找到一种基于个体选择而非群体选择的理论，从而彻底解开性别的谜题。[12]

就在这个时候，《自然》杂志的编辑约翰·马多克斯把一篇名为《鹿角、种内搏斗与利他主义》的论文寄给了梅纳德·史密斯，文章的作者是乔治·R. 普莱斯。约翰从未听说过这位作者，但这篇文章的内容太有趣了！它对群体选择理论做出了有力的反击：当该说的都说了、该做的都做了时，仅用个体选择理论就可以很好地解释生物现象。但是，除了简洁有力以外，这篇文章还有其他优点。普莱斯认为，就像两个直勾勾地盯着对方看的扑克牌玩家一样，动物之间的打斗行为也是一种博弈。在博弈过程中，一个动物的策略依赖于其他动物的策略。根据这种博弈的逻辑，普莱斯指出，如果动物采取报复性策略，那么从选择的角度说，这种策略在个体层面上是有利的。所谓报复性策略是指，动物通常以保守的方式打斗，但若一方使冲突升级，则另一方也会选择升级冲突作为回应。这是一个非常惊人的原创性观点。当然，冯·诺伊曼的博弈论假设所有玩家都是理性的，这一假设显然不适用于动物。但是，如果我们构建一个博弈的收益矩阵，并且以适应性作为度量单位，自然选择就可以取代理性思维。你瞧，虽然乔治·普莱斯没有画出这个矩阵，但事实上他的这篇文章就建立在这个矩阵的基础上。[13]

这篇文章让梅纳德·史密斯激动不已，他建议《自然》杂志发表普莱斯的文章，条件是作者必须缩短文章的篇幅，毕竟一篇长达50页的文章对一本杂志来说太长了。大约一年后，他又花了3个月的时间参与芝加哥大学数学生物委员会的工作。如果对博弈论感兴趣，数学生物委员会是一个不错的工作地点。在乔治的论文的启发下，约翰·梅纳德·史密斯显然对博弈论产生了兴趣。虽然约翰知道费希尔关于性别比例的观点，也知道路文丁提出的物种和自然之间的博弈问题，但他仍然认为该领域目前是一个很有前途的空白领域。毕竟，费希尔从未正式提出他的理论，而路文丁则未能将他的理论应用于动物之间的互动问题。汉密尔顿于1967年发表过一篇关于生物中的特殊性别比例的论文，约翰对这篇论文非常熟悉，但他一开始并没有想到这篇论文与动物之间的搏斗行为有关。所以，唯一能在两者之间架起桥梁的就是乔治关于鹿角的那篇论文。在那篇论文中，乔治提出鹿的这种“遗传策略……是稳定的，能够对抗进化的干扰”。在乔治成果的基础上，约翰利用他的数学技巧把博弈论和进化生物学融合在一起。他还提出了一个概念，叫作“进化稳定策略”，这个概念在很大程度上是基于乔治的概念提出的。[14]

1970年年末，约翰离开了芝加哥。回到英格兰后，他开始撰写一篇论文。进化稳定策略是一种行为策略，如果物种中的大部分个体都采用这种策略，那么任何一种突变都不可能产生比这种策略更强的繁殖适应性。这是一个很有启发性的概念，如果人们能在动物的搏斗行为中找到一种进化稳定策略，就能有力地证明这种行为是进化实际选中的行为。显然，在发表这一成果时，他必须引用乔治的论文作为主要参考文献。然而，约翰翻遍了各种文献，却怎么也找不到乔治的这篇文章。《自然》杂志没有刊登这篇文章，其他报刊上也找不到。这篇关于鹿角的文章就这样消失了，它突然神奇地出现，又突然神奇地消失。在9月访问嘉尔顿实验室时，约翰匆匆地见过乔治一面。而且，在约翰的人生中也发生过这样的事情：他本应该把功劳归于别人，却没能做到，史密斯不想再造成这种状况，于是他决定坐下来给乔治写一封信。[15]

约翰在信中友善地请乔治为他提供参考文献的具体信息。乔治回信说，当然！他非常乐意让梅纳德·史密斯在参考文献部分提及他的那篇关于鹿角的文章。但乔治隐晦地提出，梅纳德·史密斯可以用一种更好的方式来表达谢意。乔治解释说：“如果有人在文章中提到某份‘未出版的手稿’，那么其他人就会猜测，这个人在使用这些内容前究竟有没有获得手稿主人的允许。但如果你说你的论文内容是基于你和我的‘讨论’，人们就不会产生那种质疑了。”① 梅纳德·史密斯没有完全理解乔治的意思，他也没有继续坚持。他的想法很简单，能找到乔治是件令人高兴的事情。此时，梅

① 乔治这样说是讽刺梅纳德·史密斯当年剽窃了汉密尔顿的学术成果，可是对方并没有听懂他的话。上一段中作者所说的“在约翰的人生中也发生过这样的事情：他本应该把功劳归于别人，却没能做到”也是这个意思。——译者注

纳德·史密斯担任苏塞克斯大学生物科学系主任已有近10年的时间了，他可是一个大忙人。[16]

· · ·

回到小蒂奇菲尔德街，乔治又提交了一篇论文，史密斯给了乔治在《人类遗传学年鉴》上展示的机会。与他1970年发表在《自然》杂志上的那封短信相比，这篇名为《协方差选择数学方法的延伸》的论文更明确地解释了，如何用协方差度量多个层次上的选择。毕竟，这才是他的方程的真正美妙之处。他的方程就像一块缺失的拼图，有了它之后，人们就能看出更高层次上的选择其实可以在进化过程中塑造出个体之间的真正善意。[17]但是，在这篇新论文中，乔治仍然只给出了概述，而没有直接将这套方法应用于任何具体问题。在产生了原创性的灵感以后，乔治似乎并没有兴趣继续丰富这套理论。1972年的冬天即将结束，在乔治的脑海中有两样让他分神的截然不同的东西：一是耶稣，二是性（排名分先后）。

在给朋友的信中乔治解释说，第一件事是他常常清楚地听到上帝下达给他的命令，去揭露魔鬼的诡计。[18]第二件事是关于进化率的问题，因为性别差异会导致更多的差异，这些差异是自然选择的素材，所以性别的出现会加速进化的速度。关于这一点，他读过约翰·梅纳德·史密斯的论文，并试图提出他自己的理论。

此时，有许多人在思考“差异”的问题。曾就职于芝加哥大学、现位于哈佛大学的理查德·路文丁最近发表了一组关于果蝇的实验结果。这组实验结果显示，果蝇群落的差异比之前人们想的多得多。[19]这一结果在物种进化遗传学领域扔下了一颗巨大的炸弹。达尔文说过，自然选择是“一种审查和拣选机制，每一天、每一刻都在全世界范围内不间断地运行；它会淘汰那些不好的差异，并不断积累好的差异……”如果达尔文的这种说法是正确的，自然界中的差异难道不应该保持在最低水平上吗？大部分突变都是有害的而不是有益的，因此大部分突变都应该很快被自然选择淘汰。为了解释这种看似矛盾的情况，日本理论遗传学家木村资生提出了一套新理论，人们称之为“中性理论”。这套理论认为，自然界中之所以存在如此多的差异，是因为大部分差异对提高生物的适应性既没有好处，也没有坏处。因此，自然选择没有理由淘汰这些差异，而只是对它们保持冷漠的态度。于是，遗传差异会不断积累，达到较高的水平，并在群落中自由漂移。[20]

而在嘉尔顿实验室中，乔治的上司哈利·哈里斯却在尽其所能反对上述理论。如果生物间的差异是中性的，那么自然选择究竟在其中扮演何种角色呢？这是一个十分严肃的问题，除非能够找到一种更好的解释，否则就必须重新思考达尔文理论。哈里斯骨子里是一名达尔文主义者，为了证明木村资生等人的理论是错误的，他正在收集关于人类血红蛋白的证据。然而，要想让人信服地反驳对方的观点，哈里斯必须提出一套更好的数学理论，还有谁比乔治更适合完成这项工作呢？事实上，乔治此刻感兴趣的不是遗传学，而是耶稣受难的时间表和《圣经》。尽管如此，他仍然接受了领导委派的任务。[21]毕竟，这项关于遗传多态性的理论挑战也许能够帮助他回答一些关于生物性别的问题，而遗传多态性和生物性别的问题都有可能成为他的跳板，帮助他最终找到家庭的进化起源。另一个促使他接受这项任务的原因是，他利用电脑模拟动物的搏斗行为的尝试已彻底宣告失败。[22]

• • •

乔治着手建立一个关于最优突变率的模型。与此同时，他暂时恢复了与保罗·萨缪尔森的通信，萨缪尔森是麻省理工学院的一位经济学家，刚刚获得了诺贝尔经济学奖。在给萨缪尔森的信中，乔治宣称他的模型“比木村的模型好得多”。然而，接下来却发生了一件出人意料的事情。[23]那年春天，乔治收到了一封来自约翰·梅纳德·史密斯的信。信里装着一叠打印文件，这是约翰尝试用计算机模拟动物的搏斗行为取得的最新成果。对约翰来说，这简直是一件天赐的礼物。

在给梅纳德·史密斯的回信中，乔治难以掩饰他的激动之情，他写道：“太迷人了，祝贺你！看起来，你远超我的研究进度。”毕竟，动物的搏斗行为一直是乔治非常关心的问题。梅纳德·史密斯甚至邀请乔治与他共同撰写论文，乔治接受了这份邀请，前提是约翰的名字必须署在他的前面。此时，乔治正在努力完成一篇关于“性别和快速进化”主题的论文。所以，目前他没有时间去写那篇关于搏斗行为的论文。约翰为什么不先给《自然》杂志写一份初稿，之后再交由乔治审读和修改呢？这个模型中包含几种不同的动物行为策略，乔治建议给这些策略起一些简单易懂的名字，比如鸽子策略、老鹰策略、试探者策略等。[24]

还是老生常谈的问题：在争夺支配权、领地、配偶的过程中，动物虽然会进行搏斗，但常常不会真的互相伤害，如何解释这种现象背后的原因呢？乔治的那篇论文主要关注的是鹿角问题，但这也是生物界中普遍存在的问题。比如，在许多蛇类中，雄蛇之间虽然会打斗，但并不会用毒牙相互攻击。这种“仁慈”在螳螂中也存在。最为荒谬的例子是阿拉伯羚羊，其学名为阿拉伯剑羚。阿拉伯剑羚长着长角，却指向完全错误的方向。要想把角朝向正前方，雄性阿拉伯剑羚就必须跪下来，并把头置于双膝之间。不管是双膝跪地的羚羊，还是打斗的蛇或鹿，这些动物都拒绝采取“犯规动作”。究竟应该怎样解释这些现象呢？自然的智慧远胜于人类的智慧，自然为什么要发明限制搏斗的策略呢？

梅纳德·史密斯和乔治从冯·诺伊曼的理论里找到了线索。和扑克牌游戏、核武器军备竞赛和越南战争一样，动物的搏斗行为也可以用博弈论建模。关键在于，我们必须看到每个玩家的策略都依赖于其他玩家的策略。比如，参与搏斗的玩家A和B可采用以下几种策略：保守策略C不容易造成伤亡，危险策略D则会导致严重受伤。当然，除了C、D两种策略以外，玩家还可以选择撤退，也就是策略R。因此，A、B两位玩家的打斗过程可能是这样的：

A的行为：CCCCCCCCCCCDCCCCCCCD

B的行为：CCCCCCCCCCCCDCCCCCCCR

玩家A在第12轮和第20轮打斗中采取了试探行为。第一次被试探时，玩家B采取了报复行为，而在第二次被试探时，玩家B选择撤退，从而输掉了这次战斗。在每次打斗中，双方都会获得一定的收益，这些收益最终决定了个体生物的繁殖适应性。在梅纳德·史密斯取得的成果的鼓舞下，乔治于1972年夏天再次开始用电脑模拟动物的行为。他和史密斯一起编写程序，并研究了5种不同的动物行为策略。在这些程序中，他们设置了一些规则，这些规则决定了C、D、R三种策略在某一轮打斗中出现的概率，这组概率是前一轮行为策略的函数。这5种不同的策略分别是：鸽子策略（从不采取行为D），老鹰策略（每次都采取行为D），恐吓策略（如果自己先出手，就采取行为D；如果对方采取行为C，自己就采取行为D；如果对方采取行为D，自己就采取行为C，在对方第二次采取行为D时选择撤退R），报复策略（第一次出手时采取行为C；接下来，如果对方采取行为C，那么自己也采取行为C；如果对方采取行为D，那么自己也采取行为D；如果打斗的轮数达到预先设定的次数，就选择撤退R），以及试探–报复策略（如果自己先出手或者对方使出行为C，就频繁采取行为C，少采取行为D；

如果打斗的轮数达到了预先设定的次数，就选择撤退R）；在试探情况出现后，如果对方选择报复，自己就采取行为C，如果对方采取行为C，自己就继续采取行为D。在这种设定下，一共有15种不同的打斗情况。约翰和乔治对这15种情况分别进行了2 000次模拟，并在模拟过程中使用了“伪随机数生成器”，这种算法能够模拟不同情况下的打斗过程。博弈的收益是固定的，概率在生物学上看起来很合理。[25]最后，他们得到了以下这个矩阵：

5种不同策略下模拟种群内打斗的平均收益情况

对手

| 获得收益的一方 | | 鸽子策略 | 老鹰策略 | 恐吓策略 | 报复策略 | 试探–报复策略 |
|---|---|---|---|---|---|---|
| | 鸽子策略 | 29.0 | 19.5 | 19.5 | 29.0 | 17.2 |
| | 老鹰策略 | 80.0 | –19.5 | 74.6 | –18.1 | –18.9 |
| | 恐吓策略 | 80.0 | 4.9 | 41.5 | 11.9 | 11.2 |
| | 报复策略 | 29.0 | –22.3 | 57.1 | 29.0 | 23.1 |
| | 试探–报复策略 | 56.7 | –20.1 | 59.4 | 26.9 | 21.9 |

要想判断一种策略是不是进化稳定策略，只需要比较相应列中的数字即可。比如，如果一个群落中充斥着使用老鹰策略的个体，那么对个体而言，老鹰策略是否比其他策略更有优势呢？上述表格清楚地显示，这个问题的答案是否定的。如果对方采用老鹰策略，那么在回应时用鸽子策略（19.5）和恐吓策略（4.9）比用老鹰策略（–19.5）好。所以，老鹰策略并不是一种进化稳定策略。同样，鸽子策略也不是一种进化稳定策略。因为假设群落中的其他个体都采用鸽子策略，在这种情况下，老鹰策略（80.0）、恐吓策略（80.0）和试探–报复策略（56.7）的平均收益都高于鸽子策略。事实上，在这5种策略中，只有报复策略是进化稳定策略，因为

其他策略的平均收益都无法超过报复策略（虽然鸽子策略的平均收益与报复策略一样），紧随其后且差距很小的是试探–报复策略。

那么，上述物种究竟会如何进化呢？答案是：采取报复策略和试探–报复策略的个体会越来越多，而采取老鹰策略、鸽子策略、恐吓策略的个体会越来越少。但是，后三类个体并不会完全消失，不过它们在种群中的数量始终很少，这是因为群体中会不断出现突变，并且存在一些过于衰老或年轻的个体，以及受伤或生病的情况。报复策略和试探–报复策略的平衡取决于鸽子策略的占比，因为只有在面对弱者时，试探行为才具有优势。如果鸽子策略的使用频率大于7%，试探–报复策略就会取代报复策略，成为该物种中的优势型。只有在两种情况下，全面开战的行为才会变得有利：要么显著提高重伤的概率，要么让不受伤撤退和严重受伤的收益相同。在其他情况下，计算机模拟清楚地表明，在个体选择的层面上，有限战争优于不受约束的攻击行为。

当然，在自然界中，动物的真实搏斗行为比上述模拟复杂得多。动物的行为不能简单地分成“保守行为”和“危险行为”两类，两者之间很可能还存在更加细微的分类。而且，在采取某一种策略时，生物个体在力量和技巧上都存在很大的差异。但是，通过简化，乔治和约翰建立的模型能够让我们做出某些预测。比如，上述表格显示，针对老鹰策略的最佳回应是采取鸽子策略，换句话说，面对强悍的“老鹰”，最好的选择就是立刻撤退。这意味着，对一个给定的生物个体而言，最强势的做法是表现出狂野、不受控制的愤怒，因为这种行为让对手觉得它最好的出路就是立刻撤退。如果上述情况属实，很快就会产生一种“伪鹰”型，此类生物具有一种特殊的天赋——虚张声势。之后，这个物种会进化出一种特征，具有这种特征的动物是真正疯狂的动物，而且这种特征不易假装。事实似乎表明，在自然界中有时确实会出现这种情况。比如，大象有时会进入一种狂暴的状态，本地人常说这是因为大象被野灵附身了。它们会无法控制地横冲直撞，常会导致致命的后果。在大象进入狂暴状态时，它们的颞腺会分泌一种深棕色的焦油状液体，并顺着它们的脸颊流下来。面对欺诈行为，自然用这种方式做出回应，这种特征显示进入狂暴状态的大象并非在装疯。虽然伪装没有什么不对，但有些特征是装不出来的。

乔治认为，这是一项重要的发现，也许会对人类有用。

• • •

乔治感到非常高兴，原因有两个。一是《自然》杂志的编辑马多克斯通知梅纳德·史密斯，表示对他们的这篇论文非常感兴趣。二是他的名字即将出现在一篇突破性的论文上，并且是与世界知名的科学家一起。当然，最先提出这个想法的人是他。过去他也曾做过这方面的尝试，而此次的结果比他之前的结果好得多。

虽然在科学方面取得了激动人心的成果，但乔治的心仍在别处。在写给凯西的信中乔治提到，科学研究委员会给他的那笔研究资金将在7月份到期，而他并不打算续用。他计划在接下来的几个月里写一本关于莎士比亚与《圣经》的书。[26]更重要的是，乔治终于决定向命运屈服。

近来，乔治进行了一次布道，主题是《马太福音》6：25–34：

> 因此我告诉你们，不要为生命忧虑吃什么、喝什么，不要为身体忧虑穿什么。生命难道不比饮食更重要吗？身体难道不比衣裳更重要吗？你们看那天上的飞鸟，它们既不播种也不收割，更不会把粮食放进谷仓中，可是你们天上的父仍然养活着它们。难道你们不比它们好得多吗？为什么要思虑饮食和衣服呢？想想田野里的百合花吧，想想

它们如何生长。它们既不辛苦地劳作，也不会纺线……如果上帝给田野中的草穿上了衣服，这些衣服今天还是衣服，明天就会被扔进炉子里，上帝不是也给你们穿上衣服了吗？啊，你们这些缺乏信仰的人。所以，不要去想我们该吃什么，喝什么，或者穿什么……你们应该先去寻找上帝的国和他的义；然后，上帝会把所有东西都赐给你们。不要去想明天，因为上帝会把明天的事情都安排好。

乔治有一份正常的工作，住在一间正常的公寓里，穿着普通的衣服，领着一份稳定的薪水。他似乎知道却又不知道，以上这一切都会结束。10月，他在给梅纳德·史密斯的信中写道：

因为我总是基于自己的主观愿望来思考问题，所以我觉得那不会发生在我身上，至少不会以那么极端的方式发生。在我读过的由传教士和其他人写的文章中，这种事情总是以极端的方式发生。这些作者过着一种“为信仰而生的生活”。在那些文章中，每当灾难发生时，他们总会在最后一刻收到救命的支票。[27]

在这封信中，乔治继续写道：“根据我的乐观计算，救援应该在9月20日左右到来，这样才能应对灾难的发生。然而，事实似乎证明，上帝评判‘灾难’的标准与我并不相同。”

事实似乎还证明，上帝的标准比我的标准更加准确。因为时间已经过去了近一个月，但我手头仍然有食物和其他生活必需品，主要的账单也都付清了。我不知道这种情况还会持续多久。令人鼓舞的是，现在我只有15便士了，能让我继续留在英国的旅游签证剩下不到一个月就要过期了。因此，我安慰自己说，上帝的灾难标准很快就会达到。

我十分迫切地想知道，在我花光最后这15便士以后会发生什么。[28]

约翰对此感到非常担心，他回信说："上帝能否给你提供你需要的东西，我对此可不像你那么有信心。如果我能为你提供帮助，请立刻联系我。"汉密尔顿也给乔治写了信，强烈敦促乔治赶快续用研究资金。他还表示，如果乔治没有容身之处，他非常欢迎乔治去伯克郡住，并说："如果真的存在万能的上帝，我觉得你误解了他的行事方式！"[29]

但是，不管是梅纳德·史密斯还是汉密尔顿都没有完全理解乔治的想法。这是一场非常严峻的考验，绝不只是钱的问题。在前一年的5月，乔治在给朋友的信中骄傲地说："距我上一次看医生已经过去了9个多月。"当他觉得身体不舒服的时候，他就会去伦敦治愈传道会祈祷。在皈依上帝后不久，乔治就不再定期去医生那里做甲状腺检查了。毕竟，所有的迹象都显示，上帝选中了他去完成某项任务，比如那些巧合、他对《圣经》的解读和他发现的方程。如果上帝真的选中他完成某项任务，那么上帝自然会为他提供他需要的东西。此时，他已经有两年没看过医生了。为了接纳自己的命运，他决定尽量少进食，每天只吃能维持生命的食物。在过去一周中，乔治每天只靠一品脱牛奶维持生命。除此之外，还有更糟糕的事情：他彻底停用甲状腺药物了。[30]

• • •

住在小蒂奇菲尔德街上的一位邻居伍德先生发现了倒在楼梯上的乔治，伍德先生把他送到了医院，此时的乔治几乎失去了意识。幸运的是，米德尔塞克斯医院重症病房的韦伯医生发现乔治血液中的甲状腺素严重不足，在乔治昏迷不醒时为他静脉注射了甲状腺素，救了他一命。因为乔治缺乏甲状腺素，又没有服用药物，所以他的能量消耗和心率都达到了危及生命的水平。乔治和死亡之间也许只隔着一次心跳的距离。

此时是1972年圣诞节，乔治在病房中逐渐康复。因为阿托品的副作用，他两眼酸痛，取下一个眼罩后要过好久，他才不再看到重影。但是，此刻最大的问题是他的签证马上就要过期了。乔治请韦伯医生帮他向移民局解释情况，在写给韦伯医生的信中乔治说："如果你说我入院时处于'饥饿'状态，那些人很可能会说：'哈，这家伙没钱了，他一定是美国垮掉一代的一员吧。'"乔治希望韦伯医生证明他入院时"身体处于极度衰弱的状态"，而非"营养不良"。而且，他建议最好不要在证明中提及"黏膜水肿"字样，因为某些移民官可能知道这个词是什么意思，然后他们就会怀疑他为什么要停用甲状腺药物。最后，乔治开始解释那个更加重要的问题，那就是他之所以没有续签研究经费，是因为他打算换一个职业——"从科学转向基督教"。[31]

乔治在1月出院了。他手中拿着医院的出院文件，伍德先生扶着他坐进了出租车，他又一次回到了小蒂奇菲尔德街的公寓中。此时的乔治身体虚弱、走路不稳，他自己照料自己，希望能早日恢复健康。他给远在阳光灿烂的美国加州的女儿安娜玛丽写了一封信，询问"在煮饭过程中究竟是哪里做错了导致米饭黏在了一起"。

有时我煮的饭会黏在一起，有时则不会。我并不经常煮饭，所以几乎记不住当饭煮得比较好的时候我究竟是怎么做的。上一次我煮得一点儿也不好，而上上次却煮得非常好。区别也许在于我用了一种不同牌子的米，因为我刚好打开了一包新米。也许麻烦在于我没有正确地按照说明的方法煮饭。米的包装上说要把米煮开，搅拌一次，然后

> 立刻改为小火慢煮。但我让米煮开了一段时间之后才改为小火慢煮，是不是因此饭才煮得不好呢？我煮的饭不仅黏在一起，粘锅也非常厉害。所以，请告诉我，煮出来的米饭是黏还是不黏，关键点究竟在哪里？[32]

乔治已经50岁了。虽然他奇迹般地通过了上帝的考验，但此刻的他终于明白了一个他长久以来都不明白的道理。他苍白瘦削，指甲很脆，并且开始变黑。显然，严格的基督徒生活并没有给他带来什么好处。在这个世界上，除了对上帝的服从之外，乔治什么也没有——他太孤独了。

· · ·

汉密尔顿的公式*r*B>C只对家庭成员成立，或者从最乐观的角度看，即使经过乔治的修正，这个方程也只对拥有类似基因的生物个体成立。那么，遗传上没有亲缘关系的个体之间的利他行为又该怎么解释呢？毕竟，亲属之间的奉献行为相对容易理解，而非亲属之间的利他行为才是一代又一代的道德家最关心的问题。犹太–基督教传统早就认识到这个问题，因此它规劝信徒“要像爱自己一样去爱邻居”。关于这个问题，亚里士多德却抱有一种犬儒主义的态度。在《尼各马科伦理学》（*Nichomachean Ethics*）中，亚里士多德写道：“我们对他人的友善之情来自我们对自己的友善之情。”[33]

在道德方面，硬心肠的哲学并不是异教徒的专利。圣托马斯·阿奎纳在《神学大全》（*Summa Theologia*）中出人意料地提出了一种功利主义的观点：我们爱自己的程度应该超过爱邻居。对于保罗的言辞，圣托马斯·阿奎纳解释说，因为群体利益比个体利益更重要，所以相对于个体利益，我们更应该追求群体利益。大卫·休谟26岁时就在《人性论》（*A*

*Treatise of Human Nature*）中大声说出了这位可敬的中世纪神学家的心中所想："我学着帮助别人，心中却并不带着对别人的真挚善意，因为我能预见到，别人也会以同样的方式回报我。我这么做是为了使自己与别人之间能够回报彼此、互相帮助。"[34]

大卫·休谟于1776年去世，同一年，他在爱丁堡的邻居、经济学家亚当·斯密在《国富论》中更加直接地提出了这种理念："我们之所以能吃上晚餐，并不是因为屠夫、酿酒的人、烤面包的人对我们怀有善意，而是因为那些人想要追求他们的利益。我们并非求助于他们的博爱，而是求助于他们的自私自利；我们应该讨论的不是我们自己的需求，而是他们会因此得到什么好处。除了乞丐以外，任何人都不会让自己严重依赖于同胞的善意。"然而，把这个意思说得最简单明了的人是出生于荷兰的英国讽刺诗人伯纳德·曼德维尔。1714年，他在一首两行诗中写道："因此，每个部分都充满了罪恶，/但整体却是一个天堂。"[35]

于是，当一位早熟的立陶宛犹太移民的儿子去哈佛大学求学时，他已经有了非常丰富的哲学传统可供借鉴。此时是20世纪60年代初，罗伯特·特里弗斯对生物学并不感兴趣，他的志向是成为一名律师。经历过一次精神崩溃（主要表现为彻夜阅读维特根斯坦的作品，最后昏了过去）后，他才逐渐接近了动物世界。被诊断患有精神分裂症后，特里弗斯在康复过程中上了一门绘画课，后来他受雇为一本生物教科书绘制动物图片。他的导师比尔·德鲁里是一位奥杜邦鸟类学家，特里弗斯渐渐对他的导师产生了敬佩之情。特里弗斯曾对一位记者讲述了这样一段经历："有一天，我和比尔在森林里散步。我告诉他，由于我的第一次精神崩溃的经历非常痛苦，所以我下定决心，一旦我感觉下一次精神崩溃即将来临，我就会选择自杀。可是，我后来改变了主意，我决定在自杀之前先杀掉10个人，我还列了一份人名清单。我想知道这种想法的改变究竟是进步还是倒退。比尔想了一会儿后对我说：‘你能不能在那份清单上再加上3个名字呢？’这就是他给我的答复。”[36]

在比尔的鼓励下，特里弗斯阅读了温-爱德华和戴维·拉克的著作，他对群体选择和个体选择的问题产生了兴趣。接下来，特里弗斯开始攻读动物学博士学位，并且制订了一份研究猴子的详尽计划。但他的博士导师却是一位爬虫学家，于是被导师安排到牙买加去研究蜥蜴。后来特里弗斯回忆道：“我到达牙买加之后，看到了那里的女人，又看到了那里的岛屿。于是，我决定成为一名蜥蜴学家，如果只有研究蜥蜴才能让我回国的话。”

在牙买加，特里弗斯花了许多时间研究蜥蜴的世界，最终他产生了与汉密尔顿和梅纳德·史密斯（以及在他们之前的达尔文）同样的想法：动物的行为就像它们的眼睛、耳朵、手指、尾巴一样，都是进化的产物。鸟类会对同伴发出警告性的叫声，鱼类会互相清洁、保持共生状态，从这些现象中特里弗斯得出了与前人（包括阿奎纳、大卫·休谟、亚当·斯密，以及荷兰诗人曼德维尔）同样的结论。假如动物的善行有较大的概率能在某一天得到回报，自我牺牲的行为就是对个体有利的。跟随汉密尔顿的思路，特里弗斯开始考虑一个问题：利他行为是否有可能在没有亲缘关系的个体之间进化出来。这个问题的答案取决于合作的好处能否超过冲突的坏处，取决于动物是否会记得它们以前遇到的其他动物个体，是否会常常与邻居联系。于是，特里弗斯提出了一套新理论——互惠利他主义理论。这套模型的基础是博弈论中的囚徒困境，但特里弗斯未能证明互惠利他主义是一种进化稳定策略，直到汉密尔顿着手研究这个问题，才得出了上述结论。但是特里弗斯证明，没有血缘关系的玩家如果可以多次相遇，就可以培育出合作行为，因为从长期看，合作行为能够帮助个体获取更多的利益。根据“你帮我挠背，我也帮你挠背”的原则，对自我利益的追求可以催生出友善的精神。如果对方承诺给予回报，利他行为事实上就是对个体有利的行为。[37]

特里弗斯继续研究他的模型，与此同时，在大西洋彼岸，梅纳德·史密斯和身体衰弱的乔治正在给“动物冲突的逻辑”添上最后几笔。利他主义是冲突的反面，就像恶意是裙带关系的反面一样。但是，从结构角度看，这个问题又与在战斗中如何出击有些相似，都可以用自利的逻辑来解释。在大西洋两岸，两派学者都在试图用博弈论证明一个已有100年历史的想法。尽管“达尔文的斗犬”赫胥黎持有不同的观点，但只有达尔文（和克鲁泡特金）的看法才是对的：道德（虽然这项美德根本不是无私的）确实是自然的产物。

· · ·

与此同时，在伦敦大学学院中，哈利·哈里斯和塞德里克·史密斯正在竭尽全力地帮助乔治留下来，但乔治却不太配合他们。那年春天，史密斯给医学研究委员会提交了一份新的资金申请报告，他在报告中写道：

> 这份申请的唯一目标是利用普莱斯博士的创造力、天才和能力，帮助我们发展关于自然选择理论的新学说……从普莱斯博士的简历中可以看出，他在嘉尔顿实验室正式参与这个领域的研究只有短短4年时间，他从前的工作和现在的工作性质完全不同……但他的兴趣和天赋似乎与这项研究非常吻合，即便他在人生较晚的阶段才开始从事这方面的研究。[38]

要想帮助像乔治这样的人申请政府资助，必须进行充分的解释。因为乔治名不见经传，没有人知道他来自哪里，而且他现在已经50岁了。此外，他的诉求和情况都非常特殊。史密斯在这份申请报告中继续写道："普莱斯博士的想法超群，给我留下了深刻的印象。但他告诉我，出于个人原因，他希望只花大约一年时间来研究这个项目。为了让计划变得可行，唯一的做法就是申请一笔资金来支持他的研究。"史密斯非常了解乔治，他又补充道："如果不能做到这一点，我认为他就会看向别处，去从事一份完全不同的工作。"[39]

也许连史密斯自己也不会想到，他的说法非常接近事实。离开医院回到家中以后，乔治再次看到了基督，在这件事的刺激下，他经历了第二次皈依。两年前他曾写信给汉密尔顿说，上帝对人类的最大考验是无私之爱。当时乔治还说，真幸运，除了无私之爱以外的其他品质在上帝眼中也有价值，比如服从的品质和在智力上愿意接纳的品质。乔治向朋友坦承："因为如果只用爱作为测试的唯一标准，我似乎并不能通过上帝的考验。"[40]

但那只是乔治当时的想法，现在情况已经完全不同了。在给汉密尔顿的信中，乔治解释道：

> 去年2月，我以某种方式"遇见"了耶稣，而且我发现自己从来就不是一个真正的基督徒，而是一个法利赛人，也是这个世界上最伪善的人之一。而现在，我想成为一个真正的基督徒。如你所知，耶稣对他的门徒的命令之一，就是要求他们必须放弃珍视的东西（比如金钱），去追随他。耶稣要求我放弃的东西之一是书本。复活节的真正日期究竟是哪一天，这个问题并不重要，重要的是人们究竟在哪一天庆祝复活节。在耶稣眼中，只有人才是最重要的。[41]

乔治放弃了对《圣经》的研究，再次开始与现实世界接触。他在这封给汉密尔顿的信的结尾处写道："我非常希望再次见到你，比尔。我很喜欢有人陪伴，而你是其中之一。"乔治独自一人在公寓里找出了女儿童年时的照片，他在静默中哭泣着。他一边看着女儿的照片，一边给其中一个女儿写信：

> 可怜的安娜玛丽，这张照片大概是我从家中搬走前不久照的吧？我很抱歉，我当年抛弃了你，我一直是一个差劲儿的父亲……现在，看着你的照片，我希望我能够把父亲该做的事情从头做一遍……你是一个非常好的孩子，我离开你是不对的，一直以来我都忽视了你。我希望能以某种方式对你稍做补偿。[42]

乔治说，现在他终于明白，他从来就不是一个真正的基督徒。他从智力的角度相信基督，却忽视了基督关于慈悲和谦恭的所有教诲，于是他下定决心要把这些错误都改正过来。在第一次皈依中，他因为巧合而信仰上帝，那次皈依是假的。而这次皈依将是真正的皈依，唯一的重点就是爱。

很快，乔治就开始采取行动，试图弥补他从前的过失。他给罗斯玛丽写了一封道歉信，说道："我怀着无比的羞耻之情给你写这封信。"当年，乔治曾与哈佛大学的老朋友亨利·诺尔通信，但他与诺尔的交流后来也变得非常糟糕。此时，他再次写信给诺尔，试图弥补他从前的错误，并向诺尔解释他选择了新的人生道路。当我看到耶稣时，他对我低语道："任何人求你，都要给他；有人拿走你的东西，不要讨回来。"此时，亨利在法国与家人在一起，他也把《路加福音》6：30奉为生活的准则，但他不是站在给予那一边，而是站在获取这一边。亨利笑着给乔治回了信。朋友能够转变态度，亨利对此感到十分高兴。但亨利觉得，虽然乔治的行为并不一定像斯金纳博士实验中的大鼠和鸽子，但乔治皈依"无私之爱"的行为仍然是他自己的意志使然，而不是上帝的意志。[43]

至于乔治是否同意亨利的想法，我们就不得而知了。虽然乔治已经彻底重生，但这次他决定不把自己的想法告诉别人。他不再去万灵教会做礼拜，而改去米德尔顿广场的圣马可－克勒肯维尔教堂。从小蒂奇菲尔德街走到那里大约需要40分钟的时间。在写给凯瑟琳的信中，乔治描绘了他第一次去圣马可－克勒肯维尔教堂时的情景：

> 当走近白色石头建造的西塔时，我似乎看到一种模糊不清的景象，耶稣背负着十字架走在我的前面。从那以后，我又有两三次感觉到耶稣给我发来了信息，内容是“跟我走”。[44]

乔治清楚地知道这种景象意味着什么，痛苦就在前方等着他。虽然亨利持有不同的想法，但在乔治看来，他已由不得自己。乔治决定张开双臂，拥抱自己的命运。

然后，乔治毫无预兆地给远在美国的朱莉亚写了一封信：

> 亲爱的朱莉亚，你愿意再次跟我结婚吗？鉴于我曾给你寄去那些可怕的信件，我完全能够理解你可能不想再跟我有任何瓜葛。在我们的婚姻生活中，我做过许多错事，如果你回头看那些事情，你一定会对与我再婚的问题产生疑虑。从身体角度看，我的情况不太好（有点儿消瘦，有点儿疲惫），我的样貌也比过去老了不少……我的经济状况堪忧。除了上述问题之外，还有一个问题，那就是我现在希望能以上帝门徒的方式生活，这可能会迫使我与你长时间分居，在晚年我甚至不得不与你永远分居。我不知道未来会发生什么……但我们只是分居，而不会离婚，就算我们不住在一起，我们仍然是夫妻（关于在基

督的召唤下分居生活的可能性，请看《马太福音》19：27）。因此，你也许有许多理由对我说“不”，但我非常希望你能说“好”。从正面的角度看，我可以非常确定地告诉你一件事情，那就是你会发现我比以前温和厚道多了。[45]

这算不上世界上最打动人的求婚信，但乔治的每一句话都是真诚和发自肺腑的。他希望朱莉亚能在夏天搬来伦敦跟他同住，他希望安娜玛丽、凯瑟琳和多姆也能一起来。6月24日，小蒂奇菲尔德街上的公寓租期就要到了，但在那之前他们可以住在一起，虽然可能有点儿拥挤，但他们会是一个快乐的大家庭。然后，他和朱莉亚可以去法国度一个像样儿的蜜月。1947年夏天他们结婚时，两人既没有度蜜月的时间，也没有条件。蜜月之后他们可以回到英国，和孩子们一起去“罗梦湖很美的湖岸边”，去康沃尔的廷塔杰尔（传说中亚瑟王的出生地），去坎特伯雷，以及“许多其他地方”。爱与温情将把他们过去的不快一一埋葬。

自20世纪60年代以来，朱莉亚第一次与乔治通了电话，朱莉亚在电话里说，她对乔治的计划不太有信心。朱莉亚同意夏天去伦敦，但她不愿意再举行一次婚礼。耶稣要乔治走上痛苦之路，这样的命令让朱莉亚很担心。事实上，应该担心的事情比她知道的还多，因为此刻的乔治已经在无私之爱的道路上越走越远，他不仅打开了自己的心，还开放了他在小蒂奇菲尔德街上的公寓。[46]

· · ·

他的这种行为是从3月末开始的。尤斯顿站和苏豪广场附近有一个街角老鼠横行、散发着啤酒味儿和尿骚味儿。乔治在这里寻找那些无家可归、不被命运眷顾的人。这里有男人也有女人，有年轻人也有老人，他们是最不走运的人，生活从未对他们微笑过。“我的名字叫乔治，”他向那群人介绍自己，“我能帮你们做些什么吗？”

从罗马时期开始，流浪汉就是伦敦街景的一部分。在维多利亚时期，伦敦有了条件苛刻的济贫院和杯水车薪的慈善机构，但这并未让伦敦街头的流浪汉消失。进入现代以后，在照片和统计数据的曝光下，流浪汉变得更加刺眼了。虽然不太体面，但流浪汉已经成了伦敦的著名街景。美国作家杰克·伦敦曾经乔装成一个无家可归的水手，1903年他写出了畅销小说《深渊居民》（*The People of the Abyss*），描绘了伦敦东区的悲惨生活。这里有被称为“钢钉”的波普拉济贫院，它是流浪者最后的庇护所。这里也有被称为“木钉”的救世军兵营，它位于南华克区的黑修道士路，无家可归的人可以在星期日的早晨来这里碰碰运气，如果运气好，他们也许能吃上一顿免费的早餐。街上不时会发生持刀伤人事件，还有摔破的啤酒瓶、死亡的恶臭和痛苦的沉默。晚上，流浪者们为了争夺睡觉的地方而打架，这里充斥着低声的自言自语，并且不时地被一连串谁也听不懂的赌咒发誓打断。[47]

据估计，1910年冬天，伦敦有2 747人露宿街头。第一次世界大战结束以后，这个数字继续上升。一些老兵无法维持生计，只得去街上行乞。其中许多人不仅身体残疾，而且面容丑陋。在第二次世界大战期间，伦敦遭遇了德军空袭。一时间，大伦敦地区约有1/6的人无家可归。露宿街头成了一种生活方式，在未来的日子里，这种情景也成为这座城市的一部分。1966年，电视剧《凯西回家》描述了一位露宿街头的工薪阶层的单身母亲的生活境遇。此剧在富有同情心的公众中产生了极大的反响，最终推动了相关慈善机构的成立。1969年，伦敦建立了为穷人提供住房的慈善机构——危机庇护所，苏豪区也有了给无家可归的青少年提供住房的慈善机构——中心点。没有人知道伦敦究竟有多少无家可归的人，但1973年春天，当乔治从小蒂奇菲尔德街走向尤斯顿站时，英格兰和威尔士的无家可归者中约有40%的人游荡在伦敦城中或者附近。这些人衣衫褴褛，满身污垢，并且常常喝得烂醉。[48]

很快，乔治发现给这些流浪汉提供帮助的方式有多种：施舍一英镑，给一块三明治或一杯热苹果酒，或者跟警察说几句好话。最重要的是，他可以给这些流浪汉提供住所。从4月开始，街头的流浪汉成群结队地涌入乔治的公寓。这些人中就包括装了假腿的彼得，他是一个脾气暴躁的红发佬，在被警察追赶的时候，他因为爬墙而失去了一条腿。当时他从墙上摔了下来，一条腿被钩子钩住，当警察赶到时，他仍然挂在那里。除此之外，还有"冒烟儿"（真名特雷弗尔·拉塞尔），他是一个严重的酒精成瘾者，到目前为止，已经进出监狱30多次了。在给一个朋友的信中，乔治写道："冒烟儿很好斗，不管对方是谁，块头有多大，他都随时准备开战。"伦敦没有一家青年招待所会接待冒烟儿，因为他打架滋事的故事尽人皆知。还有博纳多和克里希，他们是一对恩爱的夫妇，但他们的运气很差，而且酗酒。还有阿伯丁，他也是酒精成瘾者，进过精神病院，还是一位空手道高手。不管是谁，只要在乔治的公寓里留宿超过一晚，乔治就会把家里的钥匙给他。曾经有4个人同时住在乔治位于小蒂奇菲尔德街上的公寓中。他们要么坐过牢，要么正在被警察通缉，要么是个酒鬼，要么有过精神病史，他们都有乔治家的钥匙。其中一个人进监狱的原因就是入室盗窃。[49]

乔治的朋友和熟人纷纷担心起他的安全。在给亨利·诺尔的信中，乔治说，在因爱而皈依上帝之前，他一直是个十分"卑劣"的人，现在他试图通过走上一条"彻头彻尾的堕落之路"来弥补这种过错。亨利回信说，这可真令他吃惊，想不到世界上还存在如此古怪的荣誉感，以比上帝审判人类更严苛的方式审判自己，乔治竟然以此为傲。"让上帝去做最后的审判官吧，不要尝试超越上帝。”亨利在信中提醒他的朋友乔治，慈善的责任首先应该针对自己，这也是慈善最重要的责任。亨利还说，这种“状态显然太极端了”，乔治必须赶快摆脱才行。“另一个普莱斯”——莫兹利医院的心理医生约翰·普莱斯也写信给乔治，友善地邀请乔治去诺森伯兰与他及他的家人同住。约翰·普莱斯在信中客气地说，这也许能帮你“在做决策的时候获得更宽广的眼界”。塔蒂亚娜则在信中问乔治，如果他能够喂饱每一个人，他自己是不是就不饿了？就连专注于练习艾扬格瑜伽中的莲花姿势的爱迪生，也从纽约的格林尼治村写信给乔治，恳请他“能不能别这么苛待自己，我真的很爱你”。要知道，爱迪生很少会如此直白地表达对乔治的感情。[50]

然而，像往常一样，乔治·普莱斯又把他的所作所为当成了一种使命。对于住在他的公寓中的那些怪人，乔治并不是不害怕。但是，他的使命感打消了他的恐惧。他写道：“我对自己说，如果我遵照耶稣的旨意行事，他就会保护我，不让我受到任何损害。”很快，乔治便认为耶稣真的在保护他。在他的公寓里住着小偷和骗子，这些人根本不在乎什么道德和良心。但是，从4月到6月，乔治的家里竟然几乎没有丢失任何财物，除了一瓶酒，而且那瓶酒后来失而复得。乔治的公寓里住的都是些烟瘾很大的人，在一天的大部分时间里，这些人不是喝得半醉，就是酩酊大醉，但乔治的公寓居然从未发生火灾。住在乔治楼下的邻居对楼上的情形不太满意，但在乔治温和地向他们解释了情况以后，他们和乔治“便成了朋友”。[51]是的，现在他把金钱都慷慨地送给了别人，留给自己的却非常少。是的，那些人确实在占他的便宜。而且，在那些受他帮助的流浪汉中，几乎所有人都对乔治漠不关心，就算乔治有需要，他们也不会帮忙。但是，这一切却进一步强化了乔治的决心。

现在，乔治把大部分时间都花在街上，只要碰到流浪汉，他就给他们送钱送物。听到这个消息后，万灵教会的神父R. F. H. 豪沃斯写信给乔治说，过去的经验告诉我们，给无家可归的人送钱“往往只是一种为自己寻求解脱的简单方式”。但乔治却不相信这样的说法，他认为这绝对不是一种特里弗斯式的自我欺骗。亨利·诺尔给乔治写了一封充满关切的信，乔治回信说他并没有故意让人向他求助。事实上，他非常害怕去苏豪广场，因为那里有不少残暴的游民。可是，当他阅读《帖撒罗尼迦前书》时，就会听到耶稣在他耳边说：“今天晚上，回到苏豪广场去。”[52]

很快，乔治不得不离开他的公寓。痛苦正在向他逼近。3月，他曾写信给凯瑟琳说，在痛苦中是否真能找到快乐，这个问题现在似乎变得不重要了。[53]不管阿奎纳、大卫·休谟、亚当·斯密怎么想，不管越南战场上正在发生什么，在活了51个年头以后，乔治终于学会了如何去爱。

乔治·普莱斯在伦敦大学学院的办公室中，1973 年

## 第12章

# 流浪与迷失

1973年4月底，乔治申请的那笔研究经费得到了批准。从5月1日开始，乔治再次担任嘉尔顿实验室副研究员。他的年薪是3 195英镑，工作内容是研究生物遗传的多态性，而且这份合同不要求“固定的出勤时间”。医学研究委员会极少签发这种为期一年的研究经费，嘉尔顿实验室也极少对员工做如此低的要求。看来，史密斯的四处恳请确实有了一些效果。然而事实上，乔治现在并不关心生物遗传的多态性问题。5月，乔治在写给朱莉亚的信中称，他的公寓租约将于6月24日到期，之后他打算寻找一处较大的废弃房屋，并在那里成立一个耶稣人民公社，招募 20~25个社员。乔治还在信中说，朱莉亚没有答应他的求婚，这显然意味着她不感兴趣。但是，她仍然应该在夏天带两个女儿和多姆一起来伦敦，住在他那里。他毫不怀疑，朱莉亚一定会特别喜欢博纳多和克里希。[1]

在给田野圣马丁教堂的诺曼·英格拉姆–史密斯先生的信中，乔治更加详细地描述了他的愿望，即帮助伦敦的流浪汉解决“换洗衣物存放的问题”。伦敦城中有两个比较知名的基督教公社，一个是沃尔特顿路上的上帝之子公社，另一个是南诺伍德的耶稣之家公社。它们都是全天开放的福利机构，也都禁止社员饮酒和吸烟。“有人想要这种形式的公社，这当然很好。但是，也有许多伦敦人既愿意帮助别人，也希望能适当地吸烟和饮酒，并且拥有一份工作。因此，我们需要建立制度更加宽松的公社或者合作社。”[2]

乔治的想法是，先租下一处废弃的房屋，然后成立一个公社。这个公社将对流浪汉开放，成为他们的庇护所。每位社员可以自行决定把自己的大部分收入和财产交公，并由公社支配。公社还会努力寻找具有特殊技能的社员，比如会修缮旧房屋的人、管道工、电工等。这个公社将是一个快乐友善的地方，“还会有点儿风格和情调”，这样才能让人们觉得公社生活有吸引力。公社鼓励社员邀请朋友来就餐，受邀而来的宾客也可以在公社过夜或者长住。这个公社不是一个孤立的组织，而是一个更大计划的一部分：

> 我希望其他公社也会不断涌现，它们的性质应该与我的公社相似——规则比较宽容灵活，社员都有工作。其中一部分公社应该更加注重社会服务，最好是让年轻人和老年人共同生活。一些公社可以收容卧病在床的人或者盲人，另一些公社也许可以专门帮助酒精成瘾的人，等等。一切都取决于人们想要做什么。如果这个想法能够实现，并且能够因此成立许多公社，那么很多问题都可以得到缓解，包括在某些情况下为无家可归的人提供住处。在另一些情况下，我们还可以为他们提供存放行李、洗漱和更换衣服的地方。[3]

与此同时，在小蒂奇菲尔德街的公寓中，乔治正在从他的房客身上学习如何去爱。在客厅里，乔治修建了一个祭坛，上面罩着桌布，还树立着一个木制十字架。这样的布置非常简单，乔治想，他更希望建一个更好的祭坛，周围用黑天鹅绒，上面用白天鹅绒，还要有蓝天鹅绒制成的帷帘。有一天，博纳多向乔治要了一些凡士林抹头发，但他似乎没有注意到这是一个祭坛，就用桌布擦了擦他的油手。令乔治万分震惊的是，博纳多还把他的内裤挂在了十字架上。乔治正准备对博纳多大发雷霆，却突然意识到这是耶稣在通过博纳多告诉他，用华丽的天鹅绒装饰祭坛是错误的旧方式。《旧约全书》中的方式才是正确的，即把自己想要的好衣服送给有需要的陌生人，这才是耶稣的行事方式。[4]

虽然乔治不断从与流浪汉同住的生活中获得启发，但这处公寓的租约还是在6月24日到期了。乔治觉得虽然他现在还不配走上耶稣指出的真正的受苦之路，但他至少能做到不再续租这处公寓。在过去的3个月中，这位古怪的美国人仿佛上帝专门派来拯救尤斯顿站和苏豪广场的流浪汉的天使，但对于自己的未来，他却没做任何打算。现在，乔治自己也成了无家可归的人。

• • •

失去住处的最初几晚，乔治睡在嘉尔顿实验室的办公室里。但这显然不是长久之计。一位系里的同事厄休拉·米特沃什让乔治搬去她家住，顺便给她正值青春期的女儿补课，因为她的女儿正在准备一次英语考试。据米特沃什回忆，乔治借宿她家时很受欢迎。她的女儿十分喜欢乔治清晰的授课方式，并且乔治似乎对诗歌了如指掌，这一点也令小姑娘惊叹不已。在早餐和晚餐桌上，乔治的幽默感讨人喜欢，而且他为人体贴，生活整洁，态度也很温柔。就连乔治自己也觉得在米特沃什家的日子过得非常愉快。7月3日，他给一位远在美国的普莱斯家的老朋友吉尔菲兰博士写信说："到目前为止，我非常享受无家可归的生活，这是一种很好的结识他人的方式。"[5]

然而，借住在米特沃什家只是一个暂时的解决方案，后来乔治还借住在嘉尔顿实验室的其他同事家里，但那些日子也很快就过去了。乔治将他的大部分书本和论文都运到了沃尔夫森屋，这处位于史蒂芬森路4号的建筑归人类遗传学与生物统计学系所有。不过，乔治越发意识到无家可归的生活之艰难。在成立耶稣人民公社之前，他必须先找到一个能睡觉的地方。

离开乔治的公寓后，冒烟儿又入狱了，他在位于加里东路的本顿维尔监狱给乔治写了封信。在这封写在监狱便笺纸上的信中，冒烟儿感谢乔治送给他的收音机，还向乔治解释了自己的人生哲学。也许乔治认为耶稣会干预人们的生活，但冒烟儿却不这样看。“让我们公平一点儿。”他写道，“如果我们做了一些错事，我们就得自己承担结果。”乔治的慷慨行为是十分高贵和令人敬佩的，但这样做的代价过于高昂。

> 想想吧，你还是远离广场比较好，广场上的人一点儿也不尊重你，他们只想从你这里得到钱和苹果酒。现在你也该为自己考虑考虑了，再说一次，当你破产和饿肚子的时候，他们会担心你吗？我觉得不太可能……你只要给他们哪怕一点点机会，他们就会把你榨得一干二净。[6]

无私的友谊是很难得的。

> 说到朋友，我的朋友又在哪里呢？（当然，除了你以外！）他们之中甚至没有一个人给我寄过一张明信片。我可以确定地告诉你，我根本不会想念他们中的任何一个。“朋友”，人们是这么称呼他们的吗？他们只是或者曾经是一些跟我一起喝酒的熟人。我承认，我想念酒，我想念能在街上自由行走的权利，在这么个鬼地方，谁会不想念那些东西呢？事实上，这些人的生活究竟有什么目的呢？他们活着的

每一天，只会想着如何才能弄到一杯酒；他们很少进食、洗澡，也不工作。老实说，我觉得他们中的一些人如果能来这里待一段时间，可能对他们更有好处。

冒烟儿还说，他祈祷乔治和装了假腿的彼得能再次找到一个栖身之所。像乔治这样的人很少见，他是一个真正的利他主义者，但他也得保护自己的利益。冒烟儿提醒乔治说："布鲁斯屋不怎么好，请千万不要住到那么差的地方去！"布鲁斯屋是位于德鲁里街、由中心点组织为无家可归者提供的青年旅馆。最后，冒烟儿说："假设你能拿出10~15英镑，我希望你在下一封信里给我寄点儿现金。"[7]

但是，此刻的乔治不太关心他自己的问题。最近，他开始帮助圣马可教堂附近的米德尔顿广场上的老年人。白天，乔治照顾他们或者帮他们跑腿；晚上，如果找不到能寄宿的地方，乔治就睡在这里。教会成员穆利尔·查林杰是乔治和那些老人的中间人。在这些老人中有住在查德威尔街的脆弱的80多岁的罗斯太太，还有住在高斯威尔街上的阿伯克龙比太太，她们的情况都不太好。在写给乔治的信中穆利尔解释说，有时这些老太太似乎很善变，但他没必要为这种情况担忧。接着，穆利尔说：

住在圣约翰街345号的伊斯托普先生需要有个人陪他散步，短程散步即可。如果他能够出来走走，而不是整天坐在家里，这会对他大有好处。但自从生了一场重病以后，他已经失去了出门散步的信心。他的太太也不能出门，所以无法陪伴他，因为她觉得自己耳聋的情况很麻烦。[8]

8月初，朱莉亚来到伦敦，乔治和她短暂地见了面。朱莉亚十分清楚地表示，她之所以来伦敦，是为了购买一些古董珠宝和小型收藏品，回到密歇根以后可以拿到周末古董市场上售卖。这是一个悲伤的结局。许多年前他们有过充满希望的日子，那时第二次世界大战即将结束，美好的未来就在他们眼前。乔治和朱莉亚之间的关系有些复杂，如果说他们之间曾经有过微小的希望之光，让他们觉得还有可能复合，那么到了此时，希望之光显然已经熄灭了。如今的乔治不仅无家可归，而且把极端无私的生活方式作为自己的人生哲学。朱莉亚清楚地知道，她和这个男人的关系彻底无法挽回了。她在冶金实验室中第一次遇到这个英俊的男人时，他还是一个前途光明的科学家，后来他成了她的两个女儿的父亲，可那已经是25年前的事了。[9]

而现在，乔治住在布鲁斯屋。某些夜里，一个举止粗暴的醉汉会来挑衅他，争夺他的床位。每当碰上这种事情，乔治总是面带笑容地让出自己的床位。白天，乔治会步行去尤斯顿站和皮卡迪利广场，看看能否帮助那里的酒鬼和乞丐。他胸前佩戴着一个巨大的铝制十字架，这个十字架至少有两次派上了用场。那两次，乔治遇见警察暴力对待流浪汉，他与警察对峙，要求他们停止这种行为。警察粗暴地对他说，这不关他的事。乔治则回答说，这当然关他的事。于是，警察看了一眼他胸前的十字架，默默地走了。即便警察不尊重乔治，他们也没有说什么。[10]

乔治在冒烟儿的庭审上做了证，但他的证词没能帮冒烟儿减刑。没关系，乔治写信鼓励冒烟儿，他认为这能给冒烟儿一些时间，让他真正向基督做出承诺。乔治在信中写道：

> 你曾经问我对你出狱以后应该怎么做有什么建议，好吧，冒烟儿，我可能完全是错的。但既然你问我，我就告诉你我的想法吧。你

认为的出路也许是找一份稳定的工作，定期去教堂，以及有节制地饮酒。但是，我觉得你做不到。[11]

乔治认为冒烟儿应该一出狱就赶紧去喝一两杯；冒烟儿应该立刻停止去教堂，即使他还没有出狱；冒烟儿还应该放弃找一份正经工作，并试着去帮助无家可归的人。乔治表示他的所有建议都是基于以下原因（“顺便说一下，”乔治写道，“这些建议非常离经叛道。”）：第一，完全不喝酒只会让他对酒产生抑制不住的渴望；第二，去教堂远不如通过爱别人和帮助别人来拯救耶稣重要；第三，因为他比任何人都更熟悉伦敦的街道，所以帮助那些像他一样没有钱、没有工作和无家可归的人更适合他。

假如你试着过一种传统的不上不下的生活，我认为你很快就会回到过去的状态。因此解决问题的唯一方式是，你必须下定决心走向另一个极端，你应该用你的大部分时间和精力去帮助其他人，尤其是其他酒精成瘾者。有时候，在面对危险的动物时，如果你试图逃走，你就会遭到袭击；相反，如果你直接朝它走过去，野兽反而会走开。你的情况与此类似，因此你应该以同样的方式处理问题。苹果酒和葡萄酒，苏豪广场和布鲁斯屋，那样的生活方式就像一只危险的老虎。如果你试着从这只老虎身边逃走，它就会攻击你，但如果你直接朝它走过去，并且心中怀着帮助别人的想法，这只老虎就会从你身边逃走。

乔治将信封好后，又在信封上写下了本顿维尔监狱的地址。然而，也许乔治根本不是在给冒烟儿提出建议，而是在给自己写出建议。

· · ·

时间来到10月。乔治向梅纳德·史密斯表示，对于他们合写的那篇关于动物搏斗的逻辑的论文取得的成果，他感到非常高兴。但是，现在乔治必须暂停这种合作，去解开一个令人尴尬的疑虑。在给梅纳德·史密斯的信中，乔治写道："我现在必须提出一件事，只有听到你对这件事的答复，我才能动笔重写论文。这件事相当令人不快，它与比尔·汉密尔顿有关。"[12]

乔治说的这件事与汉密尔顿1964年的那篇论文有关，它的主题是社会行为的进化问题。汉密尔顿曾经向乔治谈起这篇论文的审稿过程。虽然汉密尔顿通常是一个温柔、不好斗的人，但在这件事上他认为自己遭受了严重的不公正待遇。虽然这件事已经过去多年，但汉密尔顿仍然对梅纳德·史密斯怀有强烈的怨恨。汉密尔顿后来了解到，这篇论文的审稿人之一就是梅纳德·史密斯，正是梅纳德·史密斯要求他把这篇论文分成两篇发表的。因为审稿人的这项建议，这篇论文的发表时间推迟了将近9个月。延迟发表本不是什么严重的事情，但梅纳德·史密斯利用这9个月的时间在《自然》杂志上率先发表了反驳温–爱德华学说的论文，还在论文中率先提出了"亲缘选择"的概念，而这个概念根本就是在剽窃汉密尔顿的"广义适应度"的概念。

乔治发现，当他1968年把那篇关于鹿角的文章投给《自然》杂志时，文章的审稿人恰好也是梅纳德·史密斯。此事让他想起了汉密尔顿的愤怒，并且得出了和汉密尔顿类似的结论。在乔治看来，梅纳德·史密斯对他做出了同样的事情：故意推迟新学说的发表，并且对同一个问题也产生起兴趣来。可是，当乔治见到梅纳德·史密斯以后，他发现对方是一个和蔼可亲的人。于是，乔治认为汉密尔顿的愤怒一定是某种误会导致的。所以当梅纳德·史密斯1971年写信给乔治，表示想引用他的那篇关于鹿角的论文时，乔治回复道："如果有人在文章中提到某份'未出版的手稿'，那么其他人就会猜测，这个人在使用这些内容前究竟有没有获得手稿主人的允许。但如果你说你的论文内容是基于你和我的'讨论'，人们就不会产生那种质疑了。"现在乔治已经看出，史密斯其实是个好人，因此他想努力保护约翰不再受到指控。

然而，汉密尔顿从未对这件事情释怀，调解他们两人之间的矛盾可真是一件微妙的事情。10月，乔治之所以给史密斯写信，是因为史密斯将《动物搏斗的逻辑》的论文初稿寄给了乔治，但却没有引用汉密尔顿的亲缘选择理论。乔治认为，在这篇论文发表之前，必须先解决汉密尔顿和史密斯之间的问题。

除了这个问题以外，还有另外一个问题需要解决。在完成爱的皈依以后，乔治认为这篇论文必须重新修改。2月他向史密斯解释说："我们必须更加小心地选择措辞，我做了一些修改，相信你不会反对，《自然》杂志的读者也不会感到诧异，因为他们不会怀疑我相信的东西。"[13]

史密斯回信说，对于没有在论文初稿中引用汉密尔顿的理论，他感到十分抱歉；但这只是一个小错误，他会予以纠正。还有，对于1964年发生的事情，他也感到十分抱歉。事实上，他当时引用了汉密尔顿1963年发表的那篇较短的论文，但他应该引用那篇他审阅过但还没有发表的论文。对于这件事情，他感觉非常糟糕。他一定会找机会来"纠正这个错误"。很显然，史密斯写道，"比尔理应得到他应得的奖赏"[14]。关于他们现在正在合作的这篇论文，既然乔治认为有必要修改某些用词，那么史密斯愿意尊重他在宗教方面的小心谨慎。史密斯对修改用词完全没有意见："鹰与鸽子"中的"鸽子"一词可以用其他词替代，他们会在论文中将非暴力、不采取报复手段的动物称为"老鼠"，因为和"鸽子"相比，"老鼠"一词的宗教色彩没那么强。

• • •

1973年11月,《动物搏斗的逻辑》成为《自然》杂志的封面文章。在这篇论文中，两位作者以胜利者的姿态得出了结论：“博弈论和电脑分析显示……‘有限战争’策略不仅对整个物种有利，也对个体生物有利。”这篇论文正式定义了一个新概念——进化稳定策略，这个概念将对生物行为的进化研究产生重要的影响。[15]然而，乔治此时将他的大部分时间都用于在苏豪广场上寻找阿伯丁和装了假腿的彼得，他心中想的不是科研，而是其他事情。

阿尔从水牛城给乔治写了一封信：

> 不用我说，你也知道，福音中关于道德和宗教的训导反映了一种对人性的深刻理解。我想这些训导的本意只是帮助我们确立我们要为之努力的目标，因为我们是脆弱的……要按字面意思做到这些训导，也许不太符合人性，并且我怀疑这也超出了我们本来的意图。试图完全按照这些原则生活，可能无法让人心灵平静。在我看来，如果基于宗教训导的行为不能帮助人们获得内心的平静，那么最终的结果反而会不可避免地侵蚀信仰本身。[16]

然而，乔治坚信自己选择的道路，沿着这条路他走入了密林。在给哥哥爱迪生的信中，他写道：

> 关于我的生活方式，我不记得是否告诉过你，我现在已经没有家了，所以请把信寄到我的工作地址吧……通常，我会穿棕色的李维斯牛仔裤、球鞋、彩色的衬衣。我的口袋里经常只有一便士，甚至一文

不名。我的大部分东西都送给别人了，包括我的手表和大衣（但现在我不得不找一件大衣，因为冬天就要来了）。不管我去哪里，我总会碰见没钱、没工作、无家可归的酗酒者。如果我身上还有东西，我就会统统送给他们。我还会和他们坐在一起，如果他们请我喝酒，我就喝他们瓶子里的酒。我越发意识到自己站在警察的对立面。我的许多朋友都坐过牢，我住的地方被警察突击搜查过，我的东西也一样。但到目前为止，我还没有被逮捕……我抽烟也越来越多了，但我现在还没有烟瘾。我花很多时间帮助别人，他们要求我的事我几乎都会照做。有时我给他们钱，有时我帮他们打扫肮脏的厨房，有时我帮他们和房东谈判，有时我帮不能出门的人买东西，或者帮他们解决一些数学问题。我的帮助对象中有许多是老年人，尤其是80多岁的老妇。我的生活非常节俭，自从无家可归后我的债务也迅速减少了……虽然我旷工的时间很多，行为举止也很奇怪（比如我经常睡在这里，在男洗手间里洗衣服，并向系里的每个人借钱），但我的教授和系主任都对我非常友善（事实上，大部分人都对我很友善，除了警察以外）。我已经有6周或者8周没去过教堂了，但我会去拜访和帮助以前常去的一个教会里的老年人。我通常会在脖子上挂一个十字架，看上去像是铝的或者锡的，可是人们总要求我把十字架送给他们（尤其是那些老弱的人，或者没有钱、没有工作、无家可归的酗酒者）。我已经送出去7个十字架了，现在我自己也没有了。一般来说，我都会尽量对别人说“好的”。[17]

在这封信的末尾，乔治问道：“现在，请告诉我，你还好吧？”

就在7年前，乔治还是一位仪表整洁、留着短发、身材瘦长的IBM公司员工。在这7年中，他身上发生的转变实在令人吃惊，就连冒烟儿也开始为乔治担心。同样为乔治担心的还有保罗·加维，他也是一个流浪汉，目前正在位于萨里郡里士满市的押候中心服刑。[18]

但乔治却感到很快乐，他这一生中，从未这么快乐过。终于，他的内心获得了一种平和安静的感觉。最近，他遇见了“一个叫基思的家伙，他是马哈礼西大师的信徒”，他们俩坐在公园的长凳上，愉快地进行了一场关于薯条和咖啡的对话。[19]

乔治在写给凯瑟琳的信中附上了一张他的照片，这张照片是在他的办公室里由一名摄影师帮他拍的。人们说，这是整个系最好的一张教职员照片。在这张照片中，乔治穿着一件彩色的条纹衬衣，戴着深色领结，稀疏的红色胡须下露出嘲讽的笑容，他把细细的头发全部往后梳，露出宽广的额头。如果不是乔治那双令人迷惑的眼睛，这会是一张愉悦的肖像照。在深色边框的眼镜后面，乔治的一只眼睛眯得很小，而另一只眼睛却睁得很大，给人一种奇怪的空洞感。

在写这封信的时候，他的感觉实在太好了，因此他决定给凯瑟琳寄去一份特别的惊喜。而当时，他只能从诺丁汉得到这样东西。他告诉女儿，诺丁汉是追捕罗宾汉的郡长生活过的地方，好像在给女儿讲睡前故事一样。他把价值一英镑的大麻夹在一本C. S. 路易斯的书里，并在书上写好了加利福尼亚的地址。可后来他还是把大麻拿了出来，他刚刚搬到一个新的非法居住地，后来他自己抽掉了这些大麻。

根据伦敦治愈传道会的“月度通讯”，和穷人住在一起的生活“显然一点儿也不枯燥”。[20]在这群穷人中，有一位嗜酒成瘾又爱打女人的流浪汉，乔治把他的女伴藏了起来，可他还是坚持要找到自己的女伴。他频繁地来到嘉尔顿实验室，要求与乔治见面。保安不让他进入实验室，他就在实验室外的人行道上冲着乔治的办公室大喊大叫。乔治拒绝将女伴的藏身之处泄露给他，很快，乔治自己也藏起来了。在之后的一封信中，乔治用有些抱歉的语气解释了他抽掉大麻的事，然后他又说：

> 我之所以要保守这个秘密，主要是因为有一个非常难缠的家伙，他一直跑到我工作的地方找我，并且制造了一大堆麻烦。一个星期前的周一，他在大庭广众之下把尿撒在了遗传学楼门口的台阶上，还打碎了一辆自行车的车灯，把学生包里的东西扔得到处都是，最后他还大声咒骂了好久。[21]

乔治不仅帮助穷人，还和穷人住在一起，但与他同住的人并不像他一样友善。然而，此时的乔治已经被一层宁静祥和的光笼罩，这些糟糕的情况根本不会破坏他的心情。“我想一篇《自然》杂志的封面文章一定能够弥补恶汉在大楼门口撒尿带来的损害。”他以开玩笑的语气对凯瑟琳说，他的幽默感一如既往。

嘉尔顿实验室的管理人员对流浪汉频繁登门的事情不太高兴，更令他们生气的是，这个流浪汉居然随地撒尿并且骚扰学生。那年深秋，乔治在罗素广场地铁站遇到了一位来自美国IBM公司的年轻程序员，此人不仅和他一样喜爱普鲁斯特，还和他一样完全没有方向感，也不擅长拼读陌生的名字。乔治因为遇到知己而格外兴奋，他把这个年轻人带回自己的办公室，他们一整晚都在讨论电脑编程。但是，这个年轻的美国人由于穿着蓝色牛仔裤、皮靴和一件绿色的穗饰披肩，胡子看上去大概三天没有刮过了，所以被实验室管理人员当成了酗酒成瘾的流浪汉，于是他们向哈利·哈里斯施加压力，要求出台一条新规定，不允许工作人员在未经许可的情况下深夜或周末在实验室里工作。为了帮助乔治，史密斯悄悄给了他一把统计学系图书馆的钥匙，但此事还是被管理人员发现了。很快，乔治不再去伦敦大学学院的办公室上班。没多久，系里的同事就与他断绝了联系。大部分同事都认为，乔治一定是走向了更加极端的生活方式。其中一位同事回忆说："他肯定是疯了。"[22]

11月中旬，阿尔·索米特来到伦敦。在伦敦大学学院拍的那张照片上的乔治看起来健康而精神，而且当时的乔治罕见地刚刚洗过澡。嘉顿实验室雇用的专业摄影师显然在拍照的时候施展了魔法般的修饰技巧。而在现实中，乔治的样子与照片里的大不相同。阿尔已经有8年时间没有见过乔治了，看到老朋友如今的样子，他感到既震惊又沮丧。阿尔第一次遇见乔治是在芝加哥大学的举重房，那时的乔治也许有些怪异，但却是一个样貌英俊、身体结实的年轻人。而如今的乔治像一个老头儿那样瘦弱，行走时那种仿佛一蹦一跳的活力也消失不见。他又脏又丑又油腻，身上穿着破破烂烂的衣服，牙齿已经发黑，许久没剪的头发像稻草一般脆弱，手指也被烟熏黄了。他们还像过去那样开着玩笑，仿佛日子还停留在芝加哥大学的合作社时期，那时阿尔还没有搬走。但是，如今两位老友之间的玩笑也不可避免地带上了一丝严肃的气氛："虽然你需要买一双新鞋，但我不会掏钱给你买鞋的，除非你向我承诺，不把鞋子送给那两个占便宜的人。"在一家咖啡厅中，阿尔一边对乔治这样说，一边用眼睛瞄着两个跟在乔治身后的酒鬼。乔治感谢了阿尔的好意，但他表示自己不能许下这样的承诺，也不会被说服。阿尔想，乔治还是过去的那个乔治，永远跟别人作对，永远那么极端。阿尔微笑着向乔治伸出手，然后便与乔治道了别。就这样，阿尔离开了他的老朋友，本来打算送给乔治的钱仍然在他的口袋里，没有掏出来。[23]

"非常坦白地讲，尽管如此，我还是很高兴能再次见到你。我想我更愿意看到你处在一种不一样的境况中。"回到水牛城后，阿尔给乔治写了一封信。但提笔时，他突然感到既担心又后悔：

> 当我回想我们的讨论时，我想到了一件事：你也许并没有搞清楚“为你的同胞服务”和“爱你的同胞”两者之间的区别。假设你的目标是前者，很显然，你采取的方式并不是达成这一目标的最高效的方式。[24]

阿尔又在后面加上了一句十分坦率的话，这句话的语气和他们常用的诙谐讽刺的语气大不相同：“而后一个目标，事实上，可能远超你的能力，或者说也远超我的能力。”

• • •

乔治与阿尔分开后，他无处可去，真的是无处可去。天气已经非常寒冷了。在尤斯顿站，他碰见了一个酒精成瘾者，那个人告诉他托尔莫斯村协会总部也许有容身之处，只要沿着这条路走下去就到了，具体地址是德拉蒙德街102号。那个人还告诉乔治，那里是附近为数不多的能洗热水澡的地方。

托尔莫斯村协会创立于1973年夏天，是社区行动的成果。这个组织反对存货转换房地产开发公司及其所有人乔·利维先生，致力于从他们手中挽救社区。利维先生在20世纪60年代因为取得了一项规划许可而发了财，他在卡姆登的尤斯顿路和汉普斯特德路交界处的一块1英亩①的土地上修建了一处办公楼。拆迁工作始于1963年，短短几年后，汉普斯特德路西面那些不景气的商铺和住宅全部被推倒，取而代之的是“价值数百万英镑的迎风而立的玻璃、混凝土和钢筋，以及被这些材料包裹着的办公室工作人

① 1英亩≈4 047平方米。——编者注

员”。尤斯顿中心是他的第一处地产项目，这个项目的成功让利维先生尝到了甜头。一方面，托尔莫斯广场租户协会的良心未泯的成员正在卡姆登行政理事会忙着为那条街上的住户争夺利益，因为他们的住房即将被一栋新建的巨型高层大楼取代。另一方面，利维先生和他的存货转换房地产开发公司却明目张胆地在他们眼皮底下收购他们的房屋，因为公司计划对托尔莫斯广场实施一个和尤斯顿中心一样的改建项目。[25]

利维先生可不是靠运气发家致富的。如今，凭借一个房地产开发商的敏锐嗅觉，他又发现了一处能赚钱的“金矿”。托尔莫斯广场始建于19世纪，本来是一个专为中产阶级设计的住宅区。整个住宅区呈一个近乎闭合的椭圆形，中间是教堂，周围是一圈由深色砖头砌成的四层维多利亚式排屋。然而，这个住宅区很快被工薪阶层占领。19世纪末，数千名住户住在主线上的圣潘克拉斯站和尤斯顿站周围，这个区域因为过度拥挤和娼妓横行而沦为伦敦最糟糕的贫民区之一。第二次世界大战期间，这个区域遭遇了密集轰炸；与此同时，在健康标准提升，尤斯顿站扩建，产业、商业、办公楼入侵等多重因素的共同作用下，这个区域的人口大幅下降。19世纪70年代，此地的人口数超过5 000人，而到了1970年，当地居民只剩下1 000多人。保守党政府试图通过降低银行利息的方式刺激经济发展，银行利息从8%下降至不到5%，这种变化导致大量资本涌入房地产。1973年年初，英国所有房地产公司的总市值高达36亿英镑，比英国的所有黄金和美元储备的总和还多。托尔莫斯广场是一个门廊破烂、管道漏水的老旧社区，因此这一区域的现值并不高。但是，利维先生的商业嗅觉不会错，他敏锐地意识到，托尔莫斯广场处在牛津街北侧不到半英里的黄金位置，距离苏豪区和剧院区都不远，西侧还有时髦的报春花山区域，步行到摄政公园也只要几分钟。因此，如果能把托尔莫斯广场、北高尔街、德拉蒙德街以及尤斯顿路的周边地区改建为办公区，就能把租金至少提高到目前的3倍，并且这里的租金会比伦敦其他地区的办公楼高出许多。对赌徒来说，这块区域简直就是头奖。[26]

虽然这里的人口已经大大减少，但仍有不少居民。因为此处租金低廉，距离工作地点也比较近，所以除了长居此处的英国工薪阶层以外，此地还吸引了许多来自其他国家的移民。这里有塞浦路斯人、马尔他人、爱尔兰人、印度人、巴基斯坦人、孟加拉人，以及锡兰人。“爱国者”米塞佩·马奇尼曾经住在北高尔街187号，这令当地的意大利移民深感自豪。让来自亚洲的穆斯林自豪的是此地新建的清真寺，令印度移民自豪的是5家印度餐馆，以及这个区域的新昵称——“小印度”。一些人家在不太大的后院里养鸡，它们在户外厕所周围啄食。这里有古老的乔治时代风格的露台，也有古典的维多利亚时代风格的酒吧。在尤斯顿路和车站之间是一派拥挤、喧闹而混乱的景象，托尔莫斯广场将许多活动交织在一起，形成了一个生机勃勃的社区。“那是一个充满活力的地方，”一位当地居民回忆说，“社区里的人彼此都认识。”[27]

然而，没有人知道怎样应对诡计多端的开发商及其不公平的开发策略。1973年，这块总面积只有12英亩的区域中已经有5英亩被存货转换房地产开发公司收购，人们称之为“利维三角区”。利维先生打算继续收购这块区域，他未来的收购策略可以总结为一句话：无视当地居民的所有诉求。对利维先生而言，等待的时间越长，他手中的房地产就越值钱，根本没必要急着收购。因此，他故意采取了一个策略，即让已经买下的地块自生自灭。当水管漏水或者平台开裂时，存货转换房地产开发公司的修理人员和建设人员得到的指令是：凑合着修一修，费用在任何情况下都不得超过5英镑，否则“老板会要了我的命”。虽然此时公司的有形资产估值只有62 000 000英镑，但这一点儿也不要紧，因为失去信心的住户很快就会离开此地，到那时利维先生就可以大举实行他的改建计划了。后来，几栋房屋因为失修而垮塌，这让利维先生在这场心理战中又占领了新的阵地。被住户遗弃的房屋只用木板简单地遮盖起来，没过多久，广场上就出现了许多被木板遮盖的废弃房屋。这里曾经是伦敦的一个欣欣向荣的街区，但利维先生很快就把它变成了一个破败之地：50多栋房屋和几座商用大楼已被拆除，超过10%的土地处于空置状态，越来越多的住宅和商店被不同程度地抛弃。不久以后，抢劫和破坏公物的行为也经常发生。德拉蒙德街上一个空置的商店被人们戏称为“宠物商店”，因为人们常常能看到老鼠在玻璃窗后面玩耍。周边地区的人口减少了一半，只有一些领退休金的老人、移民和穷人还住在这里。1973年年末，当地理事会发布了一份报告，从中可以看出，在开发区域的213个住户中，30%的家庭没有炊具或炉灶，70%的家庭没有冷热水供应，57%的家庭没有洗浴设备，79%的家庭共用厕所。所有事情都在向着利维先生计划的方向发展。根据《私家侦探》的报道：“只要看到存货转换房地产开发公司的乔·利维先生脸上的微笑，任何人都可以确信，他脑子里想的并不是距离皮卡迪利广场三条街的那个区域的拆迁计划受阻事宜，而是一个充满魔力的词——托尔莫斯广场。”[28]

然而，如果私人利益践踏了社区的生存环境，如果这是对想象中的“公地悲剧”采取的某种扭曲的报复手段，那么并非所有人都会坐视不管。在赫胥黎的时代，“没有上帝的高尔街”上刮起过改革的旋风；如今，这样的情况再次上演。一个新的组织住进了旧的建筑系大楼，它就是环境研究学院。伦敦大学学院的学生生活仍未完全摆脱1968年5月的事件和20世纪60年代反传统文化的残余。在四方形庭院的一角是大楼的入口，经过身穿制服的管理员丹（他是学院传统的最后堡垒），便会进入一个满是口号涂鸦的走廊：

愤怒之虎比教训之马更有智慧。

（威廉·布莱克）

产权即是偷窃。

（皮埃尔–约瑟夫·蒲鲁东）

被收买和被污染的灵魂。

（佚名）

一年级的课程包括符号学、社会史、李维·施特劳斯和罗兰·巴特的《神话学》，以及约翰·伯格的《观看之道》。简言之，现实情况是，反对权贵阶级的新马克思主义思想占据了主导地位，虽然大部分学生只是隐隐约约地知道这一事实。因此，1973年5月，当一些学生开始实施一个为期5周的规划项目时，他们自然而然地选择了邻近的托尔莫斯广场。毕竟，他们想要的是接触现实社会，是冲破校园和普罗大众之间的壁垒。托尔莫斯广场的周边地区正在发生剧烈的变化，当地的理事会却似乎对在那里生活和工作的人一无所知，或者老实说，他们似乎根本不关心在那里生活和工作的人。这样的情况让学生们极其愤怒，"除非卡姆登的城市规划者可以证明，托尔莫斯广场的再开发项目对目前在那里生活和居住的人有好处，并且对未来的居民也有好处，否则他们就应该重新考虑这项计划"。学生们在调查报告中写道："仅仅让投机开发商满意是不够的。"[29]

在放暑假之前，这群学生在北高尔街的一处办公室中召开了一次会议。受邀出席会议的人包括一位社区城镇规划者、一位议员，还有9位住在该区域的居民——一对运营一家地质信息中心的夫妇、2位店主和5位住户。9个当地人都同意，应该对理事会提出的有利于利维公司的规划意见做出抗议。不久后，会员人数上升到200人，学生们还创办了一份社区报纸——《托尔莫斯新闻》，托尔莫斯村协会也随之成立。1973年10月，托尔莫斯村协会租下了位于德拉蒙德街102号的一个商店，作为协会总部。一位本地艺术家为这个协会设计了信纸抬头、橡皮图章，还在玻璃上画了一株天竺葵。在1973年圣诞节前的4个星期，乔治出现在那里，恳请那里的人让他洗个澡。[30]

· · ·

也许是因为乔治长着一双深沉、温柔而悲伤的眼睛，也许是因为他穿着一件破旧的绿色灯芯绒夹克，也许是因为他凌乱的沙色头发和胡须，也许是因为他说自己在伦敦大学学院遗传学系工作，总之，出于某种原因，德拉蒙德街102号的善良的人们允许乔治在那里过夜。建筑系三年级学生切斯·切斯尼告诉乔治，上两层楼梯以后就有一间空房。切斯和他的朋友蒂姆·戴维斯、卡拉·德雷顿住在楼下的房间，他们并不介意乔治一起住。[31]

乔治几乎不说话，也极不愿意与人交际。这帮学生完全不了解乔治的背景，也不知道他的现状。社区正在发动一场战争，对象是自私贪婪的百万富翁及其走狗，这里就是这场战斗的总指挥部。然而，没有人知道，这位样貌古怪的中年美国人就是那个伟大公式的发明者，那个公式奠定了群体利益战胜个体利益的精确数学基础。这些学生只知道这个陌生人喜欢长时间地泡在浴缸里，用洗洁精洗泡泡浴。建筑系一年级学生保罗·尼科尔森只见过乔治一次，当时乔治走下楼来，去厨房里泡了一杯茶，“他苍白的脸上露出了一个心不在焉的笑容”。[32]

事实上，非法占有他人房产不仅是对抗利维先生的一种战术，也是一种全国性现象。在伦敦，近30 000名非法占有他人房产的人决定把生活掌握在自己手中，有12 000人居住在临时的青年旅馆中，而在当地理事会的等待名单上，还有200 000人在等候入住。与此同时，有100 000户房屋却处于空置状态。这种情况说明，住房危机是一个真实存在的现象。仅在卡姆登一地，就有近5 000户房产处于空置状态，在过去10年中，空置房屋的数量增加了近150%。在托尔莫斯广场及周边地区，人口的下降在很大程度上是存货转换房地产开发公司的忽视政策造成的，即使是仍然住在那里的居民，也表现得软弱沮丧，对社区的前景毫无信心。托尔莫斯村协会的人很快认识到，如果该地区出现大量非法占有他人房产的人，就能为社区注入新的活力，从而帮助他们打响这场针对开发商的战争。[33]

一开始，只有一些醉鬼愿意爬窗撬门，在破旧不堪的房屋中寻找容身之处。然而，随着社会运动的开展，越来越多的积极人士也开始效仿这样的举动，学生、社区组织者、马克思主义者、无政府主义者纷纷加入其中，此外，还有艺术家和流浪者。既有年轻人也有老人，既有男人也有女人，既有带着蹒跚学步的婴儿的家庭，也有机会主义者和空想家。在180位非法占有他人房产的人中，包含16个白领工人、12个手工劳动者、12个技术工人、13名艺术家、11个儿童、4个面包师、3个旅行者、2个领退休金的老人、8个家庭主妇、8个教师、25个失业人士、40名学生和6位“情况不详的人”。就连知名波普艺术家、技术爱好者、伦敦大学学院建筑史教授皮特·雷纳·班汉姆的女儿，也加入了非法占有者的行列。在托尔莫斯村协会中，还有一些尊敬班汉姆教授的学生，他们对教授女儿的加入印象深刻。[34]

大部分被非法占有的房屋条件都很恶劣：必须用桶从附近的水龙头处接水，照明全靠煤油灯和蜡烛，明火是取暖的唯一方式。除了室外的小型厕所以外，尤斯顿站的“超级厕所”和大学的卫生间解决了人们的大小便需求。但是，社区中却兴起了一种新精神：

非法占有还是合法占有，
这是一个值得考虑的问题；
默默忍受命运的投机毒箭，
或是挺身反抗人世的无涯苦难，通过斗争把它们扫清。
睡吧，也许还做些美梦，
梦见那些已经存在的计划和那些即将到来的计划。
“转化”试图改进我们的存货，
有良心的社会契约
将给我们带来心灵的宁静，让我们相信我们终会有一个家。

（J. S. 为向W. S. 致歉而作，《托尔莫斯新闻》，第15期）

很快，社区中的屋顶被修好了，窗户被重新刷上了油漆，砖块被修补好了，还栽上了开花植物。一家本地的家具商店挺身而出，为非法占有者提供免费的二手沙发、桌子和椅子。在德拉蒙德街117至119号地下室，一个经营水果蔬菜的合作社开张了；在托尔莫斯街19号，一家印刷工作室开业了；在紧邻印刷工作室的房子里，一个摩托车修理铺也开业了。在那年夏天，各种各样的活动让托尔莫斯广场周围重新焕发出活力：布满了可充气摊位的狂欢节，一出揭露房地产商的投机行为的名为《看它纷纷落下》的戏剧，还有钢鼓乐队、印度菜、拔河比赛。被抛弃的房屋又成了有人居住的家，托尔莫斯广场变回了一个生机勃勃的社区。

因此，当某一天乔治带着一个吵闹、骇人、独腿的红发男子来到德拉蒙德街102号，恳请让此人成为自己的室友时，没有任何人提出反对意见。很快，切斯、保罗、蒂姆和卡拉了解到，此人名叫“装了假腿的彼得”。乔治在苏豪广场上再次遇见了他，保罗还记得当时的情景：

> 我第一眼看到他俩，就觉得这两个人是世界上最不搭的同伴：装了假腿的彼得吵闹不堪、满嘴污言秽语，而乔治非常安静且富有学术气质。彼得有一顶破烂的宽檐帽，帽子上系着一根绳子，他把这顶帽子挂在脖子上。彼得穿着一件破旧的防风厚外套、一件油乎乎的毛衣、一件开领衬衫，还有一条脏兮兮的棕色帆布裤子。他身后放着一根拐杖，他的一条腿从膝盖处以下截肢了。他频频喝着酒，然后用手背擦擦嘴，再拿起口琴吹一串蓝调，或者狂热地谈论关于里德巴里的事。有时候，他会拿起一个锡罐，里面装着一些陈年的烟草，都是他收集的人行道上的烟屁股，他会用罐子里的烟草卷一支烟。他的双手和麦茬儿似的胡子都被尼古丁和烟油的污渍染上了橙色的条纹。[35]

这就是乔治的新室友，他还打算帮助这位室友戒酒，而这是一项不可能完成的任务。装了假腿的彼得常常在酒吧里混一整晚后才醉醺醺地回到住处，他去的酒吧是埃克斯茅斯或者快乐园丁。他到家时要么钥匙丢了，要么找不到了。这时他就会用肩膀撞门，不仅把门锁撞坏了，而且把屋里的所有人都吵醒。人们最担心的情况终于发生了，警察来驱逐他们了，但当他们跑下楼梯时，却只看见彼得瘫在地上，神志不清，骂骂咧咧。有时，乔治会发现彼得昏睡在楼梯上，周围是一摊尿液。有时，彼得会在大白天冲进门来，躺倒在地说："不好意思，伙计们，我失去平衡了。有烟吗？"在他和乔治共住的房间里，彼得养成了一个习惯：在瓶子里撒尿，然后把瓶子从窗户扔到后院。洗手间在屋外，对一个身有残疾的酒鬼来说，去洗手间实在太不方便了。当乔治和彼得在附近散步时，当他们一起走向酒吧时，当他们晚上睡觉时，乔治常温和地劝说彼得改变生活习惯。但他的劝说只会激怒彼得，引来破口大骂。[36]

乔治尽一切所能帮助所有他能帮助的人。哈里·罗布森是德拉蒙德街

102号的一位住户，这位62岁的老人从前以捡废品为生。切斯发现他在车站附近露宿，就把他带了回来。乔治很关心哈里，因为哈里患有慢性支气管炎，所以每次吃完饭他都会呕吐。“我担心的是诊断和治疗问题。”乔治以人类遗传学系为寄信地址给伦敦大学学院医院的西夫医生写信，“我记得你是一个非常出色、善良、富有同情心的医生，因此我希望哈里能去你的诊所接受检查和治疗。”接着他补充说：“我关心哈里，因为他是一个善良又慷慨的人。”[37]

对于那些违法的朋友，乔治仍试图帮助他们，其中包括在利兹监狱服刑的吉姆·克莱克特，乔治会给他寄纸币。当然，还有他一直在帮助的冒烟儿，他代表冒烟儿给伦敦皇家司法院的官方律师写了一封极长的担保书。在这封信中，他试图证明自己具有担保资格：

> 是的，在6月25日以后，我确实没有一个固定住所。但我这样做是出于基督教的精神，因为这样我就能省下更多的钱施舍给穷人。我试图跟随耶稣的脚步，居无定所是这个计划的一部分。相信你能记得耶稣说过“狐狸有洞，天空的飞鸟有窝，人子却没有枕头的地方”。我之所以决定放弃固定住所，是因为这样做可以让我贡献更多，并承担更多的责任。[38]

至于冒烟儿，他当然是值得信赖的。事实上，他经常帮助乔治救助附近的其他流浪汉。仅仅因为他住在街上就惩罚他，这样做是没有道理的。乔治想知道一个问题的答案：耶稣就是一个没有固定住所的人，难道耶稣不值得信赖了吗？

他常常帮助他人而不留姓名。“他就像一个天使那样走了进来。”伊丽莎白·芒赛尔回忆起乔治1973年圣诞前夜走进救助之家时的样子说。芒赛尔是托尔莫斯广场附近一家养老院的管理人员，乔治既没有提前打电话，也没有用其他方式通知养老院他要来。就像他从前不请自来地带着那个公式走进伦敦大学学院一样，他走进养老院时也带来了一条特殊的消息。伊丽莎白和乔治忙着给老人们包礼物，他们一直忙到后半夜，只为了第二天早晨给老人们一个惊喜。第二天早晨，当伊丽莎白醒来时，她看了一眼自己的手表便陷入了惊慌：她睡过头了。她飞快地冲下楼梯，发现一切都井然有序。乔治正泰然自若地坐在老人中间。他已经醒来，穿好了衣裳，还给养老院里的21位老人都准备了早餐。[39]

然后，乔治又神奇地消失了，就像他神奇地出现一样。

• • •

在托尔莫斯广场、装了假腿的彼得、酒精和毒品混作一团的杂乱环境中，乔治并没有忘记科学。他那颤抖的手里握着一张废纸，纸上的潦草笔迹说明他没有放弃帮哈里斯做遗传多态性的冗繁的数学计算。[40]同时，他也在继续思考性选择的问题。事实上，2月中旬乔治去伯克郡拜访了汉密尔顿，还在他家住了两个星期。和乔治在伦敦的恶劣生活条件相比，这无疑是一次舒适的休养，但这次拜访的首要目的是与汉密尔顿共同展开一个关于性选择的合作研究项目。见到乔治的样子时，比尔和他的妻子都深感震惊。乔治看起来衰弱不堪。汉密尔顿夫妇使出浑身解数，劝说乔治重新回到遗传学的全职工作岗位上去，他也许可以在位于西尔伍德的帝国理工学院申请一份工作。乔治表示他会考虑这个建议，但群体遗传学已经不是他的主要工作了，汉密尔顿夫妇了解这个情况吗？[41]

两个星期后，乔治回到伦敦。他写信给比尔汇报自己的进展，而伦敦的生活并不轻松。

因为彼得引发了一系列暴力袭击事件，乔治不得不离开德拉蒙德街102号。之后，乔治在伊丽莎白·芒赛尔的养老院里住了两个晚上。接着，在一位嘉尔顿实验室的善良的学生朋友的帮助下，他在一间豪华的大公寓里住了5个晚上，同住的还有其他4个室友。离开那里以后，他在伯爵坊附近的一家旅店住了一个晚上，而接下来的两个晚上他只能露宿在维多利亚车站。其中一个晚上，有个喝醉了酒的流浪汉袭击了他，还抢走了他的手表。乔治对汉密尔顿表示抱歉，但回到伦敦后他实在无法抽出时间研究性选择的问题了。[42]

在他从“第12个藏身处”寄出的信件中，他说已经找到了更适合工作的居住环境：

> 地址（请帮我保密）：托林顿坊，亨特利街，戈登大厦45号，W.C.1。这里离伦敦大学学院的西南角非常近，扔一块石头的距离。这是一个老妇人的公寓，她经历了一次中风，现在只能用金属支架辅助行动。因此，她不喜欢房客接很多电话，也不喜欢老有人登门拜访。不用说，她当然不允许我留宿无家可归的酒精成瘾者……我想要完成一些工作，从这个角度说，这是一个很棒的住处。[43]

在过去的一周里，他去了伦敦大学学院的计算机室，运行了一些程序，为性选择在小种群中的效应建模。他希望不久以后这套程序也能适用于中等规模的种群，并且可以计算和一夫多妻制有关的情况。此时比尔正在去美国的路上，他将在那里逗留几个星期，临行前他嘱咐乔治要好好吃饭。比尔也没有太多时间研究他们的合作项目。与此同时，比尔给帝国理工学院提交了一份申请，请求允许他的合作者在伦敦大学计算机中心以他的工号使用计算机。毕竟，乔治曾经告诉比尔，他不想去嘉尔顿实验室工作。除此以外，医学研究委员给乔治的研究资金月底就要到期了。[44]

5月1日，研究经费到期了，乔治失去了正式收入。他的银行账户里还有95英镑，他希望这笔钱可以应付接下来几个月的消费和银行开支，这样，在重新找到工作之前他就有机会完成他的论文了。嘉尔顿实验室里没有人知道乔治身在何处，但乔治在信中说，他刚刚“从自己的藏身之处爬了出来”，去沃尔夫森屋取过去7个星期他收到的信件。[45]

但是，除了取信件以外，乔治从藏身之处爬出来还有另外一个目的。去年10月搬进德拉蒙德街102号之前，他在瑞士中心门口遇见了一个女人。那天下着雨，他正在等冒烟儿现身，因为冒烟儿答应和他见面，然后他们一起去帮助一些酒精成瘾者。那个女人也在等她的同事——一个在尼日利亚经营慈善组织的女人。那个女人名叫琼·詹金斯，她成立了一个名为妇女健康关怀组织的机构，工作重点是绝经期后的雌激素替代治疗。她受过护士训练，在战争期间做过护士，但这几年她白天都在BBC当记者。她和乔治年龄相仿，相貌漂亮，胸部丰满，长着一头发红的沙色头发，也是一个体面有礼、受过良好教育的中上层社会女性。[46]

冒烟儿一直没有现身。两个人都被雨困在了这里，乔治提议，不如一起喝杯咖啡吧？一开始，琼觉得乔治很可怜：他蓬头垢面，身上散发着异味，一直模糊不清地讲着各种关于耶稣的胡话。但是，他显然是个非常特别的人：他对激素非常了解，他还讲起了关于遗传学的工作。那天她把他带到了BBC，并把他引荐给她的同事。然后，她又把他带到了家里，向他介绍了她的丈夫西利尔和儿子。很快，她和乔治发生了性关系。每个星期六，他们都会在某个地点碰面，通常是诺丁山门地铁站附近的芬奇酒吧。在酒吧碰面以后，他们会前往兰卡斯特门的舰长酒店，就在海德公园北面。琼会脱掉瘦削憔悴的乔治身上的脏衣服，给他洗个热水澡，把他的身体清理干净。然后，他们会躺在松软的床上做爱。[47]

琼爱上了乔治，而乔治却希望她放慢脚步。“不要把事情推进得太快，”他解释说，“这样只会给你自己和其他人带来麻烦和不快，还会让我越来越想躲避你。”耶稣一直在引导着他，并告诉他，他还没有准备好进入下一段婚姻。但他十分感激她送的礼物：她曾在天使之家青年旅社给他留下一些温情脉脉的字条；她送给他一双鞋，替代了他那双早就该丢掉的球鞋；她还请他吃过许多顿饭。可是，她越来越强烈地表现出改变他的愿望，她想重新规划他的生活，使他步入正轨，而他一点儿也不愿意。“你的智力超群，为什么不明白呢？取悦我的正确方法就是不要管我，不要强迫我按你的方式生活。”[48]

在乔治和女儿凯瑟琳的来往过程中，就不存在这个问题。凯瑟琳也抛弃了主流的生活方式，她和多姆一起在夏威夷过着一种反传统的生活，在她看来，父亲愿意放弃所有财产是一件挺酷的事情。父女二人差不多在同一时间过上了相似的不规律生活，乔治认为这是一件神奇的事情。父女俩都花很多时间和朋友待在一起，都抽大麻，都过着不考虑明天的日子。[49]他现在十分虚弱，但在写给凯瑟琳的信中，他仍试图表现得既快乐又轻松，因为他的女儿喜欢看到这样的父亲：

> 从健康角度看，我现在基本上没什么问题了，除了有大概20颗蛀牙以外。在过去的3个月里，我生了很多次病，有一次咳嗽了很长时间，还得了流感，等等。我反复地发烧，这使我的身体变得非常虚弱。我怀疑这是感染性单核细胞增多症（我没有去看医生），但我不清楚自己是怎么染上的，因为我并没有经常接吻。[50]

有一次，乔治回到伦敦大学学院，并且被人发现了。史密斯趁机抓住乔治，让他给医学研究委员会写一份简短的报告，介绍他在遗传多态性领域的研究成果。当时乔治住在托尔莫斯广场，他的室友是一个只在晚上工作的面包师。也许乔治也可以找一份晚间的工作，这样他白天就能拥有自由的时间了。如果能这样安排生活，他就能有时间做科学研究了。

• • •

渐渐地，他的心中又有了某个想法。他搞不清楚它到底是什么，但那种想法变得越来越强烈，这一点他非常肯定。这一切都始于一个模糊的印象，当他脑中思绪狂乱、眼睛涣散无神的时候，他就会产生那个印象。晚上，他躺下休息，灯关上了，他的眼皮也合上了，通常在这个时候，他就能产生那个模糊的印象。接着，他觉得那个东西在他的肚子里；过了一会儿，他又觉得它在往他的脑子里爬。在过去的18个月里，乔治一直在无私地用自己的财物帮助陌生人。也许，现在是时候重新好好照顾自己了。

末日审判正向他逼近。从大萧条时期的纽约上东区到被投资地产商搞垮的托尔莫斯广场，生活究竟教给了他什么？斯金纳、巧合、《圣经》、原子弹，一切都让他不断思考自由意志的局限。尤其令他感兴趣的是他自己的行为和感情的巨大波动。他是一个糟糕的父亲，是一个忽视母亲的儿子，他变成这样究竟是因为他想要这样，还是因为他天生就和别人不一样？他离开了他的妻子，离开了IBM公司，离开了小蒂奇菲尔德街，这一切究竟是出于巧合还是一种必然？对于他自己的生活，他究竟拥有多大的控制权？更广泛地说，人们究竟对他们的生活拥有多大的控制权？

自从1967年他踏上伊丽莎白女王号的舷梯，自然就让他认识了一个充满善意和智慧的世界。汉密尔顿的公式$rB>C$使利他主义依赖于遗传上的亲缘关系。汉密尔顿一开始认为遗传上的亲缘关系是指家庭的血缘关系，后来是乔治让汉密尔顿意识到，亲缘关系也可以存在于一群有共同特征的由陌生人构成的组织中。动物冲突的逻辑和特里弗斯关于互惠关系的学说，都清楚地说明只要动物在施惠时预期到自己会在未来得到回报，合作和仁慈的特质就会被进化选中。多层选择学说说明，如果一个种群面对可怕的竞争者，在这个种群中就有可能进化出利他行为。加勒特·哈丁的公地悲剧则警告人们，对个体有利的行为未必总对种群有利，要想让个体利益和群体利益和平共处，就必须设计出一些聪明的制度。

然而，科学真的能够帮助我们解决问题吗？难道对于人类而言最珍贵的东西仅仅是某种空洞的进化学计算的结果吗？

乔治两次皈依了上帝，而第二次他非常清楚自己已经开始回应上帝对他的真正召唤。然而，如果无私的行为由于某种原因胜过了基因和互惠的逻辑，那么一定是哪里出了差错。真正的利他行为既不是为了繁殖更多的利他基因，也不是为了日后得到回报，从他的方程可以看出，这种行为也不是战胜其他群体的结果。如果事实确实如此，那么这无异于扇了他一记响亮的耳光，粉碎了科学曾经教给他的一切。显然，他从未解开过任何谜题。毕竟，他帮助过的那些流浪汉都不曾被他改变，也永远不会被他改变，而他自己则跌入了一个神秘的井底。纯粹的爱和无私的行为真的有可能存在吗？对于这个问题的答案他不再确定。也许，当该说的都说了、该做的都做了之后，因进化而产生的有限善意才是唯一真实存在的东西。如果他想诚实地面对自己，他就必须直视真相：他曾试图把这个世界变成一个更美好的地方，而如今他的所有努力都彻底失败了。

当他用完了银行账户里的余额，开始寻找新工作时，他的脑子里充斥着上述想法。幸运的是，汉密尔顿没有太多时间来研究性选择问题。到目前为止，他完成的所有工作就是在彭布罗克郡的一节腐烂的原木里收集了一些独角仙，其中大部分都没有完成交配。与此同时，乔治找到了一份夜间的工作，在国有威斯敏斯特银行的一个本地支行里做办公室清洁工。也许这不是一份理想的工作，但至少目前可以帮助他维持生计。他喜欢那种寂静，寂静给了他思考的时间。在写给比尔的信中乔治表示，不管怎么样，他一直被视为一个行动缓慢却值得信赖的人。[51]

在饥饿状态下，几千个社会化的阿米巴虫——盘基网柄菌会聚集在一起，形成一个微小的籽实体。这个籽实体呈头发丝状，顶端有一个球，球中有许多可繁殖的孢子。这个籽实体的杆由许多死去的阿米巴虫构成，它们死前产生了强韧的纤维素壁。正是因为这些死去的阿米巴虫做出了自我牺牲，这些孢子才能爬到杆的顶端。如果一阵强风吹来或者一只毫无戒心的昆虫的腿帮个忙，这些孢子就会被带走，去往另一片天地

第13章

# 利他行为的源头

哲学家伊曼努尔·康德曾写道：“有两样东西，我们越是经常、持久地加以思索，它们就越能使心灵充满与日俱增的景仰和敬畏，它们就是天上的星空和心中的道德法则。”[1]利他主义被视为道德的最高形式。毫无疑问，从达尔文到阿利，从克鲁泡特金到费希尔，从埃默森到霍尔丹再到温-爱德华，一代又一代的学者从各个角度试图攻克利他主义的谜题。利他主义究竟从哪里来，它是否有可能诞生于自然选择这只看不见的手，而这只手可以直接作用于基因、个体，也许还能直接作用于社群或者群体？对于这些问题，学者们都找到了一些线索，也都给出了各自的答案。然而，没有一个人能够给出令人信服的完整解答，人们仍然怀着景仰和敬畏的心情凝视着这个历史难题。

下面，我们来谈谈乔治·C. 威廉斯。“事实上，群体适应根本不存在。”他用命令式的口吻说道。虽然群体适应在理论上是可能的，但基因并不会通过群体选择的方式进化。[2]很快，整个世界都知道了这个秘密：一位声音温柔、言辞犀利、出生于肯尼亚、供职于牛津大学的生物学家给出了答案，它采用了威廉斯的逻辑，并建立在汉密尔顿的广义适应度学说、特里弗斯的互惠关系学说、梅纳德·史密斯和乔治的进化稳定策略学说的基础上。1976年，理查德·道金斯出版了《自私的基因》，这本书很快就成为20世纪最畅销的书籍之一。道金斯在这本书中解释说，和表面的情况恰恰相反，真正决定一切的是基因。在这方面，人们得到的最终结论是：在产生性配子的时候，许多元素被打散重组，而生物个体只不过是这些元素的总和。在进化过程中，被保留下来的不是生物个体，而是这些个体中的基因。当新的一天开始时，存活下来的不是生物的躯体，而是因复制的伟大力量而存活下来的DNA，这些DNA将在新的一天继续投入到自然选择的斗争中。基因是自私的复制者，达尔文曾经明确地指出，在这个世界上，人类是唯一能够反抗自私复制者暴政的生物。这样的说法颇具赫胥黎的风格。然而，对许多人来说，达尔文的这条信息实在让人非常泄气。从自然选择的角度看，人类个体充其量只是基因的“容器”。[3]

虽然这样的学说立即遭到了各种批评，[4]而且听起来很奇怪，和人类的直觉也正好相反，但这却是一种非常经得起推敲的理论。不管动物是帮助自己的亲戚（蚂蚁和狼会帮助自己的姐妹繁殖），还是帮助没有亲缘关系的个体（夜晚结束时，吸血蝙蝠会嘴对嘴地把血液分享给同一群体中当晚捕猎无果的同伴），不管它们选择抛弃自己的蛋（鲨鱼、鳐鱼、刺鳐）或者幼鸟（雕鸮、豹面秃鹫），还是选择为了下一代牺牲自己（雄螳螂在交配时把自己的头颅献给贪婪的雌螳螂食用），不管它们选择成群生活（西伯利亚马会围成一圈共同抵御捕食者），还是侵害宿主、为自己牟利（从感冒病毒到疯狂增殖的癌细胞皆如此），所有动物的行为都服务于它们真正主人的利益，也就是基因，而基因给生物下达的唯一命令便是复制。虽然存在决心、精神和“自由意志”，但进化仍命令基因不择手段地生存下去。

• • •

如果说威廉斯在道金斯的帮助下彻底否定了群体选择学说，那么亲缘选择在这个过程中就充当了帮手。家庭亲缘关系学说从现代进化生物学这座山的山顶扔下了许多巨型绳索，帮助其他人安全地登顶。这个趋势从20世纪八九十年代到21世纪可谓愈演愈烈。喝醉酒的霍尔丹提出了一个神话般的启示，汉密尔顿在此基础上提出了一条定律，面对现代进化生物学高峰上的寒风、落石和负坡度，它们给人们提供了难以想象的坚定支持。非洲鼹鼠是哺乳动物界的白蚁，有时人们将这种动物称为“剑齿香肠”，它们会为了群体利益放弃自己的繁殖机会。肉食动物掘足蟾的蝌蚪能够“品尝出”有亲缘关系的个体，因此，若是它们的兄弟或者亲戚游进了它们的嘴里，这种蝌蚪就会把有亲缘关系的个体吐出来（对陌生个体它们则不会这么做）。这些例子都证明，亲缘关系和利他行为高度相关。就连布谷鸟也发现了这个秘密，它们利用其他鸟类的家庭本能，把蛋产在毫无亲缘关系的鸟类的巢中，欺骗其他鸟帮助它们分担育儿的重担。[5]从20世纪70年代开始，数百名生物学家、生态学家和进化建模学家利用汉密尔顿的逻辑，解开了许多关于爱和欺骗的重大谜题。除了少数特例以外，在大部分情况下，这条规律都成立：个体间的亲缘关系越近，利他主义的程度就越高。[6]

以下两个截然不同的例子能够帮助我们看清亲缘选择的巨大影响力：

盘基网柄菌（*Dictyostelium discoideum*）是一种黏菌，它们可以通过伸展自己的伪足在土壤中移动。这种生物通常是独行侠，它们通过吞食细菌维持生命。然而，在恶劣的环境中它们会呈现出一种神奇的情况。处于饥饿状态的盘基网柄菌会分泌一种化学物质——cAMP（环腺苷酸），以此吸引其他盘基网柄菌聚集在一起，共同构成一个斜坡，直到数万个盘基网柄菌建立起一个堤坝为止。很快，这个堤坝越来越长，最终变成一条能够蠕动的蛞蝓状物质。这个多细胞的聚合体能在森林的地面上爬行，当爬到有光和热的地方时它就会停止运动。此时，这条堤坝前端的20%的盘基网柄菌会重新组合成一根杆，并且形成坚韧的纤维细胞，就像植物细胞一样。然后，后面80%的盘基网柄菌则开始沿着这根杆向上爬。当这些盘基网柄菌爬到杆的顶端时，它们会重新组合成孢子，形成一个反光的球体。只有这80%的盘基网柄菌才有机会存活到明天，假设它们沾上某只昆虫的翅膀或腿，抑或被风带走的话。而另外20%盘基网柄菌只能等待死亡，为了同伴的利益，它们无私地牺牲了自己。[7]

这简直令人难以置信，然而，接下来发生的事情更加惊人。在自然界中，大部分籽实体都是由同一个母体复制而来。也就是说，聚合在一起组成这条蛞蝓的所有阿米巴虫在基因上都是完全一样的。琼·斯特拉斯曼和戴维·奎莱尔夫妇把由不同母体复制来的阿米巴虫混合在一起后发现，这些阿米巴虫能够认出和自己基因相同的同伴，来自同一个母体的阿米巴虫会聚合在一起，组成蛞蝓的尾端。当杆形成的时候，这些来自同一个母体的阿米巴虫（而不是来自其他母体的阿米巴虫）就能够爬上杆顶，成为更有希望存活下去的孢子。[8]

如果阿米巴虫能够认出自己的亲属，并且帮助有亲缘关系的其他个体，那么人类显然也具有这样的能力。令人惊讶的是，研究发现，相较亲生子女而言，继子女不仅更不容易获得来自父母的帮助，反而更容易受到父母的虐待。这对于除马丁·戴利和马戈·威尔逊以外的人来说，确实是一个令人惊讶的结果。马丁·戴利和马戈·威尔逊夫妇组成的研究团队把亲缘选择的逻辑推向了极致，他们指出，就像黏菌、会吐出蝌蚪的蟾蜍和布谷鸟一样，人类这么做只是在遵守汉密尔顿的原则。[9]

然而，如果遗传亲缘性可以印证“基因之眼”学说，那么冯·诺伊曼的博弈论也可以。很快，许多后继者抓住了这条绳索，开始攀登现代进化生物学的高峰。借助《自私的基因》一书，进化稳定策略的概念很快进入了动物行为研究领域。原来，在乔治和约翰的论文中有一个错误，其实，报复策略并不是一种进化稳定策略。在一个所有成员都采取老鹰策略的群体中，采取鸽子策略的个体也能生存得很好，因此鸽子策略会缓慢地在这个群体中增多。所以，在这种机制下，真正的进化稳定策略是一些个体采取老鹰策略，另一些个体采取鸽子策略。[10]乔治听到这样的消息也许会感到不太开心，同样可能令他不开心的事情是，他取的老鼠策略的名字又被改回他不喜欢的鸽子策略。[11]不过，在短短10年间，博弈论的应用已经对进化研究领域产生了革命性影响，也许这样的消息能让乔治略感宽慰。

这方面的例子有许多，为了说明我的观点，我从中选取两例。事实证明，雄性粪蝇名副其实，它们会保卫自己的领地，就像凶猛的海象和猛撞对手的赤鹿一样。只不过，粪蝇的所谓“领地”，只是一坨难闻的粪便。雄性粪蝇之所以要这么做，是因为雌性粪蝇会在粪便上产卵。粪便越新鲜（也就是气味越强烈），对雌性粪蝇就越有吸引力。雄性粪蝇比雌性粪蝇先到场，然后它们会彼此打斗，争夺最好的粪便。谁能抢到最有吸引力的粪便，谁就会赢得与雌性的交配权。问题在于，为了保护一坨新鲜的粪便，雄性粪蝇究竟要打斗多长时间（超过这个时间以后，它们就应该飞往另一坨粪便）呢？毕竟，粪便越干燥、越脆，雌性粪蝇选择在这坨粪便上停留的概率就会越小。显然，像冯·诺伊曼的博弈论一样，这个问题的答案也取决于其他雄性粪蝇会采取怎样的行动。事实证明，这种微小的蝇类是伟大的策略家，它们形成了一种最优的进化稳定策略。根据书面计算，争夺一坨粪便的最佳打斗时长是41分钟；令人难以置信的是，在自然界中，雄性粪蝇守卫一坨粪便的时长与上述理论值只差几分钟。[12]

但问题在于，进化稳定策略也许对粪蝇有利，对人类却不怎么有利。事实上，用博弈论的分析方法来研究动物、植物和细菌的行为，都取得了巨大的成功，原本人们总是改进博弈论来适应进化方面的问题，而现在人们又把这些问题重新放在了经济学领域去考虑。弗里德曼式的新古典经济学理论假设所有玩家都是完全理性的，但后来事实清楚地证明情况并非如此。风险厌恶、对地位的追求、短视，以及其他根深蒂固的认知偏差在人类行为中普遍存在，因此关于人类决策的经济学模型必须把这些因素考虑在内。一个经济学理论分支变得十分流行：将进化论引入博弈，假设玩家只具备最低程度的理性，这种博弈的动态变化不取决于理性，而取决于突变、选择和学习。越来越多的理论经济学家发现，这种研究方式能够帮助我们弄清楚许多问题的答案，比如为什么企业并不总是追求利润的最大化？或者，在一个给定的竞争性市场中，投资者究竟应该采取主动的策略还是被动的策略？当初达尔文亏欠马尔萨斯的东西，现在由达尔文的追随者们来偿还。[13]

· · ·

除了亲缘选择和博弈论以外，特里弗斯的互惠利他主义学说也是现代进化生物学为后来人抛下的一条绳索。事实上，在最先抓住这条绳索向上攀爬的人中就包括比尔·汉密尔顿。特里弗斯曾经把1971年的那篇论文的初稿发给汉密尔顿，虽然汉密尔顿认为这篇论文的数学推导有缺陷，但他仍然鼓励这位年轻的美国人继续做这方面的研究。事实证明，这篇论文中提出的两个动物行为方面的例子并不算互惠利他行为的典型例子：当危险来临时，体形较大的宿主并不会把清洁鱼吞掉，事后这种善意也会得到回报，宿主会找寻同一条清洁鱼；当捕食者出现时，某些鸟类会发出警告声来提醒同伴。更准确地说，这两个例子证明的是回报利他行为，而不是互惠利他行为，受惠方日后报答施惠方并不是因为受惠方主动选择这么做，而是出于其他原因。然而，尽管这篇论文在语义学上不够精确，数学基础也比较薄弱，但这些都无关紧要，特里弗斯已经从山顶上抛下了那条绳索。10年后，汉密尔顿和美国政治科学家理查德·阿克塞尔罗德联手在数学上证明了以下结论：和“总是选择逃跑”的策略一样，“以牙还牙，以眼还眼”

的策略也是一个纳什均衡——通过让动物不断相遇，自然选择青睐这类社会行为，尽管它们会产生短期的适应性成本。互惠利他行为与囚徒困境问题的联系非常紧密。虽然独处也是一种选择，但对细菌而言，合作的原则却非常简单。“具有合作性的生物在存活方面拥有更多优势。”一开始，汉密尔顿和阿克塞尔罗德就提出了这样的想法；之后，特里弗斯认为这种优势不只是“更多”，而是“压倒性的”。一天晚上，特里弗斯坐下来一边听古典音乐，一边阅读这篇论文，他在给比尔的信中写道：“我的心在翱翔。”[14]

很快，由于沿着互惠利他主义这条绳索爬上去的登山者实在太多了，以至于现代进化生物学的顶峰变得拥挤不堪。这些研究者发现，在自然界中，生物之间的互动非常复杂，而囚徒困境只是一种过度简化的版本。但是，当研究者在模型中加入其他因素以后，这些模型最终变得和自然界中的情况相当接近。这些因素包括惩罚、宽恕、精妙的欺骗行为、观察者效应（指当双方进行博弈时，在一旁观察的第三方会对博弈双方产生影响，它也被称为间接互惠效应），以及其他许多微妙的因素。随着时间的流逝，合作法则取得了更多阵地；不管是理论还是实际观察都有力地证明，这一因素是利他行为进化的重要推动力。[15]

必须指出的是，在自然界中，完全没有亲缘关系的个体之间的互惠利他行为事实上非常少见。造成上述情况的一个原因是，做出利他行为的施惠方常常与受惠方有一定的亲缘关系，这种亲缘关系的普遍性比特里弗斯和其他学者估计得更高。另一个原因是，一些曾经被视作对一方完全没有好处的纯粹利他行为（比如，狒狒会帮其他狒狒梳理背部的毛，并且帮对方捉跳蚤）事实上有可能对双方都有好处（通过食用伙伴身上的跳蚤，狒狒可以获得营养）。除此之外，“你帮我抓背，我也帮你抓背”理论的另一大障碍来自奥斯卡·王尔德。在《温德米尔夫人的扇子》中，王尔德写下了这样的名句：“除了诱惑，我什么都能抵抗。”实验证明，大部分动物和王尔德笔下描写的人类并无太大区别。即使是智力最高、社会性最强的哺乳动物，也往往习惯于获得即时满足，然而若想建立社会礼仪，则必须要求生物个体学会延迟满足。

最终，以色列动物学家阿莫兹·扎哈维提出了一套名叫“不利条件原则”的理论。这套理论认为，动物表面上做出了一些纯粹牺牲性的行为，但事实上，它们只是想向同伴证明自己懂得互惠互利的道理。因此，当一只羚羊发现狮子在草丛里转来转去时，它会上下跳动（这种行为被称为“四脚弹跳”）。它通过这种行为想向同伴证明，为了成为这个群体中的一员，它愿意付出一定的代价。互惠行为的软肋是欺骗。这种理论可以解决这个问题，然而它的缺陷在于它难以证伪。从表面上看，四脚弹跳是一种提醒同伴的无私行为（或者至少是一种为了日后获得同伴的回报而采取的利他行为），然而，这种行为也有可能是在向狮子发送信号：狮子应该在羚羊群中另觅运动能力不那么强的个体作为目标，因为那些羚羊比这只四脚弹跳的羚羊更易于成为狮子的盘中餐。同样，雄性孔雀之所以愿意展示其巨大（而且成本高昂）的彩色尾屏，雄性加拿大马鹿之所以愿意炫耀其巨大的鹿角，都有可能是为了向潜在的交配对象发送信号：看看吧，你找不到其他更好的了。最强壮的雄性之所以强壮，是因为它们敢于背负一个巨大的“累赘”，身体素质差的雄性若背负这样的累赘，则根本无法生存。[16]

即便如此，亲缘选择、互惠关系和互惠关系引发的博弈，仍然是三种有价值的工具。通过这三种工具，我们可以观察并窥见自然之道。然而，这三条从现代进化生物学的峰顶上垂下的、助人攀登的绳索都面临着一个问题：不管是猴子帮同伴抓背，还是蜜蜂为了抗击入侵蜂巢的侵略者而失去内脏、断送性命，汉密尔顿、特里弗斯和冯·诺伊曼式的利他主义都不是表面上看起来的那样。事实上，在利他主义的问题上，基因之眼的进化观会推导出令人十分沮丧的结论。生物学家迈克·盖斯林写道：

> 自始至终，自然的经济学一直是竞争性的……某种冲动会使一只动物为了另一只动物牺牲自己，然而从本质上看，这种冲动其实是理性的，因为这样做能让牺牲自己的动物相对于第三只动物取得优势……这样做符合动物的自身利益，所以我们可以合理地推断所有生物都有可能做出利他行为……然而，一旦有机会完全为了自身的利益行事，那么除了现实的便利以外，没有什么因素能够阻止生物残酷对待、伤害甚至猎杀自己的兄弟、配偶、父母或者子女。抓破利他主义者的皮，我们会看到伪善之徒流出了鲜血。[17]

此外，基因之眼的进化观还有可能得出十分奇怪的结论。道金斯让我们想象这样一种情况：

> 一群狮子正在撕咬猎物，假如某一只狮子的进食数量低于它的生理需求，那么这只狮子的行为就是利他行为，因为其他狮子因此得到了更多的食物。假设其他狮子和这只狮子有亲缘关系，亲缘选择就有可能选中这种控制食量的行为。然而，产生这种利他行为的基因突变却有可能是一种极为简单的突变。比如，某种基因令狮子的牙口不好，这种基因就会降低狮子咀嚼肉的速度。从理论层面看，这种令狮子牙口不好的基因是一种利他基因，而且这种基因可能是亲缘选择选中的基因。[18]

“难道牙口不好是一种利他主义？”生物学家、哲学家海伦娜·克罗宁惊讶地提出了这样的问题。在出版于1991年的《蚂蚁与孔雀》（*The Ant and the Peacock*）一书中，海伦娜写道：“我们最初肯定不是这样看待神圣的自我牺牲行为的，但这种说法的逻辑却无懈可击。”[19]

经过多年的辩论，问题的答案终于浮出了水面。向人类提供答案的是进化的真正后裔——基因。善意的面纱终于被缓缓地揭开了。[20]

· · ·

然而，群体选择学说发起了反击。

威廉斯和道金斯都认为，如果将基因视为复制者，人们就有充分的理由相信，进化不可能在群体层面上起作用。如果基因是自然中唯一永恒存续的单位，那么选择之眼怎么可能拣选其他元素呢？一个种群中的基因能够起到记账的作用，通过基因的变化就能看出进化方面的变化。但自私的基因不仅仅是一个比喻，从这个出发点推导出的学说否认了其他任何层面上的进化机制。[21]

然而，从20世纪80年代开始，一群理论学家（其中最重要的一位是戴维·斯隆·威尔逊）重新审视了这个问题。他们逐渐认识到，选择的单位和层次完全取决于另一些标准。选择是否作用于生命的某一层次，并不取决于它是否永远存续，而取决于在生物的阶级结构中，适应性方面的差别究竟停留在哪个层次上。造成上述情况的原因是，我们可以把物种看作由各种单位组成的层次之和，基因存在于生物个体之中，生物个体存在于种群之中，种群存在于物种之中，等等。在这种结构下，适应性方面的差别可以存在于任何一个层次上，也可以同时存在于所有层次上，因为可遗传的变异在各种层次上都有可能存在。因此，基因之眼的进化观并不能否定群体选择学说。毕竟，基因可以在各个层面上进化：在一个生物体内，一种基因可以战胜另一种基因；在种群内，基因可以帮助一个个体战胜另一个个体，因为基因可以让个体表现出不同的性状；在一个物种内，基因可以帮助一个种群战胜另一个种群。即使我们承认基因是复制者，我们仍需决定基因究竟是在哪个层次上进化的：是在基因之间进化（个体选择），还是在个体之间进化（群体选择），或者是在群体之间进化（物种选择）？尽管在科学史上，基因之眼的进化观和群体选择学说产生过许多争论，但这两种学说并不是也不应该相互对立。[22]

在利他主义的问题上，这种多层次的选择机制变得更加重要。正如达尔文在研究蚂蚁时得出的结论，利他主义和其他性状一样，也是一种进化产生的性状。将利他行为和其他性状区别开来的是，利他行为降低了生物个体在整个群体中的适应性，却提高了整个群体的适应性。因此，真正的问题只有一个：群体间的适应性差异是否大到可以让群体内的利他主义性状被进化选中？

这是一个实证问题。正是出于这个原因，在第一次莫名其妙的通话以后，汉密尔顿写信告诉乔治，他被乔治的公式迷住了。汉密尔顿意识到，乔治的协方差公式优雅地解开了学界多年以来的困惑。这个问题越过了汉密尔顿、霍尔丹、费希尔、赖特、阿利、埃默森、克鲁泡特金和赫胥黎，回到了达尔文最初的想法，即进化可以同时在不同的层面上起作用。这个简单的数学公式的美妙之处在于，有了这个公式，人们就可以分别审视生物的每一种性状，并且判断选择究竟在哪个层面上发挥了最大的作用。

汉密尔顿认为，乔治的这个公式极为重要，而他是全世界唯一认识到这一点的人。这个协方差公式让人们明白，虽然从表面上看各种学说似乎是从现代进化生物学的几个完全不同的峰顶上抛下的绳索，但事实上所有登山者都在沿着同一座山峰的不同侧面向上攀爬。广义适应度的概念让人们以为利他行为只是表面上看起来利他，因为做出利他行为的个体虽然有可能死亡，但它的基因却会在亲戚的体内延续。互惠利他学说也拔去了利他主义中的这根刺，但这个学说的弱点是受惠者必须回报施惠者，而不能去回报其他个体。最后，各种版本的囚徒困境将互惠行为视作一种博弈，这种设定常常让沿着这条绳索向上攀登的人觉得他们正在向另一个山顶冲锋。

当然问题的关键是，学者应该认识到，每一条登山路径都是互相联系的，从山的某一面向上攀登能让登山者了解这座山的一部分情况，但他们不应该因此否定沿其他途径攀登的人获取的关于这座山的其他信息。比如，广义适应度的概念告诉我们，在利他行为的进化过程中，遗传上的亲缘关系发挥了重要作用。这确实是一条很重要的信息，但是，整套进化学说应该是一艘多层的炮舰，有了协方差这门大炮以后，学者们就能够更清楚地看到各种元素之间的关系。斯隆·威尔逊和哲学家艾略特·索博认为：

> 亲缘选择学说带给我们许多启发，它就像一盏闪亮的探照灯，让我们把注意力集中在遗传性亲缘关系上。光的中心是一对同卵双胞胎，它们应该无私地照顾彼此。随着亲缘关系变得越来越疏远，这束光也变得越来越黯淡，使相互之间毫无血缘关系的个体站在黑暗之中。在一群完全没有血缘关系的个体中，它们之间没有任何遗传方面的共同利益，这些个体怎么可能构成一个适应性单元呢？
>
> 如果我们用多层选择学说代替亲缘选择学说，就好比关掉了这盏探照灯，而把整个舞台都照亮一样。突然之间，谱系上的亲缘关系就只是众多影响自然选择的基础元素中的一个，除此之外，表型变异、可遗传性、适应性结果也都会对自然选择产生影响。基因被打乱后放入个体，这为自然选择提供了所有必需的原材料，使得生物在个体层面上进化出适应性。接着，个体被打乱后放入种群，这同样给自然选择提供了原材料，使得生物可以在群体层面上进化出适应性。同时，非随机性的排列机制也存在，它使得没有亲缘关系的个体之间可以进化出适应性强的利他行为。从多层选择学说的角度看，一切都清清楚楚，但从亲缘选择学说看，一切则显得极其晦暗难懂。[23]

按照基因之眼的进化观，如果个体只是基因的容器，那么同一个体中的基因就像同一艘船上的货物一样。然而，多层选择学说表明群体同样可以被视作容器，这种情况也可以用基因之眼的模型来解释。[24]一切都取决于一个问题：合适的条件能否让一个种群中的个体就像一个个体中的基因一样？换句话说，一切都取决于是否真的存在非随机的排列机制。亲缘关系是一种非随机的排列机制，但它并不一定是唯一的。善意依赖于联盟，而联盟不一定是家庭。[25]

虽然汉密尔顿花了不少时间才想明白以上这些道理，但在和乔治打完那通莫名其妙的电话以后，他确实逐渐想通了这一点。（两人最终见面时，乔治对汉密尔顿说："我以为你早就看清这一点了呢。"）1964年，梅纳德·史密斯在《自然》杂志上发表过一篇抨击温–爱德华的学说的论文，那篇论文曾惹怒了汉密尔顿，而如今那篇文章中的内容看起来也不那么明确了。毕竟，把亲缘选择学说和群体选择学说严格区分开来，似乎也不太合理。[26] 1975年，汉密尔顿撰写了一篇论文，并在论文中清晰地解释了上述观点。这篇论文指出，亲属之间的利他行为的进化只是群体选择的一个特例，而不是对生物的利他行为的一种独立解释。而且，这篇论文首次将乔治的完整协方差公式应用于具体的进化问题。[27]

现在，我们不仅可以从全新的角度看待亲缘选择学说，还可以从全新的角度看待互惠博弈问题。如果两只互相梳毛的阿拉伯狒狒正在进行一种囚徒困境的博弈，那么我们可以很容易地把这两只狒狒定义成一个群体。显然，在这个群体中，如果一只狒狒是利他主义者，而另一只狒狒是爱占便宜的自私鬼，那么自私鬼总能获得利益而不必付出任何代价，利他主义者则总要付出代价却得不到任何利益。也就是说，在一个群体内部，自私是有好处的。但是，如果我们把这个群体和另一个群体进行比较，又会怎么样呢？第二个群体也由两只狒狒组成，它们都是利他主义者，会非常真诚地为对方梳毛。当群体和群体发生竞争时，突然之间，自私成了一种不利的性状，因为平均来说第二个群体比第一个群体更加干净，所以第二个群体更健康，更容易产生后代。因此，问题就变成，群体内竞争的力量是否和群体间竞争/物种内竞争的力量同样强大呢？假设狒狒之间的联盟关系是完全随机的，上述问题的答案就是肯定的，在这种情况下，自私会战胜利他主义。但是，假设狒狒之间的联盟关系不是随机的，利他主义者可以选择和其他利他主义者团结一致、共同生活，而自私鬼只能和自私鬼联合，那么促进梳毛行为的利他基因就可能在进化过程中被选中。[28]

神奇的是，汉密尔顿的这篇论文没有激起任何水花。虽然乔治已经成功地改变了汉密尔顿对群体选择学说的看法，虽然从20世纪70年代开始汉密尔顿被许多人称作达尔文之后最伟大的达尔文主义者，并且赢得了几乎所有奖项，但群体选择学说仍然被笼罩在基因之眼进化观的阴影之下。许多人认为，就算群体选择在理论上成立，这种力量也太弱了，因此群体选择不可能在自然界中真正发挥作用。20世纪八九十年代及之后的21世纪，斯隆·威尔逊等理论学家锲而不舍地向其他学者宣传群体选择学说，然而令他们深感挫败的是，始终没有人愿意接受他们的观点。[29]

但这种情况正在慢慢发生改变。[30] 1981年，人们终于认识到，汉密尔顿的那篇关于向雌性倾斜的性别比例的论文究竟表达了什么意思。乔治·威廉斯一直想做这个测试，以说明群体选择确实在发挥作用。[31]除了这篇论文中举出的例子以外，另外一个例子也被广泛引用。路文丁很早就发现了这个和病原体毒性有关的例子：在一个宿主中可以存在许多病原体，假设进化在每个病原体的个体层面上起作用，在病原体和宿主的免疫系统之间就会展开一场“竞赛”。个体病毒的毒性越强，所有病毒一起被宿主的免疫系统消灭的概率就越高。相反，如果选择是在整个病毒物种的层面上发挥作用的，并且选择可以用某种方法降低病毒的毒性，宿主就不会丧失行动能力或者死亡，宿主和其他潜在宿主发生接触的概率就会上升，整个病毒物种继续生存和传染的概率也会随之上升。在澳大利亚就发生过这种情况。20世纪60年代末，为了减少一种繁殖速度过快的兔子，澳大利业农业部引进了黏液瘤病毒。一开始，这种病毒对兔子是致命的，但其毒性很快就开始下降了。路文丁对这种现象做出了如下解释：

> 当科学家用实验室中的病毒毒株在野生兔子身上做实验时，他们发现兔子对病毒产生了抗性，如果只有简单的个体选择机制发生了作用，这种情况就是符合预期的。然而，当科学家用从野外取得的病毒在实验室的兔子身上做实验时，他们发现病毒的毒性也下降了，而个体选择学说没有办法解释这种现象。[32]

事实上，群体选择学说甚至逐渐成为一个临床医学概念，因为人们可以利用合适的医院治疗程序和公共卫生手段促使病毒向毒性较弱的方向进化。这被称为“达尔文式医药”，乔治·威廉斯在他职业生涯的后半段成为这个领域的先驱。[33]更多的例子正不断出现[34]。虽然群体选择学说仍然具有争议性，虽然实验中涌现出的能够证明这种学说的例子仍然很少，频率也很低，但毫无疑问的是，群体选择学说确实重新流行起来，至少理论上如此。[35] 1975年，昆虫学家爱德华·O. 威尔逊出版了《社会生物学》，这本书是基因之眼进化观的重要支柱。但如今，威尔逊也认为选择是在不同层面上同时发生的。像蚂蚁和蜜蜂社群这样的“超级有机体”确实是一个巨大的容器，而在这种容器中产生的利他行为确实是纯粹的、毫不掺假的。如果阿利和埃默森知道这一点，他们一定会非常高兴。[36]

显然，如果选择可以在许多层面上发生作用，乔治的协方差公式就会变得更加重要。因此，这个后来被命名为“普莱斯公式”的方程如今被人们从故纸堆中翻了出来，焕发出光彩。这些人包括以史蒂夫·弗兰克和艾伦·格拉芬为代表的理论学家，以及哲学家萨米尔·奥卡沙。[37]后来，本·科尔和彼得·戈弗雷–史密斯对普莱斯公式进行了小小的改进，他们在方程右边添加了第二个协方差项，使得这个结构随意的方程变得更加对称，应用也更加广泛。毫无疑问，如果普莱斯能够看到这些，他一定会非常欣喜。[38]然而，由于这个公式是对已知事实的重述，因此有时很难明确判断它究竟是无价的有价，还是有价的无价。要想真正解释自然界中的情况，这个纯粹而优雅的数学公式显然必须和杂乱的生物学内容结合起来，才能发挥作用。[39]但是，如果普莱斯公式的意义在于清楚地提出问题，而不在于搞清杂乱的生物学细节，那么这个公式仍然称得上一项重要的工具，它能够帮助我们理解不同层级物种的进化。普莱斯公式具有很强的普适性，这意味着它不仅可以解释基因的进化，也可以解释其他形式的非遗传进化，后者主要基于外成性或行为性因素的传递。普莱斯公式不仅能够表述选择如何同时在不同层面上发挥作用，还对选择机制给出了重要甚至是全新的解释。除了利他行为以外，普莱斯公式还可以解决其他问题。目前，科学家已经用普莱斯公式解决了许多问题，包括繁殖价值、进化流行病学问题、遗传项目、人类文化的进化、流氓基因、减数分裂驱动、生物多样性和生态学等。我们对普莱斯公式进行的思考越多，它就越有可能帮助我们理解更多其他方面的问题。[40]

事后反思非常有益。今天看来，乔治·普莱斯从现代进化生物学的顶峰抛下了博弈论这条绳索，他的这一贡献为许多后来人提供了源源不断的力量和活力，帮助他们更好地攀登科学高峰。更重要的是，普莱斯为我们提供了协方差这副富有洞察力的镜片，通过它我们不仅可以把其他绳索放在一起比较，还可以比从前更加清楚地看到一个事实：我们一直都在攀爬同一座山峰。达尔文曾说，自然界是一个“有树根盘绕的河岸”，乔治留下的遗产将帮助我们用不断变化的眼光看待这一领域。他的学说也是一扇令人兴奋的窗户，透过这扇窗户，我们可以看到生命的复杂与壮美。[41]

当威廉·爱迪生·艾萨克·普莱斯和艾丽斯·克莱拉·埃弗里在贝拉斯科剧院的幕布后相遇时，他们绝对不会想到，他们的儿子日后将成为一个让父母骄傲的孩子。

• • •

那么，人类的利他行为又如何呢？以上论点和我们有什么关系吗？

让我们回到阿拉伯狒狒经历囚徒困境的例子。我们假设每只狒狒要么是利他主义者，要么是爱占便宜的自私鬼，但这一切都不是它们的错。每只狒狒在出生时性格就已经形成了，出生后的任何事件都不可能改变它们的天性，就像蔬菜不可能变成水果一样。在此基础上，我们进一步假设，虽然每只狒狒的天性无法改变，但所有狒狒都有选择的能力，它们可以选择成为一个好撒玛利亚人，也可以选择成为一个骗子。在这样的假设前提下，我们走进了一场全新的博弈。

这样的假设条件会将我们引向何方？第一个回答这个问题的人是特里弗斯。假如合作是一种博弈，或者利他主义也是一种博弈，而且这种博弈的核心是互惠的善意，那么要想保障这样一个系统，还有什么比发现欺骗行为更好的方式呢？特里弗斯认为，做出善良的行为需要先有一种很强的正义感，因为只有拥有正义感，才有可能鉴别出不诚实的行为。在进化的过程中，从人类的祖先开始，一种关于公正的本能就已经产生了，要想把值得信赖的同伴和骗子区分开来，就必须具有这种本能。最近一些关于卷尾猴的实验证实了上述观点。在实验中，实验者要求猴子递给实验者一块石头，完成任务的猴子可以得到甜葡萄作为奖励。接着，实验者把猴子分成两组，第一组猴子完成任务以后会得到葡萄，而第二组猴子完成任务以后只能得到吸引力低得多的奖品——黄瓜。在这种情况下，第二组的许多猴子拒绝接受实验者给出的奖励。事实上，实验者还可以通过一些方法来放大这种不公正感。当一些猴子完成任务后，实验者不给它们提供任何奖品，于是，有的猴子开始向实验者投掷石头来表达它们的愤怒。从这些结果我们似乎可以看出，人类的是非观，以及关于何时何地使用这些是非观的判断，都是自然选择的结果。[42]

这种情况也许有助于我们理解为什么人类在揪出骗子方面具有如此强的能力。一些设计精巧的实验揭示出人类会有一种认知偏差：在涉及揭穿骗局的现实场景中，我们能够很好地解决一些逻辑问题，而如果把同样的逻辑问题以抽象的形式提出，我们的解题能力则会下降。另一个有争议的问题是，揪出骗子是否需要惩罚机制。一些研究显示惩罚是合作的前提；然而，另一些学者认为，虽然惩罚是有效的，但只对建立控制权有效。要想建立真正平等的合作关系，最好不要对同伴提出法律控诉，至少在面对地位平等的同伴（而不是政府）时，使用法律武器并不是一种有益的做法。[43]

不管惩罚机制的存在是否有必要，我们都搞清楚了一个事实：人们常会抱着利他的心态互相合作，即使在双方都无利可图时也一样。古典经济学理论假设所有人都是自私自利的，虽然亚当·斯密对后世产生了深远的影响，但这种理论显然无法解释人类的复杂行为。[44]如果考虑到尊重及其更微妙的衍生品——自尊对人类的重要性，那么这种情形也许不那么出人意料。但是，人类为什么要进化出这种特质呢？

沿着特里弗斯的足迹继续往前走，经济学家罗伯特·弗兰克提出了另一种理论，他认为问题的关键在于信任。为了过上较好的生活，我们的类人猿祖先和从事狩猎–采集活动的祖先需要抵制追求自身利益的短期诱惑，因为他们生活在规模小、互相依存的群体中。感情或者所谓的道德情操让我们放弃了利己主义的倾向，建立承诺（“我爱你，我不会离开你！”），并诱使他人做出回报性的承诺（“我爱你，你也要爱我！”）。从进化的角度看，生命是一种博弈，玩家需要找到值得信任的同伴一起进行博弈，因此触发忠诚和利他行为的情感（即便这些情感是非理性的）都是适应环境的结果，能够帮助我们管理自己的行为。根据这种观点，在我们的情感中确实存在良心，这种良心的存在是为了让我们和其他有良心的同伴携手共存，这对双方都有好处。[45]

但是，以上观点的逻辑十分微妙。同伴有可能做出欺骗性行为，也就有可能产生发现欺骗行为的更加微妙的机制。接着，还有可能催生出自我欺骗的机制。通过欺骗自己，达到欺骗他人的目的；如果我们的目标是隐藏真正的意图，那么还有比这更好的方式吗？事实上，在毫无戒心的人中，这种现象似乎确实广泛存在。如果我们问100个人是否觉得他们的智力（美貌、善心、美德）超过平均水平，那么拍着胸脯给出肯定答复的人总会超过50个。但是，假设在进化的过程中我们让一群骗子和一群善于侦查骗术的人展开军备竞赛，那么最终结果可能相当喜人。毕竟，若想让自己看起来值得信赖、乐善好施，最好的方法就是做一个真正值得信赖、乐善好施的人。[46]

那么，事实的真相究竟是什么，是纯洁真挚的无私之心，还是一种狡猾到连自己都信以为真的利己主义呢？有些人声称，可以从科学的角度证明人类具有真正的善意，但他们的证据看起来似乎相当薄弱。或许支持“纯洁真挚的无私之心”说法的最强论据是，它和“完全的利己主义”同样有说服力。支持这种学说的人称其为“多元论”，但事实上它更像一种告诫：不管我们多想回答所有问题，事实上确实存在一些科学无法解答的问题。[47]

不管人类的善意是真诚的还是虚假的，自然选择进化论之父指出，道德感一定具有自然的基础。达尔文曾在1871年的《人类的由来》（*The Descent of Man*）中说：

> J. S. 密尔在他的著作《功利主义》中指出，社会感情是一种“强有力的自然感情”，也是“功利道德感情的自然基础”……但是……他同样说过：“……道德感情不是天生的，而是习得的。”尽管他是一位非常深刻的思想者，但犹豫再三之后，我还是决定提出与他不同的意见。在较低等的动物中，社会感情确实是本能的或者说天生的，这是一个不太有争议的观点。那么，为什么在人类中社会感情就不是天生的，而是习得的呢？……（若干思想家）相信，每个人类成员都在生活的过程中逐渐习得了道德感。从广义进化理论的角度看，这种情况至少是极不可能的。因此，从现在开始，我认为我们似乎可以把对精神特质的忽略看作密尔著作的最严重的缺点之一。[48]

在私下的讨论中，我们已经没有必要使用如此华丽的婉语来表达我们对先贤的崇敬。多年前，达尔文在他的私人笔记中潦草地写道：“了解狒狒的人，对形而上学的贡献也许超过了洛克。”人类的精神世界是经过数百万年的进化过程塑造出来的，如果人类想要了解自身的道德感，我们就必须认真研究动物世界的情况。

• • •

每个人都说人类是特殊的，毫无疑问，我们确实是特殊的。虽然每个物种都各不相同（即便所谓的“特殊”并没有真正的特殊性），但人类的文化确实把我们和动物区别开来。[49]汉密尔顿已经意识到，这意味着群体选择可能在人类中比在动物中扮演着更加重要的角色。当人类聚居在小型的狩猎–采集群体中时，就会产生一种凝聚力，语言的发展也许能够帮助人类解决自私鬼“搭便车”的问题；宗教和口头传说的产生又会进一步强化这种凝聚力。这种想法并没有令汉密尔顿受到鼓舞，不管利他主义的反面是什么，当群体选择与其产生更深层次的碰撞时，并不会产生令人安慰的结果。因为要想产生真正的善意，就必须先进行无情的群体竞争。这种情况既会催生群体间的排外主义，又会催生群体内的等级制度。正是出于这样的原因，特里弗斯批评汉密尔顿1975年发表的那篇论文是一篇“法西斯主义论文”。[50]

这是一个让人清醒的想法，但它不一定是真实的。最近的一项关于大鼠的研究显示，大鼠从陌生同类处得到的利他帮助越多，它日后对其他陌生同类施以帮助的概率就越高。[51]这种情况发生在实验室中，在那里，大鼠受到人类的训练，一个笼子里的大鼠可以通过拉动摇杆让另一个笼子里的大鼠获得食物。但是，这种情况也许并不能很好地模拟自然界中的真实情况。然而，对人类来说，我们常常处于这样的情况之中：一些我们完全不认识的陌生人需要我们的帮助。事实上，随着平等主义的道德通过教育和文化扩散至更广泛的人群，利他行为的代价也许会随之减小，这意味着人类已经发展出一套独特的利他能力。在人类历史上，不断出现各种由宗派斗争导致的战争，目的是获得更多的宗教影响力和政治影响力。[52]但是，这并不意味着未来的情况不会发生改变。廉价的机票、一体化的市场、遍布世界的互联网，以及许多语言的快速消失，都预示着人类之间相互依存的程度日益提高。就算全球化的进程失败，或者更糟糕——关于世界和平的承诺彻底崩溃，我们仍然可能会因为另外一些因素而团结在一起。哈丁提出的“公地悲剧”——环境恶化的威胁，可能会将人类推向更高的层次。如果地球真的是一种“容器”，地球上的环境就相当于无情的敌人。在和平与团结中，也许埋藏着与生俱来的善意。就算人类认识不到这一点，我们仍然可以团结起来保护我们的地球，从而拯救目前四分五裂的人类社会。最终，它甚至会进一步扩大人类的道德范围，我们不仅会同情其他人类成员，还会同情人类以外的其他生灵。[53]

这些都是关乎整个人类的大事。历史究竟会走向何方？这个问题的答案也许只有先知和傻瓜才知道。从时间诞生开始，区分先知和傻瓜就是一件不可能的事情。然而，在寻找善意起源的旅途上，科学日益将审视的目光投向了人类和我们的大脑。神经科学家乔治·莫尔和乔丹·格拉夫曼让一群志愿者躺在磁共振成像设备下，要求他们想象以下两种情况中的一种：一是把一笔钱捐给慈善机构；二是把这笔钱留给自己。研究发现，当受试者想象捐款的情景时，他们蜥蜴脑的一部分会被激活，这部分脑区与食物和性有关。这项结果表明，利他主义是人类与生俱来的能力，是一种最基本的功能。[54]心理学家马克·豪泽也同意这样的观点，他的研究显示，世界各地的人们在面临道德困境时，都采取了非常类似的处理方法，这说明做出道德判断的能力和语言能力一样，应该被视为人类与生俱来的本能和天性，而不应该被看作人类文化的产物。许多文献充分证明，当大脑的特定部分受损时，病人会失去道德感。虽然这些病人的智力水平没有下降，但他们失去了判断是非的能力。[55]

但是，科学还在继续向前发展。目前，人类正在以最还原主义的方式找寻道德感的起源。研究者一直在寻找产生善意的基因：由心理学家阿瑞尔·克纳福、遗传学家理查德·艾布斯坦以及他们的研究生所罗门·伊斯拉埃尔领导的一个研究团队做了一个实验。他们给200名学生发了50锡克尔，然后让这群学生玩一种独裁游戏。手中有钱的独裁者需要将他手中的钱分给一个匿名的接受者，分多少由独裁者决定。这种决定是一次性的，也不会收到任何回报。不出所料，实验结果的差异很大：有些独裁者十分公正地把一半钱分给接受者，有些独裁者自私地把所有钱都留给自己，还有一些独裁者把大部分钱都给了接受者。当研究者对这些参加实验的学生进行基因分型时，他们发现了以下规律：学生分享钱财的慷慨程度与他们DNA中的一段微小卫星体的长度强相关，这段微小卫星体存在于一段基因之中或者这段基因附近，而这段基因可被解码为大脑中的神经递质催产素的受体。另一种与催产素有关的神经递质——抗利尿激素也有类似的作用。根据这项研究，我们知道利他行为确实存在于我们的基因之中（以及我们的基因周围），这是一个非常难以置信的结果。[56]

这些数据让一些人感到兴奋，却让另一些人感到困惑。在一个受控实验中，学生们如何分配50锡克尔和现实生活中的利他行为究竟有什么关系呢？如果受体基因的长短会影响婚姻状况、离婚概率和自闭症的发病情况，那么这种基因的相关性有多大？也许自闭症患者确实很难结婚，但亲密关系中的利他行为和自私行为难道不是相对且不断变化的吗？最后（也许也是最重要的）一个问题是，不同人的利他行为的程度存在差别，如果不同的基因型只能部分解释这种差别，那么基因究竟能在多大程度上决定人类的利他行为？因果关系是一头很难驯服的野兽，在研究人类时更是如此。就算最权威的癌症研究也只能解释实验动物患癌的4%的原因，而利他行为和基因之间的关系显然比肺癌和烟草之间的关系复杂得多。

以上这些究竟意味着什么？

和我们中的许多人一样，伦敦汉普斯特德的萨莉·亚当斯也不知道答案，但她知道她很想要一个孩子。她在生育治疗上花了15 000多英镑，甚至为此专门去了克里特岛。在这些努力都失败以后，萨莉仍然没有放弃。萨莉已经50多岁了，她是一个爱猫的单身女性，她已经准备好了受孕需要的精子，只缺少一颗小小的卵子。最近，萨莉通过广告在牛津大学和剑桥大学的毕业生中征集卵子捐献人。她这样做的原因是，牛津大学和剑桥大学的毕业生不仅智商高，而且常常“具有利他主义精神”。[57]

大脑成像、动物行为研究、独裁者游戏、基因分型、基因–文化互动模型、《每日邮报》上刊登的广告——通过各种各样的方式，人类仍怀着景仰和敬畏的心情不懈地寻找利他行为的源头。

乔治·普莱斯在伦敦，1974 年秋

## 第14章

# 最后的日子

第二次世界大战结束后，托尔莫斯广场中央的老维多利亚教堂被改建成一家电影院。当一场电影结束，工作人员清扫放映厅时，老鼠会从前门跑出去，在楼里四处乱窜，还会跑进后门，每个晚上都是如此。尽管如此，当地的居民仍然热爱这家电影院。正厅前座的票只卖15便士，楼厅的票也只卖25便士，这是伦敦最便宜的一家剧院。每个星期日下午，这家剧院外都会排起200人的长队。1972年，乔·利维和他的存货转换房地产开发公司买下了这个剧院，悲伤的情绪笼罩了整个托尔莫斯广场周围。这家剧院上映的最后几部电影分别是《掠夺者》《慢慢死去》《你会享受它的》，这样的选片真可谓恰如其分。一位靠退休金生活的老人给本地报纸写了一封愤怒的信：

> 亲爱的先生，又一个能让我们娱乐的地方……即将关闭并被拆除，虽然这家剧院的常客超过1 000人。难道这就是所谓的进步吗？究竟是谁在决定它的命运？难道这家剧院的1 000位常客没有任何发言权吗？许多靠退休金生活的老人都会想念这家剧院。在1918年和1945年，有人对我们说这是一片适合英雄生长的土地；既然你们要把这片土地从我们手中抢走，你们就应该配得上英雄这个称谓吧。[1]

• • •

1974年7月15日，乔治搬进了托尔莫斯广场的一处非法居住点。此时，托尔莫斯广场的电影院早已被拆除，并被一圈铁丝网围住，看起来就像一座集中营。要想走进这处非法居住点，就必须通过托尔莫斯街19号，但为了给一楼的一个大型丝网印刷工作室腾出空间，19号到25号公寓之间的墙被破坏了。乔治与另外两名非法居住者——万斯和达夫共享二楼的所有区域。这里的设施很简单：厕所、淋浴、厨房。但对过过苦日子的乔治来说，这里的住宿条件已经非常好了。虽然外面是一个被铁丝网围起来的院子，但乔治认为这是他住过的最好的地方。除了童年时期与父母一起住过的纽约斯卡斯代尔以外，他从未住过这么好的地方。[2]

第二天，乔治坐在一条长凳上和西尔维娅交谈。这位25岁的美国女人是一名版画艺术家，在一楼和花瓣儿（一个男人）一起工作。西尔维娅的父亲是美国空军的一位战斗机中校，她和她的前男友一起来到欧洲生活。如今，她和几个朋友一起开办了一家“民主艺术家画廊”，就位于赖特菲尔德街上。他们中的一些人成立了海报集合社组织，并且非法侵占了托尔莫斯街19号，在这里成立了一个工作室。西尔维娅本人住在沃伦街68号，位于托尔莫斯街和她的画廊之间。她长着深色头发，脸蛋和身材都很漂亮，自称来自科罗拉多州。[3]

就算在这群政治活动家、艺术家、怪人和瘾君子中，乔治也是一个独特的存在。他骨瘦如柴并且经常脏兮兮的，他牙齿发黑并且总是发出刺耳的咳嗽声。可是，当这个人支起瘦弱的双腿时，他总能讲出最神奇的故事！ 他给西尔维娅讲了他参与曼哈顿计划和在IBM公司工作的事情，讲了斯金纳，讲了香农，讲了汉弗莱参议员。他讲了贝尔实验室和他的设计机器，讲了他在《生命》杂志上抨击苏联。他讲了他的兄弟爱迪生，爱迪生发明了轨道照明，并且和贝聿铭、路易斯·康、巴克敏斯特·富勒等伟大的建筑师合作过。[4]他还讲了他自己如何研究遗传学和进化问题，讲了动物之间的冲突，以及解决利他主义问题的那个公式。但他谈得最多的还是他想帮助的那些人，讲那些人的酒瘾、悲伤和希望。在西尔维娅眼中，乔治是一个绅士，一个安静、爱思考的人，一个总是用尖锐刺耳的声音说话的人，他简直就像一个婴儿。西尔维娅觉得乔治身上似乎有种特别的东西，一种“只想存在着”的感觉。[5]

在工作室完成了一天的工作以后，西尔维娅来到托尔莫斯广场，打算回家。有趣的是，乔治就在那里等着和她一起穿过尤斯顿路。他很孤独，而她很喜欢他，他的陪伴让她开心。西尔维娅很快发现，对乔治而言，他们的关系也不只是友谊。远在法国的老友亨利·诺尔谴责乔治说：当然，乔治可能是一个特例，但“当一个结过婚、如今已经50多岁的男人爱上一个年龄相当于他女儿的女孩时，他不可能得到上帝的认可”。[6]

在西尔维娅看来，乔治迷恋的根本不是她本人。他陷入热恋的真正原因十分神秘，并且深深地埋藏在他的想象之中。一方面，他感情热烈，异常执着；另一方面，他出于某种原因而根本没有和现实世界产生连接。当他们一起坐在长凳上时，他向她求婚，她微笑着拒绝了。当他再次向她求婚时，她发出咯咯的笑声，希望这样能让他放弃。她说，乔治，我喜欢你，但婚姻和浪漫的感情是不一样的。

事实上，他再次发生了极大的转变，他向汉密尔顿透露他辞去了清洁工的工作（“我的领导对我的辞职表示遗憾”），他放弃了遗传多态性方面的研究（“出于一些我不明白的原因，哈利已经没有兴趣让我完成这项工作了”），他也放弃了与汉密尔顿合作的关于性选择的研究（“我想，在甲虫的理论化问题上，也许没有我的帮助，你会更容易取得进展”）。乔治认为，他的生活进入了一个新阶段，“在这个阶段，耶稣希望我少去帮助别人，而用更多的精力去解决我自己的问题”，这个阶段至少会持续几年。他打算和“一个名叫西尔维娅的女人（她来自科罗拉多州）”结婚，然后搬回美国，组建家庭，并完成一些经济学方面的研究。他知道，西尔维娅还没有接受他的感情，但乔治抱着乐观的态度。“让我们拭目以待，看看未来会发生什么吧。”在给汉密尔顿的信中他写道。然后他又提醒比尔，在他非法居住的地方有一些书，比尔下次来伦敦的时候可以取走。[7]

在接下来的一个星期中，乔治打印了一封信寄给位于老公园巷14号的CPL招聘部。他在信的开头写道：“你们在《计算机周刊》上刊登广告，招聘一名有IBM福传语言经验的程序分析师，为花旗银行研究‘一个复杂的金融建模系统’。我的背景和目前的兴趣正好完全符合你们的要求。”20世纪60年代，乔治曾与保罗·萨缪尔森建立联系，并在IBM公司完成了一些优化方面的工作。他在信中向招聘方描述了这段经历，也介绍了他在嘉顿实验室做的遗传学研究。最后，乔治解释说，他目前的计划是再次与萨缪尔森取得联系，询问能否在麻省理工学院获得一个研究职位。“我的职业生涯确实相当奇怪，至此我已经描述了其中所有的相关部分。”他在信中写道。接着他解释说，招聘方没必要因为他的计划而不聘用他：

> ……就算我获得了研究职位的邀约，仍有一件事情会让我留在伦敦。我不知道会逗留多久，但这件事比经济学研究、工作职位或者任何类似的事情都重要。简单来说，我想和一个人结婚，这个人不是指任何一个人，而是一个具体的人。目前，这个人似乎并不打算接受我的求婚。因此，我需要一份临时性的工作。[8]

当然，这样的情况让他不能胜任长期项目，他获得的薪酬也肯定会低于广告上登出的水平。但是，乔治并不在意。乔治学习新东西很快，从他过去的经验看，在就职的第一个星期，他就能做出点儿成绩。他在这封信的结尾写道："我觉得金钱不那么重要（在向一家银行求职时这么说真是很不明智！），因此我对报酬的期望是：当我离开伦敦大学学院时我的收入是3 375英镑，我的上一份工作是办公室清洁工，收入是每晚4.9英镑，我预期这份新工作的收入可以显著低于前者，但要显著高于后者。"[9]

乔治再次进入了自我感觉良好的阶段，并且没有人能够改变他的看法。两个巡逻的"探子"（警察）在街上拦住了他，他"头发太长、疲惫而衰老"。接着，又有两个警察驱车赶到，其中一个警察有6英尺3英寸或者6英尺4英寸高，态度冷淡强硬，警衔很高。搜身的工作没有花太长时间，口袋、鞋子、袜子、背包都搜过了，警察甚至还读了冒烟儿从监狱里寄给乔治的信。那个大个儿警察用无线电和警察局联系，确认乔治是否有前科或者被通缉。但是，乔治认为他已经得到了最后的箴言。在给凯瑟琳的信中乔治提到《路加福音》21：15中的内容，"因为我将赐给你们口才和智慧，是所有反对你们的人都不能抵挡和驳倒的"，所以他决定采取一种"完全诚实的策略"。远在夏威夷的凯瑟琳并不清楚父亲的这段话是什么意思，但乔治似乎已经弄清楚了他前进的方向。他剃掉了嘴唇上的胡子，也修剪了下巴上的胡子。他不再让自己的头发"在风中飘舞"，而是把它们整洁地梳成一个马尾。他开始积累财物，不再把所有东西都送给别人。"现在我似乎重新步入了正轨。"他这样保证道。[10]

• • •

科学界终于开始认同乔治的研究成果。1969年，当乔治在纽约和他的母亲见最后一面时，他曾经与理查德·路文丁进行过一次短暂的会面。当时，他感觉路文丁对他的研究并没有什么兴趣。后来，乔治又给路文丁写信，而路文丁回信说："你最好还是自己写那篇汉密尔顿的论文吧，不要等我了。"其实在回信时，路文丁根本没有看乔治的协方差方程。[11]

但5年后的今天，路文丁的语气变了。在一封寄到嘉尔顿实验室的信中，路文丁写道：

> 我在伦敦的时候没有去拜访你，对此我感到遗憾。我花了很长时间，才终于理解了你所做的工作。当你第一次把它们展示给我看的时候，我由于太愚蠢而没有理解。我希望我们未来可以多多通信。
>
> 你最真诚的，
>
> R. C. 路文丁[12]

那年秋天，詹姆斯·克劳也从日本给C. A. B. 史密斯写了一封类似的信。詹姆斯·克劳是著名的人口遗传学家，他和提出"中性理论"的圣徒木村资生进行过长期合作。在这封信中，克劳坦承："我直到前几天才'发现'了他的论文，这让我十分懊悔……我还没有完全消化他的论文的内容，但我想把它们变成我的思想的一部分。"克劳尤其喜欢乔治关于协方差的论文，在这篇论文中，乔治指出选择可以在不同的层面上分别进行。事实上，克劳一直有类似的想法。至于乔治对费希尔的"自然选择基本定理"的精彩诠释，克劳至少同意其中95%的内容。这是一件好事，因为费希尔的许多文字实在令人费解。也许只有费希尔和上帝才能看懂这些话，"即使乔治可能也要费劲儿才能看懂"。[13]

11月1日，C. A. B. 史密斯给詹姆斯·克劳回了信：

> 至于乔治·普莱斯，我估计你没有见过他，他是一个非常聪明也非常有趣的人。他是纽约人，但他搬到英格兰居住，因为他喜欢这个

国家。他总有一些非常天才的点子，他以独到的方式看待这个世界和很多问题，他有时候和其他人想得不一样。

他第一次与嘉尔顿实验室联系时是这样的：那天，他就这样走了进来，说他有一个新的关于选择的理论想要解释给我听，我被他的理论深深吸引了。当他的钱用完时，我设法帮他找到了一笔钱，让他继续在嘉尔顿实验室工作。[14]

史密斯解释说，乔治接受的是化学和计算机方面的教育，因此在生物学领域中，他实在是一个无名之辈。至于乔治对费希尔著作的解读，史密斯认为乔治是一个和“费希尔非常像的人”，因此“根据相似的人往往会有相似的想法这条原则”，乔治可能确实理解费希尔。接着，史密斯具体解释道：

从那个时候到现在，情况已经发生了许多有趣的转折。其中之一是乔治突然皈依了基督教，对乔治来说，基督教精神意味着接纳许多东西，包括把他的所有财物都送给穷人，并且毫不考虑明天的情况。我不得不说，他这样做是极其诚实以及勇敢的。但是，你一定可以想象，他的这种作为让朋友们非常担心。最后，他的钱都用光了……但他仍决定去帮助酒精成瘾者。这是一件非常有勇气的决定，也是一件十分值得做的事。不幸的是，事情进展得并不顺利。其中一位受他帮助的酒精成瘾者，通过某个途径在乔治不知情的情况下发现乔治在嘉尔顿实验室工作，然后他跑来找乔治。这个人身体非常强壮，有时非常暴力，也不怎么有礼貌。虽然此人是在乔治不知情也未经乔治允许的情况下跑来的，但实验室却指责乔治让此人前来，这件事在一段时间里造成了许多麻烦。我们希望这件事已经过去了。然而，目前的情况是，乔治的研究资金已经用光了，他不再是嘉尔顿实验室的雇员，虽然他时不时地会回来看一下。我已把你的消息转达给他，不久后他可能会直接联系你。不管怎么说，以上所有情况确实给生活增添了一些乐趣和激情。[15]

事实上，嘉尔顿实验室的所有成员都不知道乔治究竟在做什么。后来他们还表示，他们并不赞同乔治不稳定的生活方式。路文丁的信春天就到了，但直到夏天乔治才收到，因为他隔很久才会去检查一次邮箱。乔治在给路文丁的回信中说："你对我在遗传学方面的工作给出了极为友善的评价，对于这种评价，我不知道该如何回应。"

我认为，关于我的真相是，我有一些比较聪明的特质，因此我常常能给非常聪明又很多才的人留下很好的印象。但是，我自己的工作一次又一次地失败了，我的工作总是不如我留给别人的印象那么好。[16]

在乔治看来，他在遗传学方面做的唯一有价值的工作就是揭示了费希尔的自然选择基本定理的真正含义。确实，协方差公式看起来也不错，但他到目前为止还未能用这个公式解释进化领域中的任何一个实际问题。在发现这个公式后的6年中，他本应该取得更多的成果。现在，他打算去研究经济学问题，希望在经济学领域最终得出一些"真正有用的结果"。

8月27日，路文丁回了信，而此时乔治正给招聘办公室写信。路文丁的回信温暖、友善，看来约翰·梅纳德·史密斯已经把乔治生活中的一些细节告诉了路文丁。路文丁表示，他很遗憾遗传学领域即将失去像乔治这样一个人才，然而他对乔治要去研究经济学又表示很高兴。"我们正需要一位真正有创意的人去思考经济学中的重要和相关问题。"路文丁在信中写道。他确信，乔治将会在经济学领域取得重大成果。[17]

• • •

但是，这种美好的愿望永远也不可能实现了。虽然乔治十分希望能够重新“步入正轨”，但他发现很难做到。6月末，他曾写信给他的爱人琼，说他不能和她在一起，因为他必须接受某种“治疗”，才能学会怎样真正地爱别人。琼曾经去乔治非法居住的地方，想和他一起过夜。因为不想把他的双重生活混在一起，乔治不准任何人进入他的房间。现在，乔治对那天发生的事情感觉很糟糕。他帮助了数不清的陌生人，但要想学会“真正地爱，毫无保留地爱，像耶稣一样去爱”，他必须从爱一个人开始。那个人不能是琼，因为她必须比琼更纯洁天真，也不能像琼那么固执己见。他很抱歉，但耶稣说“你们当负我的轭，学我的样式”，乔治也是这样做的。事实上，乔治抱持的信念（虽然表面上看不出他有这样的信念）是，只有与耶稣的结合才是合适的。如果他真的与耶稣结合了，也许某一天他们就可以在一起了。[18]

西尔维娅去牙医那里做手术，当她从麻醉药中苏醒过来时，发现乔治正站在她身边。她有点儿被吓到了。[19]显然，在一段时间内，恋爱是不可能了。为了不再造成更多问题，乔治打算离开托尔莫斯广场，他搬进了同一条路上的另一处房屋——德拉蒙德街164号。搬家的事情促使他思考。

“事实上，在我人生的大部分时间中，我都在为魔鬼服务。”在10月写给琼的信中乔治说道。帮助那些无家可归的人和老人的行为并非受到真爱的引领，而且那些行为事实上只给受助的人造成了伤害。他只是为那些人创造了虚假的希望，而现在，他要停止这种行为。为了做到这一点，他需要遵照《马太福音》7：14的指导：“引到永生，那门是窄的，路是小的，找着的人也少。”现在乔治认为，《圣经》中说的窄门是指诚实地面对自我认知，“承认自己内心最深处的自私的欲望”。人应该对自己诚实，这比任何事情都更重要。《圣经》中的小路是指跟从耶稣的引领，走上“一条轻松、曲折、盘旋的爱之路”。《圣经》中说的爱是指对他人的爱，乔治承认目前自己做得并不好。但从两三个星期前开始，他已经不再去帮助维纳汉姆夫人了，也不再去伊丽莎白·芒赛尔的救助中心了。他再也不和克里希联系，以前克里希住在医院里，现在他甚至不知道她是不是还在那里。乔治的进步很慢，就像《镜中奇遇记》中的白骑士一样，后者总是不断地从棋盘的一侧摔下去。但不管怎么说，乔治已经开始改变了。他比以前更自私，也开始用更轻松的方式看待事物。“请以德报怨，并为我祈祷。”在信的结尾乔治写道，“上帝会帮助自助的人。”[20]

10月16日，乔治迎来了他的52岁生日。“我祈祷你的灵魂可以复原。”琼在写给乔治的信中说，她现在终于明白她必须放手了。“驱散你的幻觉吧……现在你不再有这样的想法，”乔治母亲的远亲路易斯·弗罗曼也从大洋彼岸的美国密歇根州大急流城给乔治写了一封友善的信，并祝乔治一切顺利，“正如保罗所说，‘查验灵魂，要持守美善。’挖掘你的才华，将之好好利用。世界急需敢于正视新真理的科学家，如果你愿意，你可以成为‘照在世上的光’。”[21]

在写给冒烟儿的信中乔治说，法官没有结束他的缓刑期是一个非常好的决定。但接下来，乔治又友善地改变了语调：

> 至于你和我，我有一种感觉，我们像一对兄弟。只是在你我之间，我得到了所有好的东西，而你得到了所有坏的东西……但在可见的未来，我们还是分别解决自己的问题比较好。我正在接受耶稣的“治疗”……每一天，我的错误都会引发一些乱子。还有，我没有工作，欠着债，靠借来的钱生活。[22]

他对冒烟儿解释说，他暂时不能继续帮助冒烟儿了。同时，他给冒烟儿提出了这样的建议：不管何时，只要他发现与自己有关的冲突正在升级，他就应该退却。同样重要的是，冒烟儿应该下定决心戒酒。

· · ·

现在，乔治住在德拉蒙德街164号，位于汉普斯特德路的街角。就在两个星期前，一群建筑系学生撬门闯入了这栋建筑，并且更换了门锁。这是一栋较新的建筑，大概是20世纪30年代或者40年代修建的。虽然这栋建筑又丑又暗，但对非法居住者而言，这不算一个特别坏的住处。在上锁的门后面是一个前厅，走上楼梯就到了二楼，二楼有一个厨房和两个房间。爬上一段蜿蜒曲折的狭窄楼梯，就来到了三楼。三楼有一间工作室，它的隔壁是一个小房间。这栋房子里有电，房间里还有储电式取暖器。但这里没有中央供暖系统，随着冬天的来临，这里变得非常寒冷。[23]

11月中旬，乔治打翻了开水，双手被严重烫伤。他在晚间很难入睡，也没法握笔写字。当烫伤终于开始好转时，乔治写信向爱迪生致谢，因为爱迪生寄了些钱给他。乔治告诉爱迪生，他打算放弃遗传学领域的研究，他还希望能在伦敦大学学院找一份计算机编程的工作，并且和一位研究发展中国家经济学的教授合作，这样他就能重新熟悉这个领域，也可以再找保罗·萨缪尔森试试运气。[24]与此同时，他考虑把过去几年在遗传学领域取得的结果写成论文发表，他也可能会再次研究耶稣受难的时间表，以及耶稣死去的正确日期。他之前希望就这个问题写一本书，但现在他觉得写个小册子就足够了。

乔治向爱迪生解释道：

至于宗教问题，我现在正转向较为传统和保守的基督教，并且放弃了大部分业余从事的“社会工作”。我想再婚，生4个孩子，养一只狗和一只猫，在山上拥有一栋房子，再买一辆大概使用过5年的二手车（你可以从中很容易地看出我预期的经济水平）。我也希望自己能有很多时间散步、阅读、写作或者画画。[25]

乔治期望在这些东西之外，他还能经营“小型的出版生意”，显然他在想着西尔维娅。他说，也许他可以出版一份本地社区报纸。当然，这些都属于长期计划。“即便如此，难道这看起来不是很棒吗？”

事实上，乔治的状况比他告诉爱迪生的差得多。艺术家阿舍尔·达安住在三楼的一个小房间里。阿舍尔的朋友史穆里克·阿蒂亚是个年轻的以色列人，他以前是空降兵，刚刚离开军队，和他的艺术家朋友同住。阿舍尔把楼上的工作室变成了他的工作间，他会在霓虹灯下作画直至凌晨，还会抽很多大麻。有时乔治会端着一杯茶出现，和他一起抽上一根。阿舍尔和史穆里克都记得乔治是一个谦虚沉默的人，他像一个鬼魂一样走来走去，瘦得皮包骨；他浑身散发着臭味，总是看着地面，咕哝着一些关于耶稣的事。[26]

“天堂之犬正在向我逼近。”他在给女儿凯瑟琳的信中写道，这句话引自英国诗人弗兰西斯·汤普森1907年创作的诗歌。[27]弗兰西斯·汤普森1859年11月生于兰卡斯特郡，同一个月达尔文出版了《物种起源》。大学毕业以后，汤普森来伦敦发展写作事业，但他很快就染上了鸦片，并沦为一名流浪汉。后来，一对夫妇偶尔读到了他的诗歌，把他从街上拯救回来。他后来成了一名有著作出版的诗人，但那时的他已经精神失常，还患有结核病。[28]

我从他身边逃离，夜以继日；

我从他身边逃离，年复一年；
我从他身边逃离，在迷宫的曲径上。
跑到精神失常，跑到泪眼迷蒙。
我想要躲开他，在持续不断的笑声中。
我看见了希望，我加速奔跑；
却只是重重地摔倒，
倒在裂口的恐惧形成的巨大愁云之下，
倒在那双不断追着我的强有力的脚下。
那不紧不慢的追逐，
那从容镇定的节奏，
那审慎的速度，那庄严的迫近，
它们跳动着——一个声音也跳动着，
那声音比那双大脚还要迫近——
你若背叛我，所有东西都会背叛你。

J. J. R. 托尔金曾经写道："上帝用他神圣的恩典追赶逃脱的灵魂，就像猎犬在追赶兔子。追赶者永不停歇，不断逼近，可他的脚步镇定自若、毫不慌忙。在罪恶和人类之爱中，猎物逃离上帝，希望把自己藏起来。可是，上帝神圣的恩典始终追随，不知疲倦，直到那个灵魂感受到压力。那种压力使他转向上帝，在那场永不停止的追逐中，他只能转向上帝。"[29]

这场永不停止的追逐让乔治有些厌倦了。

• • •

乔治的流浪汉朋友又来找他了。10月30日星期六的晚上，博纳多和克里希毫无征兆地来到乔治的住处，但乔治当时不在。“博纳多曾经粗鲁地对待你，他对此感到很难过。他那次因为饮酒而失去意识。”被锁在门外的他们在一个撕开的金边臣特别过滤嘴香烟的烟盒背面写下了这些文字，然后把它从门缝塞了进去。第二天，他们又从暂时的住处——菲茨罗伊街40号给乔治写了一封信：“我们非常担心你，我们希望你一切都好……我们非常爱你，博纳多和克里希。”[30]

乔治的状况每况愈下。他联系了米德尔塞克斯医院精神病科的O. W.希尔医生，预约了1975年1月9日的面诊。但距离那个日子还有一个多月，他能撑那么久吗？他向比尔和克丽丝道歉，因为他一直犹豫不决，并且拒绝了好的建议，而比尔和克丽丝总是对他很慷慨。他当初应该听从他们的意见，继续留在遗传学系。他们觉得他还能在西尔伍德找到一份研究工作吗？[31]

前一年的11月末，比尔在伦敦见过乔治，他非常担心乔治。他恳求乔治去他家住，哪怕只是休息一阵子，并且谈谈可能的科学合作项目。可是，乔治一直犹豫不决，几乎无法采取任何行动，也无法做任何决策。最终，经过多次延期和改变主意，乔治终于坐上了一列从维多利亚火车站出发的火车，来到伯克郡。到达比尔家时，乔治身体虚弱，衣衫褴褛。他把自己对西尔维娅求爱未果的事情告诉了比尔和克丽丝。他还谈到自己欠下的债务；谈到他怎样帮助无家可归的人，却没有取得任何结果；谈到他打算研究经济学，并且希望在经济学领域中做出一些有用的贡献。比尔试图让乔治专注于可行的事情：为什么不和他一起开展一个关于利他主义的理论研究项目呢？他们可以立刻去申请一笔研究经费。[32]

汉密尔顿夫妇即将动身前往爱尔兰去克丽丝的父母家过圣诞节，他们不方便邀请乔治和他们一起。但那个星期结束时，乔治似乎已经被比尔说服了。比尔向乔治展示了一篇论文的草稿，该文试图把乔治的协方差公式应用于生物个体和种群，这让乔治感到十分高兴。[33]乔治微笑着告诉汉密尔顿夫妇，他决心重新回到遗传学领域，汉密尔顿夫妇看到他的眼中再次闪现出清醒的光芒。12月19日早晨，比尔开车把乔治送到梅登黑德火车站。他给了乔治一个拥抱，看着他登上火车，挥手与他告别。

送走乔治以后，比尔赶回家，找出几页画线的计算机纸，匆匆忙忙地写了一封信。这封信的收信人是凯利博士，他是英国泰亚尔协会的秘书长。英国泰亚尔协会成立于1963年，是一个非宗派的教育组织，它的工作目标是推进对法国耶稣会神父兼进化学家皮埃尔·泰亚尔·德·夏尔丹的著作的理解和普及。比尔随信附上了一篇乔治撰写的《复活节12日》，并询问该协会是否有兴趣发表这篇论文。汉密尔顿非常确定，如果这篇论文能够发表，一定能够帮助乔治重新开始。事实上，乔治的这篇论文确实非常吸引人，也很有原创性。汉密尔顿在信中解释道：“当时他住在位于伦敦中心的公寓中，进行着自然选择理论和圣经注释方面的研究。”

> 那时的他就像一位现实生活中的夏洛克·福尔摩斯。他头脑聪明，并且愿意研究任何在他看来对人类恒久重要的问题。至于他在我的这个领域中取得的成就，我相信他在自然选择方面取得的新成果，有效解决了自达尔文时代就一直悬而未决的问题：自然选择的单位究竟是个体还是群体？[34]

此事十万火急。乔治现在一贫如洗，无家可归，身体虚弱，食不果腹。他的生命已经受到了威胁。如果他们无法发表这份复活节时间表，那么他们能不能考虑给乔治找一份清洁工的工作呢？汉密尔顿不信仰宗教，但如果泰亚尔协会能帮这个忙，他将永远对他们怀着感激之情。

乔治·普莱斯的坟墓，无任何标记，周围灌木丛生，伦敦，圣潘克拉斯教堂墓地，2009 年

# 尾　声

1975年1月5日至6日凌晨的某个时刻，乔治自杀身亡。1月6日早，史穆里克·阿蒂亚正打算离开这个非法居住点，去汉普斯特德的一家餐馆里洗碗。在出门之前，他看到门下面塞了一个信封。由于史穆里克看不懂英文，他担心这是警察送来的驱逐通知，因此他跑上楼，想让乔治看看。当时是1月6日早上7点。

史穆里克敲了敲乔治的房门，门被推开了一点儿。他继续推门，看到油布地面上铺着一层深紫色的薄膜，像干裂的大地一般裂开。一股强烈的气味冲进他的鼻孔，他又把门推开了一些，感到门后有什么东西堵在那里。当门开到足够大时，一幅阴森的景象出现在他眼前：天花板上吊着一个光秃秃的电灯泡，它的光照亮了整个房间。灰色的墙皮正在剥落，除了一张桌子、一把椅子和一张没有铺好的床以外，房间里只有用作家具的弹药箱。数百页纸散落各处，地面被鲜血覆盖，寒冷的风从破了的窗户灌进房间。

房间的地上躺着一个人，背部靠在半推开的门上。他穿着一条黑色裤子、一件蓝白细条纹衬衣和一件很旧的黑夹克——与他骨瘦如柴的身体相比，这些衣物都太大了。他就是乔治。史穆里克低头看了看乔治：他的双腿打开，双臂垂在身体两侧。他的眼睛闭着，头向前耷拉着，稍稍偏向左边。他的右手握着一把中等大小的锋利的裁缝剪刀，伤口的位置很明显——在他的脖子上，有一个刺穿伤口，四周都是鲜血。史穆里克不知道这一切是什么时候发生的，他惊恐地跑上三楼去叫阿舍尔。他一边跑一边用他的母语（希伯来语）尖叫着："乔治死了！他死了！乔治死了！"[1]

3天后，苏格兰场传唤了史穆里克和阿舍尔。显然，乔治刺穿了自己的颈动脉，自杀而亡。但是根据规程，需要进行一次验尸官审讯。在这次审讯上，一位名叫汉密尔顿的教授发了言。人群中有人窃窃私语说，他是当今世界上最伟大的进化生物学家之一。汉密尔顿说，就在悲剧发生前的两个星期，乔治去他家做过客，他还说乔治可能是他见过的最聪明的思想家。一位衣着得体、样貌标致的女士无法控制地啜泣着。据介绍，她是一名BBC的职员，也是乔治的朋友。这位女士说，乔治是最好的情人。乔治？史穆里克和阿舍尔难以置信地看着彼此。这些人是在谈论他们认识的那个乔治吗？[2]

验尸官审讯的结论是，乔治死前停服了甲状腺药。汉密尔顿解释说，乔治曾经认为停服药物是找出上帝指引他前进方向的最好方式，因此，他这次停服药物可能也是为了再次获得上帝的指引。但是，一位名叫克里斯托弗·卢卡斯的心理医生在乔治自杀的前几天见过他。当时，乔治走进诊所，憔悴又抑郁。卢卡斯医生解释说，根据乔治的情况，不按时服药可能是导致他抑郁情绪的原因。但是，卢卡斯医生不能确定乔治是否患有精神分裂症。[3]

审讯发现，乔治在1月1日凌晨4点写过一张字条："在我决定自杀之前，我来到英格兰，来到了一个新世界。"1月2日，乔治又写了一张字条："给相关人士：我猜我已经找到它了。乔治。"第三张字条是写给西尔维娅的，说她是多么"纯洁"和"无瑕"，而他给她带去了"耻辱和悲伤"，还说他以一种上帝不允许的方式渴望着她，这是对爱的嘲弄。第四张字条是写给"我的朋友们"的，乔治觉得他是朋友们的负担，他总是在欠债，总是做出错误的决定。"似乎他已经来了。"在字条的结尾乔治写道，"我应该走了，去见我的造物主。”[4]

乔治的葬礼在圣潘克拉斯教堂墓地举行。那天，伦敦的一份学生报纸《号角》向世界公布了这个消息：“伦敦大学学院的杰出遗传学研究者因为宗教信仰而放弃了一切，包括他的生命。乔治·普莱斯博士把他的所有钱财、衣物和私产都送给了无家可归的酒精成瘾者，他离开位于布卢姆茨伯里的公寓，住进了肯特镇德拉蒙德街的非法居住点，人们在那里发现了他的尸体。普莱斯博士是一位深受尊敬的科学研究者，他相信自己拥有一条‘与耶稣对话的专线’。[5]”除了《号角》报上的这则报道以外，乔治的死亡几乎没有引起任何关注。

参加完乔治的葬礼以后，汉密尔顿在回家的路上决定拜访一下乔治生前最后住过的地方。美国领事馆的人已经去过那里，并取走了乔治的遗物。但是，汉密尔顿给美国领事馆的一位克莱斯蒂先生打过电话，根据通话内容，他认为还有一些没被美国领事馆取走的文件留在那里。“我认为他的想法极有原创性，对进化理论也很重要。”在写给爱迪生的信中汉密尔顿解释道，“因此我相信，某一天人们也许会认为乔治的生平值得进一步挖掘，想要认真查阅乔治的所有信件和文件。”接下来汉密尔顿补充道：“当然，过去几年他奇怪的生活方式也可以写成一个引人入胜的故事。”[6]

当汉密尔顿到达乔治的住处时，托尔莫斯广场周边的气氛十分紧张。乔治住过的那栋建筑前面的人行道被挖得不成样子，德拉蒙德街164号的住户刚刚与存货转换房地产开发公司发生过冲突。由于出现了推挤、漫骂等情况，警察也被叫来了。虽然对当地的居民抱有同情，但所有人都知道，托尔莫斯广场的开发已经箭在弦上，乔治居住过的那栋建筑即将被拆除。

当比尔走进乔治生前居住的房间时，他感到脚下踩着的油布上仍浸有乔治的鲜血。床垫不见了，电暖气也被拿走了。比尔的判断没有错，他看到了成堆的没有标记的报纸、杂志、剪报、旧的计算机程序。他拿走了美国领事馆没有取走的文件，并在这些文件中找到了被《科学》杂志拒稿的《选择的性质》，还找到了一些与遗传多态性有关的资料。不久以后，在史密斯的帮助下，那些关于遗传多态性的工作结果终于在乔治死后得到了发表。[7]

一种巨大的伤感充斥着汉密尔顿的胸腔，他清楚地感受到，一个“第二个我”逝去了。“我感到自己与他非常亲近，”在给爱迪生的信中汉密尔顿写道，“我们过去没能经常见面，这既是他的孤僻性格使然，也是因为我常常感到我们俩之间在智力上总有一个人是多余的。”汉密尔顿为没能挽救乔治的性命感到深深的自责。所以，后来每当他把自己和乔治放在一起比较时，他都一再放低自己的位置：“我对花朵和欧洲蕨类有感情，部分原因是我知道自己并不需要为它们做什么。因此我的同情是廉价的，而乔治把他的生命全都献给了和他在同一条街道上游荡的哭泣的孩子和无家可归的人。”除了他以外，是否还有其他进化生物学家能像他这样看出乔治的协方差方程的伟大之处？比尔并不确定。但是，比尔愿意相信，总有一天世界会承认乔治的成就和贡献，不管那天来得有多迟。[8]

• • •

几天之后，德拉蒙德街164号被拆除。1975年3月11日，住在26间房屋中的81个人收到了法院的传票，要求他们在10天之内去高等法院报到。存货转换房地产开发公司的威胁终于变成了现实。

在卡姆登理事会的帮助下，开庭日期被推迟了4周。社区重整旗鼓，印刷了大量传单。西尔维娅和花瓣儿的印刷工作室印制了大量海报：“保卫托尔莫斯街81号！”“阻止利维，抗击驱逐！”他们甚至还印了宣传单，号召人们从3月27日起去兰卡斯特剧院观赏戏剧。剧中有这样一句话：“利维：他会把你的房子拆了，你看到的风景和过去再也不一样了。”[9]

开庭的日子终于来了。克鲁姆–强森法官并没有特别同情非法居住者，但也许是因为他已经厌倦了本地和全英国媒体的压力，所以他决定严格按照法律条文判决。法律说得很清楚：行使房产驱逐权与房产所有者是否将这处房产作为他用无关，与住在这处房产中的人是否会沦为无家可归者也毫无关系。这种裁定仅需要满足3个条件：第一，即时回应法院的传票；第二，向法官展示居住在房产中的人确实没有居住证，也没有获得房主的同意；第三，向法官展示房主为了确定居住者的姓名已经采取了“合理的步骤”。

在大部分非法居住案例中，被告方根本不会做任何抗辩，因为非法居住者通常不会出庭，法官会立刻判决房主拥有驱逐权。但是，这次的情况大不相同。在开庭的那天早上，托尔莫斯广场周边的居民聚集在广场上，举着各种横幅和海报。这些人中有年轻人和老人，有富人和穷人，有受过教育的人，也有不识字的人。他们手挽着手，唱着歌，组成游行队伍，占据了通往位于河岸街的高等法院的街道（从那里到河岸街步行需要21分钟）。

存货转换房地产开发公司雇用了一家著名律师事务所。控方的首席律师是大名鼎鼎的财产律师，通常此人根本不会参与这类鸡毛蒜皮的非法居住案。控方团队还包括2名出庭律师、4名事务律师、2名私家侦探，以及4名公司代表。而辩方的情况是，一名本身也在德拉蒙德街占据他人房产的年轻实习事务律师，成功说服了他就职的小律师事务所代表非法居住者应诉。虽然一位在非法居住案方面颇有经验的出庭律师愿意代表辩方应诉，但双方的实力对比就像大卫和巨人歌利亚一样悬殊。刚一开庭，情况就对辩方不利：辩方提出要同时审理所有案件，但这项请求被法官驳回。法官决定逐一审理案件，并要求所有与当前案件无关的人都不得进入法庭。[10]

第一起案件的关键在于一个门铃。当存货转换房地产开发公司雇用的私家侦探采取了“合理的步骤”试图获取居住者的姓名时，居住者是否听到了此人按门铃的声音呢？私家侦探的报告称，他当时“敲门敲得很响”，但非法居住者则表示私家侦探不应该敲门，而应该去按门铃，这栋房子之所以要装门铃，就是因为在公寓里听不见敲门声。一个小时以后，法官宣布休庭。案件悬而未决，一是因为缺乏关于门铃的准确位置的信息，二是因为自称敲了门的那位私家侦探当天并未出庭，所以他无法提供关于敲门的细节。托尔莫斯村协会知道，这场官司是没有胜算的；但是，只要策略得当，他们就有可能争取到时间，让示威者积蓄更强的力量，或者拖到开发计划生变的那一天，这样存货转换房地产开发公司就没有动力继续驱逐非法居住者了。因此，休庭的消息令支持辩方的人群欢呼雀跃。但一个星期以后，当时敲门的那位私家侦探终于坐在了证人席上。他是一个衣着整洁、外表体面的人，以前还当过警察。这位私家侦探的证词是，报告中说的“敲门”是指按响门铃。法官采信了这一证词，于是房主获得了驱逐权。

经过逐个审理，所有案件都以地产商获胜告终。在法院门口等待的抗议人群渐渐失去了信心，这一次，《圣经》中的奇迹并没有发生。但是，法庭接着审理了北高尔街217号的非法居住案件。这个案件中的非法居住者，包括2名医学院学生、1名在皇家艺术学院学长笛的学生、3位在本地政府部门工作的社会工作者，以及1名住宅调查员，他们都说在那位私家侦探“敲门”时，他们几个人都在房子里，如果他们听到敲门声，就一定会去开门。这几位非法居住者看起来都很诚实，他们的证词也很有说服力。克鲁姆–强森法官宣布休庭10分钟，法庭内外的人都屏住了呼吸。最终，克鲁姆–强森法官宣读了一段长达25分钟的结案陈词，他表示私家侦探和居住者都是诚实和值得信赖的，因此他对此案不做判决，法院也不再审理此案，所有费用均由存货转换房地产开发公司支付。

在法庭外面，居住者团体中爆发出热烈的笑声和掌声。一个负责跑腿的人立刻去给媒体传递消息，大家举杯庆祝。第二天，卡姆登理事会宣布将收购存货转换房地产开发公司在托尔莫斯广场拥有的所有土地，这个消息成了“年度最大胜利”。《汉普斯特德与海格特快报》引用辩方出庭律师的说法，称这是一个“对人民公平的结果”。抗争者终于取得了全面胜利，至少目前如此。[11]

这是个体与集体之间的一场真正的战斗。战斗的一方是托尔莫斯广场的合作社区，另一方是自私的房地产商乔·利维先生。乔治的方程中有选择项和预期项，在这场战斗中，个体和群体分别被代入方程，群体选择显然是制胜的关键因素。那个不知名的人用数学解释了变革发生的结构，在他之前的任何人都没有如此清楚地解释过这个问题。如今，这个人已经长眠在圣潘克拉斯教堂墓地，但他的思想成果却经受住了现实的考验。

• • •

寻找“利他密码”是一个漫长的故事，舞台上出现了形形色色的演员：有把其他蝌蚪吐出去的蝌蚪，有占别的鸟类便宜的布谷鸟，有富有牺牲精神的黏菌，有盲眼的裸鼹鼠，有打斗时角会锁在一起的剑羚，有互相帮助的吸血蝙蝠，有兔子身上的病毒，还有在人类中更容易被父母虐待的继子女。这个舞台宽广无比，从遥远的西伯利亚到南美洲的热带雨林，从印第安纳的草场到非洲的平原。旁白者包括耶稣和使徒，以及阿奎纳、休谟、亚当·斯密、马尔萨斯、约翰·D. 洛克菲勒、冯·诺伊曼，场景从第一次世界大战到越南战争，情节涉及曼哈顿计划、计算机和晶体管的发明、贝尔实验室、IBM公司。这出戏在大萧条时期纽约的滑稽剧院中上演过，在20世纪70年代非法居住者聚居区的反传统电影院中也上演过。从达尔文到克鲁泡特金到赫胥黎，从沃德·克莱德·阿利到韦罗·科普·温–爱德华，从“最后一个无所不知的人”霍尔丹到圣公会教徒罗纳德·A. 费希尔，从约翰·梅纳德·史密斯到比尔·汉密尔顿到鲍勃·特里弗斯，从艾萨克·普莱斯到乔治·普莱斯，从19世纪的沙皇到20世纪中期的心灵感应者，再到今天的生物数学家和脑部成像技术，舞台上的人物逐一登场亮相。

可是，这场为了解利他行为的谜题而进行的探寻，究竟教给了我们什么呢?

这出戏剧中的很多主角都笃信某种意识形态。克鲁泡特金信仰无政府主义，赫胥黎信仰国家主义，阿利信仰反战的贵格教友派教义，冯·诺伊曼信仰战争和欺骗，斯金纳坚信人性是纯洁的，费希尔信仰圣公会教义，霍尔丹信仰马克思主义，汉密尔顿信仰自然主义。这出戏剧告诉我们，科学研究者的背景、历史、家庭、教育、政治立场、宗教信仰、脾气性格，都会对他们的研究产生影响。有时候这种影响是直接、明显的，但在更多情况下，这种影响是非常复杂的。但不管这种影响是直接的还是间接的，是温柔的还是粗暴的，要想理解科学，我们都必须既关注科学，也关注科学以外的东西。

如果我们仔细审视科学的历史，我们常常会得出一条有益的结论，那就是创造科学的是一群活生生的人。如果我们细加思索，就会发现这样的情况一点儿也不令人意外。但是，在这个关于利他行为的故事中，还有一个更深刻的寓意是不太容易领会的。世界上的问题分为两类：一类是可以用科学进行有意义的研究的问题，另一类是在科学范畴之外的问题。在我们这个时代，紧迫的任务之一就是划清两者的界限。目前，两群人之间存在尖锐的矛盾，一群人相信科学可以给出一切问题的答案，另一群人把科学看作威胁。之所以会产生这种尖锐的矛盾，正是因为我们没能完成上述任务。比如，鄙视宗教的唯物主义者和怒斥进化论的神造论者之间存在激烈的争论，而造成这些争论常常是因为缺失一种基本能力，也就是划清上述两类问题之间的界限的能力。宗教诉求和科学追求本应各司其职，但人们对两者之间的界限却深感迷惑。路德维希·维特根斯坦对这个问题有很深的理解，因此他写道："虽然科学能够回答很多问题，但关于生命的问题仍然从未被触及。当然到那时，将不会留存任何问题，而只剩下答案。"在他的著作《逻辑哲学论》（*Tractatus*）中，维特根斯坦写下了一句话："对于我们不能谈论的事情，我们必须沉默以对。"[12]

在这里，人类试图用科学的方法破解利他行为的谜题，科学扮演了一个特殊的角色。因为在寻找生物学上的"利他密码"的过程中，学者们不仅将个体和群体对立起来，将基因和个体对立起来，将真正的善意与经过伪装的利己主义对立起来，也将冷酷的生物学规律和灵魂的超然对立起来。这是一个混乱与秩序对抗的故事，是一个文化与本能对抗的故事，是一个人类与动物对抗的故事。因此，在这个故事中，科学的事实和道德的伦理不期而遇。在这个故事中，自然与试图理解自然的物种互相对视。这是一个富有挑战性的领域。

在故事的开始，两位来自19世纪的角斗士提出了它的核心问题：如果我们可以用生物学的方式解释道德，那么这种解释在我们的心灵中究竟占了多大分量？克鲁泡特金认为这个因素占了很大的分量，而赫胥黎认为人类不仅完全不可能从自然中找到任何道德启示，也不可能从自然中获得任何安慰。一个世纪以后，我们把这个问题看得更清楚：俄国的那位无政府主义大公太温和了，他认为人类的所有善意都是一种"自然特征"；而英国的那位斗犬又太严格了，他誓要将人性和人的动物本源划清界限。在自然界中寻找互惠的关系，再把这种关系强加于人类文明，这可能是一种本末倒置的做法。互惠的关系定义了人类的境况，而真正的善良事实上可能是人类的一种独特发明。也许，霍布斯是对的，我们确实会为了私利而互相斗争；与此同时，卢梭也是对的，他相信在没有政府的情况下，社会也可以实现和谐和进步。对自身利益的追求可以创造出真正善良的行为，并且从进化的角度看，我们有理由相信这一切都始于自然。因此，克鲁泡特金和赫胥黎各自掌握了一部分真理。

但是，如果在人类诞生之前，选择的逻辑就已孕育了道德的种子，之后人类文明才把这颗种子培养成我们所谓的"道德感"，那么对于这项弥足珍贵的发明，我们应如何看待它呢？换句话说，当人类的道德跨过了历史的长河，进化为一种与其起源截然不同的东西时，道德的起源究竟会对我们的道德感产生怎样的影响呢？

这是一个很敏感的问题。比如，灵长类动物学家弗朗斯·德瓦尔认为，"一个可行的道德系统不会脱离生物追求生存和繁殖的必要规则"，这种亲缘选择和互惠回报的必要规则最早出现在哺乳动物中。[13]这种说法可能是正确的，也可能是错误的。有了这种说法后，汉密尔顿式或者特里弗斯式的逻辑有时会被攻击为遗传决定论，也就不足为奇了。大部分人都讨厌这样的理念：人性中的优点与缺点都是通过某种机制印刻在我们的基因之中的，因此从本质上说，这些优点和缺点不由我们决定，也不受我们控制。如果现实确实如此，那么生命便失去了大部分意义。

愤世嫉俗的生物决定论者认为，感情只是我们妄自尊大的情绪的产物。人性具有自我欺骗、盲目的特点，因此我们不愿意承认自己在构成上有局限，这是一种我们难以接受的心理鸿沟。虽然这种说法可能是对的，但这种理论仅对了一半。毕竟，除了虚荣心以外，人类还有非常健康的关于现实的直觉，我们认为基因不是这出戏剧的唯一主宰者，这种想法既符合我们的虚荣心，也符合我们的直觉。此外，科学也证实这种想法是正确的。当然，霍尔丹、梅纳德·史密斯、汉密尔顿和普莱斯都明白这个道理。因为当这些学者谈论利他基因时，他们指的事实上是"能提高基因携带者采取利他行为的概率的基因”。只要这种利他基因具有可遗传性，进化的逻辑就适用于它。但这并不意味着我们的行为是预先决定的，虽然不够谨慎的科学家有时会发表这种误导性的言论。即使承认利他基因的存在，文化和教育仍然在利他行为的塑造过程中扮演着核心的甚至是决定性的作用。严格来说，也许人类的任何行为都具有遗传的成分，但这不等于说“基因决定了我们是谁和我们的行为”。今天，研究这个问题的生物学家、人类学家、数学家和哲学家已经逐渐认识到，基于文化区别的自然选择塑造出与基因没有直接关系的行为。[14]

然而，最重要的是，我们应该认识到，大部分人类行为显然与生物学意义上的狭义的自然选择没有任何关系。对生物学家而言，决定一种影响繁殖适应性的行为是不是利他行为的标准是这种行为的结果，而不是它的动机。人类事务中的自利主义和利他主义，跟蝌蚪吐出同类、鼹鼠挖土、布谷鸟悄悄地将蛋下在陌生鸟类的巢中没有一点儿关系。在人类世界中，只有发自内心的利他行为才是真正的利他行为。当然，人类的大脑是一个不断进化的器官。但是，心理学上的利他主义与生物学上的利他主义是两个完全独立的概念，心理学上的利他行为与生物学上的提高受惠者适应性的行为并不相同。以下这个简单的例子可以解释这种区别：帮助一位老奶奶过马路不会影响这位老奶奶的适应性，因为她不可能再孕育更多子女了。相反，假设一个年轻的女孩在排队买冰激凌，而你在这个时候自私地怠慢她，你的这种行为也许会促使女孩决定生育子女，因为她的子女在未来的某一天将会对你实施报复。

在《道德情操论》（*The Theory of Moral Sentiments*）中，亚当·斯密的观点缓和了一些。在这本著作中他写道：“人类具备了这种能力，我们对别人的幸福感兴趣，并能从中得到必要的快乐，虽然我们不能从中获得任何实利，除了见证这种幸福的乐趣以外。”[15]不管是生物决定论者，还是那些认为我们的进化天性与我们的行为毫无关系的人，都应该好好读读这句话。这位17世纪的爱丁堡经济学家的文字对他们大有好处，在我们的天性中有许多不同的馈赠。究竟应该怎样利用它们是我们面对的挑战，因为除了善意以外，我们也具有残忍的能力、恶意、荒谬愚蠢的能力和感到无聊的能力。显然，如果我们的遗传天性同时为道德和不道德的行为提供了基础，那么我们道德生活的控制权就仍然掌握在自己手中。

毫无疑问，社会生活为我们打下了某种基础，有一天它会在人类中孕育出“道德感”，防御欺骗的机制、解决利益冲突的机制、共情的能力、羞耻、嫉妒、同情、愤怒都是美妙的进化之旅上的不同阶段。同样，在进化之旅中，人类也产生了基本的需求和冲动：幼儿依靠别人照料的本能、群体成员互相依存的需求、对地位的追求、性的需求、母性的本能，还有求生的本能。这些基本的冲动和必要的需求非常容易受各种因素影响，我们的道德感也不应该忽视这些冲动和需求。达尔文曾经写道：“所谓的道德感最初来自社会本能。”人类的善意也许有其自然的起源，这可能会产生令人迷惑和不快的结果。这种信念若被错误的人利用，就会让人忽视生物学意义上的非功利行为的思想。

人类试图破解利他主义的生物学谜题的故事充满了戏剧性。如果这个故事只教给我们一样东西，那就是我们必须尽最大努力抵制科学上的“原教旨主义”。从克鲁泡特金（他认为人类应该回到动物的状态）到赫胥黎（他希望人类不要回到动物的状态），从埃默森（他认为人类的生活就像一个蚁丘）到费希尔（他认为基因帮助上帝在地球上执行任务），从温-爱德华（他认为鸟类牺牲繁殖机会的行为有助于人类研究交通堵塞的问题）到霍尔丹（他让遗传学与苏联的马克思主义共舞），如果这些人能够意识到这一点，那么所有人一定会过得更好。[16]是的，不管从哪个角度看，天性都在我们的决策过程中起到了一定的作用。人类的大脑确实是一个不断进化的器官。在这个意义上，生物学上的利他主义和心理学上的利他主义之间确实存在着联系，两者都可以从进化理论的角度进行研究。虽然我们的大脑是进化的产物，但这并不是人脑最有趣的特点，也不是人脑最独特的特点。进化赐予我们的天赋不可能直接转化为塑造我们生活的道德冲动，不管我们喜不喜欢这个事实，它都成立。

• • •

那么，乔治·普莱斯呢？他对费希尔的自然选择基本定理的意义做了最终的诠释；他建立了一个方程，能让选择在多个层面上同时起效；他还将博弈论的逻辑引入了进化生物学。可是，除了这些以外，我们还能从他不平常的一生中学到哪些道理呢？从某个角度看，回答这个问题就意味着探究乔治自杀的原因。那么，乔治·普莱斯究竟为什么要结束自己的生命呢？

最简单、最显然的答案是，乔治生病了。不管他是天生如此，还是后天变成了那样，他在很年轻的时候就表现出异于常人的一面。他对数字感兴趣，迷恋概率和密码，在社交场合表现笨拙，一再重复着同一行为模式，无法长时间做一份工作或者住在一个地方，常常体会不到别人的感情，这些都说明他是一个天赋异禀、与众不同的人。在乔治生活的时代，精神病医生还不能对阿斯伯格综合征做出诊断。在正常和自闭的行为之间有一条谱系，患者很容易从谱系上的一点滑落至另一点，乔治可能就处于某一点上。当然，甲状腺问题肯定也对乔治产生了不好的影响。研究显示，停服甲状腺药会导致像乔治这样的病人产生抑郁心理。在乔治的例子中，停药可能不仅导致了抑郁，还导致了妄想。比如，琼觉得乔治总是对事情做出完全错误的理解：在乔治死后多年，琼仍然坚持说她从未打算和乔治结婚，她只是想拯救乔治，但乔治却不这么认为。虽然琼的这种说法是否属实尚存争议——从那个时期的信件看，她似乎确实爱上了乔治——但毫无疑问，乔治和周围的现实世界脱节了。在乔治写的最后几封信中，他谈到自己渴望三人性爱，还谈到耶稣和玛歌（玛歌是琼在BBC的同事，琼把她介绍给乔治），说现在还没到他们在一起的时候。但是，玛歌已经在好几个月前因癌症去世了。和他的母亲一样，乔治也在和死去的人对话。不稳定的性格再加上停服药物造成的抑郁，很可能导致乔治每况愈下，最终决定结束自己的生命。琼、汉密尔顿和伦敦大学学院的人都是这样认为的。最后一位见到乔治的医生——克里斯托弗·卢卡斯——似乎也是这样想的，所以这种说法是有一定道理的。

但是，我们似乎也不能把乔治的自杀完全归因于疾病。毕竟，乔治的生活状态似乎也产生了一定的影响。第一个因素是西尔维娅，因为不能获得她的芳心，乔治变得心灰意冷，陷入了绝望。如果我们按照字面意思理解乔治留给西尔维娅的那张字条，那么乔治决定离开这个世界的原因似乎在于他的爱没有得到回应。

然而，乔治也曾对他的女儿说他决定“重新步入正轨”，但不久之后他就自杀了。乔治过了一年半的极端生活，无私地把一切都奉献给他人。之后，他开始意识到，是时候好好照顾自己了。他决定为自己积累更多的财物，于是他不再不知疲倦地在广场、火车站、法庭、非法居住点救助酒精成瘾者。他开始尝试做一些经济学方面的研究，甚至打算写信给麻省理工学院的萨缪尔森。虽然在是否应该继续研究遗传学的问题上乔治做出了一些互相矛盾的决定，但他似乎已经下定决心不再做一个无私的天使，因为他认识到那样做不会有任何结果。

归根到底，他为什么要做那些无私奉献的事呢？

乔治把贫穷、危险、暴力的酒精成瘾者从街上带回自己家中，这是一种极不寻常也很有勇气的行为。对这种行为的其中一种解释是，这是一项考验。简单地说，这完全是一种宗教性质的命令。因为乔治相信，耶稣在引领他走上受苦之路，所以他心甘情愿地接受了这样的命运。如果帮助有需要的人意味着离开自己的家，如果离开自己的家意味着在街头露宿，如果在街头露宿意味着寒冷、饥饿和失去所有社会地位，那么他愿意接受这样的命运。这是上帝的命令，乔治愿意顺从上帝，仅此而已。如果上帝指示乔治应该放弃以上行为，改为好好照顾自己，那么他也愿意服从上帝的安排。[17]

然而，除了宗教命令之外，我们是否还能挖掘出更多原因呢？乔治把一切都解释为宗教，除此之外是否还有更深层的真相呢？

也许，在看待这个问题时，我们应该把视野放得更宽。从一开始，利他主义、合作、道德就以这样或那样的方式占据过乔治的心灵。早在乔治在芝加哥为曼哈顿计划研究铀的浓度时，他就考虑过这样的问题：为什么国家之间会互相敌视进而引发战争？当他住在纽约西村艰难地试图撰写《并无捷径》这本书时，他既要完成斯伯利航海公司的说明书，又要面对滥服药物造成的能力缺失，那时的他绞尽脑汁地寻找避免毁灭的解决之道。然而，就像他在写给编辑的信中所说，这个世界变化得太快了，他根本没有办法在这个问题上看出任何眉目。因为看不到这个问题的答案，乔治最终放弃了《并无捷径》一书的写作计划。

接下来弗格森出现在乔治的生活中，他做了那次手术，后来辞去了IBM公司的工作。他抛下了过去的生活，开始了另一种生活；他横跨大西洋，从美国来到了英国。接着，他发现自己正在进化理论的海洋中奋力前行。为了寻找家庭的起源，他开始接触社会行为研究领域。他研究个体利益和群体利益的动态机制，利他主义问题是他的研究重点。乔治一头扎进了汉密尔顿关于亲缘选择的数学演算中，当他再次浮出水面时，他有了自己的成果，即优雅的协方差公式。乔治认识到，善意的形成有其原因，至少在自然界中是这样。之后，他又一头扎进了博弈论中，当他再次浮出水面时，他找到了动物冲突的逻辑。他认识到互惠回报是一种利他行为，这种行为的成本是由利他者承担的。利他行为之所以会出现，也许是因为它能帮助基因重组并传至下一代，也许是因为它能让利他者在未来得到好处，但不管怎样，它的背后都有一套有趣的逻辑。即使在群体选择的框架下可以进化出更纯粹的利他行为，这种行为仍然建立在以下基础上：一个群体的利益必须战胜另一个群体的利益。不管是有意识的利他行为还是无意识的利他行为，不管是本能的利他行为还是自主选择的利他行为，利他主义从来就不是一种纯粹的善意。

然而，如果说科学判定善意并不纯粹，那么也许灵魂和精神仍然可以超越这个判定。如果工蚁帮助同伴只是为了传递自己的基因，如果猴子帮助同伴只是为了在未来的某一天获得回报，那么人类也许可以做得更好，乔治也可以做得更好。邀请素不相识的流浪汉来他的公寓过夜仅仅是一个开始，乔治之所以做出这种离经叛道的行为，并且把所有东西送给别人、让自己一无所有，是为了以不寻常的崭新的方式来回应这个问题。如果乔治的数学演算证明所有的无私行为从本质上看都是自私的，那么他也可以用自己的行为证明在人类世界中这个规律并不一定成立。纯粹而普遍的善意究竟来自何方？这是一个谜题。如果科学不能给出这个谜题的答案，甚至无法提出合适的问题，让人们得以在更深的层次上思考这个问题，那么乔治也许能在别的地方找到这个问题的答案。比如，在尤斯顿站发臭的角落里，在苏豪广场孤独的长凳上。也许，纯粹而无私的善意存在于科学不能触及的地方，比如在人类高高飞翔的灵魂深处，那是不可知的地方。

这是一次大胆的赌博，也是一次勇敢的审视，许多东西都依赖于这个结果。如果这真是乔治的目的，那么这个结果也许可以解释乔治的死亡。

因为最终的实验结果是，无私只会带来更多的绝望。在他试图帮助过的所有流浪汉中，没有一个人最终戒了酒，没有一个人回到家人身边，也没有一个人改变了生活方式。乔治也在苦难中挣扎，他孱弱饥饿，即使他想继续，也无能为力。乔治的方程解释了利他主义在什么情况下能通过牺牲个人利益、造福社群而被自然选择选中。但在他自己的生活中，他始终没有找到这种平衡。

这十分糟糕，但我们总可以把它归咎于客观环境。毕竟，人类的经验从本质上看是不可控的，机遇是塑造这种经验的关键因素。事实上，他产生了一个更不好的想法，即这一切不可能只是巧合。这是一个更具毁灭性的想法，因为不管他多么想要忘记自己，最终他都会发现他不可能做到。他如何才能确定自己的无私并不是一个骗局？所谓的无私也许只是自我欺骗，归根结底，一切都是为了取悦自己，而不存在其他目的和意义？他如何才能证明，与蚂蚁、猴子及自然界的其他生物不同，他的善意及人类的善意才是真正纯粹的善意？[18]

乔治幸运地拥有超常的智商，他看清了之前的伟大思想家都不曾看清的东西。然而，他也遇到了一个难题，一个没有答案的问题。在这个难题面前，他的理智毫无用处。他试图超越科学，却发现自己不可能超越生物学；虽然他的灵魂在渴望，他却被困在大脑的囚室中。在伦敦的冬天，他住在一间窗户破了的非法居住点内。他和自己的女儿相隔万里，他孤独、孱弱也不快乐。也许对处于这种境况的他来说，他已无法承受上述想法。1940年，乔治是一个充满希望的年轻人，哈佛大学的面试官对他下了这样的结论：“这个人也许会失控发疯，但他永远不会过上单调重复的生活。”面试官是对的。在极度的绝望和痛苦中，乔治终于无可挽回地撞上了“维特根斯坦之墙”。

• • •

1996年，比尔·汉密尔顿给凯瑟琳·普莱斯写了一封信，悼念他故去的老友。在这封信中汉密尔顿解释说，乔治的生活就像一本小说，“直到最后一页，这本小说都充满了令人激动和意想不到的情节”。[19] 3年后功成名就的汉密尔顿去世，死因是疟疾引起的内出血。汉密尔顿之所以会染上疟疾，是因为他去了刚果，试图寻找艾滋病病毒的起源。汉密尔顿认为，乔治的生活“完全是一种艺术”，他是对的。因为在更深的层次上，伟大的艺术作品之所以完满，恰恰是因为这些作品永远处于未完成的状态。对于同一个作品，往往存在许多神秘的解释。当我们放下一本书，当我们欣赏完一幅画或一个雕塑，当我们听完一曲音乐时，我们的脑海中总会萦绕着各种挥之不去的想法。这些想法既不是问题，也不是答案。因此，不管乔治为何自杀（也许是因为疾病，也许是因为得不到回报的爱，也许是因为他的困惑或者哲学上的绝望），他的生和死一直在为我们提供宝贵的启迪。乔治狠狠地撞上了维特根斯坦之墙，他的行为就像一件伟大的艺术品，让我们看到理性的局限和灵魂的深刻相遇的那一点。

在乔治生前非法居住的地方，汉密尔顿从杂乱的文件中找到了一张纸。没什么能比这张纸上的内容更清楚地印证上述结论了。这张纸上的字句引自理查德·W. 德汉，他是“古典圣经电台的老师，一位通过广播、电视、文学在世界范围内传道的牧师”，这段话的标题为“爱是最伟大的”。汉密尔顿没有太注意这张纸上的内容，但其中有一条非常重要的信息：“男人们和女人们始终渴望从同伴那里获得理解、同情、原谅和含有爱的善意，然而他们常常悲伤地得到令人失望的结果。”

今天，在一个因战争和分歧而分崩离析的世界中，这种渴望比

> 以往任何时刻都更加强烈，人们呼唤着真爱的出现。你看，在人类关系的恶之水上，爱可以洒下平静之油，爱可以愈合战争和争斗造成的丑陋伤口，爱可以让那些因为仇恨、嫉妒和自私而分开的人重聚在一起。难怪，在《哥林多前书1》第13章的末尾，使徒强调，在包括信仰和希望的所有灵魂的天赋中，爱是最伟大的。[20]

乔治·普莱斯长眠于北伦敦的圣潘克拉斯教堂墓地。他的坟墓上没有任何标记，旁边立着一棵骄傲的无花果树和一株年轻的垂柳。身体孱弱、心力交瘁的他已经无法继续平和地沿着那条道路前进了。也许，这是他留给这个世界的一条终极且永恒的信息。

## 附录1 协方差和亲缘选择[1]

普莱斯本人并未展示如何将汉密尔顿提出的针对普通后代的狭义亲缘系数替换为表示社群联盟程度的参数。汉密尔顿在一篇发表于1970年的论文中首次完成了上述任务。在汉密尔顿之后，戴维·奎莱尔于1985年发表了另一篇名为《社会行为进化过程中的亲缘关系、互惠关系以及协同作用》的论文，并在文中进一步延伸了对上述问题的讨论。这篇论文进一步澄清了以下观点（我们姑且认为这一观点当时尚未被清楚地阐述）：联盟关系并不一定要求生物之间存在通过直接繁殖后代形成的狭义遗传亲缘关系。[2]

下面，我们来解释如何将协方差公式转化成汉密尔顿的亲缘选择方程。首先，考虑方程 $w\Delta g = \mathrm{Cov}(w, g)$，其中 $g$ 是决定利他行为程度的繁殖值。接着，通过以下公式用最小二乘多元回归法来得到适应性 $w$：

$$w = \alpha + g\beta_{wg'ag'} + g'\beta_{wg'a'g+\varepsilon}$$

其中，$g'$ 是一个生物个体的社会邻居的平均 $g$ 值，$\alpha$ 是一个常数，$\varepsilon$ 是残差，它与 $g$ 和 $g'$ 均不相关。$\beta$ 是表示成本与收益关系的偏回归系数，其中 $\beta_{wg'ag'}$ 表示在平均 $g$ 值为 $g'$ 的邻居存在的情况下，生物个体的繁殖值对个体的适应性的影响（利他行为的成本）；$\beta_{wg'a'g}$ 表示生物个体的繁殖值对群体的适应性的影响（利他行为的利益）。将上式再代入协方差公式，当 $w\Delta g>0$ 时，就可以得到汉密尔顿的“广义适应度”公式（$r$B>C），这个公式的形式为：

$$\beta_{wg'ag'} + \beta_{g'g}\beta_{wg'a'g} > 0$$

其中，$\beta_{g'g}$ 是联系程度的回归系数。

根据普莱斯提出的方法，汉密尔顿在发表于1970年[3]的论文中完成了以上数学推导。上式清楚地说明，用统计上的关联性代替普通后代的亲缘关系程度是自然而然的。学界认为这篇论文首次用现代理论解释了广义适应度的问题。

除了其他方面的贡献以外，该文还解释了一个重要的问题："恶意"的来源。恶意指生物个体不惜伤害自己以期对其他生物造成更大的伤害。从上述数学推导中可以看出，若两个生物之间的联系程度为负，而接受方的负收益（即伤害）为正，收益与联系程度的乘积就有可能超过行为带来的成本。在这种情况下，生物的恶意行为将在进化过程中被保留下来。

# 附录2 完整的普莱斯方程及不同层级上的选择[1]

1968年，乔治·普莱斯并不知道其他学者已发现这个简单的协方差关系：

$$(1)\ w\Delta z = Cov(w, z)$$

罗伯森和李分别于1966年和1967年独立发表了上述结果。但是，普莱斯方程的独特性在于它包含了一个预期项。以下是这个方程的推导过程。

假设有一个生物群体，其中的每个元素以符号$i$标记。元素$i$的出现频率记作$q_i$。每个元素$i$都具有某种特征，记作$z_i$。所有标记符号相同的元素组成一个子群体，它在整个群体中占据的比例为$q_i$。元素可以不受任何限制地以任意方式组合。

现在，我们想象第二个群体——子代群体。这个群体的频率记作$q'_i$，特征记作$z'_i$。从母代到子代的平均特征值（$\bar{z}$）的变化可以用下式表示：

$$(2)\ \Delta\bar{z} = \Sigma q'_i z'_i - \Sigma q_i z_i$$

上述方程适用于所有情况，因为我们可以随意定义$z$。因此，这个方程不仅适用于遗传学问题，也适用于任何选择过程。

普莱斯方程的独特之处在于，这个方程用一种特殊的方式将母代和子代中的个体用统计方法联系起来。这个方程并没有直接取子代中$i$元素出现的频率$q_i$，而是取$i$元素产生的子代元素的比例。如果我们将元素$i$的适应性记为$w_i$（母代中的$i$元素对子代产生的贡献），那么$q'_i = q_i w_i / \overline{w}$，其中$\overline{w}$是母代个体适应性的平均值。

同样，$z'_i$指母代中的$i$，$z'_i$指母代中的$i$在子代中的平均特征值。计算$z'_i$的值时应先求得子代中$i$的所有个体特征值，然后以其在总体适应性中所占的比例进行加权平均。$i$的子代特征值的变化用下式表示：$\Delta z_i = z'_i - z_i$。

根据$q_i'$和$z_i'$的上述定义，方程（2）成立。经过若干代入操作并对方程进行重新整理，我们可以得到：

$$\Delta\bar{z} = \Sigma q_i(w_i / \overline{w})(z_i + \Delta z_i) - \Sigma q_i z_i = \Sigma q_i(w_i / \overline{w} - 1)z_i + \Sigma q_i(w_i / \overline{w})\Delta z_i$$

再将统计学中对协方差和预期值的标准定义公式代入上式，即可得到完整的普莱斯方程：

$$(3)\ \overline{w}\Delta\bar{z} = \mathrm{Cov}(w_i z_i) + \mathrm{E}(w_i \Delta z_i)$$

方程右边两项可分别被视为选择项和传递项。因为生物个体在繁殖方面的能力有高低之分，所以子代的特征值与母代不同，这部分变化可用适应性和特征之间的协方差表示；而预期项是对母代到子代的特征值变化以适应性为权重进行加权平均。因此，整个方程描述了两个方面的情况：一是在同一代中的选择变化，二是对选择的反应。

但是，预期项的引入还有一个额外的好处：有了这个项以后，我们就可以展开这个方程，从而展示选择如何在不同的层面上发挥作用。该方程可以展开如下：

$$(4)\ \overline{w}\Delta\bar{z} = \mathrm{Cov}(w_i z_i) + \mathrm{E}\{\mathrm{Cov}_i(w_{j\cdot i},\ z_{j\cdot i}) + E_j(w_j \cdot i\Delta z_{j\cdot i})\}$$

在下标会造成歧义时，我们选择抹去E和Cov的下标。$j \cdot i$表示群体$i$中的$j$子群体。

通过对方程（3）做递归展开，我们可以看出递归本身也是一个进化过程。这个过程可以被分为两个部分：一是子群体之间的选择，二是子群体的传递。我们可以不断地对预期项做展开（比如从基因层面到个体层面到群体层面，再到物种层面），直到最后一个层面上的递归不再导致任何变化为止。与此同时，我们还可以看出在每一个层面上有多少性状的变化是由选择造成的。

# 附录 3 协方差和基本定理

下面我们来考虑普莱斯方程的简化形式：

$$w\Delta z = \mathrm{Cov}(w, z) = \beta_{wz}V_z$$

其中$w$表示适应性，$z$表示定量特征。这个方程说明，特征平均值的变化$\Delta z$取决于特征及其适应性之间的协方差，即特征适应性的回归系数与特征方差的乘积。

因为适应性本身是一个定量的特征，所以$z$可以等于适应性$w$。此时，回归系数$\beta_{wz}$等于1，方差$V_w$就是适应性的方差。这个方程说明，平均适应性的变化$\Delta w$与适应性的方差$V_w$成正比。大部分人认为，这正是费希尔的自然选择基本定理的意义，即一个种群中的平均适应性的变化取决于适应性的方差。

然而，普莱斯提出，费希尔的本意并不是将上述结论应用于广义范围，而是应用于具体层面。费希尔以特殊的方式定义平均适应性，他的定义与其他学者普遍采用的定义并不相同。在费希尔的定义下，上述概念仅与由可加遗传方差决定的适应性有关。所有其他与表现型的方差有关的元素，包括上位作用和显性作用，一律被归类为环境，并且被这个方程排除在外。上位作用和显性作用可能降低适应性，环境也可能导致退化。出于以上两个原因，乔治对费希尔的自然选择基本定理的解读完全符合该定理本身，但在这种解读下，该定理在生物学上的重要性不如费希尔想得那么大。

# 致谢

当我第一次读到乔治·普莱斯的故事时，我正坐在巴黎一个小公园的一棵树下。当时是1999年，安德鲁·布朗的《达尔文战争：愚蠢的基因如何成为自私的上帝》为我们打开了新时代的篇章，人们说这个时代是“利他主义者的末日”。这是一个颇为神秘的故事：一个怪异的美国人漂洋过海来到伦敦，之后建立了一个方程。在那个方程的驱动下，他先是皈依了基督教，后来又无私地帮助街头的流浪汉，最后结束了自己的生命。在他的方程和人生之间存在某种联系，这是多么精彩的一个故事！当时我就想，这个故事应该被拍成电影。

那时，我正在攻读博士学位。因此，回到牛津大学后，我就把这件事忘了。7年后，我在耶路撒冷为《新共和》杂志撰写一篇书评，那本书是李·杜盖金的《利他的方程：七位科学家寻找善意源头的故事》。在撰写书评时，关于乔治·普莱斯的回忆又浮现在我的脑海里，但其实他的故事一直存在于我的潜意识中。他和从前一样，神秘未知，在利他的圣坛上献出了自己的生命。可是，杜盖金的这本书和布朗的那本书一样，只花了几页的篇幅来讲述普莱斯的故事。难道关于普莱斯，我们只知道这么多吗？

不久后，我了解到已经有几位作者写过普莱斯的故事。他们的信息都来源于同一本书——比尔·汉密尔顿的自传《基因之国的窄路》。在这本书中，汉密尔顿首次披露了他与普莱斯相识的过程，以及两人后续的交往。数学遗传学家史蒂夫·弗兰克也对普莱斯的生平产生了兴趣（虽然他并不认识普莱斯）。1995年，弗兰克给《理论生物学杂志》写了一篇文章，介绍普莱斯在进化遗传学方面做出的科学贡献。弗兰克甚至发表了普莱斯的遗作《选择的性质》（*Nature of Selection*）。多年前，普莱斯曾试图发表它，但未能成功。于是我知道，这世界上仍然有人知道普莱斯，并且关注他的故事。

但是，当时的我并没有对普莱斯产生太大的兴趣。后来，我在《通用语言》杂志（现已停刊）上看到了一篇极好的文章——吉姆·施瓦茨的《一个利他主义者之死》，它真正点燃了我对普莱斯故事的兴趣。这篇文章以极为优美的方式讲述了普莱斯的故事，文中提供的细节比所有其他作者提供的都多。人们将此文称作普莱斯的“传记”，然而这篇文章只有10页。我发现，对于这个令人难以置信的故事，人们竟然知之甚少。我屏住呼吸，希望找到一些关于普莱斯的文献。我想，只要运气不太坏，普莱斯的故事应该还有很多内容可以发掘。

我要衷心地感谢吉姆·施瓦茨，在为《通用语言》杂志撰稿的过程中，吉姆联系了普莱斯的两个女儿安娜玛丽和凯瑟琳，并和她们见了面。吉姆在电话中告诉我，在研究普莱斯生平的过程中，他感到自己“与乔治变得非常亲近”。显然，乔治是这样一种人：即使他已经深埋于坟墓，他仍可以在人们心中激起强烈的情感。显然，吉姆已经对乔治产生了感情。因此，吉姆对我的帮助有了更特殊的意义。他不仅向我提供了安娜玛丽和凯瑟琳的联系方式，还介绍我与她们认识。他像一个绅士一样，秉持着与我共同追求历史真相的利他精神，为我提供了无私的帮助。是的，我找到了一些普莱斯的文献，感谢上帝。这些材料是否够写一本书呢？吉姆对此并不确定，但至少我可以试一试。在位于纽约皇后区的爱迪生·普莱斯照明公司的办公室中，我从一些纸盒里找到了一批他们早期的家庭资料。1975年，美国驻伦敦领事馆的代表拯救了一批乔治的个人文件。后来，汉密尔顿亲自去乔治生前非法居住的地方，找到了一些被领事馆工作人员忽略的文件。几个星期以后，汉密尔顿把这些文件寄给了爱迪生·普莱斯。2003年，凯瑟琳把其中的一小部分捐给了伦敦的大英图书馆，但大部分（包括笔记、书信、图表、计算机打印稿、日记）仍然由姐妹俩保存。自乔治去世以后，有很多人联系过他的两个女儿，希望取得她们手中的资料。但是，要获得她俩的信任并不容易。

凯瑟琳住在旧金山，安娜玛丽住在索拉纳海滩。没过多久，我便开始从特拉维夫给她们俩打越洋电话，我们每次都通话很长时间。她们想先弄清楚我是谁以及我想做什么，然后才愿意考虑是否跟我这个陌生人分享她们父亲的百宝箱，这种心情我完全可以理解。渐渐地，我和普莱斯姐妹俩的通话变得越来越亲切。2008年春天，我去加利福尼亚与安娜玛丽和凯瑟琳见了面，并且拿到了她们手中的文件。通过这些文件，我细致入微地窥见了乔治生前的种种细节，这使我能够全面重构乔治的故事，我希望读者在本书中能够体会到这一点。这是一个令我分外喜悦的发现，也令我大大地松了一口气。但对我来说，更重要的是安娜玛丽和凯瑟琳对我的友善和热情。我曾在凯瑟琳家过夜，我们俩一边喝着葡萄酒，一边谈论着她对父亲的回忆。我曾与安娜玛丽及她的丈夫埃德一起用餐，她十分信任我，向我袒露了她最深层的感情和思想。我曾在两姐妹家中与她们一起翻找文件。我想，任何一位历史学家都不敢奢望能有像我这样的好运气。显然，乔治的两个女儿和她们的父亲一样都是十分特别的人，能够获得她们的信任实在是我的荣幸。现在，我的肩上有了一项重任——必须用合适的方式把乔治的故事讲述出来。

在我写作本书之前，关于乔治的生平事迹的文献少之又少。但是，我并没有打算把本书完全当作一本传记来写，我希望把它写成一部历史书，它比某个人的生平要宏大得多。为了写出这样一本书，我一头扎进了文献堆中。关于利他主义的问题，关于合作、道德和美德的进化问题，早有其他作者写过。这方面的著作包括理查德·道金斯的经典著作《自私的基因》、罗伯特·阿克塞尔罗德的《合作的进化》、马特·里德利的《美德的起源》、马克·豪泽的《道德思维》、弗朗斯·德瓦尔的《性本善：人类及其他动物中的是非观的来源》、海伦娜·克罗宁的《蚂蚁与孔雀》、艾略特·索博与戴维·斯隆·威尔逊合著的《对他者：无私行为的进化与心理学》、理查德·乔伊斯的《道德的演化》、萨米尔·奥卡沙的《进化和选择的层级》，等等。上述著作中有些是通俗读物，有些是学术著作。除了书籍以外，关于这个主题的研究、文章、论文、评论也数不胜数。其中有些文献从哲学角度讨论上述主题，另一些文献则从技术、理论或实证角度展开讨论，还有一些文献（比如克罗宁和杜盖金的著作）则从历史角度进行讨论。但是，我阅读的文献越多，心中的一个信念就越坚定：我们需要一本关于利他行为的书，它应该将历史、科学、传记、哲学融为一体，而非偏重于某一个方面。大部分研究都只关注某一层面上的选择而弱化其他层面上的选择，或是提倡某一种哲学而弱化其他哲学，或是在解释人类的善意时过度强调进化的作用而忽视遗传学的作用。这些做法令读者很难全面看清整个问题，也难以理解问题的复杂性和细微之处。但最重要的问题是，这些研究缺乏对历史背景的描述。我们已经掌握了一些历史的拼图碎片，比如阿德里安·戴斯蒙德的权威作品《赫胥黎传》、格雷格·米特曼的《自然状态》，以及马雷克·科恩的精美的《万物的理由》。但我们掌握的这些拼图碎片还不够多。现代人类寻找善意源头的故事非常复杂，包含了无数的学科、角色、历史背景和科学事实。在我看来，还没有人完整地讲述过这个故事。

在秘鲁作家马里奥·巴尔加斯·略萨的小说《叙事人》的启发下，我很快意识到，若想从达尔文时代开始讲述人类破解利他行为谜题的故事，最佳的方式就是以乔治的生平为坐标。若想触及问题的核心，若想真正撞上维特根斯坦之墙，最佳的选择就是用乔治的不可思议的故事引路。通过在本书中创造一种双螺旋结构，乔治的个人故事和更宏大的利他行为的进化问题就可以彼此呼应，最终融为一个不可分割的整体。如果能以这种方式构建本书的故事架构，我就可以向读者展示科学探索在多大程度上是根植于人与文化的背景之中的。我既可以歌颂科学的伟大，也可以指出它的局限性；利他主义的问题是生物学和文化的交汇点，因此这是表达上述主题的最佳途径。在人类中是否存在真正无私的善意呢？也许在终极意义上，科学没有办法对这个问题给出最终的答案。如果情况确实如此，那么为什么会这样？乔治悲剧的一生也许能帮助我们找到这个问题的答案。

我必须感谢所有探讨过这个问题的作者、学者和科学家，以他们的著作为基础，我才能构建出我的故事。除此之外，我也想感谢许多慷慨地回答过我的问题的人，不管他们是通过面谈的方式还是通信的方式。比尔·汉密尔顿的姐妹珍妮特及她的丈夫罗林邀请我去他们位于汉普郡的家里做客。我永远不会忘记，我们三个人晚上坐在火炉边，一边听着柴火噼啪作响，一边收听BBC的虚构广播剧。这出广播剧是关于乔治的，剧名也叫《一个利他主义者之死》。在那天的早些时候，珍妮特带我去见了蒂姆。蒂姆是萨里大学可持续发展系的教授，也是一位得过奖的广播剧编剧。我和蒂姆一起度过了一个美妙的下午，进行了热烈的讨论，在此我要感谢他。

此外，我还要感谢理查德·路文丁，他花了一整个下午与我面谈，后来又给我发了许多电子邮件，向我解释乔治的重要性，并与我一起分析乔治的科学研究风格或方法究竟来自哪里。同样，我要感谢沃伦·埃文斯、丹尼·科恩、伊恩·埃舍尔、埃里尔·鲁宾斯坦、乔尔·科恩、戴维·黑格、詹姆斯·克罗。我也要感谢罗伯特·特里弗斯、史蒂夫·弗兰克和艾伦·格拉芬，他们通过电话或书信回答了很多重要的问题。还有一些人与我进行过内容丰富的对话，给了我不少信息，有些还读了我的部分手稿，在此我要感谢他们，他们是：马克·博雷洛、埃胡德·拉姆、内撒尼尔·康福特、马克·豪泽、吉姆·格利泽莫、加·艾伦、迈克尔·迪特里赫、爱娃·雅布隆卡、玛丽恩·兰姆、史蒂芬·斯特恩斯、戴维·科恩、萨利特·卡克、艾丽斯·尼克尔斯、埃弗雷特·门德尔松、拉齐·格林菲尔德、阿伊雷特·沙维特。我要特别感谢彼得·戈弗雷·史密斯，他与我在澳大利亚布里斯班的一次宴会上进行了一次生动的谈话，之后他又慷慨地抽出时间阅读了本书的全稿，并提出了宝贵的意见。丹尼尔·凯夫利斯是一位友善的批评家，也是一位朋友，我要感谢他、达德利·安德鲁和霍华德·布勒希，在我去耶鲁大学的惠特尼人文中心访问时，他们与我讨论了一些想法，那次访问非常成功。衷心感谢乔治·C. 威廉斯，他虽然身体有恙，却一直十分友善地鼓励我。

一些乔治·普莱斯生前结识的人为我提供了宝贵的信息。M. 丹·莫里斯和理查德·A. 巴德是乔治在史岱文森高中的同学，他们与我分享了不少20世纪30年代纽约的精彩回忆。阿尔·索米特是乔治在芝加哥大学的老朋友，他与我在索拉纳海滩见了面，之后还写信向我分享了许多精彩的故事。乔治在哈佛大学化学系的同事吉尔伯特·史托克和伦纳德·纳什友善地回答了我提出的问题。在伦敦大学学院，厄休拉·米特沃什和萨姆·贝里友善地与我分享了关于乔治的回忆。牛顿·E. 默顿跟我分享了关于史密斯的回忆。克丽丝·汉密尔顿对我十分友善，她向我讲述了乔治去她和比尔·汉密尔顿位于伯克郡的家中做客的情况，包括乔治自杀前最后一次去他们家做客的场景。我要感谢比尔的挚友彼得·亨德森，他以美妙的文笔为我描述了他和比尔在巴西热带雨林中的过往。此外，我还要感谢理查德·道金斯，他也跟我分享了一些关于比尔和乔治的回忆。

如果没有档案和文献，任何学者的研究都不可能成功，在这方面许多人为我提供过帮助。我在上文感谢过安娜玛丽·普莱斯和凯瑟琳·普莱斯。在此我要特别感谢爱迪生·普莱斯的女儿艾玛·普莱斯，她邀请我走进位于纽约皇后区的爱迪生·普莱斯照明公司的办公室，并且慷慨地允准我查阅许多宝贵的家庭信件和记录。当我在大英图书馆中翻找普莱斯、汉密尔顿和梅纳德·史密斯的论文时，杰里米·约翰斯为我提供了很大的帮助。他对我一直很友善，还给了我一些影印本的论文，我必须真诚地感谢他。在我发掘乔治的高中往事的过程中，史岱文森高中校友会的凯瑟琳 · T. 本多给我提供了极大的帮助。哈佛大学档案馆的巴巴拉 · 梅洛尼以及芝加哥大学档案馆的戴维 · 巴维里奇和阿利 · 蒂奇纳都很棒。我也要感谢阿贡国家实验室的派翠西亚 · 卡纳迪、哈佛大学化学系的玛西亚 · 查平、IBM公司的道恩 · 斯坦福、明尼苏达大学医学院的凯伦 · 克林肯伯格和杰克 · 威廉斯。在英国，彼得 · S. 哈勃用他广博的学识为我介绍了当时的遗传学研究情况，丧葬专家布莱恩 · 帕森向我说明了死者的处理过程。托尔莫斯广场的人们也给了我极大的帮助，他们直率而生动地向我分享了关于乔治和那个时代的回忆，他们是：尼克 · 韦茨、阿塔利娅 · 腾 · 布林克、切斯 · 切斯尼、科瑞恩 · 铂尔曼、保罗 · 尼科尔森、阿龙 · 波拉特。特别感谢阿舍尔 · 达安和史穆里克 · 阿蒂亚，我曾与他们详谈过乔治最后的日子和他的自杀。我要再次感谢吉姆 · 施瓦茨，他慷慨地跟我分享了乔治与琼 · 詹金斯的通信记录的抄本，这些文件是他在詹金斯还活着时取得的。最后，我要感谢西尔维娅 · 史蒂文斯，当我终于找到她的联系方式并给她打电话时，她沉默了一阵儿后说："你在这个星期五的下午震动了我的世界！"西尔维娅跟我分享了一些关于乔治最后日子的敏感回忆，帮助我理解了乔治当时的精神状态和高尚情操。

如果没有朋友，人生将变得毫无乐趣，我非常幸运地拥有许多真正的朋友。我要衷心地感谢我忠诚和亲密的朋友本 · 雷斯，在我写作本书的过程中，他是我唯一的读者，也是一位十分刻苦的读者。他出众的才华为本书增色不少，感谢他！我也要感谢戴维 · 希斯科，他抽时间阅读了本书的手稿，并像一位挚友那样真诚地为我提供了意见。我的朋友诺亚 · 埃弗龙帮我向巴伊兰大学争取了一年的学术休假，在这一年中我不用承担教学任务，把自己的精力完全用在写作上，再也找不到比诺亚更友爱、更机智、更逗趣的同事了。我还要感谢爱娃·雅布隆卡，她给了我鼓励和充满智慧的意见，并且告诉我如何将历史、科学和哲学看成一个整体。

在写作本书的过程中，我常常访问伦敦。亲切有趣的哈勒班一家——马婷、彼得、亚历山大和塔尼亚接待了我。多年来，马蒂佩·雷兹一直是我的一位非凡的朋友，他慷慨、有爱心、亲和，让人忍不住想拥抱他。通过他的介绍，我认识了利昂·威斯泰尔，在本书的出版过程中，他一直扮演着教父般的角色。在赞比西河和河马群中，萨曼莎·鲍尔不仅一直鼓励我写作，还把她的出色的经纪人莎拉·查尔方特介绍给我。我和莎拉已经成了朋友，如果没有莎拉的帮助，关于本书的一切都不可能发生。我非常感谢我的老朋友伊丽莎白·鲁宾、玛雅·托夫普和诸葛漫，在本书的写作过程中，他们一直陪伴着我。我也要感谢在我的生命中一直占有特殊地位的萨姆·西尔弗斯坦和琼·西尔弗斯坦一家，以及休·尼森松和玛丽琳·尼森松一家。埃里克·西格尔未等到本书出版就去世了，我对此感到很悲伤，我会继续深爱他，就像我爱凯伦、米兰达和切西一样。埃里克对生命的热爱富有感染力，他眨眼睛的样子可爱又顽皮。每当想起他的时候，我总是会情不自禁地露出微笑。

苏·卢埃林出色地完成了本书的编辑工作，我万分感谢她那双鹰一样的眼睛和渊博的知识，我还要感谢唐·里夫金的专业技能。英国兰登书屋的凯·佩德尔不仅是一位极其敏锐的编辑，还友好地给了我许多鼓励。感谢奥纶·戴，他不仅是一位优秀的专业摄影师，还是米粒面烹调专家和我的朋友。我的编辑杰克·派普切克也是一位非常优秀的作家，他不断地向我提供智慧和鼓励，在完成本书以后，他也成了我的朋友。

我在以色列的家人一直是我的救生索。耶莉，我的同伙，你是我清醒和疯狂的来源！我的第二个家庭：独一无二的楚尔纳·哈卡里尔；尼灿·哈考克斯，你无所不能；伊尔·桑迪莱拉，我精力旺盛的鹰嘴豆泥伙伴；卡塔·哈纳克，诗人、知识分子、我的朋友；费希特，亚利酒爱好者；霍若、艾斯、弗洛特森克兰兹、萨尔塔和山姆娜，我爱你们就像爱我的兄弟一般。感谢总是微笑的塔塔，谢谢你的甜美和温柔，谢谢你陪我庆祝普珥节，谢谢你给我的所有其他东西。阿巴和伊玛，感谢你们的一切，感谢你们为我做的一切，我对你们的感谢超过一切，你们是我最可爱、最深爱、最爱的父母！最后，感谢丹兹和米什，我把本书献给你们。在我认识的所有人中，你们俩是最特别、最慷慨、最无私的人，我非常爱你们。

# 注 释

## 序言

1. When Bill Hamilton wrote about the event twenty years after it happened, his memory played tricks on him. See *Narrow Roads of Gene Land* (Oxford: W. H. Freeman/Spektrum: 1996), 325; Saint Pancras Cemetery Registrar files, January 22, 1975; "Weather Report," *Daily Telegraph*, January 22, 1975.
2. I thank Ursula Mittwoch for her memories of the funeral, and Martin Collier of the Camden Register Office for invaluable information.
3. The story about Saint Paul was recounted by John Maynard Smith to Ullica Segerstråle, *Defenders of the Truth: The Sociobiology Debate* (Oxford: Oxford University Press, 2000), 68.
4. Genesis 3:5; 4:9.
5. Charles Darwin, *Notebook M*, 1838.
6. Jack Repcheck, *The Man Who Found Time: James Hutton and the Discovery of the Earth's Antiquity* (Perseus, 2003), 6; Charles Darwin, *The Origin of Species*, 1st and 2nd eds. (London: John Murray, 1859).
7. For a description of the few partial accounts of George Price's life and science, see the acknowledgments.

## 第 1 章　战争还是和平?

1. Peter Kropotkin, *Memoirs of a Revolutionist* (London: Folio Society, 1978), 232.
2. Ibid., 232, 234.
3. Adrian Desmond, *Huxley: From Devil's Disciple to Evolution's High Priest* (Harmondsworth: Penguin, 1997), 9, 11; Leonard Huxley, ed., *Life and Letters of Thomas Henry Huxley*, 2 vols. (London: Macmillan, 1900); Julian Huxley, ed., *T. H. Huxley's Diary of the Voyage of H.M.S. Rattlesnake* (London: Chatto and Windus, 1935).
4. Kellow Chesney, *The Victorian Underworld* (London: Temple Smith, 1970); Thomas Henry Huxley, "The Struggle for Existence in Human Society: A Programme," *Nineteenth Century* 23 (February 1888),161–80, reprinted in T. H. Huxley, *Collected Essays* (London: Macmillan, 1883–84), 195–236, quote on 217; Desmond, *Huxley*, 11, 84.
5. Desmond, *Huxley*, 443–44.
6. Ibid., 361.
7. Kropotkin, *Memoirs*, 10, 238, 239.
8. Ibid., 237–40.
9. Quoted in Desmond, *Huxley*, xv. On the reception of Darwinism in England see Peter Bowler, *Evolution: The History of an Idea* (Berkeley: University of California Press, 1989), 187–245.
10. The "X Club" was a dining club convened by Huxley and eight other like-minded supporters of Darwin's theory of evolution and academic liberalism. It met regularly once a month between 1864 and 1893, and wielded a powerful influence

over British science. See Roy M. MacLeod, "The X-Club: a Social Network of Science in Late-Victorian England," *Notes and Records of the Royal Society of London* 24, no. 2 (April 1970): 305–22.

11. Ibid. 424–25; V. Kovalevskii, "On the Osteology of the Hyopotamidae," *Philosophical Transactions of the Royal Society* 163 (1873), 19–94. See also Desmond Adrian, *The Politics of Evolution: Morphology, Medicine and Reform in Radical London* (Chicago: University of Chicago Press, 1989).
12. Besides Kropotkin's own *Memoirs* see George Woodcock and Ivan Avakumovich, *The Anarchist Prince: A Biographical Study of Peter Kropotkin* (London: T.V. Boardman and Co., 1950), and the more scholarly Martin A. Miller, *Kropotkin* (Chicago: University of Chicago Press, 1976).
13. Colin Ward, Introduction to *Memoirs of a Revolutionist*, by Peter Kropotkin (London: Folio Society, 1978), 8.
14. Kropotkin, *Memoirs*, 56; Ivan Sergeyevich Turgenev, *Mumu* (Moscow: Detgiz, 1959).
15. This was the title of an influential treatise by Chernyshevsky, and later of others by Tolstoy and Lenin.
16. Kropotkin, *Memoirs*, 35.
17. Ibid., 111, 80, 126.
18. Charles Darwin, *The Voyage of the Beagle* (Hertfordshire: Wordsworth, 1997).
19. E. Paley, ed., *The Works of William Paley*, 6 vols. (London: Rivington, 1830).
20. Charles Darwin, Zoological Notes, 1835. Much of Darwin's written corpus now exists on the Web at http://.darwin-online.org.uk, thanks to the labors of John van Whye and collaborators at Cambridge University.
21. Some historians have questioned Darwin's own claims about Malthus's influence on him. See in particular Silvan S. Schweber, "The Origin of the *Origin* Revisited," *Journal of the History of Biology* 10 (1977), 229–316. On England's leading evolutionists' appreciation of Malthus see Robert M. Young, "Malthus and the Evolutionists: The Common Context of Biological and Social Theory," in Robert M. Young, *Darwin's Metaphor: Nature's Place in Victorian Culture* (Cambridge: Cambridge University Press, 1985), 23–55.
22. Charles Darwin, *The Autobiography of Charles Darwin* (New York: W. W. Norton, 1993), 120; Charles Darwin, *The Origin of Species*, 2nd ed. (Oxford: Oxford University Press, 1996), 6.
23. Darwin, *Voyage of the Beagle*, 228–29; 471.
24. Darwin, *The Origin of Species*, 396; letter to J. D. Hooker (January 11, 1844), *The Correspondence of Charles Darwin*, vol. 3 (1844–46), ed. Frederick Burkhardt (Cambridge: Cambridge University Press, 1987), 2.
25. Kropotkin, *Memoirs*, 94
26. Ibid.
27. Ibid., 157.
28. Ibid., 201, 202. The best book on Russian anarchism is Paul Avrich, *The Russian Anarchists* (Princeton: Princeton University Press, 1967).
29. Helena Cronin, *The Ant and the Peacock* (Cambridge: Cambridge University Press, 1991).
30. *The Origin of Species*, 197.
31. A pre-*Origin* phrase coined by Alfred, Lord Tennyson, *In Memoriam A. H. H.* (1850).

32. Thomas Dickson has recently argued that "altruism," a term coined by the French positivist sociologist Auguste Comte in the early 1850s, filtered through Victorian culture in interesting ways. Contra most previous interpretations he claims that Darwin saw sympathy and love, not only selfishness and competition, throughout the natural world. See Thomas Dickson, *The Invention of Altruism: Making Moral Meanings in Victorian Britain* (Oxford: British Academy Postdoctoral Fellowship Monographs, 2008).
33. Darwin also spoke of the "family" as a beneficiary, but "community" is the term he used more often.
34. *The Origin of Species*, 196, 392, 164.
35. Charles Darwin, *The Descent of Man and Selection in Relation to Sex*, 1st ed. (Princeton: Princeton University Press, 1871), 103.
36. Kropotkin, *Memoirs*, 254.
37. Ibid., 258.
38. Huxley letter to Frederick Dyster, November 25, 1887, quoted in Desmond, *Huxley*, 557; Ronald W. Clark, *The Huxleys* (London: Heinemann, 1968), 109. Huxley's first child, Noel, had died, aged four, in 1860.
39. He had won the Royal, the Wollaston, and the Clarke; the Copley, the Linnaean, and the Darwin still awaited him.
40. Desmond, *Huxley*, 572–73.
41. Huxley used this term in a lecture invited by the Prince of Wales at Mansion House, January 12, 1887; *The Times*, March 18, 1888; *Nature* 37 (1888), 337–38.
42. On social Darwinism see Richard Hofstadter, *Social Darwinism in American Thought* (Boston: Beacon Press, 1955); Mike Hawkins, *Social Darwinism in European and American Thought, 1860–1945* (Cambridge: Cambridge University Press, 1997); Peter Dickens, *Social Darwinism: Linking Evolutionary Thought to Social Theory* (Philadelphia: Open University Press, 2000); Paul Crook, *Darwin's Coat-Tails: Essays on Social Darwinism* (Peter Lang, 2007).
43. Herbert Spencer, "Progress: Its Law and Causes," *Westminster Review* 67 (April 1857).
44. Desmond, *Huxley*, 184. On Spencer see James G. Kennedy, *Herbert Spencer* (Boston: G. K. Hall & Co., 1978); Jonathan H. Turner, *Herbert Spencer: A Renewed Appreciation* (Sage Publications, Inc., 1985); Michael W. Taylor, *Men versus the State: Herbert Spencer and Late Victorian Individualism* (Oxford: Oxford University Press, 1992); James Elwick, "Herbert Spencer and the Disunity of the Social Organism," *History of Science* 41 (2003), 35–72; and Mark Francis, *Herbert Spencer and the Invention of Modern Life* (Newcastle: Acumen Publishing, 2007).
45. Coined in Spencer's *Principles of Biology* (London: Williams and Norgate, 1864).
46. Henry George, *Progress and Poverty: An Inquiry into the Cause of Industrial Depressions, and of Increase of Want with Increase of Wealth—The Remedy* (London: Kegan Paul, 1885).
47. Wallace even wrote a textbook titled *Darwinism: An Exposition of the Theory of Natural Selection with Some of Its Applications*, 2nd ed. (1889; reprint, New York: AMS Press, 1975).
48. Alfred Russel Wallace, "Human Selection," *Fortnightly Review* 48 (1890), 325–37. On Wallace see Martin Fichman, *An Elusive Victorian: The Evolution of Alfred Russel Wallace* (Chicago: University of Chicago Press, 2004); Ross A. Slotten, *The*

*Heretic in Darwin's Court: The Life of Alfred Russel Wallace* (New York: Columbia University Press, 2004*); In Darwin's Shadow: The Life and Science of Alfred Russel Wallace* (Oxford: Oxford University Press, 2002).
49. For Darwin, humans had reversed the usual "female choice" in nature, making females the "chosen" and males the ones choosing.
50. Desmond, *Huxley*, 576.
51. Darwin used this image already in his essay from 1844, but it was made public in C. R. Darwin and A. R. Wallace, "On the Tendency of Species to Form Varieties; and on the Perpetuation of Varieties and Species by Natural Means of Selection," *Journal of the Proceedings of the Linnaean Society of London. Zoology* 3 (1858): 46–50.
52. Huxley notes for Manchester address, quoted in Desmond, *Huxley*, 558.
53. Huxley to Foster, January 8, 1888, in Leonard Huxley, *The Life and Letters of Thomas Henry Huxley* (London: Macmillan, 1900), 198. Quoted in Lee Dugatkin, *The Altruism Equation: Seven Scientists Search for the Origins of Goodness* (Princeton: Princeton University Press, 2006), 19.
54. "The Struggle," in Huxley, *Collected Essays*, 197, 198, 199, 200.
55. Ibid., 198, 199, 200.
56. Ibid., 204, 205. For a clear reading of Huxley on the evolution of sociality in man see Raphael Falk's review of Michael Ruse, ed., *Thomas Henry Huxley: Evolution and Ethics* (Princeton: Princeton University Press, 2009), in *Philosophia* 38, no. 2 (June 2010).
57. Ibid., 212, 235.
58. Daniel P. Todes, "Darwin's Malthusian Metaphor and Russian Evolutionary Thought, 1859–1917," *Isis* 87 (1987), 537–51, quotes on 539–40. See his broader treatment in *Darwin Without Malthus: The Struggle for Existence in Russian Evolutionary Thought* (Oxford: Oxford University Press, 1989). Also Stephen Jay Gould, "Kropotkin Was No Crackpot," in *Bully for Brontosaurus* (Harmondsworth: Penguin, 1991), 325–39.
59. Quoted in Todes, "Darwin's Malthusian Metaphor," 542.
60. On Malthus see Patricia James, *Population Malthus: His Life and Times* (London: Routledge and Kegan Paul, 1979); Samuel Hollander, *The Economics of Thomas Robert Malthus* (Toronto: University of Toronto Press, 1997); William Peterson, *Malthus, Founder of Modern Demography*, 2nd ed. (New Brunswick, NJ: Transaction, 1999); J. Dupâquier, "Malthus, Thomas Robert (1766–1834)," *International Encyclopedia of the Social and Behavioral Sciences*, 2001, 9151–56.
61. Todes, "Darwin's Malthusian Metaphor," 542, 540, 541–42. See also Thomas F. Glick, ed., *The Comparative Reception of Darwinism* (Chicago: the University of Chicago Press, 1988), 227–68. Also Engels letters to Lavrov, November 12–17, 1875, available at the Marx/Engels Internet Archive, http://marxists.org.
62. Darwin, *Origin of Species*, 53 [italics added].
63. Peter Kropotkin, "Aux Jeunes Gens," *Le Révolté*, June 25, July 10, August 7, 21.
64. Kropotkin, *Memoirs*, 261–338.
65. Peter Kropotkin, "Charles Darwin," *Le Révolté*, April 29, 1882.
66. "Without entering," he added, "the slippery route of mere analogies so often resorted to by Herbert Spencer." Peter Kropotkin, "The Scientific Basis of Anarchy," *Nineteenth Century* 22, no. 126 (1887), 149–64, quotes on 238.
67. Ibid., 239.

68. Desmond, *Huxley*, 599. The oft-quoted phrase is: "the ethical progress of society depends, not on imitating the cosmic process [evolution], still less in running away from it, but in combating it," T. H. Huxley, "Evolution and Ethics," in *Evolution and Ethics and Other Essays* (New York: D. Appleton and Company, 1898), 83; Desmond, *Huxley*, 598.
69. T. H. Huxley, "Evolution and Ethics: Prolegomena," in *Evolution and Ethics and Other Essays*, 25, 27, 30. Smith had spoken of the "man within" in his *Theory of the Moral Sentiments* (London: A. Miller, 1759; 1790), part 3, ch. 3; *Oxford Magazine* 11 (May 24, 1893), 380–81, quoted in Desmond, *Huxley*, 598.
70. Peter Kropotkin, *Mutual Aid: A Factor in Evolution* (1902; reprint, Boston: Extending Horizons Books, 1955), 4. Kropotkin thought Darwin, especially in his *Descent of Man*, had emphasized the role of cooperation, whereas his followers took to the narrower definition of the struggle for existence. "Those communities," Darwin wrote in the *Descent*, "which included the greatest number of the most sympathetic members would flourish best, and rear the greatest number of offspring" (2nd ed., 163). "The term," Kropotkin added, "thus lost its narrowness in the mind of one who knew Nature."
71. This was George Bernard Shaw's description of Kropotkin; *Mutual Aid*, xiv; Desmond, *Huxley*, 564.
72. Kropotkin, *Mutual Aid*, 14, ix. Professor Karl Fedorovich Kessler, rector of St. Petersburg University and chair of its Department of Zoology, had made this claim already in December 1879, at a talk before the St. Petersburg Society of Naturalists. Actually Kessler was to Kropotkin what Malthus had been to Darwin: his "law of mutual aid"—which Kropotkin read in exile in 1883—having struck him as "throwing new light on the subject"; Kropotkin, *Mutual Aid*, x. Other "mutual aid" supporters in Russia included M. N. Bogdanov, A. N. Beketov, A. F. Brandt, V. M. Bekhterev, V. V. Dokuchaev, and I. S. Poliakov; see Todes, "Darwin's Malthusian Metaphor," 545–46.
73. Kropotkin, *Mutual Aid*, 51, 40, 60–61; Kropotkin freely admitted that there was much competition in nature, and that this was important. But intraspecies conflict had been exaggerated by the likes of Huxley; it also often left all combatants bruised and reeling. True progressive evolution was due to the law of mutual aid.
74. Ludwig Büchner, *Liebe und Liebes-Leven in der Thierwelt* (Berlin: U. Hofmann, 1879); Henry Drummond, *The Ascent of Man* (New York: J. Pott and Company, 1894); Alexander Sutherland, *The Origin and Growth of the Moral Instinct* (London: Longmans Green and Company, 1898). Kessler, too, thought that mutual aid was predicated on "parental feeling," a position from which Kropotkin was careful to detach himself. See *Mutual Aid*, x.
75. Kropotkin marshaled evidence from varied sources, especially liberally interpreted archaeological evidence, to argue that man's "natural" state was in small, self-sustaining, communal groups.
76. Kropotkin, *Mutual Aid*, xiii.
77. Kropotkin, *Mutual Aid*, 75.
78. *Daily Telegraph*, July 5, 1895, quoted in Desmond, *Huxley*, 612.
79. Kerensky was there, and offered him a ministry in the new government, which Kropotkin declined. Still, he did become active in party politics from the outside. See Miller, *Kropotkin*, 232–37.
80. P. A. Kropotkin, *Selected Writings on Anarchism and Revolution*, ed. Martin A. Miller (Cambridge, Mass.: MIT Press, 1970), 324–33, quote on 327. The meeting was recorded by Vladimir Bonch-Bruevich, an acquaintance of Kropotkin and close associate of Lenin.

81. An attempt to lay the foundations of a morality free of religion and based on nature, *Ethics* was published posthumously in 1922.
82. Kropotkin, *Selected Writings*, 336.

## 第2章 在纽约求学

1. Intimations of this meeting exist in a letter from William Edison Price to Alie Avery, June 12, 1914, Edison Price Lighting Company Family Archive (EPFA).
2. *A Catalogue of Theatrical Lighting Equipment and Effects* (New York: Display Stage Lighting Co., Inc., 1923), quotes on 3, 50.
3. On Belasco see Craig Timberlake, *The Bishop of Broadway: The Life and Work of David Belasco* (New York: Library Publishers, 1954). *Madame Butterfly* was written by John Luther Long. A second Belasco play, his own *The Girl of the Golden West* (1905), was also adapted for opera by Puccini.
4. "An Old Friend Back at Belasco; Where Warfield in 'The Auctioneer' Charms with Blend of Comedy and Pathos," *New York Times,* October 1, 1913.
5. "Mrs. Emma Addale Gage Avery: Once An Esteemed Teacher in Big Rapids," *Bellevue Gazette*, March 26, 1925.
6. Oberlin College, the first to admit women, was founded by the progressive Reverend John J. Shipherd some years before he and a group of Congregational missionaries came north to create a college in the midst of the wilderness of southern Michigan. Recalling that the Mount of Olives had been a place of learning and contemplation, they named the college and the town they built around it "Olivet" and strove for a "harmonious Christian community." See Michael K. McLendon, "Olivet College: Reinventing a Liberal Arts Institution" (research paper, Center for the Study of Higher and Postsecondary Education at the University of Michigan, 2000).
7. Letter of recommendation for French teacher Clara Avery from W. N. Ferris To Whom It May Concern, July 18, 1904, EPFA; Letter of recommendation for Principal Clara Avery from G. A. Vail, May 17, 1905, EPFA.
8. The Preis family name is not a certainty, but both Annamarie Price and Kathleen Price, as well as their cousin, Edison's daughter, Emma Price, believe that this might have been the case.
9. The censuses of all major American cities can be found at ancestry.com. W. E. Price's information is in the Chicago 1900 and 1910 census, Wards 8 and 12, respectively, and in the New York 1920 census, ward 13. I am grateful to Annamarie Price for this information.
10. Wedding invitation, Clara to Mr. William Edison Price, EPFA.
11. *Morning Telegraph*, June 4, 1914.
12. The names of the businesses with which Display had contracts are detailed in the report of Saul Levy, Certified Public Accountant, February 29, 1928, EPFA.
13. Belle Hecht letter to Alice and William Edison Price, October 20, 1922, EPFA.
14. "List of Patents Granted to W.E. Price & D.S.L.Co," EPFA.
15. John Frederick Cone, *Oscar Hammerstein's Manhattan Opera House* (Norman: University of Oklahoma Press, 1966).
16. "Ordo Ab Chao: Suprema Council" (certification of William Edison Price joining the Masons as "Prince of the Royal Secret 32nd"), March 24, 1925, EPFA.
17. Emma Avery letter to Clara Avery (her family continued to call Alice by her given name), undated, EPFA.
18. "William E. Price Dies: South Broadway Resident Had Revolutionized Theatrical

Lighting With His Inventions," February 22, 1927, unidentified newspaper clipping, EPFA.
19. "Brokers Believe Worst Is Over and Recommend Buying of Real Bargains," *New York Herald Tribune*, October 27, 1929; "Very Prosperous Year Is Forecast," *World*, December 15, 1929.
20. Keynes was quoted in the *New York Evening Post*, October 25, 1929; Philip Snowden was quoted in the *Wall Street Journal*, October 4, 1929. On the crash see Harold Bierman, Jr., *The Causes of the 1929 Stock Market Crash* (Westport, CT: Greenwood Press, 1998), John Kenneth Galbraith, *The Great Crash, 1929* (Boston: Houghton Mifflin, 1961) and Irving Fisher, *The Stock Market Crash and After* (New York: Macmillan, 1930) for different, time-lapsed perspectives.
21. See Suzanne R. Wasserman, "The Good Old Days of Poverty: The Battle Over the Fate of New York City's Lower East Side During the Depression" (Ph.D. dissertation, New York University, 1990); also Thomas Kessner, *Fiorello H. La Guardia and the Making of Modern New York* (New York: McGraw-Hill, 1989).
22. Alice Avery Price letter to Mr. Zagat, Sunlight Realty Co., August 16, 1933, EPFA; Clara Price letter to Remco Real Estate, April 28, 1933, EPFA; Alice Avery letter to Mr. Zagat, February 14, 1933, EPFA; Rosendale and Cohen Counselors at Law letter to Mrs. Price, April 13, 1932, EPFA; Alice Price letter to Dr. Ralph Singer, June 18, 1934, EPFA; "Final Notice Before Suit," *New York Times* letter to Mrs. Alice Avery, November 13, 1934, EPFA.
23. Alice Avery Price letter to Remco Real Estate, Dec. 26, 1934, EPFA.
24. Alice Avery Price letter to Mr. Kelly, Transfer Tax Commission, Jan 30, 1935, EPFA.
25. Edison Price letter to Mr. Elias Aaronson, December 9, 1936, EPFA; Alice Avery Price letter to Edison, undated, EPFA.
26. Wasserman, "The Good Old Days of Poverty."
27. Alice Avery Price letter to Chief Inspector George G. Henry, September 14, 1934, EPFA; Alice letter to Transfer Tax Commission.
28. Gage H. Avery letter to Clara Avery, January 27, 1932, EPFA.
29. Alice Avery Price letter to Mr. Barzo, Nov. 16, 1932, EPFA.
30. See Robert C. Allen, *Horrible Prettiness: Burlesque and American Culture* (Chapel Hill: University of North Carolina Press, 1991); Michelle Baldwin, *Burlesque and the New Bump-and-Grind* (Golden, CO: Speck Press, 2004), especially 1–16.
31. "Moss Weighs Ban on 14 Burlesques," *New York Times*, April 30, 1937; "La Guardia Backs Ban," *New York Times*, May 3, 1937.
32. Alice Avery Price letter to Edison, July 9, 1936, EPFA.
33. See Robert A. Caro, *The Power Broker: Robert Moses and the Fall of New York* (New York: Knopf, 1974), and Kenneth T. Jackson and Hillary Ballon, eds., *Robert Moses and the Modern City: The Transformation of New York* (New York: W. W. Norton, 2007).
34. A good description of New York City in the 1930s can be found in Alan Greenspan, *The Age of Turbulence* (New York: Penguin Press, 2007), 19–37.
35. For an endearing fictional account of this development, see Michael Chabon, *The Amazing Adventures of Kavalier & Clay* (New York: Picador, 2000), 74–77.
36. Alice Avery Price letter to Edison, undated, circa 1936, EPFA.
37. Numerous letters between Alice Avery Price and Edison Price, 1934–38, EPFA.
38. "Louise Birch, 97, Dead; Co-Founder of School," *New York Times*, September 29, 1976; Birch Wathen yearbook (1935), 16. Two of the school's most celebrated alumni in later years would be Barbara Walters and Brooke Shields.

39. "The History of Greek Temple Architecture," by George Price, George Price Papers (GPP).
40. Alice Avery Price letter to Edison Price, July 5, 1938, EPFA; Alice Avery Price letter to Miss Louise Birch, September 6, 1938, EPFA.
41. Susan E. Meyer, *Stuyvesant High School: The First 100 Years* (New York: Campaign for Stuyvesant/Alumni and Friends Endowment Inc., 2005), 10.
42. See Diane Ravitch, *The Great School Wars: New York City 1805–1973* (New York: Basic Books, 1974).
43. Meyer, *Stuyvesant*, 14, 11, 15.
44. *New York Times*, October 27, 1907.
45. Interview with Richard A. Bader, Stuyvesant class of June 1940, May 7, 2008; *Stuyvesant High School Yearbook*, June 1940; Meyer, *Stuyvesant*, 24, 16–17.
46. Interview with Dan Morris, Stuyvesant class of June 1940, May 2, 2008.
47. Ibid.
48. Lewis Mumford, *Sketches from Life: The Early Years* (New York: Dial Press, 1982), quoted in Meyer, *Stuyvesant*, 45.
49. "'Til We Meet Again," *Indicator* (school yearbook), June 1940, 102; interview with Richard A. Bader, May 7, 2008.
50. W. H. Bradshaw, "The Citadel," *Indicator*, June 1940, 7.
51. Sinclair J. Wilson, "Lost Horizon," *Indicator*, June 1940, 13; interviews with Dan Morris, May 2, 2008, and with Richard A. Bader, May 7, 2008.
52. George Price letter to Abe Shlemewitz, August 15, 1940, GPP; George Price letter to Mr. Sternberg, August 17, 1940, GPP; "Harvard College, Principal's Report on Applicant," March 15, 1940, Harvard University Archive (HUC).
53. Greenspan, *The Age of Turbulence*, 24, 25.
54. David Gelernter, *1939: The Lost World of the Fair* (New York: HarperPerennial, 1996); "Stuyvesant High School Permanent Record—George R. Price," June 30, 1940, Stuyvesant Archives; "Harvard College Freshman Scholarship Application," March 15, 1940, HUA; "Harvard College Freshman Scholarship Personal Interview Report," May 24, 1940, HUA.

## 第 3 章 自然选择的成功

1. Joan Fisher Box, *Ronald A. Fisher: The Life of a Scientist* (New York: John Wiley & Sons, 1978).
2. Charles Darwin, *The Autobiography of Charles Darwin,* ed. Nora Barlow (New York: W. W. Norton, 1993), 58.
3. Box, *Ronald A. Fisher*, 13.
4. A. W. F. Edwards, "The Genetical Theory of Natural Selection," *Genetics* 154 (2000), 1419–26, quote on 1420.
5. "Regression to the mean" was Galton's terminology, not Jenkin's. Fleeming Jenkin, "Review of Darwin's Origin of Species," *North British Review* 46 (1867), 277–318. Darwin's solution was to fall back increasingly on the inheritance of acquired traits, and to posit unseen "pangenes" whose very existence even he described as "provisional."
6. Peter Bowler, *The Eclipse of Darwinism: Anti-Darwinian Evolution Theories in the Decades around 1900* (Baltimore: Johns Hopkins University Press, 1992); Charles Darwin, *The Origin of Species* (Oxford: Oxford University Press, 1996), 70; William Provine, *The Origins of Theoretical Population Genetics* (Chicago: University of Chicago Press, 1971).

7. Quoted in Marek Kohn, *A Reason for Everything: Natural Selection and the English Imagination* (London: Faber and Faber, 2004), 95. The portraits of Fisher, Haldane, Maynard Smith, and Hamilton in this chapter and chapter 7 borrow generously from Kohn's wonderful book.
8. R. A. Fisher, "Some Hopes of a Eugenist," *Eugenics Review* 5 (1914), 309–15. Many contemporary eugenicists focused on "negative eugenics," meaning steps to be taken to contain the procreation of the weak and unsocial elements in society, such as sterilization. Fisher preferred "positive eugenics," namely steps to be taken to encourage the procreation of the fitter elements of society, such as family allowances and tax-cut incentives.
9. Kohn, *A Reason for Everything*, 101.
10. R. A. Fisher, "The Correlation Between Relatives on the Supposition of Mendelian Inheritance," *Transactions of the Royal Society of Edinburgh* 52 (1918), 399–433.
11. "Correlation Between Relatives" was not strictly about evolution, but it showed that trait similarity could be explained by recourse to Mendelian genetics, rendering clear the implications for evolution, at least for Fisher if not at first for others.
12. Udney G. Yule had made the same claim back in 1902 but went unheeded. See his "Mendel's Laws and Their Probable Relations to Intraracial Heredity," *New Phytologist* 1 (1902), 193–207, 222–38.
13. Kohn, *A Reason for Everything,* 142. See also Ronald W. Clark, *J. B. S.: The Life and Work of J. B. S. Haldane* (Oxford: Oxford University Press, 1968).
14. See Martin Goodman, *Suffer and Survive: Gas Attacks, Miner's Canaries, Spacesuits and the Bends: The Extreme Life of J. S. Haldane* (London: Pocket Books, 2007).
15. On J. S. Haldane's philosophy see S. Sturdy, "Biology as Social Theory: John Scott Haldane and Physiological Regulation," *British Journal of the History of Science* 21 (1988), 315–40. For J. S. Haldane's own writings see *The Philosophical Basis of Biology* (Garden City, NY: Doubleday, 1931), and *The Philosophy of a Biologist*, 2nd ed. (Oxford: Clarendon Press, 1935).
16. "I am enjoying life here very much," he wrote to his father in February 1915. "I have got a most ripping job as a bomb officer." To his mother he wrote: "I find this sort of fighting very enjoyable."
17. Haldane's wartime paper showing the genetic linkage between albinism and pink eyes in mice was written with his sister Naomi and his friend A. D. Sprunt, who was killed in battle before it was published: J. B. S. Haldane, A. D. Sprunt, and N. H. Haldane, "Reduplication in Mice," *Journal of Genetics* 5 (1915), 133–35; J. S. Haldane is credited with inventing the gas mask that saved countless Allied lives in World War I.
18. Kohn, *A Reason for Everything*, 149.
19. "J.B.S. was against—against authority, and against the government, any authority and any government; if possible in the cause of reason; if not as a matter of principle," Clark, *The Life and Work of J. B. S. Haldane*, 20.
20. John Herschel, *Physical Geography* (Edinburgh: Adam and Charles Black, 1861), 12.
21. For a perspective on Fisher's statistical accomplishments and legacy see Anders Hald, *A History of Mathematical Statistics 1750 to 1930* (New York: Wiley, 1998).
22. Edwards, "The Genetical Theory," 1423.
23. Interesting appreciations of *The Genetical Theory of Natural Selection* can be found in Edwards, "The Genetical Theory"; James F. Crow, "R. A. Fisher, a Centennial View," *Genetics* 124 (1990), 207–11, and "Fisher's Contributions to Genetics and

Evolution," *Journal of Theoretical Biology* 38 (1990), 263–75; E. G. Leigh, Jr., "Ronald Fisher and the Development of Evolutionary Theory," in *Oxford Surveys in Evolutionary Biology*, vol. 3, ed. Richard Dawkins and Mark Ridley (London: Oxford University Press, 1986), 187–223; Richard Lewontin, "Theoretical Population Genetics in the Evolutionary Synthesis," in *The Evolutionary Synthesis: Perspectives on the Unification of Biology*, ed. Ernst Mayr and William B. Provine (Cambridge, MA: Harvard University Press, 1980), 58–68; and in the foreword to the Variorum Edition of *Fisher's Genetical Theory of Natural Selection*, J. H. Bennett (Oxford: Oxford University Press, 1999). Quotation in Edwards, "The Genetical Theory," 1422.

24. Attempts to understand the fundamental theorem, and George Price's solution, will be discussed in chapter 10.
25. On Fisher's notion of progress see Michael Ruse, *Monad to Man: The Concept of Progress in Evolutionary Biology* (Cambridge, MA: Harvard University Press, 1996), 295–303.
26. Quoted in Kohn, *A Reason for Everything*, 96.
27. Friedrich Nietzsche, *On the Genealogy of Morals* (1887), trans. Douglas Smith (Oxford: Oxford University Press, 1996); Charles Darwin, *M Notebook*, 1838.
28. R. A. Fisher, "The Evolution of the Conscience in Civilized Communities," *Eugenics Review* 14 (1922), 190–93.
29. R. A. Fisher, "The Renaissance of Darwinism," *The Listener* 37 (1947), 1001, 1009, quoted in Kohn, *A Reason for Everything*, 108; R. A. Fisher, "Indeterminism and Natural Selection," *Philosophy of Science* 1 (1934), 99–117.
30. Cyril Darlington, "Recollections of Haldane" (draft), Darlington Papers (DP): C. 108: J. 86.
31. Quoted in Clark, *The Life and Work of J. B. S. Haldane*, 160.
32. Ibid., 115.
33. J. B. S. Haldane, *The Inequality of Man and Other Essays* (London: Chatto and Windus, 1932), quote on 121. On the culture and politics of British science at the time see William McGuken, *Scientists, Society, and State: The Social Relations of Science Movement in Great Britain 1931–1947* (Columbus: Ohio State University Press, 1984).
34. J. B. S. Haldane, *Possible Worlds and Other Essays* (London: Harper and Brothers, 1928), 220–21. See also Charlotte Haldane's *Truth Will Out* (London: Weidenfeld and Nicolson, 1949) for a colorful account of the couple's life together.
35. Haldane vacillated between attributing actual novel scientific discovery, as opposed to understanding, or knowing "what to look for," as opposed to telling you what you "are going to find," to the dialectical method. Compare "A Dialectical Account of Evolution," *Science & Society* 1 (1937), 473–86, to *The Marxist Philosophy and the Sciences* (London: Ayer 1939; reprint, Freeport, NY: Books for Libraries Press, 1969), 43. As for how he got to Marxism, Haldane cited English capitulation to fascism alongside "recent developments in physics and biology."
36. J. B. S. Haldane, *The Causes of Evolution* (London: Longmans, Green, 1932). The series of nine papers can be found in Mark Ridley, *Evolution*, CD-ROM (Oxford: Blackwell, 1996).
37. Both Anthony Edwards and James Crow shared this view of Haldane as a mathematician: Kohn, *A Reason for Everything*, 145.
38. To be fair, Haldane didn't follow dialectical materialism blindly. Fisher argued that selection could produce modifier genes that would "negate" the effect of dominant deleterious mutations, a "beautifully dialectical theory" that Haldane rejected.

39. For a critical rendition of the story of the *betularia* see Judith Hopper, *Of Moths and Men: The Untold Story of Science and the Peppered Moth* (New York: W. W. Norton, 2002).
40. Scholars argue about the extent and manner in which dialectical materialism played a role in Haldane's science. Arthur M. Shapiro shows that Haldane's evolutionary papers in the 1920s became increasingly dialectical but puts it down to Hegel, via Uffer, rather than Marx. See his "Haldane, Marxism and the Conduct of Research," *Quarterly Review of Biology* 68 (1993), 69–77. Sahotra Sarkar argues that it was via his mechanistic and reductionist scientific work that Haldane became a Marxist, rather than his politics, or any form of philosophy, influencing his science. See his "Science, Philosophy, and Politics in the Work of J.B.S. Haldane, 1922–1937," *Biology and Philosophy* 7 (1992), 385–409.
41. J. B. S. Haldane, "The Effect of Variation on Fitness," *American Naturalist* 71 (1937), 337–49, and "The Cost of Natural Selection," *Journal of Genetics* 55 (1957), 511–24. This line of thought later led to Motoo Kimura's "neutral theory" of evolution, whereby natural selection is "blind" to much of the genetic mutation in a population, which therefore has little or no effect on population fitness.
42. On Lysenko see David Joravsky, *The Lysenko Affair* (Cambridge, MA: Harvard University Press, 1970), Zhores Medvedev, *The Rise and Fall of T. D. Lysenko,* trans. Michael Lerner (New York: Columbia University Press, 1969), and Nils Roll-Hansen, *The Lysenko Affect: The Politics of Science* (New York: Humanity Books, 2004). A large literature is discussed in Oren Solomon Harman, "C. D. Darlington and the British and American Reaction to Lysenko and the Soviet Conception of Science," *Journal of the History of Biology* 36 (2003), 309–52. On Vavilov see Peter Pringle, *The Murder of Nikolai Vavilov: The Story of Stalin's Persecution of One of the Great Scientists of the Twentieth Century* (New York: Simon & Schuster, 2008).
43. Haldane, *The Inequality of Man*, 136; J. B. S. Haldane, *Heredity and Politics* (New York: W. W. Norton, 1938), 14.
44. Boris Ephrussi said this of Haldane, quoted in Clark, *The Life and Work of J. B. S. Haldane*, 109.
45. Ruse, *Monad*, 367.
46. Sewall Wright, "The Genetical Theory of Natural Selection: A Review," *Journal of Heredity* 21 (1930), 340–56.
47. See Sewall Wright, "Evolution in Mendelian Populations," *Genetics* 16 (1931), 97–159. Also, "The Roles of Mutation, Inbreeding, Crossbreeding and Selection in Evolution," *Proceedings of the Sixth International Congress of Genetics* 1 (1932), 356–66, and "Adaptation and Selection," in Glenn L. Jepson, Ernst Mayr, and George Gaylord Simpson, *Genetics, Paleontology and Evolution* (Princeton: Princeton University Press, 1949), 365–89.
48. Sewall Wright finally produced a book-size exposition of his complete evolutionary worldview late in life in *Evolution: Selected Papers*, ed. William B. Provine (Chicago: University of Chicago Press, 1986). There is also Wright, *Evolution and the Genetics of Populations*, 4 vols. (Chicago: University of Chicago Press, 1968).
49. R. A. Fisher, "The Measurement of Selective Intensity," *Proceedings of the Royal Society of London B* 121 (1936), 58–62.
50. It was T. H. Huxley's grandson and Haldane's old Eton friend Julian Huxley who gave the enterprise its name. See his *Evolution: The Modern Synthesis* (London: Allen and Unwin, 1942).
51. The treatment of this problem came in the chapter "The Evolution of Distastefulness" in Fisher, *The Genetical Theory of Natural Selection.*

52. Ibid., 159.
53. Sewall Wright, "Coefficients of Inbreeding and Relationship," *American Naturalist* 56 (1922), 330–38.
54. This exposition exists in Dugatkin, *The Altruism Equation*, 81–82.
55. Sewall Wright, "Tempo and Mode in Evolution: A Critical Review," *Ecology* 26 (1945), 415–19.
56. On group selection see Elliott Sober and David Sloan Wilson, *Unto Others: The Evolution and Psychology of Unselfish Behavior* (Cambridge, MA: Harvard University Press, 1998).
57. J. B. S. Haldane, "Darwinism Today," in *Possible Worlds*, 35.
58. Haldane, *Causes of Evolution*, 71; quoted in Dugatkin, *The Altruism Equation*, 72.
59. Fisher, *The Genetical Theory of Natural Selection*, 163.
60. J. B. S. Haldane, "Population Genetics," *New Biology* 18 (1955), 34–51, quote on 44.
61. Ibid.
62. Precisely why Fisher, Haldane, and Wright did not work out mathematical models of the evolution of genes for altruism is a matter of speculation. Some possible answers are discussed in Dugatkin, *The Altruism Equation*, 82–85.
63. Legends are as legends go. Before it ballooned into the drunken stupor tale, it was John Maynard Smith who told the pub story, situating it at the now-defunct Orange Tree off the Euston Road in London, and with Haldane calculating alertly on the back of an envelope rather than inebriated. Bill Hamilton was angered by what he took to be Maynard Smith's misplaced—and trivializing—memory. He had worked out the math painstakingly over two years, and it was his own comment, he thought, that Maynard Smith mistakenly attributed to Haldane.
64. Robert N. Proctor, *Racial Hygiene: Medicine Under the Nazis* (Cambridge, MA: Harvard University Press, 1988), 307.
65. Diane Paul, "A War on Two Fronts: J. B. S. Haldane and the Response to Lysenkoism in Britain," *Journal of the History of Biology* 16 (1983), 1–37.
66. Clark, *J. B. S.*, 209. On Haldane in India see Krishna Dronamraju, *Haldane: The Life and Work of J.B.S. with Special Reference to India* (Aberdeen: Aberdeen University Press, 1985).

## 第 4 章　在战争中失调

1. "Class of '44, 1050 Strong, Registers Today at Memorial Hall; Dean Chase Sounds Welcome," *Harvard Crimson*, September 20,1940.
2. Roger Rosenblatt, *Coming Apart: A Memoir of the Harvard Wars of 1969* (Boston: Little Brown and Company, 1997), 94; *Harvard Crimson*, September 20, 1940; *Harvard University Directory of Students*, published by the university (Cambridge, MA: October 1940), 79.
3. George Price transcript, Harvard College, 1940–41, HUA.
4. Richard D. Edwards, "Harvard Views the War," Class of 1941 Album, Harvard University Archive (HUA), 252–61, quotes on 258, 252, 255.
5. Ibid., 259.
6. Ibid, 260–61.
7. Quoted in Rosenblatt, *Coming Apart*, 98.
8. George Price letter to Gage Avery, August 1941, EPFA; George Price letter to Abraham B. Albert, August 9, 1941, EPFA.

9. David Freeman Hawke, *John D.: The Founding Father of the Rockefellers* (New York: Harper & Row, 1980); Charles R. Morris, *The Tycoons: How Andrew Carnegie, John D. Rockefeller, Jay Gould, and J. P. Morgan Invented the American Supereconomy* (New York: Owl Books, 2006); William J. Barber, "Political Economy in an Atmosphere of Academic Entrepreneurship: The University of Chicago," in *Breaking the Academic Mould: Economics and American Learning in the Nineteenth Century*, ed. William J. Barber (Middletown, CT: Wesleyan University Press, 1988), 241. There had been an original founding of the University of Chicago in 1857, incidentally, under the auspecies of Senator Stephen A. Douglas, but a mortgage foreclosure had shut its doors in 1886.
10. Milton Mayer, *Young Man in a Hurry: The Story of William Rainey Harper* (Chicago: University of Chicago Alumni Association, 1957), 22; Edward Shils, ed., *Remembering the University of Chicago: Teachers, Scientists and Scholars* (Chicago: University of Chicago Press, 1991), xii; Alfred North Whitehead, *Dialogues of Alfred North Whitehead*, recorded by Lucien Price (Boston: Little, Brown, 1954), 137.
11. William Michael Murphy and D. J. R. Bruckner, eds., *The Idea of the University of Chicago: Selections from the Papers of the First Eight Executives of the University of Chicago from 1891 to 1975* (Chicago: University of Chicago Press, 1976), 2; Mayer, *Young Man in a Hurry*, 61; Mary Ann Dzuback, *Robert M. Hutchins: Portrait of an Educator* (Chicago: Chicago University Press, 1991), 74; J. L. Laughlin, "Academic Liberty," *Journal of Political Economy* (January 1906), 41–43, quote on 43.
12. "When War Came," in News of the Quadrangles, *University of Chicago Magazine* 34 (December 1941), 10–11.
13. Robert M. Hutchins, "The State of the University, November 1, 1943: A Report to the Friends of the University of Chicago," 3–4, University of Chicago Archives (UCA); "Meet the Army Meteorologists," *Daily Maroon*, September 30, 1942, 4.
14. "Theory, Mud, Maneuvers," *University of Chicago Magazine* 34 (December 1941), 11.
15. Don Morris, News of the Quadrangles, *University of Chicago Magazine* 35 (May 1943), 18.
16. Martin Gardner, "All Out for War," *University of Chicago Magazine* 34 (January 1942), 15.
17. Robert M. Hutchins, "The State of the University, September 10th, 1942," 22, UCA; ibid., 7–11.
18. "Prep For Mustache Race," *Daily Maroon*, February 20, 1942, 1; Ellen Baum, "The Traveling Bazaar," *Daily Maroon*, February 22, 1946, 2.
19. Hutchins, "The State of the University," 13–14; George Price transcript, 1941–43, University of Chicago, Office of the Registrar.
20. Communication from Al Somit, May 15, 2008. George had been renting a room in the home of Professor Thorfin Hogness of the Chemistry Department until then: George Price letter to Don Fergusson, Oct. 28, 1960, GPP.
21. "Discrimination Clauses in Club Constitutions," *Daily Maroon*, March 6, 1942, 2; Harold W. Flitcraft, ed., *History of the 57th Street Meeting of Friends* (Chicago: 57th Street Meeting of Friends), 32.
22. Interview with Al Somit, December 6, 2007.
23. Al Somit letter to George Price, January 4, 1943, GPP.
24. Interview with Al Somit, April 16, 2008; Ellis Student Cooperative Handbook, September 1942, GPP.
25. George Price letter to Bob Sheffield, February 6, 1945, GPP.

26. "Coffee Shop Gone out of Business," *Daily Maroon*, April 30, 1943, 2.
27. "The University and the War," official publications of the University of Chicago, 1944, 34, CUA.
28. Richard Rhodes, *The Making of the American Bomb* (New York: Simon & Schuster, 1986).
29. Daniel J. Kevles, *The Physicists: The History of a Scientific Community in Modern America* (New York: Alfred A. Knopf, 1977).
30. George Price transcript; Allie Shah, "Medical Researcher Samuel Schwartz Dies," *Star Tribune*, December 9, 1997; George Price letter to Dr. Herman H. Goldstine, October 28, 1964, GPP.
31. George Price, "Fluorescence of Uranium, Plutonium, Neptunium, and Americium, A Dissertation Submitted to the Faculty of the Division of the Physical Sciences in Candidacy for the Degree of Doctor of Philosophy, the University of Chicago Department of Chemistry, August 6, 1946"; Samuel Schwartz Papers (SSP), University of Minnesota Medical School, Box 12, Schwartz's notes.
32. Ibid., 6–7.
33. Interviews with Kathleen Price, April 12, 2008, and April 13, 2008; interview with Al Somit, April 16, 2008.
34. Chet Opal, "Victory!" *University of Chicago Magazine* 37 (May 1945), 13.
35. Alice Avery Price letter to George Price, August 14, 1945, GPP.
36. George Price letter to Alice Avery Price, August 20, 1945, GPP.
37. "Mecca of the Caffeine Addicts Soon to Reopen," *Daily Maroon*, February 22, 1946, 5.
38. George Price letter to Fred, August 19, 1946, GPP.
39. George Price letter to Dr. Erwin Haas, August 17, 1946, GPP; George Price letter to Fred, August 19, 1946, GPP; Robert M. Hutchins, "The State of the University, September 25, 1945," 28, and "November 25, 1946," 18, UCA.
40. Interview, Kathleen Price, April 13, 2008; Directory of University Officers and Students, November 25, 1946, 118, and June 1947, 138, HUA.
41. Communication from Professor Gilbert Stork, January 11, 2008; communication from Professor Leonard K. Nash, May 5, 2008.
42. Lloyd Shapley letter to George Price, February 3, 1947, GPP; Lloyd A. Wood letter to George Price, October 24, 1947, GPP; "Chess Club Takes Lead in Crucial Match," *Harvard Crimson*, March 1, 1947.
43. Archival materials and historical sources are on the official Argonne National Laboratory Web site, www.anl.gov.
44. Claude E. Shannon, "A Mathematical Theory of Communication," *Bell System Technical Journal* 27 (July 1948), 379–423 (October 1948), 623–66.
45. University of Minnesota, Office of the President, "Request for Information," May 9, 1950, University of Minnesota Archives (UMA).
46. John W. Rae and John W. Rae, Jr., *Morristown's Forgotten Past: "The Gilded Age"* (Morristown, NJ: John W. Rae, 1980).
47. George Price, "Transistor Work Already Started That Would Be Simple and Valuable to Finish," draft, June 27, 1949, GPP.
48. Interviews with Annamarie Price, April 15 and 17, 2008.
49. George Price letter to Al Somit, February 1, 1953, GPP.
50. Stanford Lehmberg and Ann M. Pflaum, *The University of Minnesota 1945–2000* (Minneapolis: University of Minnesota Press, 2000), 51–53; Jay Edgerton, "U. of M. Medical College Had Become One of the World's Greatest," *Minneapolis Star*, January 28, 1955.
51. "Conference Agenda," box 4; "Memo," box 10, Samuel Schwartz Papers (SSP).

The eventual paper was titled, "Some Relationships of Porphyrins, Tumors, and Ionizing Radiations," *University of Minnesota Medical Bulletin* 27 (1955), 7–13.
52. Box 10, SSP.
53. Samuel Schwartz letter to Dr. Avram Goldstein, January 25, 1978, box 33, SSP.
54. Box 1, SSP, undated.
55. George Price letter to Bob and Marjorie Sheffield, December 3, 1953, GPP.
56. George Price letter to Al Somit, February 1, 1953, GPP.
57. John Lewis Gaddis, *The Cold War* (London: Penguin, 2005).
58. Jean and Fairfield Hoban telegram to George Price, September 30, 1953, GPP; Julia Price letter to Alice Avery Price, December 10, 1953, GPP; Alice Avery Price letter to George Price, September 22, 1953, GPP.

## 第 5 章　自私的游戏

1. Clay Blair, Jr., "Passing of a Great Mind," *Life*, February 25, 1957, 89–90, quote on 89.
2. William Poundstone, *Prisoner's Dilemma: John von Neumann, Game Theory, and the Puzzle of the Bomb* (New York: Anchor Books, 1992), 5; Blaer, "Passing of a Great Mind."
3. Adam Smith, *An Inquiry into the Nature and Causes of the Wealth of Nations* (1776; reprint edited by Edwin Cannan, Chicago: University of Chicago Press, 1976).
4. Veblen first used the term "neoclassical" in "Preconceptions of Economic Science," *Quarterly Journal of Economics* 13 (January 1899).
5. Lucy Sprague Mitchell, *Two Lives: The Story of Wesley Clair Mitchell and Myself* (New York: Simon & Schuster, 1953), 86; Thorstein Veblen, *The Theory of the Leisure Class: An Economic Study of Institutions* (1899; reprint, New York: Macmillan, 1953) and "The Limitations of Marginal Utility," *Journal of Political Economy* 17 (November 1909), 622, 624. On Veblen see Rick Tilman, *Thorstein Veblen and His Critics, 1891–1963* (Princeton: Princeton University Press, 1992).
6. C. Wright Mills of Columbia University wrote this in his introduction to Veblen's own *The Theory of the Leisure Class*, ix.
7. Frank Knight, "The Newer Economics and the Control of Economic Activity," *Journal of Political Economy* (August 1932), 458; *Chicago Tribune*, May 28, 1972; Frank Knight, *Risk, Uncertainty, and Profit* (Boston: Houghton Mifflin, 1921).
8. Frank Knight, *The Economic Organization* (Chicago: University of Chicago Press, 1933).
9. W. C. Allee, "Evolution of a Mechanist," circa 1915, 9–11, quoted in Gregg Mitman, *The State of Nature: Ecology, Community, and American Social Thought, 1900–1950* (Chicago: Chicago University Press, 1992), 52. Mitman's book is the best study of Allee and Chicago ecology.
10. Karl Patterson Schmidt, "Warder Clyde Allee," *Biographical Memoirs, National Academy of Sciences USA* 30 (1957), 3–40; Alfred E. Emerson and Thomas Park, "Warder Clyde Allee: Ecologist and Ethologist," *Science* 121 (May 13, 1955), 686–87; David W. Blight, *Passages to Freedom: The Underground Railroad in History and Memory* (Washington, DC: Smithsonian Books, 2002); on Earlham see Thomas Hamm, "A Brief History of Earlham College," at the school's Web site: www.earlham.edu/EC_history.html.
11. Warder Clyde Allee, "An Experimental Analysis of the Relation Between Physiological States and Rheotaxis in Isopoda," *Journal of Experimental Zoology* 13 (1912), 270–344; Mitman, *The State of Nature*, 53.

12. *Springfield News-Record*, February 9, 1917, quoted in Mitman, *The State of Nature*, 56.
13. See ibid., 58–62.
14. Peter Weikart, *From Darwin to Hitler: Evolutionary Ethics, Eugenics, and Racism in Germany* (New York: Palgrave Macmillan, 2004), 10; Oren Harman, "On the Power of Ideas," *Minerva* 45 (2007), 175–189. Many American biologists connected German militarism to Darwinism. See Mitman, *The State of Nature*, 220, n36.
15. Quotes from Mitman, *The State of Nature*, 60.
16. On Spencer see Robert J. Richards, *Darwin and the Emergence of Evolutionary Theories of Mind and Behavior* (Chicago: University of Chicago Press, 1987), 234–330.
17. Blair, "Passing of a Great Mind."
18. Poundstone, *Prisoner's Dilemma*, 22, 21, 24. See also Stanislaw Ulam, "John von Neumann, 1903–1957," *Bulletin of the American Mathematical Society* 64, no. 3 (May 1958), 1–49.
19. John von Neumann, "Zur Theorie der Gesellschaftspiele," *Mathematische Annalen* 100 (1928), 295–320. See Robert J. Leonard, "From Parlor Games to Social Science: Von Neumann, Morgenstern and the Creation of Game Theory, 1928–1944," *Journal of Economic Literature* 33 (1995), 730–61.
20. John Maynard Keynes, *General Theory of Employment, Interest and Money* (London: Macmillan 2007;1936), 3.
21. Hyman Minsky, *John Maynard Keynes* (New York: Columbia University Press, 1975); Geoff Tily, *Keynes's General Theory, the Rate of Interest and "Keynesian" Economics* (London: Palgrave Macmillan, 2007).
22. Don Patinkin, *Essay On and In the Chicago Tradition* (Durham, NC: Duke University Press, 1981), 299; Leonard Silk, *The Economists* (New York: Basic Books, 1976), 46; Henry Simons, *A Positive Program for Laissez-Faire: Some Proposals for a Liberal Economic Policy* (Chicago: University of Chicago Press, 1934); Craufurd D. Goodwin, "Martin Bronfenbrenner, 1914–1997," *Economic Journal* (November 1998), 1776.
23. Jacob Viner, "Mr. Keynes and the Causes of Unemployment," *Quarterly Journal of Economics*, November 1936; Johan Van Overtveldt, *The Chicago School: How the University of Chicago Assembled the Thinkers Who Revolutionized Economics and Business* (Canada: B2 Books, 2007), 81. Van Overtveldt provides a thorough overview of the rise of the Chicago School.
24. Edward O. Wilson and Charles D. Michener, "Alfred Edward Emerson, 1896–1976," *Biographical Memoirs, National Academy of Sciences USA* 53 (1982), 159–77, 162. Emerson's collection was donated to the American Museum of Natural History in New York City.
25. Sewall Wright, "Genetics of Abnormal Growth in the Guinea Pig," *Cold Spring Harbor Symposia on Quantitative Biology* 2 (1934), 137–47, quote on 139. On Wright see William Provine, *Sewall Wright and Evolutionary Biology* (Chicago: University of Chicago Press, 1986).
26. For an up-to-date, modern appreciation of the idea of the superorganism see Bert Hölldobler and E. O. Wilson, *The Superorganism: The Beauty, Elegance, and Strangeness of Insect Societies* (New York: W. W. Norton, 2009).
27. See William Morton Wheeler, *The Social Insects* (New York: Harcourt, Brace & Co., 1928), and "Animal Societies," *Scientific Monthly* 39 (1934), 289–301.
28. Alfred E. Emerson, "Biological Basis of Social Cooperation," *Illinois Academy of Science Transactions* 39 (1946), 12, quoted in Mitman, *The State of Nature*, 158.

29. Frank Lillie, "The Department of Biology in Relation to the New Organization," *Daily Maroon*, December 11, 1930; Warder Clyde Allee, "Science Confirms an Old Faith," *American Friend* 35 (1928), 780. Quoted in *Mitman*, 52.
30. See Warder Clyde Allee, "Animal Aggregations," *Quarterly Review of Biology* 2 (1927), 367–98, and *Animal Aggregations: A Study in General Sociology* (Chicago: Chicago University Press, 1927).
31. A good description of Allee's aggregation work appears in Dugatkin, *The Altruism Equation*, 41–50.
32. W. C. Allee, "Concerning Biology and Biologists," quoted in ibid., 57.
33. W. C. Allee, "Reexamination of One Fundamental Doctrine in the Light of Modern Knowledge," and "Where Angels Fear to Tread," quoted in ibid., 48, 56.
34. Oskar Morgenstern, Diary, April–May 1942, quoted in Leonard, "From Parlor Games to Social Science," 730.
35. John von Neumann and Oskar Morgenstern, *Theory of Games and Economic Behavior* (Princeton: Princeton University Press, 1944), 2.
36. Van Overveldt, *The Chicago School*, 215. Many of the professors at the Chicago Department of Economics did not endorse the research methods used at the Cowles Commission. All, however, considered von Neumann a genius.
37. Actually, game theory as Neumann and Morgenstern had defined it was probably least applicable to economics compared to other fields: Zero-sum games between two people are negligible in economic situations, whereas cooperative, many-people games were not strictly solved in the book. That would have to wait for John Nash.
38. Mitman, *The State of Nature*, 159.
39. Alfred E. Emerson, "The Biological Basis of Social Cooperation," *Illinois Academy of Science Transactions* 39 (1946), 12, quoted in Mitman, *The State of Nature*, 158.
40. George Gaylord Simpson, "The Role of the Individual in Evolution," *Journal of the Washington Academy of Sciences* 31 (1941), 16, quoted in Mitman, *The State of Nature*, 165. Simpson's accusation was directed against the neurobiologist Ralph Gerard. See Ralph W. Gerard, "Organism, Society and Science," *Scientific Monthly* 50 (1940), 340–50, 530–35.
41. Not that Emerson wasn't a democrat. His problem was how to hold on to a biological view of the democratic state while combating the organicism of fascism. Emerson chose to save organicism by arguing that fascism had misused it by stamping out individual variation—a crucial component of progressive integration of the group.
42. Emerson, "The Biological Basis of Social Cooperation," 17–18, quoted in Mitman, *A State of Nature*, 160.
43. For a recent biography see Lanny Ebenstein, *Milton Friedman* (New York: Palgrave Macmillan, 2007).
44. Milton Friedman, *Capitalism and Freedom* (Chicago: University of Chicago Press, 1962; reprint, 2002), xi.
45. This was the title of a book by the Austrian-born economist Friedrich Hayek, a friend of Friedman's, and, beginning in 1950, a colleague at Chicago. See Friedrich Hayek, *The Road to Serfdom. Fiftieth Anniversary Edition* (Chicago: University of Chicago Press, 1994).
46. Quoted in Friedman, *Capitalism and Freedom*, 26.
47. Ibid., 2.
48. Mitman, *A State of Nature*, 109.
49. Allee worked on the endocrinology of the pecking order. See W. C. Allee, N. E. Collias, and Catherine Z. Lutherman, "Modification of the Social Order in Flocks

of Hens by the Injection of Testosterone Proprionate," *Physiological Zoology* 12 (1939), 412–40; W. C. Allee and N. E. Collias, "The Effect of Estradiol on the Social Organization of Flocks of Hens," *Endocrinology* 27 (1940), 87–94; W. C. Allee, N. E. Collias, and Elizabeth Beeman, "The Effect of Thyroxin on the Social Order in Flocks of Hens," *Endocrinology* 27 (1940), 827–35; Benson Ginsburg and W. C. Allee, "Some Effects of Conditioning on Social Dominance and Subordination in Inbred Strains of Mice," *Physiological Zoology* 15 (1942), 485–506.

50. A. M. Guhl and W. C. Allee, "Some Measurable Effects of Social Organization in Flocks of Hens," *Physiological Zoology* 17 (1944), 320–47.
51. Warder Clyde Allee, "Biology and International Relations," *New Republic* 112 (1945), 816.
52. Mitman, *A State of Nature*, 184.
53. Warder Clyde Allee, *The Social Life of Animals* (New York: W. W. Norton, 1938); "Where Angels Fear to Tread: A Contribution from General Sociology to Human Ethics," *Science* 97 (1943), 517–25; Mitman, *A State of Nature*, 178–201.
54. Poundstone, *Prisoner's Dilemma*, 83–99.
55. Sylvia Nasar, *A Beautiful Mind* (New York: Simon & Schuster, 1998), 104–14, quote on 104
56. In fact, the earliest use of game theory in World War II by the United States involved designing antisubmarine tactics against the Germans. Mathematicians at the Anti-Submarine Warfare Operation Evaluation Group were said to carry around copies of Neumann's 1928 paper on poker.
57. Poundstone, *Prisoner's Dilemma*, 68.
58. Ibid., 118.
59. John Nash's "Equilibrium Points in N-Person Games," *Proceedings of the National Academy of Sciences USA* 36 (1950), 48–49, had been the original spur to the prisoner's dilemma, since Nash's optimal solutions were not satisfied in it. Flood and Dresher themselves now believe that the prisoner's dilemma will never be "solved," and nearly all game theorists agree. On Nash's incredible story see Nasar, *A Beautiful Mind.*
60. Dugatkin, *The Altruism Equation*, 59. Allee was, however, a highly respected scientist and was elected to the National Academy of Sciences in 1951.
61. Ibid., 60.
62. Poundstone, *Prisoner's Dilemma*, 191.
63. Even former RANDers Luce and Raiffa concluded in 1957 that most social scientists were disillusioned with game theory. R. Duncan Luce and Howard Raiffa, *Games and Decisions* (New York: John Wiley & Sons, 1957).
64. *Poundstone*, 193–94; George Orwell, "As I Please," *Tribune*, 30 June, 1944, in George Orwell, *The Collected Essays, Journalism and Letters: Volume 3* (Harmondsworth: Penguin, 1970), 208.

## 第6章 忙乱而不羁的生活

1. "Results of Psychical Research," *New York Times*, September 4, 1892.
2. Seymour Mauskopf, ed., *The Reception of Unconventional Science by the Scientific Community* (Boulder, CO: Westview Press, 1979); Joseph Rhine letters to George Price, April 13, 1971, and May 18, 1972, GPP.
3. Seymour Mauskopf and Michael R. McVaugh, *The Elusive Science: Origins of Experimental Psychical Research, 1915–1940* (Baltimore: Johns Hopkins Press, 1980).

4. Samuel George Soal, "Fresh Light on Card Guessing," *Proceedings of the Society for Psychical Research* 46 (1940), 152; Joseph B. Rhine, *New Frontiers of the Mind* (New York: Farrar and Rinehart, 1937).
5. Alice Avery Price letters to herself from W. E. Price, April–May 1946, June 25 1950, EPFA.
6. George Price letter to Bob and Marjorie Sheffield, December 1, 1953, GPP; George Price letter to Henry Noel, February 1, 1953, GPP.
7. George Price, "Science and the Supernatural," *Science* 122 (1955), 359–67, quote on 360; George Price correspondence with Joseph Rhine, February 25 and March 15, 1941, GPP.
8. Ibid., 367, 363.
9. Aldous Huxley, "Facts and Fetishes," *Esquire*, September 1955, 43–44, 115–16, quote on 43; George Price, "Science and the Supernatural," *Science* 122 (August 26, 1955), 359–67.
10. Anthony Arthur, *Radical Innocent: Upton Sinclair* (New York: Random House, 2006), 43; Upton Sinclair letter to George Price, August 5, 1956, GPP. Einstein had become friendly with Sinclair via correspondence over social issues, and even attended a séance in his home in California in 1930. When Mrs. Sinclair challenged his views about telepathy, Einstein's wife, Elsa, chided her for her presumption, saying, "You know my husband has the greatest mind in the world." Mrs. Sinclair responded: "Yes, I know, but surely he doesn't know everything." Einstein remained amused and wrote the preface out of friendship rather than belief, a fact that did not disturb Sinclair's overwhelming pride. See Walter Isaacson, *Einstein: His Life and Universe* (New York: Simon & Schuster, 2007), 373–74.
11. *New York Times*, August 27, 1955. A further article in the *Times*, "Scientists Debate 6th Sense of Man," appeared on January 8, 1956; Reverend Norman Boswell letter to George Price, January 15, 1956, GPP; C. H. Chalmers letter to George Price, October 28, 1955, and George's reply, February 2, 1956, GPP; Fern Irene Clarke letter to George Price, September 5, 1955, and George's reply, October 27, 1955, GPP; Lin Cutler letter to George Price, January 13, 1956, GPP.
12. *Science* 123 (1956), 7–19, quotes on 8, 9, 15, 13, 11.
13. Ibid., 16.
14. George Price, "Where Is the Definitive Argument?" *Science* 123 (1956), 17–18.
15. Joan Cook, "John Scarne, Gambling Expert," *New York Times*, July 9, 1985; George Price correspondence with Dr. George K. Bennett and Dr. J. Ricardo Musso, July–December 1956, GPP; George Price letter to Dr. Keith S. Ditman, November 14, 1964, GPP.
16. Claude Shannon letter to George Price, January 31, 1955, GPP. Scarne later became the technical adviser on the motion picture *The Sting* and his hands doubled for Paul Newman's during the deck-switching scenes. See John Scarne, *The Odds Against Me* (New York: Simon & Schuster, 1966).
17. George Price letter to Al Somit, October 23, 1955, GPP.
18. Gaddis, *The Cold War*, 163, 123.
19. George Price, "Does Poverty Really Lead to Communism: Outline," circa 1953, GPP.
20. George R. Price, "Altman's Theory of Economic Cycles," *Science* 117 (1953), 335–36, quotes on 336; George T. Altman, "Cycles in Economics in Nature," *Science* 115 (1952), 51.
21. George R. Price, "How to Speed Up Invention," *Fortune*, November 1956, 150–53 and 218–28, quote on 223.
22. Ibid., 228; George Price letter to Dr. Gilfillan, July 1, 1972, GPP.

23. George R. Price, "Arguing the Case for Being Panicky," *Life*, November 18, 1957, 125–28, quotes on 125.
24. Ibid., 127, 128.
25. Hubert Humphrey letter to George Price, January 29, 1957, GPP; "Scientist's Answer to Lagging Research: A Machine That Will Help Invent Machines" and "Researcher Devotes His Life to Science," *Minneapolis Sunday Tribune*, January 20, 1957; George Price letters to Martin Kessler, October 2 and 29, 1955, GPP; George Price letter to Al Somit, March 8, 1956, GPP.
26. "Emanuel Piore, 91, Leader and Researcher at IBM," *New York Times*, May 12, 2000.
27. George Price letter to E. R. Piore, August 12, 1957, GPP; George Price letter to Dr. Gilfillan, July 1, 1972, GPP.
28. Interviews with Kathleen Price, April 12 and 13, 2008.
29. Correspondence between George Price and the Law Offices of William R. Lieberman, July 25, 1957, and September 28, 1957, the British Library George Price Collection (BLGPC), KPX1_2.3 and KPX1_7.5.

## 第 7 章 寻找最后的答案

1. Kohn, *A Reason for Everything*, 227.
2. John Maynard Smith, "In Haldane's Footsteps," in *Leaders in the Study of Animal Behavior*, ed. Donald A. Dewsbury (Lewisburg, PA: Bucknell University Press), 347–54, quote on 348.
3. Quoted in Kohn, *A Reason for Everything*, 212.
4. Ibid., 211.
5. Vero C. Wynne-Edwards, "Backstage and Upstage with 'Animal Dispersion,' " in *Leaders in the Study of Animal Behavior*, 487–512, quotes on 488, 489.
6. Charles Elton, "Periodic Fluctuations in the Numbers of Animals: Their Causes and Effects," *British Journal of Experimental Biology* 2 (1924), 119–63.
7. Alexander M. Carr-Saunders, *The Population Problem: A Study in Human Evolution* (Oxford: Clarendon Press, 1922).
8. Wynne-Edwards's descriptions of nature in the Arctic are very similar to those of Kropotkin in *Mutual Aid*: "Except perhaps among carnivorous predators, competition between individuals for space and nourishment seems commonly to be reduced to a low level among members of the Arctic flora and fauna; they live somewhat like weeds, the secret of whose success lies in their ability to exploit transient conditions while they last, in the absence of serious competition. In the Arctic the struggle for existence is overwhelmingly against the physical world, now sufficiently benign, now below the threshold for successful reproduction, and now so violent that life is swept away, after which recolonization alone can restore it." V. C. Wynne-Edwards, "Zoology of the Baird Expedition," *The Auk* 69, no. 4 (1952), 353–91, quote on 384.
9. V. C. Wynne-Edwards, "Intermittent Breeding of the Fulmar (*Fulmarus glacialis*) with Some General Observations on Non-Breeding in Sea-Birds," *Proceedings of the Zoological Society of London* A109 (1939), 127–32.
10. There are a number of known density-dependent reproduction-control mechanisms, such as reducing the rate of ovulation via a change in hormone output, or resorption of the embryos in the uterus as a result of stress. Wynne-Edwards, however, was talking about voluntary restraint accomplished via ritualized convention, as in territoriality displays, migration, and abstention.

11. This had been the original insight of Georgii Gause, which he called the "principle of competitive exclusion." See Sharon E. Kingsland, *Modeling Nature: Episodes in the History of Population Ecology* (Chicago: University of Chicago Press, 1985), 146–62.
12. David L. Lack, *The Natural Regulation of Animal Numbers* (Oxford: Clarendon Press, 1954). See also Lack, "My Life as an Amateur Ornithologist," *Ibis* 115 (1973), 421–31, *The Life of the Robin* (London: Witherby, 1943), *Swifts in a Tower* (London, Methuen, 1956), and *Darwin's Finches: An Essay on the General Biological Theory of Evolution* (London: Methuen, 1973).
13. V. C. Wynne-Edwards, *Animal Dispersion in Relation to Social Behavior* (Edinburgh: Oliver and Boyd, 1962), 20. The fishing analogy first appeared in V. C. Wynne-Edwards, "The Control of Population Density Through Social Behaviour: A Hypothesis," *Ibis* 101 (1959), 436–41, quote on 437.
14. Wynne-Edwards called the kind of behavior necessary for such convention "epideictic." His main study of such behavior was on the red grouse, *Lagopus lagopus scotica*, in the vicinity of Aberdeen. Olavi Kalela, too, developed this idea. See his "Über die Funktion der Mandibeln bei den Soldaten von *Neocapritermes opacus* (Hagen)," *Zoologischer Anzeiger* 152 (1954), 228–34.
15. Charles Darwin, *The Origin of Species*, 139, emphasis added.
16. Quoted in Kohn, *A Reason for Everything*, 227. For a study of Wynne-Edwards' place in the history of the debate on group selections see Mark Borrello, *Evolutionary Restraints: The Contentious History of Group Selection Theory* (Chicago: University of Chicago Press, 2010).
17. Ibid., 224.
18. David Lack, *Population Studies of Birds* (Oxford: Oxford University Press, 1966); Charles Elton, "Self-Regulation of Animal Populations," *Nature* 197 (1963), 634.
19. V. C. Wynne-Edwards, "Population Control in Animals," *Scientific American* 211 (1964), 68–74.
20. "The Nature of Social Life," *Times Literary Supplement,* December, 14, 1962, 967. More reviews are discussed in Borrello, *Evolutionary Restraints.* I thank Mark Borrello kindly for sharing with me a prepublication version of his manuscript.
21. David Cort, "The Glossy Rats: A Review of Animal Dispersion in Relation to Social Behavior," *The Nation*, November 16, 1963, 326–29, quote on 327. Wynne-Edwards himself often made the comparison to man.
22. August Weismann, *Ueber die Dauer des Lebens* [On the Duration of Life] (Jena, 1882); *Ueber Leben und Tod* [On Life and Death] (Jena, 1884). Both appear in English in Weismann, *On Heredity* (Oxford: Clarendon Press, 1891).
23. See John Maynard Smith, "The Causes of Ageing," in Review Lectures on Senescence, *Proceedings of the Royal Society of London B* 157 (1962), 115–27. Peter Medawar and George C. Williams had already been thinking along these "pleiotropic" lines. See Medawar, *An Unsolved Problem of Biology* (London: H.K. Lewis, 1952), and Williams, "Pleiotropy, Natural Selection, and the Evolution of Senescence," *Evolution* 11 (1957), 398–411.
24. This formulation belongs to Richard Dawkins, *The Selfish Gene* (Oxford: Oxford University Press, 1976; reprint, 1989), 175.
25. The haplodiploid hypothesis turned out to be flawed: many haplodiploid species have not evolved eusociality, whereas other, diplodiploid species have. Still, the "spirit" of the hypothesis survived in the notion that there is genetic conflict between sisters' interest in producing more female reproductives than males versus the queen's interest in an equal investment in the sexes. See R. L. Trivers and

H. Hare, "Haplodiploidy and the Evolution of the Social Insects," *Science* 91 (1976), 249–63, and more recently, N. J. Mehdiabadi, H. K. Reeve, and U. G. Mueller, "Queens Versus Workers: Sex Ration Conflict in Eusocial Hymenoptera," *Trends in Ecology and Evolution* 18, no. 2 (2003), 88–93. For a definitive presentation of current knowledge on social insects see Bert Hölldobler and E. O. Wilson, *The Superorganism: The Beauty, Elegance, and Strangeness of Insect Societies* (New York: W. W. Norton, 2009).

26. For a full-length biography of Hamilton see Ullica Segerstråle, *Nature's Oracle: A Life of W. D. Hamilton* (Oxford: Oxford University Press, 2010). There are many shorter appreciations of Hamilton's life and science. See Alan Grafen, "William Donald Hamilton, 1936–2000," *Biographical Memoirs of Fellows of the Royal Society* 50 (2004), 109–32.
27. This was the writer Alisdair Gray's remark, quoted in Kohn, *A Reason for Everything*, 259; 260; interview with Janet Hamilton (Bill's sister), October 24, 2007.
28. "I realized that I had little talent in mathematics and even less training for it," he later wrote, "so that my efforts to teach myself what was necessary to understand even the merely standard theoretical population genetics of the day were tedious in the extreme."
29. On the jacket of the 1999 edition of Fisher's book.
30. W. D. Hamilton, *Narrow Roads of Gene Land, Volume 1: Evolution of Social Behavior* (Oxford: Spektrum, 1996), 21; the quote on 22 is from Vincent Wigglesworth, *The Life of Insects* (London: Weidenfeld and Nicolson, 1966).
31. Letters to Mary quoted in Kohn, *A Reason for Everything*, 265, 266.
32. Charles Darwin, *On the Origin of Species*, facsimile of the first edition with an introduction by Ernst Mayr (Cambridge, MA: Harvard University Press), 189.
33. Hamilton, *Narrow Roads*, 22.
34. On the decline of eugenics including Penrose's role see Daniel J. Kevles, *In the Name of Eugenics: Genetics and the Uses of Human Heredity* (Cambridge, MA: Harvard University Press, 1995), especially 148–222.
35. Hamilton, *Narrow Roads*, 14.
36. Ibid., 4.
37. Ibid., 12–13.
38. Ibid., 15, 5.
39. In fact Hamilton's supervisor Cedric Smith had once introduced the two, but Maynard Smith couldn't remember the encounter. Hamilton was shy and very unassuming, and Maynard Smith, like everyone else at the time, wasn't interested in the genetics of altruism.
40. Ullica Segerstråle, *Defenders of the Truth: The Sociobiology Debate* (Oxford: Oxford University Press, 2000), 64.
41. The other two Oxford men at the meeting were the ethologist Niko Tinbergen and the geneticist Arthur Cain. Maynard Smith recalled that it was Cain who came up with the term "kin selection" though Cain himself had no such recollection.
42. John Maynard Smith, "Kin Selection and Group Selection," *Nature* 201 (1964), 1145–47. Maynard Smith's model became known as the "haystack model" and has excited a steady amount of discussion and criticism ever since. See Sober and Wilson, *Unto Others*, 67–71. For Wynne-Edwards's own reply see *Nature* 201 (1964), 1147.
43. William Hamilton, "The Evolution of Altruistic Behavior," *American Naturalist* 97 (1963), 354–56. Here Hamilton collapsed cost and benefit into one variable, k, and so the equation was even simpler: $k > 1/r$. This was the only math that appeared in the article.

44. Hamilton, *Narrow Roads*, 29–30.
45. Sober and Wilson, *Unto Others*, 35–36.
46. David Lack, *Population Studies of Birds* (Oxford: Clarendon Press, 1966).
47. G. C. Williams and D. C. Williams, "Natural Selection of Individually Harmful Social Adaptations among Sibs with Special Reference to Social Insects," *Evolution* 11 (1957), 32–39.
48. Fisher, *The Genetical Theory of Natural Selection*, 158.
49. This formulation is taken from Sober and Wilson, *Unto Others*, 38–39.
50. George C. Williams, *Adaptation and Natural Selection* (Princeton: Princeton University Press, 1966), 273.
51. W. D. Hamilton, "Extraordinary Sex Ratios," *Science* (156) 1967, 477–88.
52. Hamilton, *Narrow Roads*, 131–42.
53. Hamilton, "Extraordinary Sex Ratios," 477.
54. The first to point this out was Robert Colwell, "Group Selection Is Implicated in the Evolution of Female-Biased Sex Ratios," *Nature* 190 (1981), 401–4.
55. Hamilton, "Extraordinary Sex Ratios"; see the section on "sex ratios and polygyny." Hamilton did, however, make a mathematically imprecise allusion to the effect that certain optimal strategies may reflect a compromise between conflicting individual and group-based selection pressures. He buried it, however, in footnote 43.
56. Hamilton, *Narrow Roads*, 186. I thank Peter Henderson for a wonderful description of his time with Hamilton in the Amazon.

## 第8章 致命的伤害

1. George Price letter to Hubert Humphrey, May 2, 1957, GPP.
2. George Price correspondence with Senator Hubert Humphrey, February 1956–December 1959, GPP; Donald S. Harrington, "To Deal with China Crisis; Adjudication by International Court of Justice Proposed," *New York Times*, September 19, 1958.
3. George R. Price articles in *Popular Science Monthly* and *THINK*, March 1959–November 1960; George Price letters to Claude Shannon, October 11 and December 8, 1960; George Price–H. J. Muller correspondence, January–February 1960, GPP.
4. On Skinner see Daniel W. Bjork, *B. F. Skinner: A Life* (Washington, DC: American Psychological Association, 1997); William T. O'Donohue and Kyle E. Ferguson, *The Psychology of B .F. Skinner* (Thousand Oaks, CA: Sage, 2001); Daniel N. Weiner, *B. F. Skinner: Benign Anarchist* (Boston: Allyn and Bacon, 1996).
5. "Skinner's Utopia: Panacea, or Path to Hell?" *Time*, September 20, 1971, 47–53, found in GPP. See also Philip J. Pauly, *Controlling Life: Jacques Loeb and the Engineering Ideal in Biology* (New York: Oxford University Press, 1987).
6. George R. Price, "The Teaching Machine," *THINK*, March 1959, 10–14, quote on 10.
7. George Price letter to B. F. Skinner, October 27, 1957, GPP.
8. Alexis de Tocqueville, *Democracy in America* (1840), quoted in drafts of *No Easy Way*, chapter 6, GPP. Also George Price, "The Warning from the Distant Past," draft, probably of chapter 10, GPP.
9. Cass Canfield letter to George Price, March 3, 1958, GPP; A. Boardman letter to George Price, August 11, 1966, GPP.
10. Ross Wetzsteon, *Republic of Dreams: Greenwich Village, the American Bohemia, 1910–1960* (New York, Simon & Schuster, 2002); George Price passport, GPP.

11. George Price letter to Hubert Humphrey, December 8, 1959, GPP; George Price–Richard Winslow Correspondence, 1959–1961, GPP; *No Easy Way* draft, circa 1960, GPP.
12. George Price letter to Dr. Nathan S. Kline, October 28, 1958, GPP.
13. George Price letter to Richard Winslow, February 29, 1960, GPP.
14. George Price letter to Robert Latimer, February 13, 1961, GPP; Joan letter to George Price, November 12, 1961, GPP; George Price letter to Henry Noel, February 10, 1961, GPP; George Price letter to Al Somit, October 12, 1961, GPP; Fred Schneider letter to George Price, April 10, 1960, BLGPC, KPX1_1.5.
15. Donald Ferguson letter to George Price, September 21, 1960, GPP.
16. George R. Price, drafts of "Fallacies of Random Neural Networks and Self-Organization" and "A Theory of the Function of the Hymen," GPP.
17. *IBM Annual Report* (1961), 7.
18. Ibid., 6; George Price letter to Donald Ferguson, October 28, 1960, GPP; George Price letter to Richard Winslow, October 15, 1962, GPP; George Price letter to Al Somit, June 19, 1962, GPP.
19. Graham DuShane (editor) letter to George Price, July 19, 1962, GPP; George Price letter to Ralph Graves, September 5, 1970, GPP.
20. Alice Avery Price letters to George Price, November 1962–November 1963, GPP.
21. B. F. Skinner, "The Science of Learning and the Art of Teaching," *Harvard Educational Review* 24 (1954), 86–97.
22. George R. Price, "Some Suggestions About Programmed Instruction," Market Requirements Memorandum, IBM, January 31, 1963, GPP.
23. George Price letter to Richard Winslow, December 17, 1963, GPP.
24. George Price letter to Emanuel Piore, March 17, 1969, GPP; George Price letter to John Isaacson, October 28, 1964, GPP; George Price letter to Stephen (last name not known), January 30, 1972, GPP.
25. George R. Price, "The Climate of Invention," *THINK*, June 1959, 24.
26. George Price–Paul Samuelson correspondence, December 17, 1965–September 14, 1966, GPP; George R. Price, "Report on Marginal Optimization," draft, IBM-DSD Poughkeepsie, January 1964, GPP.
27. George Price letter to Paul A. Samuelson, December 17, 1965, GPP. Bob Solow and Andreas Papandreou both became prominent economists.
28. Paul A. Samuelson letter to George Price, January 13, 1966, GPP.
29. George Price letters to Fred Brooks, October 12 and 21, 1964, GPP; George Price letter to Tatiana, May 31, 1964, GPP; George Price letter to Fairfield, August 6, 1964, GPP.
30. John C. Eccles letter to George Price, January 20, 1965, BL:KPX1_3.2, BLGPC.
31. Donald Ferguson letter to George Price, September 21, 1960, GPP; George Price letter to Howard Klevens, October 31, 1967, GPP.
32. George Price letter to Donald Ferguson, March 12, 1966, GPP.
33. George Price letter to Donald Ferguson, September 4, 1966, GPP; Donald Ferguson letter to George Price, January 2, 1967, GPP.
34. St. Hilda's and St. Hugh's "Reservation Agreement," September 6, 1966, GPP; George Price letter to Annamarie Price, October 12, 1966, GPP; George Price–A. Boardman correspondence, August 26, 1966-June 12, 1967, GPP; Edison Price letter to George Price, September 11, 1970, GPP.
35. George Price letter to W. A. Brocker, July 11, 1967, GPP; George Price letter to Heinrich Kluver, July 8, 1967, BL:KPX1_1.4, BLGPC; George Price letter to

Annamarie and Kathleen Price, November 13, 1967, GPP; George Price letter to Howard Klevens, October 31, 1967, GPP.

## 第 9 章 移居伦敦

1. It wouldn't last long, though. The boutique closed eight months after opening, a victim of local business interests and shoplifting. The Fool's mural was removed by civic order, but not before Paul McCartney graffitied the windows with the name of the Beatles' upcoming new hit, "Hey Jude."
2. Andrew Loog Oldham, *Stoned: A Memoir of London in the 1960s* (London: St. Martin's Press, 2001).
3. George Price letters to Tatiana, November 11 and December 12, 1967, GPP; George Price letter to Thomas Meyer, December 18, 1967, GPP.
4. Ibid.; George Price to Howard Klevens, October 31, 1967, GPP.
5. George Price letter to A. Boardman, December 25, 1967, GPP.
6. Ibid.
7. On the New Left in postwar England see Michael Kenny, *The First New Left: British Intellectuals After Stalin* (London: Lawrence and Wishart, 1995). Descriptions of the clashes at Grosvenor Square can be found in Ian Bone, *Bash the Rich: True-Life Confessions of an Anarchist in the UK* (London: Naked Guide Ltd., 2006) and in "Mick Farren—the Battle of Grosvenor Square London 1968" on YouTube.
8. Tatiana letter to George Price, December 30, 1967, GPP; George Price letter to Thomas Meyer, December 18, 1967, GPP; Edison Price letter to George Price, August 1, 1946, GPP; George Price letter to Alive Avery Price, February 27, 1968, GPP.
9. George Price letters to UCL librarian, December 12, 1967, and May 10, 1968, GPP; George Price letter to UCL Medical School Librarian, January 15, 1968, GPP; George Price letter to Thomas Meyer, December 18, 1967, GPP.
10. George Price letter to Bill Hamilton, March 5, 1968, GPP/BLGPC.
11. George Price letter to Thomas Meyer, December 18, 1967, and January 29, 1968, GPP; George Price letter to Kathleen Price, April 11, 1968, GPP.
12. Bill Hamilton letter to George Price, March 26, 1968, BL:KPX1_4.5.5.
13. Hamilton describes his own perception of George's depressing revelation in *Narrow Roads*, 320.
14. Draft of an unsent letter from George Price to Bill Hamilton, March 26, 1968, BL:KPX1_4.5.8.
15. The letter is addressed to "W.D. Hamilton, ? ?, Brazil."
16. George Price letter to Kathleen, April 11, 1968, GPP.
17. Charles Darwin, *The Descent of Man*, chapter 17. Antlers are effective shields against other branching antlers, Darwin wrote, but would not protect against unbranched antlers projecting forward.
18. G. Stonehouse, "Thermoregulatory Function of Growing Antlers," *Nature* 218 (1968), 870–72.
19. Draft of George Price, "Antlers, Intraspecific Combat, and Altruism," 1–32, BLGPC.
20. Ibid., 16.
21. The precise description was this: "Basically, *get even* behaviour requires that animal A in conflict with B should hold in memory a measure, $S_B$, of the seriousness of recent Category II (all-out combat) acts by B, and a measure, $S_A$, of its own recent category II acts against B. Then the tendency, $R_{AB}$, for A to retaliate against

B is given by $R_{AB} = S_B - S_A$. The strategy for A against a roughly equal opponent, B, can be stated as: 'Fight as hard as possible at Category I level (deescalated). If $S_B > S_A$, retaliate at level II. If $S_B \leq S_A$, fight at level I; except that when combat has been at level I for a long time, try a probe'" Ibid., 17.
22. Ibid., 19.
23. George did not consider that punishing exacts a price, and that free riders who fail to punish would therefore hold an advantage over those who did. This kind of free-riding game-theoretic thinking would occupy modelers in later years.
24. George Price letter to Bill Hamilton, August 3, 1968, GPP.
25. George Price letter to Thomas Meyer, October 14, 1968, GPP; John Orr declaration on Flat 3, 1a, Little Titchfield, July 30, 1968, GPP.
26. Bill Hamilton letter to George Price, August 29, 1968, GPP.
27. The condition was that there should be statistical association between the *genotypes* of donor and receiver; this is what is meant by "altruists finding one another": organisms that share those genes that contribute to their behaving altruistically coming together in groups.
28. Strictly speaking, George had not shown how the covariance equation could translate into Hamilton's kin-selection equation, replacing relatedness with association, but he understood immediately that this was now possible. For a formal derivation that does this, see Appendix 1: Covariance and Kin Selection.
29. George Price letter to Alice Avery Price, September 21, 1968, GPP.
30. George Price letter to Alice Avery Price, September 24, 1968, GPP.
31. George Price letter to Annamarie Price, October 2, 1968, GPP; George Price letter to Howard Klevens, October 9, 1968, GPP.
32. Kohn, *A Reason for Everything*, 221.
33. Steve Jones, "View from the Lab: A Mastermind for a Number of Reasons," *UK Telegraph*, January 23, 2002.
34. Ibid.; Newton E. Morton, "Professor Cedric B. Smith, pioneer in statistical genetics: Died January 10, 2002, at the age of 84," *Genetic Epidemiology* 22, no. 4 (2002), 283–84.
35. George Price letter to Annamarie Price, October 2, 1968; interview with Annamarie Price, April 13, 2008.
36. George Price, "Supplementary Details of Intended Research," draft proposal to the Science Research Council, BLGPC, KPX_5.4.
37. A corollary of this system would be for males to take advantage of any mating opportunity outside of marriage, but not to provide for any children born. Thus, two distinct categories of female sexual partners would become recognized, with dichotomous treatment of each.
38. George Price letter to Ludwig Luft, January 29, 1969, GPP. George asked Luft, a German-born Jewish émigré to America, for the lyrics from Schumann's *Dichterliebe* for a paper he was preparing on the evolution of love.
39. George Price letter to Edison Price, February 3, 1969, GPP; Edison Price letters to George, February 22 and March 2, 1969, GPP; George Price letter to Kathleen Price, March 5, 1969, GPP.
40. George Price letter to Kathleen Price, May 1, 1969, GPP.
41. Interview with Kathleen Price, April 13, 2008; George Price letter to Ludwig Luft, July 22, 1969, GPP.
42. George Price letter to Tatiana, May 11, 1969, GPP; George Price letter to Kathleen Price, March 5, 1969, GPP. In truth Edison had paid for George's airfare from London and expenses in New York, but George was sour over an unpaid loan and little help with the apartment.

43. George Price letter to Ludwig Luft, July 22, 1969, GPP; George Price letter to Tatiana, May 11, 1969, GPP.
44. Garrett Hardin, "The Tragedy of the Commons," *Science* 162 (1968), 1243–48.
45. The amateur mathematician was William Forster Lloyd (1794–1852) and the source, W. F. Lloyd, *Two Lectures on the Checks to Population* (Oxford: Oxford University Press, 1833), reprinted (in part) in *Population, Evolution, and Birth Control*, ed. Garret Hardin (San Francisco: Freeman, 1964), 37.
46. Hardin, "The Tragedy of the Commons," 1244.
47. Sewall Wright letter to George Price, May 22, 1968, GPP.
48. George Price, "Supplementary Details of Intended Research," draft proposal to the Science Research Council, BLGPC, KPX_5.4. These observations would later be challenged in the ethological literature.
49. SRC grant proposal, written by Cedric Smith, March 31, 1969, and signed by the head of the department, Harry Harris, BLGPC, KPX1_10.1.
50. George Price letter to Tatiana, May 11, 1969, GPP.
51. John S. Price, "The Ritualization of Agonistic Behaviour as a Determinant of Variation along the Neuroticism/Stability Dimension of Personality," *Proceedings of the Royal Society of Medicine* 62 (1969), 37–40.
52. Ibid., 39.
53. See S. A. Frank and M. Slatkin, "The Distribution of Allelic Effects under Mutation and Selection," *Genetics Research* 55 (1990), 111–17.
54. See Appendix 2: The Full Price Equation and Levels of Selection for a derivation of the full Price equation and an explanation of how it can be partitioned and expanded.
55. Hamilton, *Narrow Roads*, 173.
56. W. D. Hamilton, "Selection of Selfish and Altruistic Behaviour in Some Extreme Models," in *Man and Beast: Comparative Social Behavior*, ed. J. F. Eisenberg and W. S. Dillon (Washington, DC: Smithsonian Press, 1971), 57–91.
57. For Hamilton's entertaining description of the conference see *Narrow Roads*, 185–97; quotes on 187, 189. Hamilton's reply, following his hero Fisher before him, was eugenics. In the long run the best humans would have to be consciously selected.
58. Ibid., 173.
59. George Price letter to Bill Hamilton, July 28, 1969, BLGPC, BL:KPX1_4.4. The precise correction George alluded to was that in his 1964 paper Hamilton had failed to state that his kin-selection model only held for an indefinitely large population where the average relatedness between individuals was zero, whereas in realistic finite populations that wasn't quite the case, and it was there that spite could arise.
60. Hamilton, *Narrow Roads*, 172–73. Hamilton wrote to a friend at the time that he hadn't yet thought deeply about Price's covariance equation, "apart from seeing how it provides just the key I was looking for in about 1962 when trying to get the ideas of social selection into mathematical form as simply as possible." But Hamilton sensed nonetheless that the covariance equation "may be something like the introduction of Fisher's idea of analysis of variance into statistics." Hamilton letter to Colin Hudson, July 26, 1970, GPP.
61. W. D. Hamilton, "Geometry for the Selfish Herd," *Journal of Theoretical Biology* 31 (1971), 295–311; George Price letter to Al Somit, July 20, 1969, GPP; George Price letter to Aunt Ethel, July 30, 1969, GPP; George Price letter to Ludwig Luft, July 22, 1969, GPP.
62. George Price letter to Annamarie Price, November 11, 1969, GPP.

63. John Maddox letter to George Price, February 11, 1970, BLWHC, Z1X102.1.1.2.3; George Price letter to Edison, April 19, 1970, GPP.
64. George Price letter to Ludwig Luft, June 8, 1970, BLGPC, KPX1_1.6; The paper was revised and sent to *Science* as "The Nature of Selection" in December 1970 and rejected again. It was published posthumously, through the efforts of Steven Frank, in the *Journal of Theoretical Biology* 175 (1995), 389–96; George even wrote to Shannon on October 16, 1969 (GPP), to ask whether he thought the covariance equation could be interpreted "in terms of information channel capacity."
65. George Price correspondence with Al Somit, March 5, 1969–May 20, 1970, GPP; interview with Al Somit, April 16, 2008.

## 第 10 章 转机的到来

1. Bill Hamilton letters to George Price, December 5, 1969, January 11, 1970, BLGPC, BL:KPX1_4.5, and BL:KPX1_4.13.
2. J. H. Morris, assistant editor at *Nature*, letter to Bill Hamilton, April 10, 1970, KPX1_10.6.2; W. D. Hamilton, "Selfishness and Spiteful Behaviour in an Evolutionary Model," *Nature* 228 (1970), 1218–20.
3. George Price letter to J. B. Rhine, September 10, 1971, GPP; George Price letter to Anne Sheffield, December 10, 1970, GPP.
4. George Price letter to Edison Price, October 23, 1970, GPP.
5. George Price letter to Anne Sheffield, December 10, 1970, GPP. In fact Anne returned to London with her friend Rickie, though George later claimed that she had written the letter in such a way so as to hint that she'd be alone, a fact that had gotten him excited, even though she would claim that he had misinterpreted her.
6. George Price letter to Dr. Gilfillan, July 1, 1972, GPP; George Price letter to Henry Noel, August 11, 1970, GPP.
7. George Price letter to Anne Sheffield, May 27, 1970, GPP.
8. George Price letter to Henry Noel, July 13, 1970, GPP.
9. George Price letter to Dr. Gilfillan, July 1, 1972, GPP; George Price letter to Anne Sheffield, December 10, 1970.
10. "A History of All Souls Church at Langham Place," booklet distributed at the church.
11. George Price letter to Anne Sheffield, December 10, 1970, GPP.
12. George Price diary 1970, GPP.
13. Timothy Dudley-Smith, *John Stott: The Making of a Leader* (Leicester: Inter-Varsity Press, 1999). In a November 30, 2004, *New York Times* editorial, "Who Is John Stott?," columnist David Brooks cited Michael Cromartie of the Ethics and Public Policy Center as saying that "if evangelicals could elect a pope, Stott is the person they would likely choose."
14. When Jim Schwartz spoke with the elderly John Stott in December 1999, he didn't remember George but said that it was quite possible that he'd forgotten, and that All Souls "got a lot of kooks." I thank Jim Schwartz for this information.
15. Class of 1944, *Triennial Report*, Harvard University Archive (HUA), 273–74; Class of 1944, *Ten Year Report*, HUA, 209–10; "Harvard Alumnus Renounces U.S.," *Boston Traveler*, February 17, 1948; "Citizen of the World Detained by French," *Plainfield Courier-News*, November 17, 1948; "News Briefs," *Dallas Times-Herald*, November 18, 1948.

16. Henry Noel letter to George Price, July 7, 1970, GPP.
17. Henry Noel letter to George Price, July 16, 1970, GPP.
18. George Price letter to Henry Noel, July 27, 1970, GPP.
19. Henry Noel letter to George Price, July 16, 1970, GPP.
20. George Price letters to Henry Noel, July 27, August 9, and August 12, 1970, GPP. Henry didn't particularly appreciate being lectured by George. "Please be so good as to lay off for a while," he wrote to him in November, and the correspondence broke off temporarily.
21. George Price letter to Anne Sheffield, December 10, 1970, GPP.
22. Ibid.; George Price letter to Julia Price, October 13, 1970, GPP.
23. Ibid.; George Price letter to Henry Noel, August 11, 1970, GPP; George Price letter to Howard Klevens, December 18, 1970, GPP.
24. Bill Hamilton letter to Edison Price, February 15, 1975, BLWHC, Z1X102_1.1.20; Bill Hamilton letter to Colin Hudson, July 26, 1970. I thank Janet Hamilton for sending me this letter.
25. Interview with Janet Hamilton, October 24, 2007.
26. Bill Hamilton letter to George Price, July 2, 1970, BLGPC, BL:KPX1_4.8.
27. George Price letter to Louis J. Vorhous, December 18, 1970, GPP.
28. George Price letter to Caroline Doherety, August 9, 1970, GPP; George Price letter to Marie Lynch, October 14, 1970, GPP; George Price letter to Al Somit, October 19, 1970, GPP. Somit was actually not all that surprised by either development. "I had been expecting the former given the devotedness of your atheism. . . . As for the latter development, I had perhaps been prepared for it by the strength of your expressed anti-Semitism." Al Somit letter to George Price, December 2, 1970, GPP.
29. George Price letter to Caroline Doherety, August 9, 1970, GPP.
30. Communication with Kathleen Price, March 8, 2009; "Guest List: Kathy's 21st Birthday," GPP.
31. George Price letter to Rosemarie Hudson, August 29, 1970, GPP.
32. George Price letter to Bill Hamilton, September 21, 1970, BLGPC, BL:KPX1_4.9.
33. Edison Price letter to George Price, September 11, 1970, GPP.
34. Rosemarie Hudson letter to George Price, November 21, 1968, GPP; George Price letter to Julia Price, October 13, 1970, GPP; George Price letter to Al Somit, October 19, 1970, GPP; George Price letter to Ludwig Luft, November 4, 1970, GPP.
35. George Price letter to Rosemarie Hudson, August 29, 1970, GPP; Rosemarie Hudson letter to George, undated (circa end of August 1970), GPP; George Price letters to Rosemarie Hudson, October 23 and 25, 1970, GPP.
36. George Price letter to Annamarie and Kathy Price, November 7, 1970, GPP.
37. George Price letter to Kathleen Price, November 30, 1970, GPP.
38. George Price letter to Rosemarie Hudson, October 25, 1970, GPP.
39. George Price, "The Twelve Days of Easter," manuscript dated March 7, 1971, GPP; George Price letter to Dr. Gilfillan, April 4, 1971, GPP.
40. George Price letter to Dr. Lukas Vischer, April 22, 1971, GPP; George Price letter to the Reverend Alan N. Stibbs, January 18, 1971, GPP; George Price correspondence with Jack Finegan, January–February, October 1971, GPP; George Price letter to F. F. Bruce, July 5, 1971, GPP. A reply from the World Council of Churches arrived in May, promising, somewhat unconvincingly, that the "paschal problem" was "on the agenda."
41. Bill Hamilton letter to George Price, April 15, 1971, BLGPC, BL:KPX1_4.10.
42. George Price letter to Bill Hamilton, May 3, 1971, BLGPC, BL:KPX1_5.9.

43. Bill Hamilton postcard to George Price, May 5, 1971, GPP.
44. George Price letter to Bill Hamilton, November 15, 1971, BLGPC, BL:KPX1_5.3.
45. George Price letter to Bill Hamilton, July 29, 1970, BLGPC, BLKPX1_2.7.
46. George Price letter to Annamarie Price, July 15, 1971, GPP; ibid.; Revelation 13:18 reads: "this calls for wisdom: let the one who has understanding calculate the number of the beast, for it is the number of a man, and his number is 666." George mentions a number of times in his letters that he had cracked the true meaning, but not once what it actually was.
47. George Price letter to Bill Hamilton, op. cit.
48. Fisher first presented the theorem in his classic 1930 book, *The Genetical Theory of Natural Selection*. But he repeated it in "Average Excess and Average Effect of a Gene Substitution," *Annals of Eugenics* 11 (1941), 53–63, and in the second edition of *The Genetical Theory*, published in 1958.
49. J. F. Crow and M. Kimura, *An Introduction to Population Genetics Theory* (New York: Harper & Row, 1970); J. R. Turner, "Changes in Mean Fitness Under Natural Selection," in *Mathematical Topics in Population Genetics*, ed. K. Kujima (Berlin: Springer-Verlag, 1970); O. Kempthorne, *An Introduction to Genetical Statistics* (London: Champan and Hall, 1957); A. W. F. Edwards, "Fundamental Theorem of Natural Selection," *Nature* 215 (1967), 537–38.
50. George R. Price, "Fisher's 'Fundamental Theorem' Made Clear," *Annals of Human Genetics* 36 (1972), 129–40, quote on 140. To see how George's covariance mathematics prepared him to understand Fisher's theorem, see Appendix 3.
51. George Price correspondence with Henry Morris, June–October 1971, GPP; John C. Whitcomb and Henry Morris, *The Genesis Flood: The Biblical Record and Its Scientific Implications* (Philadelphia: Presbyterian & Reformed Publishing, 1961); Matt Schudel, "Obituary: Henry M. Morris, Father of 'Creation Science,'" *Seattle Times*, March 5, 2006.
52. George Price letter to Henry Morris, September 10, 1971, GPP.
53. George Price letter to Henry Morris, October 10, 1971, GPP.
54. George Price letter to Rosemarie Hudson, undated, circa February 1972, GPP
55. George Price letter to Ludwig Luft, August 8, 1971, BLGPC, KPX1_1.6.
56. This includes gene interaction, for even two respectively "fit" genes (here defined as the "environment" one of the other) may interact so as to produce fitness degrading effects.
57. George R. Price, "Fisher's 'Fundamental Theorem' Made Clear."
58. Warren J. Ewens later published a similar conclusion to George's: "An Interpretation and Proof of the Fundamental Theorem of Natural Selection," *Theoretical Population Biology* 36 (1989), 167–80. I thank Warren for extended communications over Fisher and the true meaning of his fundamental theorem.
59. Bill Hamilton letter to George Price, November 28, 1971, BLGPC, BL:KPX1_4.15.
60. Ibid.
61. Ibid. The article Hamilton had read was Richard Levins, "Extinction," in *Some Mathematical Problems in Biology*, ed. M. Gesternhaber (Providence, RI: American Mathematical Society, 1970), 77–107.
62. George Price letter to Bill Hamilton, March 14, 1972, BLGPC, BL:KPX1_4.11.
63. George Price letters to Joseph Rhine, December 19, 1970, April 4 and September 10, 1971, GPP; George Price correspondence with Hugh Ross, July, 1971–March 1972, GPP.
64. Joseph Rhine letters to George Price, December 29, 1970, and April 13, 1971,

GPP. For a history of the psychic and parapsychological movements see Mauskopf and McVaugh, *The Elusive Science*.
65. Joseph Rhine letter to George Price, November 22, 1971, GPP; George Price letter to Joseph Rhine, December 19, 1971, GPP.
66. George R. Price, "Apology to Rhine and Soal," *Science* 175 (1972), 359; Price-Rhine correspondence, January–October, 1972; last quote from letter dated October 19, 1972, GPP.

## 第 11 章 爱的皈依

1. Randall E. King, "When Worlds Collide: Politics, Religion, and Media at the 1970 East Tennessee Billy Graham Crusade (Appearance by President Richard M. Nixon)," *Journal of Church and State* 39, no. 2 (1997), 273–96; George Price letter to Billy Graham, September 1970; reply from assistant to Billy Graham, September 24, 1970, GPP.
2. George Price letter to Annamarie and Kathleen, August 2, 1970, GPP; George Price letter to Al Somit, August 13, 1970, GPP; Michael Simpson letter to George Price, July 25, 1970, GPP.
3. Al Somit letter to George Price, December 2, 1970, GPP; George Price letter to Al Somit, December 12, 1970, GPP.
4. Al Somit letter to George Price, February 8, GPP.
5. George Price letter to Al Somit, September 11, 1971, GPP.
6. Al Somit letter to George Price, October 12, 1971, GPP.
7. Lorenz shared the 1973 Nobel Prize in Physiology or Medicine with Niko Tinbergen and Karl von Frisch. On Lorenz, his co-Nobelists, and the history of ethology, see Richard W. Burkhardt, Jr., *Patterns of Behavior: Konrad Lorenz, Niko Tinbergen, and the Founding of Ethology* (Chicago: University of Chicago Press, 2005).
8. Lorenz eventually published his theories on animal fighting in book form in *On Aggression* (London: Methuen, 1966). The assumption of the wide prevalence of nonviolent ritualized combat has since been softened—animals, it seems, escalate conflict more than was previously suspected.
9. John Maynard Smith, "Equations of Life" in *It Must Be Beautiful: Great Equations of Modern Science*, ed. Graham Farmelo (London: Granta, 2003), 161–80, 166; John Maynard Smith, "In Haldane's Footsteps," 351. Alongside Lorenz, T. H. Huxley's grandson Julian Huxley also espoused a group selectionist argument to explain ritualized combat: See J. S. Huxley, "Ritualization of Behaviour in Animals and Man," *Philosophical Transactions of the Royal Society B* 151 (1966), 249–71.
10. R. Duncan Luce and Howard Raiffa, *Games and Decisions: Introduction and Critical Survey* (New York: John Wiley, 1958).
11. R. C. Lewontin, "Evolution and the Theory of Games," *Journal of Theoretical Biology* 1 (1961), 382–403; interview with Richard Lewontin, December 31, 2007; on the history of the divide Lewontin alludes to, see James Schwartz, "Population Genetics and Sociobiology: Conflicting Views of Evolution," *Perspectives in Biology and Medicine* 45, no. 2 (2002), 224–40.
12. Maynard Smith eventually published *The Evolution of Sex* (Cambridge: Cambridge University Press, 1978).
13. John Maynard Smith, "Evolution and the Theory of Games," *American Scientist* 64 (1976), 41–45.
14. Maynard Smith later explained that he was aware of the "unbeatable strategy"

term in Hamilton's 1967 paper, but hadn't registered this as influencing his ideas when formalizing the ESS. "In Haldane's Footsteps," 352.

15. Ibid.; George Price letter to Richard Lewontin, September 15, 1970. I thank Dick Lewontin for providing me with their correspondence.
16. George Price letter to John Maynard Smith, August 9, 1971, GPP.
17. George R. Price, "Extension of Covariance Selection Mathematics," *Annals of Human Genetics* 35 (1972), 485–90. George had recently learned (and acknowledged in this paper) that Alan Robertson had published a covariance selection equation prior and similar to his own in a somewhat obscurely placed article, "A Mathematical Model of the Culling Process in Dairy Cattle," *Animal Production* 8 (1966), 95–108. Robertson, however, a researcher more concerned with breeding practice than evolution, had not added the second, transmission term to his equation, meaning that it was not expansible to multiple levels of selection, which was the whole beauty of George's approach. A few months after George's own derivation of the equation, the mathematical biologist Joel E. Cohen, then at the Society of Fellows at Harvard University, independently derived the covariance relationship (again, without its expansible component) in an attempt to determine whether the differential use of legal abortions by people of varying socioeconomic or educational status had a positive or negative selective effect on measured IQ. It was published nine months after George's *Nature* paper as "Legal Abortions, Socioeconomic Status, and Measured Intelligence in the United States," *Social Biology* 18 (1971), 55–63. Cohen had derived the covariance from what he took to be "an easy consequence" of the formula for the selection differential published by the eminent Edinburgh quantitative geneticist Douglas S. Falconer, and was therefore not all impressed by either his or, when he learned of it, George's, originality. See, D. S. Falconer, "Genetic Consequences of Selection Pressure," in *Genetic and Environmental Factors in Human Ability*, ed. J. E. Meade and A. S. Parkes (Edinburgh: Oliver and Boyd, 1966), 219–32. There was a further antecedent to the covariance equation that George was unaware of, once again without the second term: C. C. Li, "Fundamental Theorem of Natural Selection," *Nature* 214 (1967), 505–6. I thank Joel Cohen, now a professor at the Laboratory of Populations at Rockefeller and Columbia Universities, for correspondence about this matter throughout May 2008.
18. George Price letter to Frieda (last name not known), May 29, 1971, GPP.
19. Lewontin would summarize his finding in the classic book *The Genetic Basis of Evolutionary Change* (New York: Columbia University Press, 1974).
20. Charles Darwin, *The Origin of Species*, 84; Motoo Kimura original paper was "Evolutionary Rate at the Molecular Level," *Nature* 217 (1968), 624–26. His major findings were later summarized in his book *The Neutral Theory of Molecular Evolution* (Cambridge: Cambridge University Press, 1983). There is much literature on the history of the neutralism debate, see in particular Michael Dietrich, "The Origins of the Neutral Theory of Molecular Evolution," *Journal of the History of Biology* 27 (1994), 21–59, and James F. Crow, "Motoo Kimura and the Rise of Neutralism," in *Rebels, Mavericks, and Heretics in Biology*, ed. Oren Harman and Michael Dietrich (New Haven: Yale University Press, 2008), 265–81.
21. George viewed the genetic polymorphism work as a "digression" from the "Sex and Rapid Evolution" paper he was working on at the time but undertook it nevertheless since he felt it would help him better understand a point involved in the sex paper: George Price letter to John Maynard Smith, April 20, 1972; "Antlers" File, John Maynard Smith Papers, British Library (BLJMSC).
22. Harry Harris, "Polymorphism and Protein Evolution: The Neural Mutation–

Random Drift Hypothesis," *Journal of Medical Genetics* 8, no. 4 (December 1971) 444–52; "A Theoretical Investigation into Genetic Polymorphism," MRC application for a project grant, signed by Cedric A. B. Smith, January 31, 1973, BL:KPX1_10.2.

23. George Price letter to Paul Samuelson, August 19, 1972, GPP. Samuelson had become interested in population genetics and written a short article on "The Hardy-Who Law of Genetics?" in March 1971, which he now sent to George.
24. George Price letter to John Maynard Smith, April 20, 1972.
25. The model used the following probabilities: Probability of serious injury from a single D play = 0.10. Probability that a "Prober-Retaliator" will probe on the opening move or after opponent has played C = 0.05. Probability that "Retaliator" or "Prober-Retaliator" will retaliate against a probe (if not injured) by opponent = 1.0. Payoffs were calculated as follows: Payoff for winning = +60. Payoff for receiving serious injury = -100. Payoff for each D received that does not cause serious injury (a "scratch") = -2. Payoff for saving time and energy (awarded to each contestant not seriously injured) varied from 0 for a contest of maximum length to +20 for a very short contest.
26. George Price letter to Kathleen Price, August 5, 1972, GPP.
27. George Price letter to John Maynard Smith, October 19, 1972, BLJMSC.
28. Ibid.
29. John Maynard Smith letter to George Price, October 24, 1972, BLJMSC; Bill Hamilton letter to George Price, November 22, 1972, BL:KPX1_4.14.
30. George Price letter to Frieda (last name not known), May 29, 1971, GPP; Interview with Sam Berry, May 5, 2008.
31. George Price letter to Dr. Webb, December 21, 1972, GPP; George Price letter to the Home Office, Immigration and Nationality Department, December 28, 1972, GPP.
32. George Price letter to Annamarie Price, January 23, 1973, GPP.
33. The Latin is: "Amicabilia quae sunt ad alterum vererunt amicabilibus quae sunt ad seipsum." Aristotle, *Nichomachean Ethics*, book IX, chapter 4.
34. Thomas Aquinas, *The Summa Theologica of St. Thomas Aquinas* 5 vols., trans. Fathers of the English Dominican Province (Westminster, MD: Christian Classics, 1981); David Hume, *A Treatise of Human Nature* (1739), ed. L. A. Selby-Bigge and P. H. Nidditch (Oxford: Clarendon Press, 1978), 521.
35. Adam Smith, *An Inquiry into the Nature and Causes of the Wealth of Nations*, 2 vols., ed. R. H. Campbell and A. S. Skinner (Indianapolis: Liberty Fund, 1981), I.ii.2, 26–27; Bernard Mandeville, *The Fable of the Bees: or, Private Vices, Publick Benefits*, 4th ed. (London: J. Tonson, 1725), vol. 1, 9.
36. Andrew Brown, "The Kindness of Strangers," *The Guardian*, August 27, 2005; Roger Bingham, "Trivers in America," *Science* 80 (March–April 1980), 56–67; communication with Robert Trivers, May 27, 2008.
37. Robert Trivers, "The Evolution of Reciprocal Altruism," *Quarterly Review of Biology* 46 (1971), 35–57. For a description of writing this paper see Trivers, *Natural Selection and Social Theory* (Oxford: Oxford University Press, 2002), 3–18.
38. "A Theoretical Investigation," MRC application for a project grant.
39. Ibid.
40. George Price letter to Bill Hamilton, May 3, 1971, BLGPC, BL:KPX1_5.9.
41. George Price letter to Bill Hamilton, May 30, 1973, BLGPC, KPX1_2.4.
42. George Price letter to Annamarie Price, March 3, 1973, GPP.
43. George Price letter to Rosemarie Hudson, February 23, 1973, GPP; Henry Noel letter to George Price, January 30, 1973, GPP.

44. George Price letter to Kathleen Price, March 24, 1973, GPP.
45. George Price letter to Julia Price, March 10, 1973, GPP.
46. George Price letter to Julia Price, March 24, 1973, GPP.
47. Jack London, *The People of the Abyss* (London: Macmillan, 1903).
48. See Exploring 20th Century London—Homelessness, Museum of London, www.20thcenturylondon.org.uk/server.php?show=conInformationRecord.77, for a well-researched, colorful exhibition. For a classic study of homelessness see Christopher Jencks, *The Homeless* (Cambridge, MA: Harvard University Press, 1994).
49. George Price letter to Jack (surname unknown—a functionary at Saint Mark's Church), August 18, 1973, GPP.
50. John Price letter to George Price, April 5, 1973, GPP; Henry Noel letter to George Price, April 7, 1973, GPP; Tatiana letter to George Price, August 17, 1973, GPP; Edison Price letter to George Price, April 16, 1973, GPP.
51. George Price to Jack, August 18, 1973.
52. The Reverend R. F. H. Howarth letter to George Price, July 16, 1973, GPP; George Price letter to Henry Noel, July 22, 1973, GPP.
53. George Price letter to Kathleen Price, March 19, 1973, GPP.

## 第12章 流浪与迷失

1. UCL letter to George Price (signed by the assistant secretary of personnel), April 26, 1973, GPP; George Price letter to Julia Price, May 6, 1973, GPP.
2. George Price letter to Mr. Norman Ingram-Smith, May 27, 1973, GPP.
3. Ibid.
4. George Price letter to Jack, August 18, 1973.
5. Communication from Ursula Mittwoch, May 4, 2008; George Price letter to Dr. Gilfillan, July 3, 1973, GPP.
6. Trevor Russell (Smoky) to George Price, July 3, 1973, GPP.
7. Trevor Russell letter to George Price, July 9, 1973, GPP.
8. Muriel Challenger letter to George Price, September 3, 1973, GPP.
9. Julia Price letter to George Price, July 30, 1973, GPP.
10. George Price letter to Smoky, September 14, 1973, GPP.
11. Ibid.
12. George Price letter to John Maynard Smith, October 19, 1973, BLJMSC, "Conflict Draft" folder.
13. George Price letter to John Maynard Smith, February 12, 1973, BLJMSC, "Conflict Draft" folder.
14. John Maynard Smith letter to George Price, October 24, 1972, BLJMSC, "Conflict Draft" folder. In fact Maynard Smith had been more than scrupulous and entirely generous both to have initially contacted George to get his permission to cite his unpublished antlers paper, and then in offering joint authorship. As for the 1964 Hamilton affair, Maynard Smith always had a conscience about it and did his best to set the record straight. He often remarked that he had a knack, blessed or cursed, for getting ideas from papers he reviewed.
15. J. Maynard Smith and G. R. Price, "The Logic of Animal Conflict," *Nature* 246 (1973), 15–18, quote on p. 15. Half a year later, in "On Fighting Strategies in Animal Combat," *Nature* 250 (1974), 354, Valerius Geist of the University of Calgary accused John and George of not acknowledging his prior explication of the retaliation principle in V. Geist, "On the Evolution of Hornlike Organs,"

*Behaviour* 27 (1966), 175. It had been an oversight that George and John were sorry about, and George wrote a letter of apology. See George Price letter to V. Geist, March 24, 1974, BLJMSC, "Antlers File."
16. Al Somit letter to George Price, September 27, 1973, GPP.
17. George Price letter to Edison Price, September 26, 1973, GPP.
18. Cedric Smith note to George Price, November 7, 1973, GPP; Paul Garvey letter to George Price, November 11, 1973, GPP.
19. George Price letter to Joan Jenkins, November 15, 1973. I thank Jim Schwartz for providing me with copies of the correspondence between Joan and George.
20. "Monthly Message No. 202," June 1974, London Healing Mission, GPP.
21. George Price letter to Kathleen Price, December 6, 1973, GPP.
22. George Price letter to Morris Goodman, June 7, 1974, GPP; phone interview with Professor Sam Berry, May 5, 2008.
23. Interviews with Al Somit, December 6, 2007 and April 16, 2008, and communication on May 6, 2009.
24. Al Somit letter to George Price, November 27, 1973, GPP.
25. On the speculating bonanzas in London in the sixties see Oliver Marriot, *The Property Boom* (London: Hamish Hamilton, 1967); Nick Wates, *The Battle for Tolmers Square* (London: Routledge and Kegan Paul, 1976), 41.
26. Wates, *The Battle for Tolmers Square*, 23, 24.
27. Only 4 percent of the properties in the neighborhood were occupied by their owners, whereas 80 percent, three-quarters of which unfurnished, were being rented from a private landlord. Wates; ibid., 8, 9.
28. *Private Eye*, February 9, 1973; Wates, *The Battle for Tolmers Square*, 43–73, quotes on 48, 68, 71, 43.
29. Communication from Paul Nicholson, February 4, 2008; Wates, *The Battle for Tolmers Square*, 120.
30. Wates, *The Battle for Tolmers Square*, 129; communication with Paul Nicholson, May 10, 2009.
31. Communications with Ches Chesney, January 14 and 15, 2008.
32. Paul Nicholson, "Room At the Top," unpublished short story.
33. Wates, *The Battle for Tolmers Square*, 162. Also see Nick Wates and Christian Wolmer, eds., *Squatting: The Real Story* (London: Bay Leaf Books, 1980).
34. Communication with Paul Nicholson, February 4, 2008.
35. Paul Nicholson, "Room At the Top."
36. Ibid.
37. George Price letter to Dr. P. J. D. Heaf, December 16, 1973.
38. George Price letter to the official solicitor, Royal Courts of Justice, January 30, 1974, GPP.
39. James Schwartz, "Death of an Altruist," *Lingua Franca* 10, no. 5 (July/August 2000), 51–61, quote on 59,
40. Beginning in February, George had embarked on a project involving polymorphism analysis of macaque data from Morris Goodman, a professor of anatomy at Wayne State University, via Harris's collaborator Dr. Nigel Barnicot, an anthropologist at UCL.
41. Bill Hamilton letter to Dr. Kelly, undated (circa December 10, 1974), BLWHC, Z1X102_1.1.21; Hamilton, *Narrow Roads*, 174.
42. George Price letter to Bill Hamilton, March 4, 1974, BLGPC, KPX1_2.5; George Price letter to Annamarie Price, April 27, 1974, GPP.
43. George Price letter to Bill Hamilton, March 4, 1974, *op. cit.*
44. Bill Hamilton letter to George Price, undated (circa March 6, 1974) BLGPC,

BL:KPX1_4.12; Bill Hamilton letter To Whom It May Concern, on Imperial College letterhead, March 14, 1974, BLGPC KPX1_6 arrow KPX1_10.7.2.
45. George Price letter to Bill Hamilton, May 18, 1974, BLGPC, KPX1_2.5.
46. I thank Jim Schwartz for kindly sharing with me his notes from his meeting and conversations with Joan Jenkins from 2000. Joan Jenkins died shortly after. For her work on estrogen replacement therapy she was granted an OBE.
47. George Price letter to Kathleen Price, January 25, 1974, GPP; George Price letter to Joan Jenkins, May 19, 1974; Schwartz notes.
48. George Price letters to Joan Jenkins, May 20, June 6, June 9, 1974. Often the liaison between the two was Ruth Lang, CABS's secretary at the Galton.
49. George Price letter to Kathleen Price, January 25, 1974, GPP; interview with Kathleen Price, April 12, 2008.
50. George Price letter to Kathleen Price, May 31, 1974, GPP.
51. Bill Hamilton letter to George Price, June 11, 1974, BLGPC, BL:KPX1_4.6.; George Price letter to Bill Hamilton, August 21, 1974, BLGPC, KPX1_2.5.

## 第13章 利他行为的源头

1. Immanuel Kant, *Critique of Practical Reason and Other Works on the Theory of Ethics*, trans. Thomas Kingsmill Abbott, 4th rev. ed. (London: Kongmans, Green and Co., 1889), 260.
2. Williams, *Adaptation and Natural Selection*, 93.
3. Richard Dawkins, *The Selfish Gene* (Oxford: Oxford University Press, 1996), 201, 254.
4. Gene-centrism became wedded to "adaptationism," and huddled together within a worldview called sociobiology, both were furiously attacked from different quarters. In particular see the anthropologist Marshall Sahlins, *The Use and Abuse of Biology: An Anthropological Critique of Sociobiology* (Ann Arbor: University of Michigan Press, 1976); the philosopher Mary Midgley, "Gene-Juggling," *Philosophy* 54 (1979), 439–58; and the biologists Steven J. Gould and Richard R. Lewontin, "The Spandrels of San Marco and the Panglossian Paradigm: A Critique of the Adaptationist Programme," *Proceedings of the Royal Society of London B* 205 (1979), 581–98.
5. The notion of altruism as a mistake (due to imperfect design) is strengthened by the observation that some species of host birds have developed anticuckoo behavior. See A. Moksnes, E. Roskaft, A. T. Braa, L. Korsnes, H. M. Lampe, and H. C. Pedersen, "Behavioral Responses of Potential Hosts Towards Artificial Cuckoo Eggs and Dummies," *Behaviour* 116 (1990), 64–89.
6. P. W. Sherman, J. Jarvis, and R. Alexander, eds., *The Biology of the Naked Mole-Rat* (Princeton: Princeton University Press, 1991); D. W. Pfennig, H. K. Reeve, and P. W. Sherman, "Kin Recognition and Cannibalism in Spadefoot Toads," *Animal Behavior* 46 (1993), 87–94; Robert B. Payne, Michael D. Sorenson, and Karen Klitz, *The Cuckoos: Cuculidae* (Oxford: Oxford University Press, 2005).
7. John Tyler Bonner, *The Social Amoebae: The Biology of Cellular Slime Molds* (Princeton: Princeton University Press, 2009).
8. For a nontechnical description of this research program, see "Altruism among Amoebas," Joan E. Strassman and David C. Queller, *Natural History* 116 (September 2007), 24–29.
9. Martin Daly and Margo Wilson, *The Truth about Cinderella: A Darwinian View of Parental Love* (New Haven: Yale University Press, 1999). There has been, of

course, much criticism of Daly and Wilson's claims. For a study presenting contradictory data see H. Temrin, S. Buchmayer, and M. Enquist, "Step-Parents and Infanticide: New Data Contradict Evolutionary Predictions," *Proceedings of the Royal Society of London* 267 (2000), 943–45.

10. J. S. Gale and L. J. Evans showed that Retaliator was not, in fact, an ESS. See their "Logic of Animal Conflict," *Nature* 254 (1975), 463–64.
11. The name "Mouse" appeared only once in the literature—in George and Maynard Smith's 1973 paper. From then on it was "Dove."
12. G. A. Parker and E. A. Thompson, "Dung Fly Struggles: A Test of the War of Attrition," *Behavioral Ecology and Sociobiology* 7 (1980), 37–44; John Maynard Smith laid down the logic of games in evolution in his classic book *Evolution and the Theory of Games* (Cambridge: Cambridge University Press, 1982); for a good explanation of the limits and advantages of game theory for understanding natural evolution see G. A. Parker and J. Maynard Smith, "Optimality Theory in Evolutionary Biology," *Nature* 348 (1990), 27–33.
13. Amos Twersky, Daniel Kahneman, and Paul Slovic, eds., *Judgment under Uncertainty: Heuristics and Biases* (Cambridge: Cambridge University Press, 1980); Larry Samuelson, *Evolutionary Games and Equilibrium Selection* (Cambridge, MA: MIT Press, 1997), provides a technical account of how theoretical economists have adopted evolutionary ideas; Ran Shpigler, "The Invisible Hand and Natural Selection," *Odyssey* 2 (2009), 45–51 (in Hebrew).
14. Trivers, "The Evolution of Reciprocal Altruism," and Trivers, *Natural Selection and Social Theory*, 3–18, 51–55; Robert Axelrod and William Hamilton, "The Evolution of Cooperation," *Science* 211 (1981), 1390–96.
15. C. Packer, "Reciprocal Altruism in *Papio anubis*," *Nature* 265 (1977), 441–43; G. S. Wilkinson, "Reciprocal Food Sharing in Vampire Bats," *Nature* 309 (1984), 181–84; M. Melinski, "Tit for Tat in Sticklebacks and the Evolution of Cooperation," *Nature* 325 (1987), 433–35; H. Godfray, "The Evolution of Forgiveness," *Nature* 355 (1992), 206–7; A. H. Harcourt and F. B. M. de Waal, eds., *Coalitions and Alliances in Humans and Other Animals* (New York: Oxford University Press, 1992); S. Frank, "Mutual Policing and Repression of Competition in the Evolution of Cooperative Groups," *Nature* 377 (1995), 520–22; T. H. Clotton-Brock and G. Parker, "Punishment in Animal Societies," *Nature* 373 (1995), 209–16; Lee Alan Dugatkin, *Cooperation Among Animals: An Evolutionary Perspective* (New York: Oxford University Press, 1997); M. Nowak and K. Sigmund, "Evolution of Indirect Reciprocity by Image Scoring," *Nature* 393 (1998), 573–77 and "The Dynamics of Indirect Reciprocity," *Journal of Theoretical Biology*, 194 (1998), 561–74; G. Roberts and T. Sherratt, "Development of Cooperative Relationships Through Increasing Investment," *Nature* 394 (1999), 175–79; J. L. Sachs, "The Evolution of Cooperation," *Quarterly Review of Biology* 79 (2004), 135–60; Martin Nowak, "Five Rules for the Evolution of Cooperation," *Science* 314 (2006), 1560–63; S. A. West, A. S. Griffin, and A. Gardner, "Social Semantics: Altruism, Cooperation, Mutualism, Strong Reciprocity and Group Selection," *Journal of Evolutionary Biology* 20 (2007), 415–32. The above are choice citations.
16. Amotz Zehavi, "Mate Selection—a Selection for a Handicap," *Journal of Theoretical Biology*, 53, 1975, 205–14, and Amotz Zahavi and Avishag Zahavi, *The Handicap Principle: A Missing Piece of Darwin's Theory* (Oxford: Oxford University Press, 1997). See also Joseph Laporte, "Selection for Handicaps," *Biology and Philosophy*, 16, 2001, 239–49.
17. Michael Ghiselin, *The Economy of Nature and the Evolution of Sex* (Berkeley: University of California Press, 1974), 274.

18. Richard Dawkins, "Twelve Misunderstandings of Kin Selection," *Zeitschrift für Tierpsychologie* 51 (1979), 184–200, quote on 190.
19. Helena Cronin, *The Ant and the Peacock* (Cambridge: Cambridge University Press, 1991), 265.
20. For a counterargument based on the rejection of sexual selection in favor of social selection, see Joan Roughgarden, *The Genial Gene: Deconstructing Darwinian Selfishness* (Los Angeles: University of California Press, 2009).
21. Dawkins made a point of arguing in the 1989 edition of *The Selfish Gene* that his language was not merely metaphorical. In his next book, *The Extended Phenotype* (New York: Oxford University Press, 1982), he even went so far as to argue for the boundlessness of the individual organism as due to the all-importance of the gene. For a counterargument see Eva Jablonka, "From Replicators to Heritably Varying Phenotypic Traits: The Extended Phenotype Revisited," *Biology and Philosophy* 19 (2004), 353–75.
22. Sober and Wilson, *Unto Others*; Samir Okasha, *Evolution and the Levels of Selection* (Oxford: Oxford University Press, 2006); David Sloan Wilson and Kevin M. Kniffin, "Altruism from an Evolutionary Perspective," in *Research on Altruism and Love: An Annotated Bibliography of Major Studies in Psychology, Sociology, Evolutionary Biology, and Theology*, ed. Stephen G. Post, Byron Johnson, Michael E. McCullough, and Jeffrey P. Schloss (Philadelphia: Templeton Foundation Press, 2003), 117–36. It's important to add that the exclusive role of genetic inheritance in evolution has been seriously challenged in the last decade. See in particular Eytan Avital and Eva Jablonka, *Animal Traditions: Behavioural Inheritance in Evolution* (Cambridge: Cambridge University Press, 2000), Eva Jablonka and Marion Lamb, *Evolution in Four Dimensions: Genetic, Epigenetic, Behavioral, and Symbolic Variation in the History of Life* (Cambridge, MA: MIT Press, 2005), and Scott F. Gilbert and David Epel, *Ecological Developmental Biology: Integrating Epigenetics, Medicine, and Evolution* (Sunderland: Sinauer Associates, 2008).
23. Sober and Wilson, *Unto Others*, 332.
24. Actually, the preferred term is "interactors," since "vehicles" implies being under the control of the "replicators." For a clear explanation of the interactor concept see David Hull, "Individuality and Selection," *Annual Review of Ecology and Systematics* 11 (1980), 311–32.
25. For a recent illustration of this principle see Jeffrey A. Fletcher and Michael Doebeli, "A Simple and General Explanation for the Evolution of Altruism," *Proceedings of the Royal Society of London B* 276 (2009), 13–19.
26. For a clear explanation of the errors in Maynard Smith's "Haystack Model," see Sober and Wilson, *Unto Others*, 67–71.
27. W. D. Hamilton, "Innate Social Aptitudes in Man, An Approach from Evolutionary Genetics," in *Biological Anthropology*, ed. Robin Fox (London: Malaby Press, 1975), 133–53.
28. This is a game in which a pair constitutes a group, but N-person evolutionary game theory can handle groups comprised of any number. The advantage of modeling an N-person game, as opposed to a two-person game, is that it more closely resembles what happens in nature: Whereas in a two-person game altruism always incurs a cost to the altruist, in a many-player situation where many altruists are acting, altruism can benefit the group, including the altruists, which in turn means that it can more easily evolve.
29. For a firsthand description of the vagaries of group selection, see a series of online, ongoing articles at the *Huffington Post* by David Sloan Wilson titled, "Truth and Reconciliation for Group Selection," beginning December 27, 2008.

30. This is the case whether or not one sees it as a general assault on "methodological individualism," both from within biology and from other disciplines like psychology and sociology.
31. R. K. Colwell, "Group Selection Is Implicated in the Evolution of Female-Biased Sex Ratio," *Nature* 190 (1981), 401–4.
32. R. C. Lewontin, "The Units of Selection," *Annual Review of Ecology and Systematics* 1 (1970), 1–18, quote on 14–15. Lewontin, however, stopped short of implicating group selection directly.
33. G. C. Williams and R. M. Nesse, "The Dawn of Darwinian Medicine," *Quarterly Review of Biology* 66 (1991), 1–22; Randolph M. Nesse and George C. Williams, *Why We Get Sick: The New Science of Darwinian Medicine* (New York: Times Books, 1994). For more recent appreciations see Wenda R. Trevathan, E. O. Smith, and James McKenna, *Evolutionary Medicine and Health: New Perspectives* (New York: Oxford University Press, 2007), and Stephen C. Stearns and Jacob C. Koella, *Evolution in Health and Disease*, 2nd ed. (New York: Oxford University Press, 2008).
34. J. L. Brown, "Types of Group Selection," *Nature* 211 (1966), 870–71; M. J. Wade, "Group Selection Among Laboratory Populations of *Tribolium*," *Proceedings of the National Academy of Science* 73 (1976), 4604–7, and "An Experimental Study of Group Selection," *Evolution* 31 (1977), 134–53; D. S. Wilson, "The Group Selection Controversy: History and Current Status," *Annual Review of Ecology and Systematics* 14 (1983), 159–87; S. W. Rissing, G. B. Pollock, M. R. Higgins, R. H. Hagen, and D. R. Smith, "Foraging Specialization Without Relatedness or Dominance Among Co-Founding Ant Queens," *Nature* 338 (1989), 420–22; D. C. Queller, "Quantitative Genetics, Kin Selection, and Group Selection," *American Naturalist* 139 (1992), 540–58; Leticia Avilés, "Interdemic Selection and the Sex-Ration: A Social Spider Perspective," *American Naturalist* 142 (1993), 320–45; W. M. Muir, "Group Selection for Adaptation to Multiple-Hen Cages: Selection Program and Direct Responses," *Poultry Science* 75 (1995), 447–58; C. J. Goodnight and L. Stevens, "Experimental Studies of Group Selection: What Do They Tell Us About Group Selection in Nature?" *American Naturalist* 150 (1997), 59–79; P. B. Rainey and K. Rainey, "Evolution of Cooperation and Conflict in Experimental Bacterial Populations," *Nature* 425 (2003), 72–74; P. J. Werfel and Y. Bar-Yam, "The Evolution of Reproductive Restraint Through Social Communication," *Proceedings of the National Academy of Sciences of the United States of America* 101 (2004), 11019–20; Benjamin Kerr, Claudia Neuhauser, Brendan Bohannan, and Antony Dean, "Local Migration Promotes Competitive Restraint in a Host–Pathogen 'Tragedy of the Commons,'" *Nature* 442 (2006), 75–78.
35. Samir Okasha, "Why Won't the Group Selection Controversy Go Away?" *British Journal of the Philosophy of Science* 52 (2001), 25–50; Ayelet Shavit, "Shifting Values Partly Explain the Debate Over Group Selection," *Studies in History and Philosophy of Biological and Biomedical Sciences* 35 (2004), 697–720, and *One for All? Facts and Values in the Debates Over Group Selection* (Jerusalem: Magnes Press, 2008) (in Hebrew).
36. David Sloan Wilson and Edward O. Wilson, "Rethinking the Theoretical Foundations of Sociobiology," *Quarterly Review of Biology* 82 (2007), 327–48. See also Bert Hölldobler and E.O. Wilson, *The Superorganism: The Beauty, Elegance, and Strangeness of Insect Societies* (New York: W. W. Norton, 2009). Wilson, in fact, was never as opposed to group selection as either Dawkins or Williams—see Segerstråle, *Defenders of the Truth*, 37–38. Hölldobler, on the other hand, is not as

convinced as Wilson of the importance of group selection. Dawkins, too, has yet to be won over, and the debate remains acrimonious. See his "The Group Delusion," from January 10, 2009, at RichardDawkins.net. Also, see Ayelet Shavit and Roberta L. Millstein, "Group Selection is Dead! Long Live Group Selection?" *BioScience* 58 (2008), 574–75. For an interesting argument for group selection based on the plasticity of circadian clocks in bees, see Guy Bloch, "Plasticity in the Circadian Clock and the Temporal Organization of Insect Societies," in *Organization of Insect Societies*, ed. Jürgen Gadau and Jennifer Fewell (Cambridge, MA: Harvard University Press, 2009), 402–31.

37. Each differs in perspective. See S. A. Frank, "George Price's Contributions to Evolutionary Genetics," *Journal of Theoretical Biology* 175 (1995), 373–88, and "The Price Equation, Fisher's Fundamental Theorem, Kin Selection, and Causal Analysis," *Evolution* 51 (1997), 1712–29; Okasha, "Why Won't the Group Selection Controversy Go Away?"; A. Grafen, "Developments of the Price Equation and Natural Selection Under Uncertainty," *Proceedings of the Royal Society London B*, 267 (2000), 1223–27, and "The First Formal Link Between the Price Equation and an Optimization Program," *Journal of Theoretical Biology* 217 (2002), 75–91; but also see I. L. Heisler and J. Damuth, "A Method for Analyzing Selection in Hierarchically Structured Populations," *American Naturalist* 130 (1987), 582–602, which provides a "contextualized" alternative to the Price equation.
38. Benjamin Kerr and Peter Godfrey-Smith, "Generalization of the Price Equation for Evolutionary Change," *Evolution* 63, no. 2 (2009), 531–36.
39. The Price equation assumes fixed heritability, and is entirely devoid of mechanism. Though Frank decomposes it neatly, others are concerned that this precludes the interactivity inherent in nature, rendering it good exclusively for border cases. See Okasha, "Why Won't the Group Selection Controversy Go Away?" for a thorough discussion of the relative merits of the equation. Also Massimo Pigliucci and Jonathan Kaplan, *Making Sense of Evolution: The Conceptual Foundations of Evolutionary Biology* (Chicago: University of Chicago Press, 2004), especially chapter 4, in which they discuss the relationship between statistical formalism and causal analysis. I thank Jim Griesemer for discussions on this point.
40. William B. Langdon, "Evolution of GP Populations: Price's Selection and Covariance Theorem," in *Genetic Programming and Data Structures*, (Norwell, MA: Kluwer Academic Press, 1998) 167–208; M. Van Veelen, "On the Use of the Price Equation," *Journal of Theoretical Biology* 237 (2005), 412–26; T. Day, "Insights from Price's Equation into Evolutionary Epidemiology," *DIMACS Series in Discrete Mathematics and Theoretical Computer Science* 71 (2006), 23–43; J. W. Fox, "Using the Price Equation to Partition the Effects of Biodiversity Loss on Ecosystem Function," *Ecology* 87 (2006), 2687–96; Stephen C. Stearns, "Are We Stalled Part Way Through a Major Evolutionary Transition from Individual to Group?" *Evolution* 61 (2007), 2275–80.
41. Darwin, *The Origin of Species*, 395.
42. Robert Trivers, *Social Evolution* (Menlo Park, CA: Benjamin/Cummings, 1985). For a defining volume on what became known as "evolutionary psychology" see Jerome H. Barkow, Leda Cosmides, and John Tooby, eds., *The Adapted Mind: Evolutionary Psychology and the Generation of Culture* (New York: Oxford University Press, 1992); Sarah F. Brosnan and Frans B. M. de Waal, "Monkeys Reject Unequal Pay," *Nature* 425 (2003), 297–99. For a recent wide treatment of animal morality see Mark Bekoff and Jessica Pierce, *Wild Justice: The Moral Lives of Animals* (Chicago: University of Chicago Press, 2009).

43. R. Boyd and P. J. Richerson, "Punishment Allows the Evolution of Cooperation (or Anything Else) in Sizable Groups," *Ethology and Sociobiology* 13 (1992), 171–95; E. Fehr and S. Gachter, "Altruistic Punishment in Humans," *Nature* 415 (2002), 137–40; R. Boyd, H. Gintis, S. Bowles, and P. J. Richerson, "The Evolution of Altruistic Punishment," *Proceedings of the National Academy of Sciences of the United States of America* 100 (2003), 3531–35; E. Fehr and U. Fischbacher, "The Nature of Human Altruism," *Nature* 425 (2003), 785–91, are challenged by A. Dreber, D. G. Rand, D. Fudenberg, and M. A. Nowak, "Winners Don't Punish," *Nature* 452 (2008), 348–51.
44. See George Loewenstein, Scott Rick, and Jonathan D. Cohen, "Neuroeconomics," *Annual Review of Psychology* 59 (2007), 647–72 for examples. Also, for a window into "positive evolutionary psychology," see Dacher Keltner's *Born to Be Good: The Science of a Meaningful Life* (New York: W. W. Norton, 2009), as well as new findings on cooperative infant behavior in Michael Tomassello, *Why We Cooperate* (Cambridge, MA: MIT Press, 2009).
45. Robert H. Frank, *Passions Without Reason: The Strategic Role of the Emotions* (New York: W. W. Norton, 1988). For an update of this argument from the field, see Frans B. M. de Waal, "Putting the Altruism Back into Altruism: The Evolution of Empathy," *Annual Review of Psychology* 59 (2008), 279–300. For an update from neurophysiology see the work of Joshua D. Green et al., "An fMRI Investigation of Emotional Engagement in Moral Judgment," *Science* 293 (2001), 2105–8, and "The Neural Bases of Cognitive Conflict and Control in Moral Judgment," *Neuron* 44 (2004), 389–400, showing how emotion and moral reasoning relate in the brain. For a recent study on the importance of imitation as an empathy-building mechanism see A. Paukner, S. J. Suomi, E. Visalberghi, and P. F. Ferrari, "Capuchin Monkeys Display Affiliation Toward Humans Who Imitate Them," *Science* 325 (2009), 880–83.
46. Robert Trivers, "The Elements of a Scientific Theory of Self-Deception," *Proceedings of the New York Academy of Science* 187 (1999), 111–26.
47. C. Daniel Batson and Laura L. Shaw, "Evidence for Altruism: Toward a Pluralism of Prosocial Motives," *Psychology Inquiry* 2 (1991), 107–22; Lise Wallach and Michael A. Wallach, "Why Altruism, Even Though It Exists, Cannot Be Demonstrated by Social Psychological Experiments," *Psychological Inquiry* 2 (1991), 153–55; Sober and Wilson, *Unto Others*, presents the case for pluralism.
48. Charles Darwin, *The Descent of Man, and Selection in Relation to Sex*, selections and commentary by Carl Zimmer (New York: Plume, 2007), 157.
49. Peter J. Richerson and Robert Boyd, *Not By Genes Alone: How Culture Transformed Human Evolution* (Chicago: University of Chicago Press, 2005).
50. Trivers did not mean this as a criticism, but rather as a reflection of how others had viewed it. See Hamilton, *Narrow Roads*, 316; for an update of Hamilton's argument, see Samuel Bowles, "Group Competition, Reproductive Leveling, and the Evolution of Human Altruism," *Science* 314 (2006), 1569. Also J. Heirich, "Cultural Group Selection, Co-evolutionary Processes and Large Scale Cooperation," *Journal of Economic Behavior and Organization* 53 (2004), 3–35.
51. Claudia Rutte and Michael Taborsky, "General Reciprocity in Rats," *PloS Biology* 5 (2007), 196.
52. However, see David Sloan Wilson, *Darwin's Cathedral: Evolution, Religion, and the Nature of Society* (Chicago: University of Chicago Press, 2002), for an argument showing religion functioning as a positive unifying system. From a neuropsychological angle, see also Jonathan Haidt, *The Happiness Hypothesis: Finding the Truth in Ancient Wisdom* (New York: Basic Books, 2005).

53. Peter Singer, *The Expanding Circle: Ethics and Sociobiology* (New York: Farrar, Straus & Giroux, 1981); Christopher Boehm, *Hierarchy in the Forest: The Evolution of Egalitarian Behavior* (Cambridge, MA: Harvard University Press, 1999), argues that we are laden with two conflicting evolutionary substrates: the foundational animal substrate reflecting hierarchy and status, and the overlaying cultural substrate allowing for genuine altruism. He finds this deeply embedded ambiguity in human nature both worrisome and hopeful. See also Stearns, "Are We Stalled Part Way Through a Major Evolutionary Transition from Individual to Group?" for an argument that humanity is stalled between individual and group selection.
54. J. Moll, F. Krueger, R. Zahn, M. Pardini, R. de Oliveira-Souza, and J. Grafman, "Human Fronto-mesolimbic Networks Guide Decisions About Charitable Donation," *Proceedings of the National Academy of Sciences* 103 (2006), 15623–28.
55. Marc Hauser, *Moral Minds: How Nature Designed Our Universal Sense of Right and Wrong* (New York: Ecco, 2006); S. Anderson, H, Damasio, D. Tranel, and A. R. Damasio, "Impairment of Social and Moral Behavior Related to Early Damage in Human Prefrontal Cortex," *Nature Neuroscience* 2 (1999), 1032–37. See also Marco Iacoboni, "Imitation, Empathy and Mirror Neurons," *Annual Review of Psychology* 60 (2009), 653–70 for a presentation of the ways in which recent discoveries on the action of "mirror-neurons" complement cognitive models of imitation and social psychology studies on empathy.
56. Zoe R. Donaldson and Larry J. Young, "Oxytocin, Vasopressin, and the Neurogenetics of Sociality," *Science* 332 (2008), 900–904; S. Israel, E. Lerer, I. Shalev, F. Uzefovsky, M. Riebold, E. Laiba, R. Bachner-Melman, A. Maril, G. Bornstein, A. Knafo, and R. Ebstein, "The Oxytocin Receptor (OXTR) Contributes to Prosocial Fund Allocations in the Dictator Game and the Social Value Orientations Task," *PloS ONE* 4 (2009), e5535.
57. "Academic Appeals to Oxbridge Students for an Egg Donor," *Daily Telegraph*, December 4, 2008.

## 第 14 章　最后的日子

1. Wates, *The Battle for Tolmers Square*, 9, 64; G. A. Hobbins, *St. Pancras Chronicle*, March 24, 1972, quoted in ibid., 65.
2. George Price letter to Kathleen Price, August 28, 1974, GPP.
3. Communications with Sylvia Stevens, February 15 and March 18, 2008, May 11, 2009.
4. On Edison Price see Stanley Abercrombie, "Edison Price: His Name Is No Accident," *Architecture Plus* 1 (August 1973); Jonathan Glancey, "The Century's Leading Light," *The Guardian*, October 25, 1997; Robert M. Thomas, Jr., "Edison A. Price, Lighting Designer, Dies at 79," *New York Times*, October 17, 1997.
5. Communication with Sylvia Stevens, March 18, 2008.
6. Henry Noel letter to George Price, August 7, 1974, GPP.
7. George Price letter to Bill Hamilton, August 21, 1974, BLGPC, KPX1_2.5.
8. George Price letter to Miss Sara Smith, August 27, 1974, BLGPC, BL:KPX1_1.8.
9. Ibid.
10. George Price letter to Kathleen Price, August 28, 1974, GPP.
11. George Price letter to Richard Lewontin, May 17, 1969 and Lewontin's response, June 16, 1969. I thank Richard Lewontin for kindly sending me their correspondence.

12. Richard Lewontin letter to George Price, March 13, 1974.
13. James Crow letter to C. A. B. Smith, October 24, 1974. I thank Jim Crow for kindly sending me this correspondence.
14. C. A. B. Smith letter to James Crow, November 1, 1974.
15. Ibid.
16. George Price letter to Richard Lewontin, June 13, 1974.
17. Richard Lewontin letter to George Price, August 27, 1974.
18. George Price letter to Joan Jenkins, GPP, June 28, 1974.
19. Communication with Sylvia Stevens, March 18, 2008.
20. George Price letter to Joan Jenkins, October 7, 1974; Jim Schwartz notes.
21. Joan Jenkins letter to George Price, GPP, October 16, 1974; Lewis Florman letter to George Price, October 11, 1974, GPP.
22. George Price letter to Trevor Russell, November 5, 1974, GPP.
23. Interview with Shmulik Atia, May 4, 2008; interview with Asher Dahan, May 7, 2008; George Price letter to Bill Hamilton, November 20, 1974, GPP.
24. George was referring to Dr. Ronald Ng, whom he had met some months back in the computer room at UCL: George Price letter to Dr. Ronald Ng, November 26, 1974, GPP.
25. George Price letter to Edison Price, November 25, 1974, BLWHC, Z1X102_1.1.18; drafts of the letters, GPP.
26. Interviews with Atia and Dahan.
27. George Price letter to Kathleen Price, November 5, 1974, GPP.
28. For two rather interesting appreciations of Thompson see Caoimghghin S. Breathnach, "Francis Thompson (1859–1907): A Medical Truant and His Troubled Heart," *Journal of Medical Biography* 16, no. 1 (2008), 57–62, and "Francis Thompson—Student, Addict, Poet," *Journal of the Irish Medical Association* 45 (1959), 98–103.
29. J. R. R. Tolkien, *The Book of Lost Tales*, part 1, ed. Christopher Tolkien (Boston: Houghton Mifflin Company, 1984), 29.
30. Bernardo and Chrissy letter and note to George Price, November 30 and 31, 1974, GPP.
31. Dr. O. W. Hill letter to George Price, December 2, 1974, GPP; George Price letter to Bill and Chris Hamilton, December 10, 1974, BLWHC, Z1X102_1.1.19.
32. Communication with Chris Hamilton, November 18, 2007; Bill Hamilton letter to Edison Price, February 15, 1975, BLWHC, Z1X102_1.1.20; Bill Hamilton letter to Al Somit, October 16, 1996, BLWHC, Z1X102_1.2.2.2.
33. The paper was eventually published as "Innate Social Aptitude in Man: An Approach from Evolutionary Genetics," in *Biosocial Anthropology*, ed. Robin Fox (London: Malaby Press, 1975), and is discussed and printed, respectively, in Hamilton, *Narrow Roads*, 315–28 and 329–51. I discuss the paper in chapter 13.
34. Bill Hamilton letter to Dr. Kelly, undated (circa December 19, 1974), BLWHC, Z1X102_1.1.18.

## 尾声

1. Interview with Shmulik Atia, May 4, 2008.
2. Ibid.; interview with Asher Dahan, May 7, 2008.
3. Handwritten notes taken by Hamilton at the inquest, BLWHC, Z1X102_1.2.3.2.
4. Ibid.; draft of a letter to Sylvia found in George's papers, GPP.

5. "Jesus Hot Line," *Sennet*, January 15, 1975.
6. Bill Hamilton letter to Edison Price, February 15, 1975, BLWHC, Z1X102_1.1.20. The American Consulate sent what it collected to Kathleen; what Hamilton found he sent to George's brother, Edison.
7. Hamilton, *Narrow Roads*, 174; George had been working on methods of programming and using a significance test suggested by Warren Ewens in 1972, and applying them to data on enzyme polymorphisms collected at the Galton. "Test of the Neutrality Hypothesis," written on behalf of George R. Price, came out in the *Annals of Human Genetics* (care of C. A. B. Smith) 39 (1976), 471–73. Years later, Steven Frank was responsible for bringing "The Nature of Selection" to print in the *Journal of Theoretical Biology* 175 (1995), 389–96.
8. Bill Hamilton letter to Edison Price, February 15, 1975; Hamilton, *Narrow Roads*, 321.
9. The posters and pamphlets appear in Wates, *The Battle for Tolmers Square*, 178–79.
10. A full description of the court proceedings and subsequent events can be found in ibid., 180–88.
11. Ibid., 183; "A Square Deal for the People," *Hampstead and Highgate Express*, June 6, 1975.
12. Ludwig Wittgenstein, *Tractatus Logico-Philosophicus*, trans. D. F. Pears and B. F. McGuinness (London: Routledge, 1974), 6.52, 7.
13. Frans de Waal, *Primates and Philosophers: How Morality Evolved* (Princeton: Princeton University Press, 2006), 163. See also his new book, *The Age of Empathy: Nature's Lessons for a Kinder Society* (New York: Harmony, 2009).
14. In fact it is very likely that the new, post-neo-Darwinian umbrella paradigm, being called the "Epigenetic Turn," which includes all forms of genetic, epigenetic, behavioral, and symbolic inheritance and their interaction with the broader environment, will necessitate a meaningful reworking of the foundations of our understanding of the evolution of human behavior.
15. Adam Smith, *The Theory of Moral Sentiments* (1759; reprint, New York: Modern Library, 1937), 9.
16. Hamilton, too, might have benefited from this insight. An uncompromising rationalist, he came to believe that there is nothing interesting that man cannot hope to understand, including his own morality. This led him, among other things, to support eugenic measures that seemed to many outrageous.
17. See Jonathan Haidt's essay "Moral Psychology and the Misunderstanding of Religion," posted at *The Edge*, September 22, 2007, for an interesting argument about religious/conservative people's usage of an expanded moral-salience plate (compared to liberals) to direct their behavior.
18. Since the Price equation is a statistical, not a causal, decomposition of selection, there is an interesting reflection of this problem in the very bones of the math itself. In the end the Price equation can tell you that a trait evolved, but why it evolved remains elusive.
19. Bill Hamilton letter to Kathleen Price, June 25, 1997, BLWHC, BL:Z1X101_1.2.2.3.
20. "Love is the Greatest!" found in George's scattered papers, GPP.

## 附录 1　协方差和亲缘选择

1. Here I follow S. A. Frank, "George Price's Contributions to Evolutionary Genetics," *Journal of Theoretical Biology* 175 (1995), 374–75.

2. D. C. Queller, "Kinship, Reciprocity and Synergism in the Evolution of Social Behaviour," *Nature* 318 (1985), 366–67. See also his "A General Model for Kin Selection," *Evolution* 46 (1992), 376–80.
3. W. D. Hamilton, "Selfish and Spiteful Behaviour in an Evolutionary Model," *Nature* 228 (1970), 1218–20.

## 附录 2　完整的普莱斯方程及不同层级上的选择

1. Once again, I follow Frank, "George Price's Contributions to Evolutionary Genetics," 375–79. Samir Okasha, *Evolution and the Levels of Selection* (Oxford: Oxford University Press, 2006), provides a full, fleshed-out interpretation for those interested.
2. A. Robertson, "A Mathematical Model for the Culling Process in Dairy Cattle," *Animal Production* 8 (1966), 95–108; C. C. Li, "Fundamental Theorem of Natural Selection," *Nature* 214 (1967), 505–6.